Berner Oberland

Thuner- und Brienzersee, Gstaad
Jungfrau Region, Grimselpass

Wolfgang Heitzmann

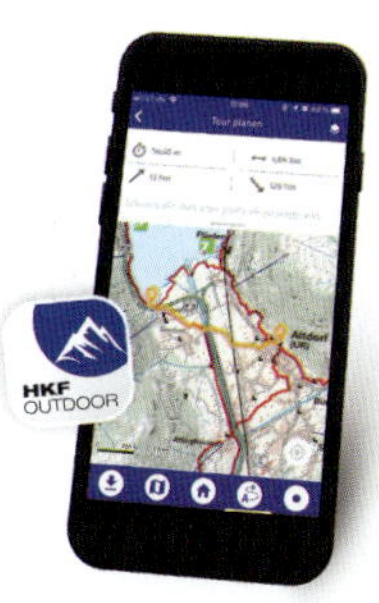

Laden Sie die HKF-Outdoor-App

Alle Informationen unter:
www.swisstravelcenter.ch/digital

GPX-Daten zum Download

www.swisstravelcenter.ch/gpx

Kostenloser Download der GPX-Daten der im Wanderführer enthaltenen Wandertouren.

DER AUTOR

Wolfgang Heitzmann • lernte als Tourismusberater zahlreiche europäische Regionen intensiv kennen. Der gebürtige Oberösterreicher ist Mitbegründer des Nationalparks Kalkalpen, organisierte überregionale Kulturprojekte und gestaltete mehr als 30 Themenwege. Heute lebt er in Tirol und ist in der Verlagsbranche tätig. Neben Beiträgen für verschiedene Medien verfasste er bisher über 70 Bücher, die z. T. auch in Übersetzungen vorliegen. Bei KOMPASS erschienen Führer über das Engadin und Südbünden, Bayern, Tirol, Südtirol und die Dolomiten, Kärnten, das Salzkammergut, Ober- und Niederösterreich, aber auch über Nationalparks und die Mittelmeerinsel Mallorca.

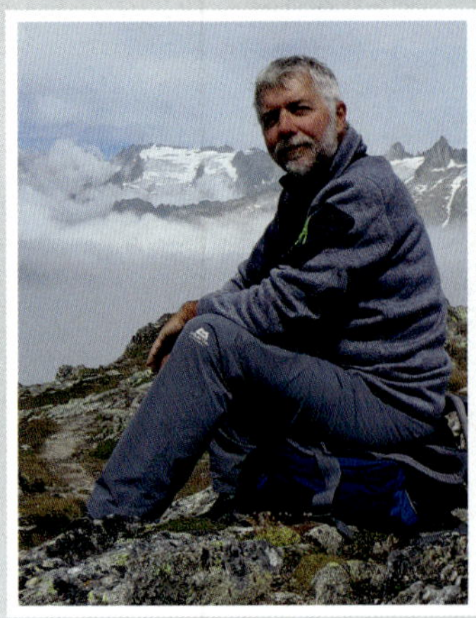

VORWORT

Im Verlauf seiner zweiten Schweizreise kam Johann Wolfgang von Goethe im Herbst 1779 auch ins Berner Oberland. Damals war das Hochgebirge noch kaum erschlossen, gefürchtet wegen seiner tückischen Gefahren und verschrien als Sitz furchterregender Fabelwesen. Selbst in Goethes Spätwerk liest man noch über „diese Zickzackkämme, diese widerwärtigen Felsenwände, diese ungestalteten Granitpyramiden, welche die schönsten Weltbreiten mit den Schrecknissen des Nordpols bedecken".

Andererseits berichtete der Reisende aus Weimar in einem Brief an Charlotte von Stein begeistert von seiner Wanderung über die Grosse Scheidegg, während ihn der 297 Meter hohe Staubbachfall bei Lauterbrunnen („ein sehr erhabener Gegenstand") zu einem seiner berühmtesten Gedichte inspirierte: „Gesang der Geister über den Wassern". Dies ist nur ein Beispiel für jenen Wandel der Wahrnehmung, mit dem im Berner Oberland – früher als anderswo – die touristische Entwicklung begann. Beflügelt wurde diese Erfolgsgeschichte von der ursprünglich aristokratischen Idee der „Grand Tour" durch Europa, dem Aufkommen des Alpinismus und nicht zuletzt durch den Bau spektakulärer Eisenbahnstrecken. Das Wichtigste war jedoch die Erschliessung dieser wunderbaren Region durch Hütten und der Ausbau der alten Berg-, Pass- und Zügelwege. Auf diesen findet man bis heute Relikte aus jenen Zeiten, in denen die Alpen noch kein „Playground" waren, sondern eine einsame und entbehrungsreiche Arbeitswelt.

Ich wünsche Ihnen viel Freude beim Wandern und Entdecken!

Wolf Heitzmann

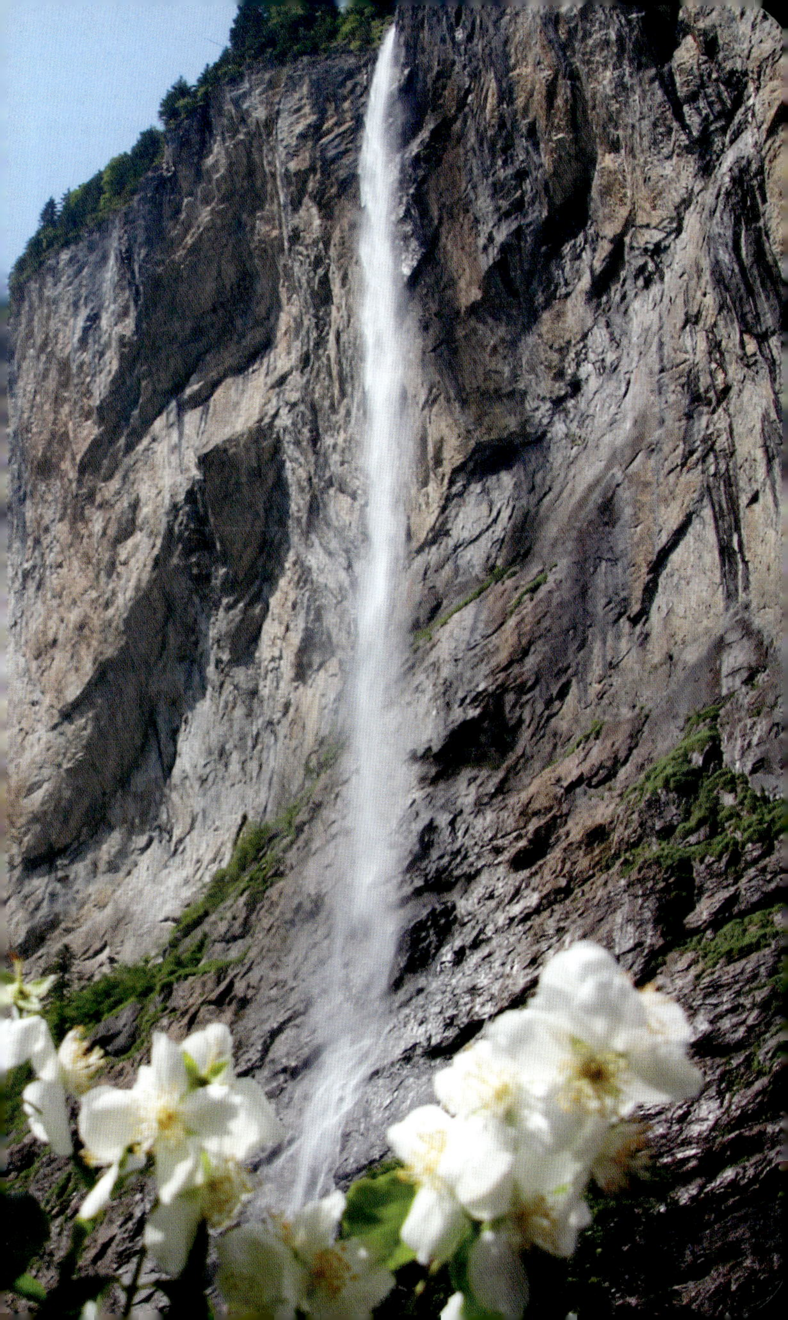

INHALT UND TOURENÜBERSICHT

AUFTAKT

ANHANG

km	h	hm	hm									Karte
16	4:15	360	360	✓	✓		✓				✓	30
12,5	4:00	670	670	✓	✓		✓	✓			✓	30
14,5	6:45	1400	1400	✓	✓			✓				30
11	3:30	340	1060	✓	✓	✓		✓			✓	30
10	4:00	750	750	✓	✓	✓	✓				✓	30
10	5:45	1090	1090	✓	✓	✓	✓	✓				31
12	5:20	1000	1000	✓	✓	✓	✓	✓			✓	31
4	2:15	380	380	✓	✓		✓					31
14,7	4:30	1000	1000	✓	✓	✓	✓				✓	31
16,5	4:45	430	430	✓	✓		✓		✓		✓	30
7,5	3:00	750	750	✓	✓	✓	✓	✓			✓	30
13,2	3:45	500	500	✓	✓		✓				✓	30
11	4:00	590	590	✓			✓	✓				29
8,5	3:45	630	630	✓	✓							28
10	4:50	920	920	✓				✓				29
17,5	5:50	700	1200	✓	✓	✓	✓	✓				29
19	6:30	1020	1020	✓	✓		✓					29
15	4:30	310	1160	✓	✓	✓	✓	✓				29
11	5:00	900	790	✓	✓		✓	✓			✓	29
17,5	8:30	1720	1720	✓	✓		✓				✓	40

INHALT UND TOURENÜBERSICHT

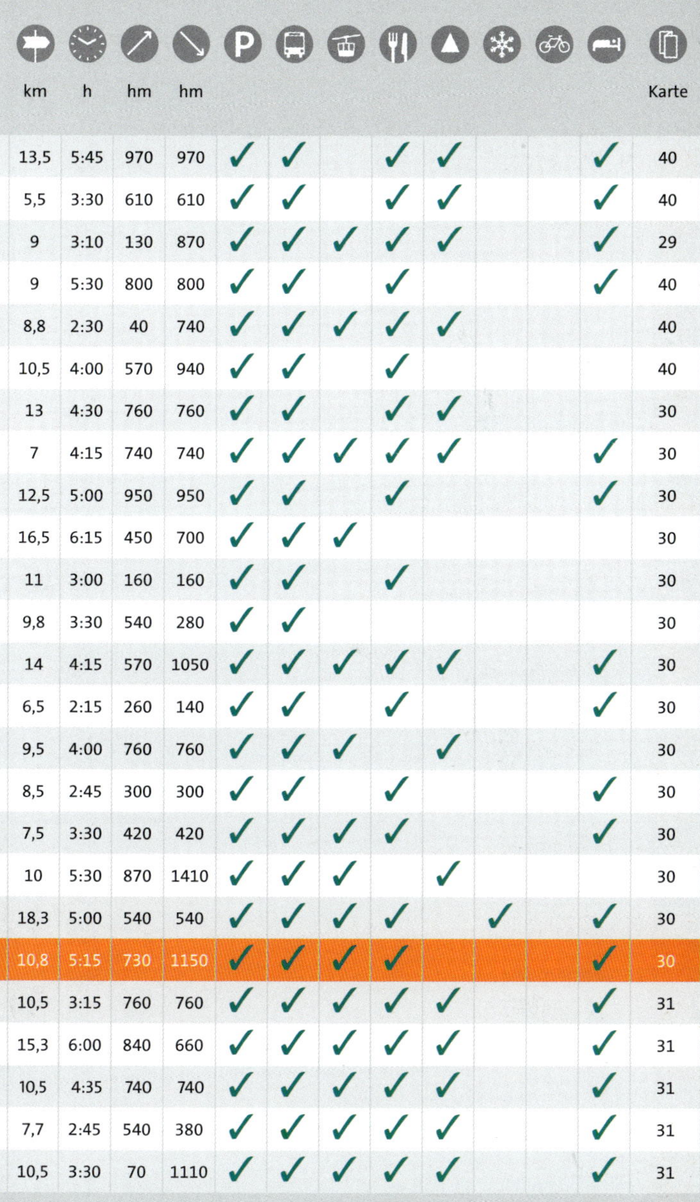

km	h	hm	hm									Karte
13,5	5:45	970	970	✓	✓		✓	✓			✓	40
5,5	3:30	610	610	✓	✓		✓	✓			✓	40
9	3:10	130	870	✓	✓	✓	✓	✓			✓	29
9	5:30	800	800	✓	✓		✓				✓	40
8,8	2:30	40	740	✓	✓	✓	✓	✓				40
10,5	4:00	570	940	✓	✓		✓					40
13	4:30	760	760	✓	✓		✓	✓				30
7	4:15	740	740	✓	✓	✓	✓	✓			✓	30
12,5	5:00	950	950	✓	✓		✓				✓	30
16,5	6:15	450	700	✓	✓	✓						30
11	3:00	160	160	✓	✓		✓					30
9,8	3:30	540	280	✓	✓							30
14	4:15	570	1050	✓	✓	✓	✓	✓			✓	30
6,5	2:15	260	140	✓	✓		✓				✓	30
9,5	4:00	760	760	✓	✓	✓		✓				30
8,5	2:45	300	300	✓	✓		✓				✓	30
7,5	3:30	420	420	✓	✓	✓	✓				✓	30
10	5:30	870	1410	✓	✓	✓		✓				30
18,3	5:00	540	540	✓	✓	✓	✓		✓		✓	30
10,8	5:15	730	1150	✓	✓	✓	✓				✓	30
10,5	3:15	760	760	✓	✓	✓	✓	✓			✓	31
15,3	6:00	840	660	✓	✓	✓	✓	✓			✓	31
10,5	4:35	740	740	✓	✓	✓	✓	✓			✓	31
7,7	2:45	540	380	✓	✓	✓	✓	✓			✓	31
10,5	3:30	70	1110	✓	✓	✓	✓	✓			✓	31

INHALT UND TOURENÜBERSICHT

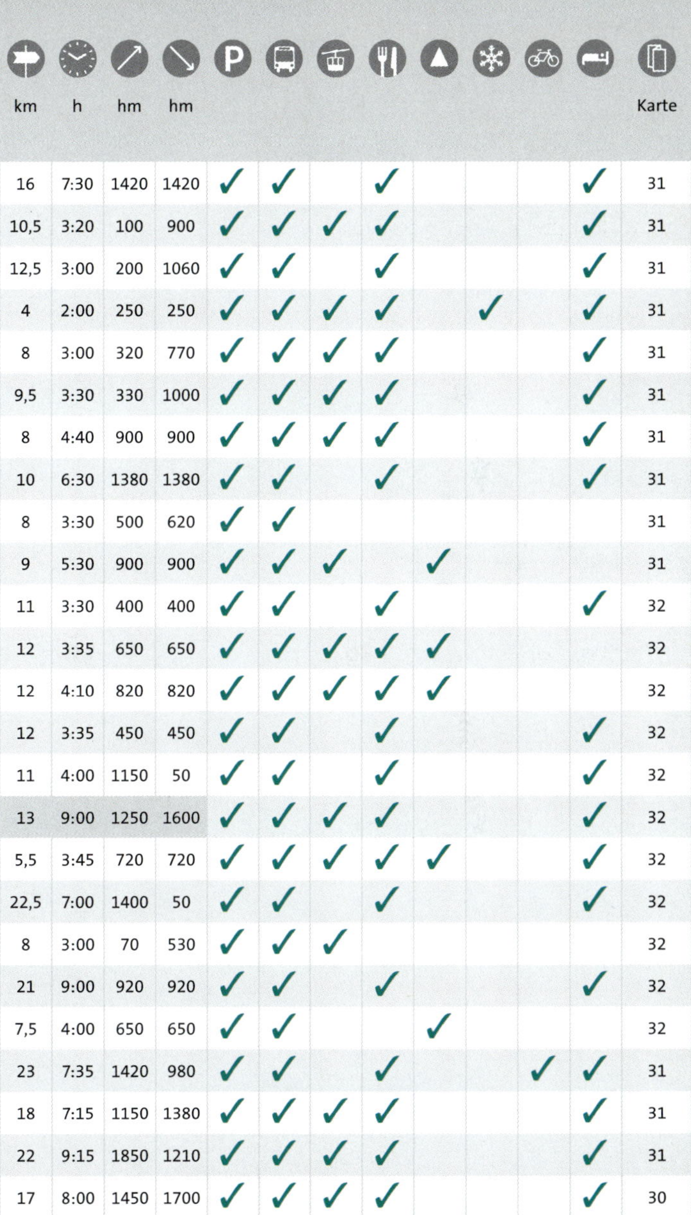

km	h	hm	hm									Karte
16	7:30	1420	1420	✓	✓		✓				✓	31
10,5	3:20	100	900	✓	✓	✓	✓				✓	31
12,5	3:00	200	1060	✓	✓		✓				✓	31
4	2:00	250	250	✓	✓	✓	✓		✓		✓	31
8	3:00	320	770	✓	✓	✓	✓				✓	31
9,5	3:30	330	1000	✓	✓	✓	✓				✓	31
8	4:40	900	900	✓	✓	✓	✓				✓	31
10	6:30	1380	1380	✓	✓		✓				✓	31
8	3:30	500	620	✓	✓							31
9	5:30	900	900	✓	✓	✓		✓				31
11	3:30	400	400	✓	✓		✓				✓	32
12	3:35	650	650	✓	✓	✓	✓	✓				32
12	4:10	820	820	✓	✓	✓	✓	✓				32
12	3:35	450	450	✓	✓		✓				✓	32
11	4:00	1150	50	✓	✓		✓				✓	32
13	9:00	1250	1600	✓	✓	✓	✓				✓	32
5,5	3:45	720	720	✓	✓	✓	✓	✓			✓	32
22,5	7:00	1400	50	✓	✓		✓				✓	32
8	3:00	70	530	✓	✓	✓						32
21	9:00	920	920	✓	✓		✓				✓	32
7,5	4:00	650	650	✓	✓			✓				32
23	7:35	1420	980	✓	✓		✓			✓	✓	31
18	7:15	1150	1380	✓	✓	✓	✓				✓	31
22	9:15	1850	1210	✓	✓	✓	✓				✓	31
17	8:00	1450	1700	✓	✓	✓	✓				✓	30

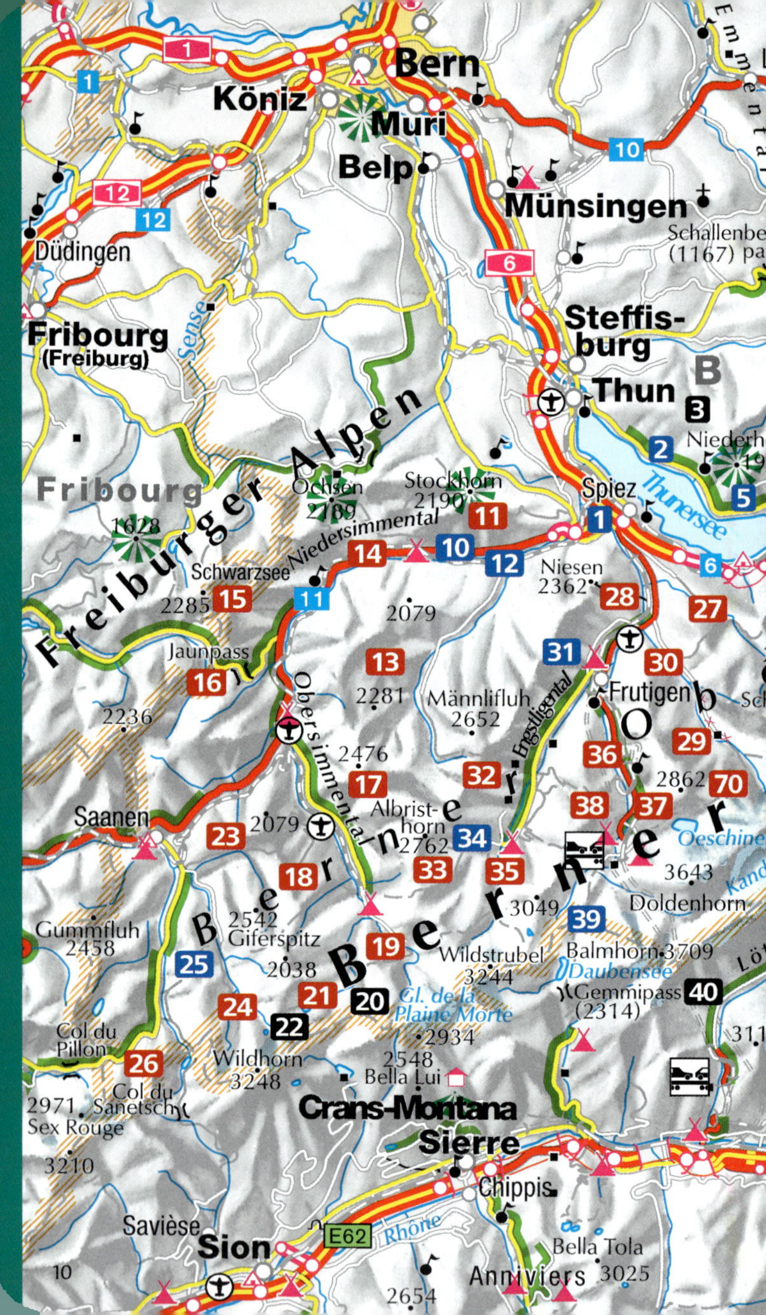

Bern
Köniz
Muri
Belp
Münsingen
Schallenberg
(1167)
Düdingen
Fribourg
(Freiburg)
Sense
Steffisburg
Thun
Niederhorn
Spiez
Thunersee
Fribourg
Freiburger Alpen
Ochsen
2189
Stockhorn
2190
1628
Niedersimmental
Schwarzsee
2285
Niesen
2362
2079
Jaunpass
2236
Obersimmental
2281
Männlifluh
2652
Engstligental
Frutigen
2476
2862
Saanen
2079
Albristhorn
2762
Oeschinen
3643
Doldenhorn
Gummfluh
2458
2542
Giferspitz
3049
Wildstrubel
3244
Balmhorn 3709
Daubensee
Gemmipass
(2314)
2038
Gl. de la Plaine Morte
2934
Col du Pillon
Wildhorn
3248
2548
Bella Lui
Col du Sanetsch
2971
Sex Rouge
3210
Crans-Montana
Sierre
Chippis
Savièse
Sion
E62
Rhône
Bella Tola
3025
Anniviers
2654
Berner Oberland
1
2
3
5
6
10
11
12
13
14
15
16
17
18
19
20
21
22
23
24
25
26
27
28
29
30
31
32
33
34
35
36
37
38
39
40
70

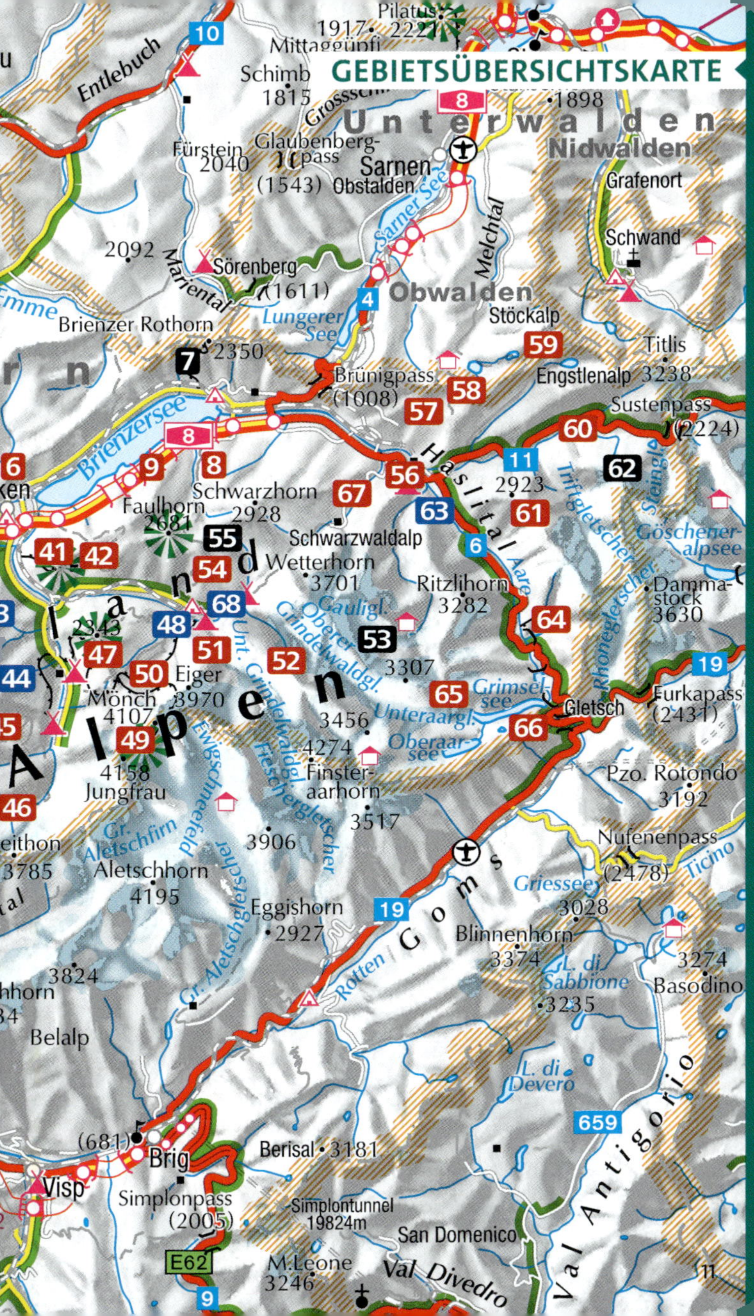
Pilatus
1917
2221
Mittaggüpfi
Entlebuch
Schimb
1815
1898
Unterwalden
Nidwalden
Fürstein
2040
Glaubenberg-
pass
(1543)
Sarnen
Obstalden
Sarner See
Melchtal
Grafenort
Schwand
2092
Marientaĺ
Sörenberg
(1611)
Obwalden
Emme
Brienzer Rothorn
Lungerer
See
Stöckalp
2350
Titlis
Brünigpass
(1008)
Engstlenalp
3238
Sustenpass
(2224)
Brienzersee
Haslital
2923
Schwarzhorn
2928
Faulhorn
2681
Schwarzwaldalp
Triftgletscher
Steingl.
Göschener-
alpsee
Wetterhorn
3701
Ritzlihorn
3282
Aare
Damma-
stock
3630
Gauligl.
Oberer
Grindelwaldgl.
Rhonegletscher
Unt. Grindelwaldgl.
3307
Grimsel-
see
Gletsch
Furkapass
(2431)
Eiger
3970
Mönch
4107
3456
Unteraargl.
Oberaar-
see
4274
Finster-
aarhorn
Pzo. Rotondo
3192
Alpen
4158
Jungfrau
Fieschergletscher
Ewigschneefeld
3517
Gr.
Aletschfirn
3906
Nufenenpass
(2478)
3785
Aletschhorn
4195
Griessee
Ticino
Goms
3028
Eggishorn
2927
Blinnenhorn
3374
3274
Basodino
3824
Gr. Aletschgletscher
Rotten
L. di
Sabbione
3235
Belalp
L. di
Devero
Val Antigorio
(681)
Brig
Berisal
3181
Visp
Simplonpass
(2005)
Simplontunnel
19824m
San Domenico
M.Leone
3246
Val Divedro
E62
659

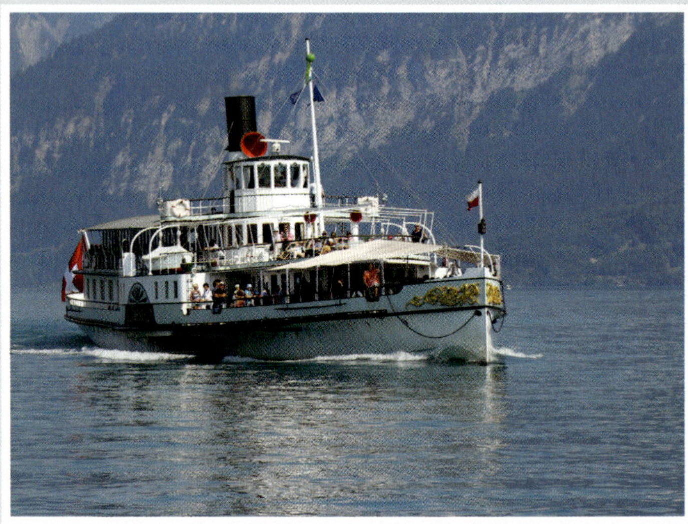

Seit 1906 fährt der Schaufelraddampfer „Blüemlisalp" über den Thunersee.

Der südliche, in den Alpen gelegene Bereich des Kantons Bern gilt als eine der schönsten Landschaften Europas. Das Berner Oberland – der Begriff geht auf die Etablierung eines eigenen, allerdings nur kurzlebigen Kantons durch Napoleon im Jahre 1798 zurück – reicht vom Ursprung der Aare in der Nähe des Grimselpasses bis ins Saanenland an der Sprachgrenze zur Romandie, von den Waldhügeln um den Thunersee bis zu den Gletschergipfeln am Hauptkamm der Berner Alpen. An Tagen mit klarer Luft erblickt man dort schon von Bern aus sechs Viertausender (Schreckhorn, Finsteraarhorn, Gross Fiescherhorn, Mönch und Jungfrau), aber auch das Wetterhorn, die berühmt-berüchtigte Eigernordwand, die sagenumwobene Blüemlisalp, die hohen Berge um Kandersteg und das Stockhorn.

Thunersee, Interlaken, Brienzersee

Das schönste Entrée in dieses hochalpine Wunderland bilden wohl die Stadt Thun und der 17,5 Kilometer lange Thunersee, an dem man erst jüngst Reste von Pfahlbauten und bronzezeitlichen Siedlungen entdeckte. Den Übergang zum östlich davon gelegenen, 14 Kilometer langen Brienzersee bietet das sogenannte Bödeli, eine Schwemmebene mit dem weltbekannten Tourismusort Interlaken und der Burgruine Unspunnen, die durch die gleichnamigen Feste ab 1805 Popularität erlangte. Die Berge im Norden der Seen gehören zu den Emmentaler Alpen, wo auf dem 2349 Meter hohen, durch eine Zahnradbahn erschlossenen Brienzer Rothorn die Grenzen der Kantone Bern, Luzern und Obwalden zusammentreffen.

Simmental, Diemtigtal, Saanenland

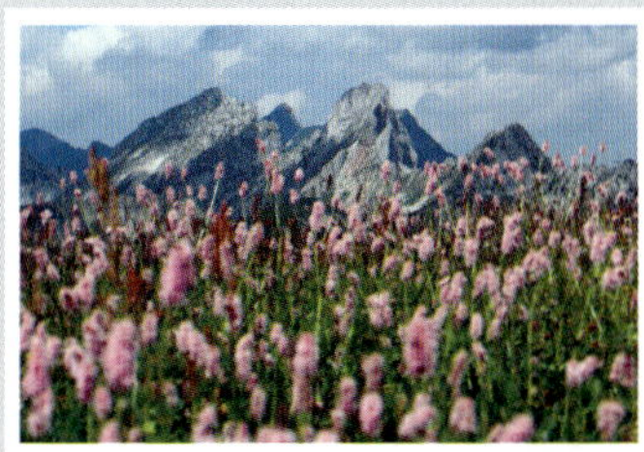

Das schon 1175 als *septem valles* („Sieben Täler“ erwähnte Simmental führt von Wimmis zwischen den Berner und den Freiburger bzw. Waadtländer Alpen nach Westen. Bei Boltigen wendet es sich südwärts nach Lenk („an der Lenk“), wo die 55 Kilometer lange Simme aus den Felsen des 3244 Meter hohen Wildstrubels sprudelt. Die bei Zweisimmen einmündende Kleine Simme entspringt am Sattel der Saanenmöser, über den man ins westlich benachbarte Tal der Saane gelangt. Neben der Nobeldestination Gstaad findet man dort auch so zauberhafte Dörfer wie Saanen und Gsteig unter dem Sanetschpass zwischen dem Diablerets-Massiv und dem 3248 Meter hohen Wildhorn.

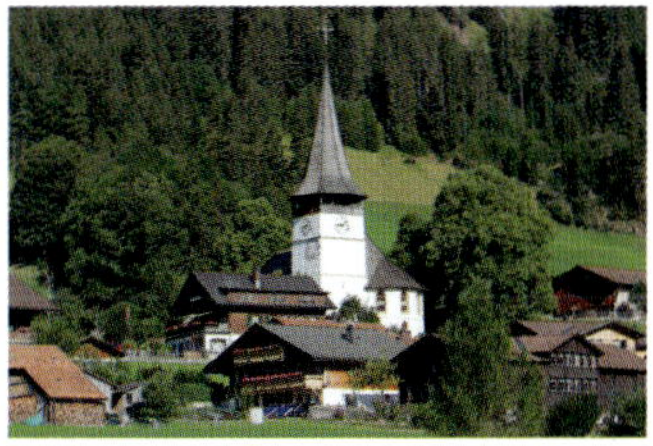

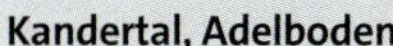

Kandertal, Adelboden

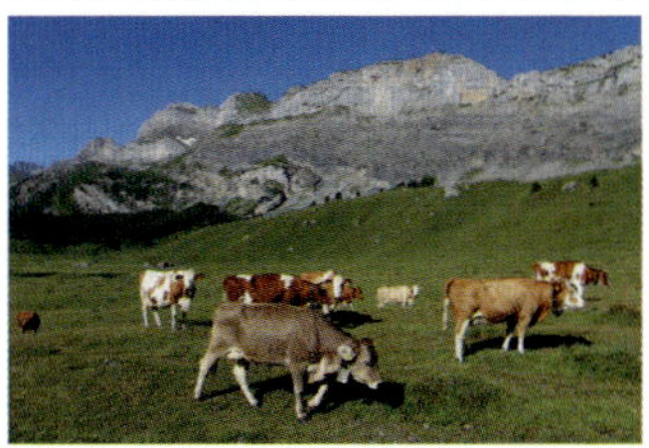

Die 47 Kilometer lange Kander mündet zwischen Thun und Spiez in den Thunersee – aber erst seit 1714, als mit dem Kander-Durchstich die Überschwemmungsgefahr auf der Thuner Allmend gebannt wurde. Durch den unteren Talabschnitt, das Frutigtal, und das eigentliche Kandertal am Oberlauf des Flusses führt die spektakuläre Strecke der Bern-Lötschberg-Simplon-Bahn (BLS) zum Nordportal des 14,6 Kilometer langen Lötschbergtunnels. Glanzpunkte rund um Kandersteg bilden das wilde Gasterental, der Oeschinensee und der 2314 Meter hoch gelegene Gemmipass. Auch das bei Reichenbach einmündende Kiental und Tal der Engstlige, das bei Frutigen nach Adelboden abzweigt, weisen (hoch-)alpinen Charme auf – beide sind auch durch ihre Schluchten und Wasserfälle bekannt.

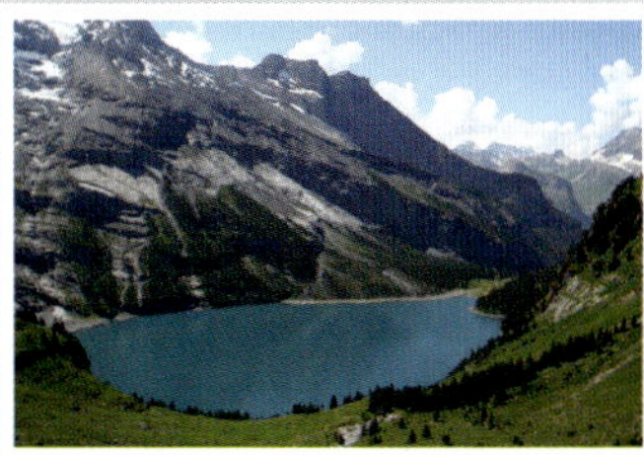

Die „Gstaader Dolomiten“, Sankt Stephan im Obersimmental, unter der Gemmi und der Oeschinensee.

DAS GEBIET

Die Jungfrau-Region

In Bönigen bei Interlaken mündet die Lütschine in den Brienzersee. Der Name des kleinen Flusses geht laut Wikipedia auf den keltischen Begriff *leucos* oder *leuca* zurück, was soviel wie „weiss“ oder „hell, glänzend“ bedeutet. Acht Kilometer weiter südlich deutet der Name der Ortschaft zen Lütschine gehören. Dort steht ein weiterer berühmter Berg im Zentrum der Aufmerksamkeit: der Eiger. Zwar fehlen seinem Gipfel 33 Meter auf die Viertausenderwürde, doch das macht er mit seiner vier Kilometer breiten und fast 1700 Meter hohen Nordwand locker wett. Bekannt wurde diese allerdings nicht wegen ihrer Schönheit, sondern durch die zahlrei-

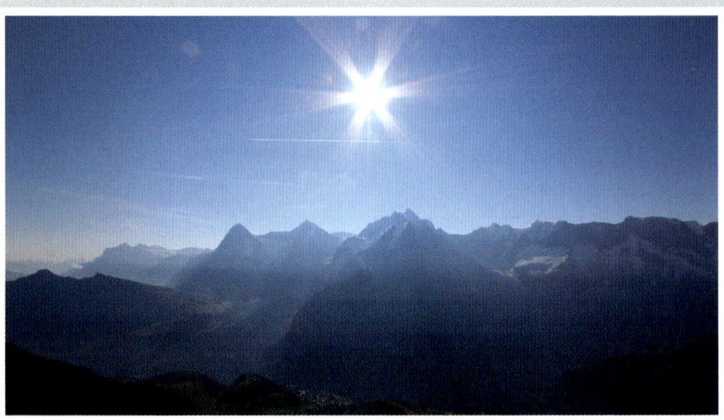

Das Dreigestirn Eiger, Mönch und Jungfrau mit seinem alpinen Hofstaat.

Zweilütschinen darauf hin, dass dort die Schwarze und die Weisse Lütschine zusammenfliessen – letztere ist, rein etymologisch betrachtet, als „Weisse Weisse“ ein sogenannter Pleonasmus. Aber es wird auch wirklich sehr hell und weiss, wenn man weiter ins Lauterbrunnental vordringt und seinen Blick nach oben hebt: Da steht die vergletscherte Jungfrau – und ihr Gipfel befindet sich mehr als drei Kilometer über dem Talboden. Der Berg ist die „Namenspatronin“ der gesamten Tourismusregion, zu der auch die autofreien Orte Wengen und Mürren sowie Grindelwald im Tal der Schwarchen Tragödien, die sich beim Versuch ihrer Erstdurchsteigung ereigneten. Gelungen ist das Husarenstück erst 1938 den deutschen Kletteren Anderl Heckmair und Ludwig Vörg sowie den Österreichern Fritz Kasparek und Heinrich Harrer. Sie stiegen in zwei getrennten Seilschaften ein und erreichten den Gipfel gemeinsam nach drei Biwaknächten. Den Vorwurf, die Wand nur für Hitler durchstiegen zu haben, bestritten die Erstbegeher bis zu ihrem Tod. Tempora mutantur: 2015 schaffte der (inzwischen im Himalaya tödlich abgestürzte) Schweizer Speed-Solokletterer Ueli Steck die

UNESCO-Welterbe Swiss Alps Jungfrau-Aletsch

„Aussergewöhnlich, überragend, universell" – mit Begründungen wie diesen wurde im Dezember 2001 ein 539 Quadratkilometer grosser Abschnitt der Berner Alpen in den Kantonen Bern und Wallis in die Liste des UNESCO-Welterbes aufgenommen. Sechs Jahre später erweiterte man das Gebiet um 285 Quadratkilometer; es reicht nun von Kandersteg bis zum Grimselpass. Rund 90 Prozent dieses Naturareals um die Gipfel von Eiger, Mönch, Jungfrau, Aletsch-, Schreck- und Bietschhorn sind von Fels und von Eis bedeckt. 85 Prozent der Fläche liegen auf einer Höhe von über 2000 Metern über dem Meeresspiegel, neun seiner Gipfel sind höher als 4000 Meter. Das Welterbegebiet ist der Lebensraum seltener Tier- und Pflanzenarten und kaum vom Menschen beeinträchtigt: Forschungsstationen, alpine Schutzhäuser, Alphütten und die Bahnstation am Jungfraujoch sind nur saisonal bewohnt; land- und forstwirtschaftliche Nutzung gibt es nur in Randgebieten. Die UNESCO-Auszeichnung verpflichtet die Schweiz, diese einmalige Hochgebirgsregion durch wirksame Schutzmassnahmen und nachhaltige Nutzung unversehrt an spätere Generationen zu übergeben.

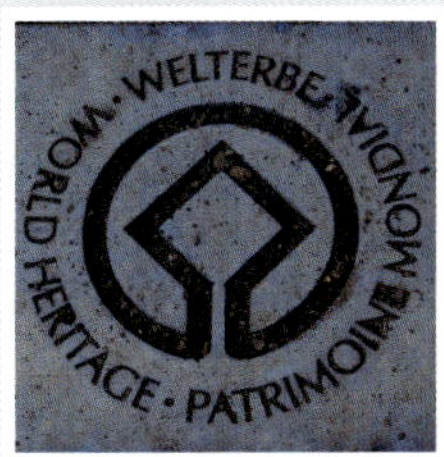

www.jungfraualetsch.ch

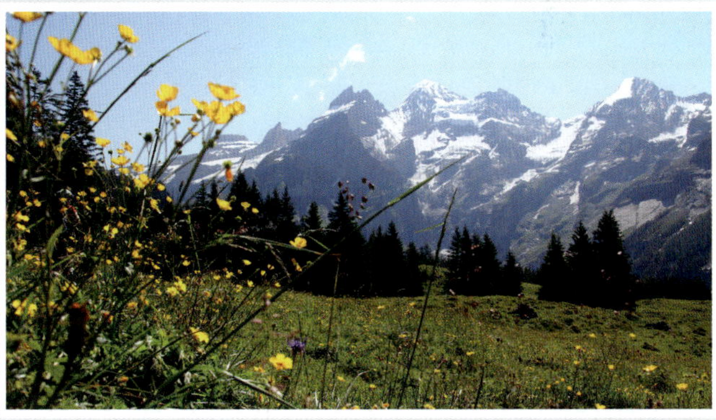

Das Doldenhorn und das Fründenhorn hoch über Kandersteg.

Heckmairroute durch die Eigernordwand in zwei Stunden, 22 Minuten und 50 Sekunden.
Viel gemächlicher sind die vielen Wandernden auf dem rund 500 Kilometer langen Wegnetz unterwegs. Auto braucht's auch keines für die An- und Abreise, denn kaum ein Gebiet ist so perfekt mit Bahnlinien und Luftseilbahnen erschlossen wie die Jungfrau-Region: Die 1890 eröffnete, schmalspurige Berner Oberland-Bahn (BOB) startet im Bahnhof Interlaken Ost – meist mit zwei zusammengekoppelten Zuggarnituren, die ab Zweilütschinen getrennt nach Lauterbrunnen bzw. Grindelwald fahren. Über die 2061 Meter hoch gelegene Kleine Scheidegg verbindet diese beiden Orte die Wengernalpbahn (WAB). Diese 19,11 Kilometer lange Strecke, die 1893 in Betrieb ging, ist die längste durchgehende Zahnradbahn der Welt. Diesen Superlativ toppt noch die zwischen 1896 und 1912 erbaute Jungfraubahn: Sie führt von der Kleinen Scheidegg über einen Höhenunterschied von fast 1400 Metern und durch einen fast sieben Kilometer langen Tunnel im Inneren des Eigers zur 9,34 Kilometer höchstgelegenen Eisenbahnstation Europas auf dem Jungfraujoch.
Dagegen nimmt sich die nur vier Kilometer lange, ebenfalls schmalspurige Strecke Bergbahn Lauterbrunnen – Mürren (BLM) beinahe wie eine Modelleisenbahn aus – dafür verbindet sie die Stationen von zwei Luftseilbahnen, mit denen man die etwa 800 Höhenmeter zwischen dem Lauterbrunnental und der Sonnenterrasse von Mürren überwindet. Wege mit Bahnanschluss gibt's also genug!

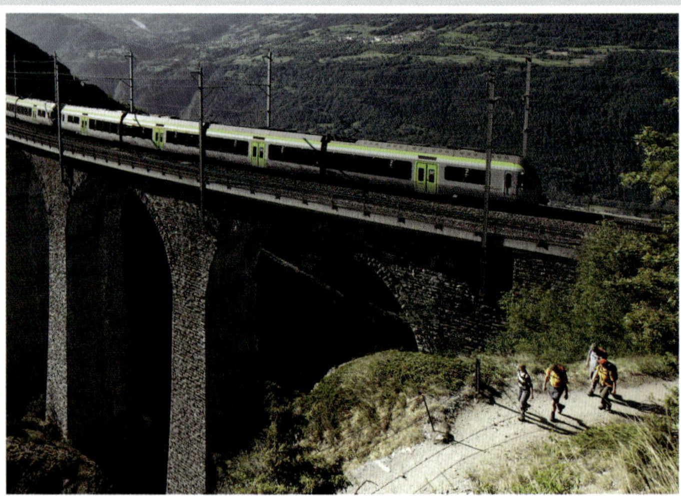

Freie Fahrt mit dem Regional-Pass Berner Oberland –
auch auf der berühmten Bahnstrecke über den Lötschberg bis ins Wallis.

Klimafreundlich & günstig: Regional-Pass Berner Oberland

Fast alle Startpunkte der hier vorgestellten Touren lassen sich mit öffentlichen Verkehrsmitteln erreichen. Die Fahrpläne von Bahn, Postauto und regionalen Buslinien, aber auch der Schifffahrtslinien auf den Seen sind meist perfekt aufeinander abgestimmt. Dies ermöglicht nicht nur eine entspannte und umweltfreundliche Zu- und Rückfahrt, sondern auch Tourenvarianten und Streckenwanderungen zwischen zwei verschiedenen Orten. Ausserdem kann man sich im Berner Oberland mit zahlreichen Bergbahnen und Liften so manchen Auf- oder Abstieg ersparen.
Die beste Möglichkeit, dabei auch noch kräftig Geld zu sparen, bietet der Regional-Pass Berner Oberland. Diese Netzkarte ist in der Zeit zwischen Mitte April und Oktober für drei, vier, sechs, acht oder zehn aufeinander folgende Tage erhältlich. Sie garantiert im gewählten Zeitraum freie Fahrt auf allen Bahnlinien zwischen Bern, dem Saanenland, Brig im Wallis und Luzern, aber auch mit der Zahnradbahn über die Kleine Scheidegg und im Zug nach Mürren, für die Standseilbahnen auf den Niesen und den Harder sowie für die historischen Zuggarnituren, die aufs Brienzer Rothorn dampfen. Für die Bahn zum Jungfraujoch erhalten Passinhaber ermässigte Tickets.
Sie gelangen aber auch kostenlos per Bus oder Postauto zum Col du Pillon und zum Lauenensee, an die Lenk, ins Diemtigtal und ins Gebiet um Adelboden, zur Griesalp im Kiental, nach Kandersteg und jenseits der Berner Alpen ins Lötschental, rund um den Thuner- und den Brienzersee, durchs Haslital, zum Grimsel- und auf den Sustenpass. Busfahrten über den Furka-, Gotthard- und Nufenenpass kosten mit dem Regional-Pass Berner Oberland nur die Hälfte des Normalpreises. Weiters reist man damit zum Nulltarif per Schiff über den Thuner- und dem Brienzersee. Und man schwebt mit 17 Luftseilbahnen und Sesselliften gratis bergwärts und wieder ins Tal (weitere Anlagen gewähren Tickets zum halben oder ermässigten Preis).
Und nicht zuletzt profitiert man durch exklusive Rabatte und interessante Zusatzleistungen von 32 Bonus-Partnern in der gesamten Region – Wellness, Museen, Outdoor-Aktivitäten, Stadtführungen oder Handwerksbetriebe von A wie Aareschlucht bis Z wie Zytglogge!
Erhältlich ist der Regional-Pass Berner Oberland in Schweizer Bahnhöfen, Schiffsstationen, Tourismus- und Reisebüros sowie unter www.regionalpass-berneroberland.ch. Wer einen Swiss Travel Pass, die Swiss Half Fare Card, ein Halbtax-Abo oder das General-Abonnement besitzt, kann den Pass zu einem reduzierten Preis bestellen. Der Pass ist persönlich und nicht übertragbar. Kinder unter 16 Jahren und Hunde reisen mit dem Regional-Pass Kind/Hund zu einem besonders günstigen Einheitspreis.

www.regionalpass-berneroberland.ch

DAS GEBIET

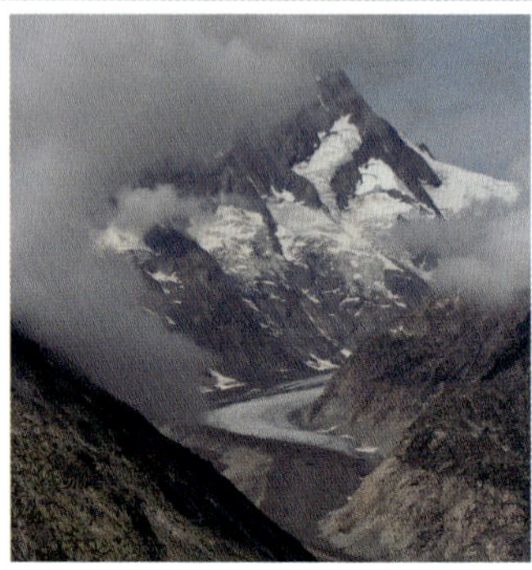

Lauteraarhorn und -gletscher.

Haslital, Sustenpass, Grimselpass

Die östlichste Region des Berner Oberlands ist das Haslital am Oberlauf der Aare zwischen den höchsten Gipfeln der Berner und den nicht weniger wilden Urner Alpen. Die Sage erzählt, dass dieses Gebiet während der Völkerwanderung durch Schweden oder Friesen besiedelt wurde. Im Norden des 2164 Meter hoch gelegenen Grimselpasses dominieren heute Kraftwerksanlagen mit grossen, hochalpinen Stauseen, die zu den komplexesten Wasserkraftsystemen der Welt zählen. Das Dorf Guttannen („ze den guoten Tannen"), das im engen Talgrund unter riesigen Bergflanken liegt, wird bis heute von Lawinen und Muren bedroht – ebenso wie auch Gadmen unter dem östlich benachbarten Sustenpass, das seinen Namen vom althochdeutschen *gadum* (= Stall, Scheune, kleines Haus) herleitet. Kein Wunder also, dass der einstige Amtsbezirk Oberhasli um den Hauptort Meiringen der zweitgrösste im Kanton Bern war, einwohnermässig jedoch auf dem drittletzten Platz lag. Wanderer und Bergsteiger freut diese Einsamkeit jedoch; sie finden hier, zwischen Granitriesen und Dolomitwänden, einige der stillsten und wildesten Abschnitte der schweizerischen Bergwelt.

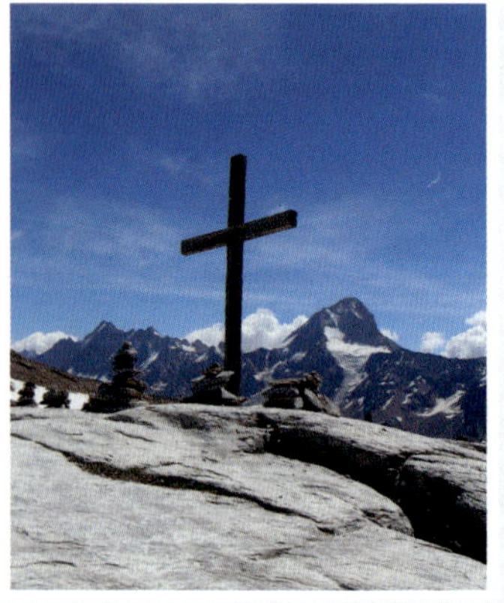

MEINE LIEBLINGSTOUR

Es ist vielleicht der schönste Weg ins Berner Oberland, ganz sicher aber eine der alpinsten Routen über den Hauptkamm der Berner Alpen: Den landschaftlich grossartigen **Lötschepass** (Tour 40, Seite 166) sollte man unbedingt einmal überqueren. Im Anstieg aus dem Lötschental, einem der ursprünglichsten Gebiete des Wallis, fasziniert der Blick zum 3934 Meter hohen Bietschhorn, während beim Abstieg nach Norden der Lötschengletscher überquert werden muss. Dazwischen lädt die Lötschenpasshütte zur gemütlichen Einkehr ein.

Tourismus Info

Schweiz Tourismus
Tödistrasse 7,
CH-8002 Zürich,
Tel. +41 44 288 11 11,
www.myswitzerland.com

Kanton Bern – BE! Tourismus AG
Thunstrasse 8,
CH-3005 Bern,
Tel. +41 31 300 33 00,
www.madeinbern.com

Thun-Thunersee Tourismus
Seestrasse 2,
CH-3600 Thun,
Tel. +41 33 225 90 00,
www.thunersee.ch

Interlaken Tourismus
Marktgasse 1,
CH-3800 Interlaken,
Tel. +41 33 826 53 00,
www.interlaken.ch

Brienz Tourismus
Hauptstrasse 143,
CH-3855 Brienz,
Tel. +41 33 952 80 80,
www.brienz-tourismus.ch
www.brienzersee.ch

Lenk-Simmental Tourismus
Rawilstrasse 3,
CH-3775 Lenk im Simmental,
Tel. +41 33 736 35 35,
www.lenk-simmental.ch

Gstaad Saanenland Tourismus
Promenade 41,
CH-3780 Gstaad,
Tel. +41 33 748 81 81,
www.gstaad.ch

Adelboden-Frutigen
TALK Tourist Center.
Adelboden-Lenk-Kandersteg
Dorfstrasse 23,
CH-3715 Adelboden,
Tel. +41 33 673 80 80,
www.adelboden.ch

Kandertal
Tourist Center Kandersteg,
Äußere Dorfstrasse 26,
CH-3718 Kandersteg,
Tel. +41 33 675 80 80,
www.kandertal.ch

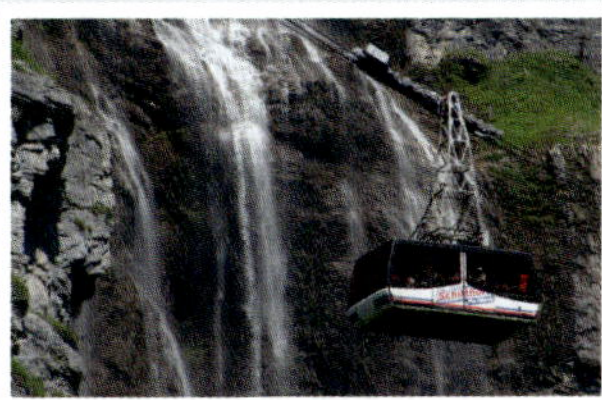

Schilthornbahn Lauterbrunnen.

Jungfrau Region Tourismus AG
Kammistrasse 13,
CH-3800 Interlaken,
Tel. +41 33 521 43 43,
www.jungfrauregion.swiss

Haslital Tourismus
Tourist Center Meiringen.
Bahnhofplatz 12,
CH-3860 Meiringen,
Tel. +41 33 972 50 50,
www.haslital.swiss

Grimselwelt
Grimselstrasse 19,
CH-3862 Innertkirchen,
Tel. +41 33 982 26 26,
www.grimselwelt.ch

ALLGEMEINE TOURENHINWEISE

Für eine erste Einschätzung der Anforderungen, die Sie im Gelände erwarten, sind die Touren mit drei verschiedenen Farben gekennzeichnet.

■ LEICHTE WANDERUNGEN
verlaufen meist auf gut angelegten, beschilderten und markierten Wegen ohne besondere Gefahrenstellen. Das schliesst allerdings kurze, kräftige Steigungen nicht aus. Diese Wege können auch bei schlechtem Wetter relativ gefahrlos begangen werden.

■ MITTELSCHWERE TOUREN
führen mitunter schon in (hoch-)alpines, steiles und felsiges Gelände. Die Pfade können schmal, steinig und felsig sein; abschüssige Passagen erfordern Trittsicherheit, Schwindelfreiheit und ein Mindestmass an alpiner Erfahrung. Schwierige Stellen können mit Stahlseilen, Ketten, Eisentritten, Treppen oder Leitern gesichert sein.
Die meisten der hier vorgestellten Touren sind „rot" – das Spektrum reicht dabei von Talwanderungen und Hüttenzustiegen bis zu Gipfelrouten.

■ SCHWERE TOUREN
sind anspruchsvoll und oft auch sehr lang. Diese Routen führen in unwegsames und steiles Fels- und Gletschergelände, das bei Nebel, Schnee oder Vereisung gefährlich wird. Da und dort ist bereits leichte Kletterei (1. Schwierigkeitsgrad) erforderlich. Vorausgesetzt werden neben absoluter Trittsicherheit und Schwindelfreiheit auch gute körperliche Kondition sowie Bergerfahrung.

Vor Ort finden Sie drei Kategorien von Routen gemäss den Richtlinien des Vereins Berner Wanderwege (www.bernerwanderwege.ch).

WANDERWEGE
verlaufen vorwiegend abseits von Strassen mit motorisiertem Verkehr und weisen möglichst keine Asphalt- oder Betonbeläge auf. Sie stellen keine besonderen Anforderungen an die Benützer/-innen.
Signalisation: gelbe Wegweiser, gelbe Rhomben und Richtungspfeile.

BERGWANDERWEGE
erschliessen teilweise unwegsames Gelände und verlaufen überwiegend steil, schmal und teilweise exponiert. Benützer/-innen müssen trittsicher, schwindelfrei, in guter körperlicher Verfassung und bergerfahren sein. Feste Schuhe, eine der Witterung entsprechende Ausrüstung und topografische Karten werden vorausgesetzt.
Signalisation: gelbe Wegweiser mit weiss-rot-weisser Spitze, weiss-rot-weisse Farbstriche und Richtungspfeile.

ALPINWANDERWEGE
sind schwierige Bergwanderwege und führen teils über Gletscher und durch Fels mit kurzen Kletterstellen. Benützer/-innen müssen trittsicher, schwindelfrei und in sehr guter körperlicher Verfassung sein. Alpine Erfahrung und entsprechende Ausrüstung werden vorausgesetzt.
Signalisation: blaue Wegweiser, weiss-blau-weisse Farbstriche und Richtungspfeile.

Gelb-rote Tafeln bezeichnen keine Wege, sondern Wildschutzgebiete.

Bewertet sind die hier vorgestellten Touren auch nach der Berg- und Alpinwanderskala des Schweizer Alpen-Clubs SAC (www.sac-cas.ch).

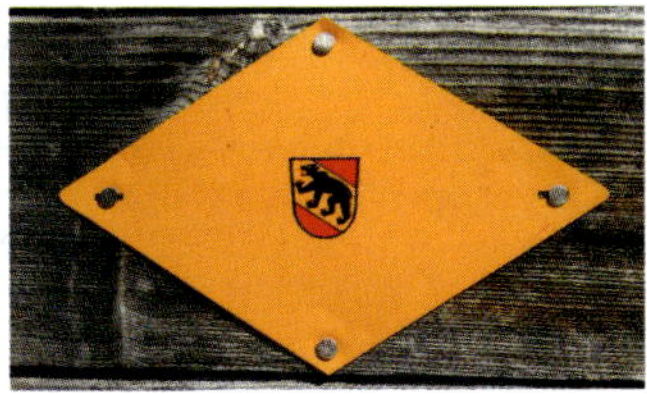

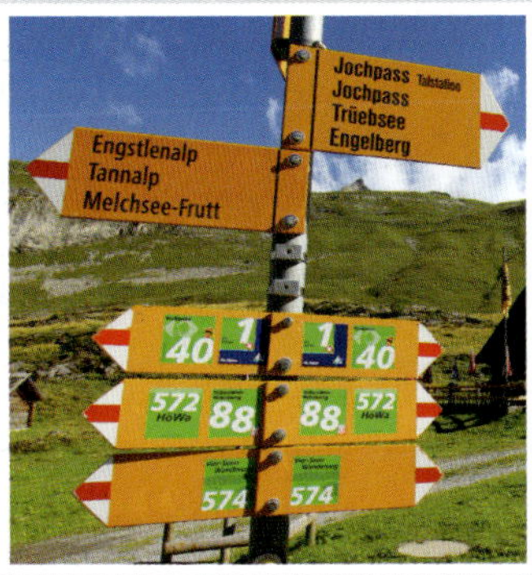

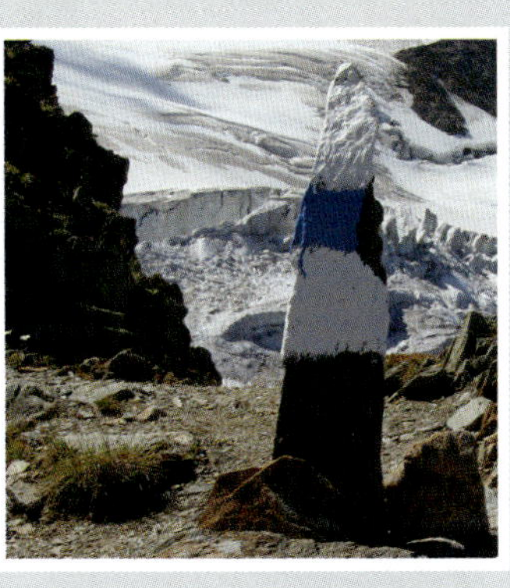

T1 WANDERN
Wandern: Weg gut gebahnt. Falls vorhanden, sind exponierte Stellen sehr gut gesichert. Absturzgefahr kann bei normalem Verhalten weitgehend ausgeschlossen werden.
Anforderungen: keine, auch mit Turnschuhen geeignet. Orientierung problemlos, in der Regel auch ohne Karte möglich.

T2 BERGWANDERN
Weg mit durchgehendem Trassee. Gelände teilweise steil, Absturzgefahr nicht ausgeschlossen.
Anforderungen: etwas Trittsicherheit, Trekkingschuhe, elementares Orientierungsvermögen.

T3 ANSPRUCHSVOLLES BERGWANDERN
Weg am Boden nicht unbedingt durchgehend sichtbar. Ausgesetzte Stellen können mit Seilen oder Ketten gesichert sein. Zum Teil exponierte Stellen mit Absturzgefahr, Geröllflächen, weglose Schrofen.
Anforderungen: Vertrautheit mit exponiertem Gelände. Stabile Trekkingschuhe. Gewisse Geländebeurteilung und gutes Orientierungsvermögen. Alpine Erfahrung. Bei Wettersturz kann ein Rückzug schwierig werden.

T4 ALPINWANDERN
Wegspur nicht zwingend vorhanden. An gewissen Stellen braucht es die Hände zum Vorwärtskommen. Gelände bereits recht exponiert, heikle Grashalden, Schrofen, einfache Firnfelder und apere Gletscherpassagen.
Anforderungen: Vertrautheit mit exponiertem Gelände, stabile Trekkingschuhe, Geländebeurteilung und gutes Orientierungsvermögen, alpine Erfahrung.

ALLGEMEINE TOURENHINWEISE

BAHN UND BUS

Viele Start- und Zielpunkte sind umweltfreundlich ohne Auto erreichbar.
Schweizerische Bundesbahn SBB: www.sbb.ch
BLS (Lötschbergbahn): www.bls.ch
Bahnen in der Jungfrau Region: www.jungfrau.ch
Zentralbahn (Meiringen – Luzern): www.zentralbahn.ch
Postauto: www.postauto.ch
AFA Bus (Zweisimmen, Lenk, Diemtigtal, Adelboden): http://afabus.ch
Grindelwald Bus: www.grindelwaldbus.ch
Taxibetreiber in den Bergen: www.alpentaxi.ch

ORTSNAMEN UND HÖHENANGABEN

Die Namen in den Tourenbeschreibungen entsprechen in den meisten Fällen den offiziellen Beschilderungen und Wegweisern vor Ort. Gleiches gilt für die Seehöhe der einzelnen Wegpunkte. Daher sind Abweichungen zu Angaben in den Wanderkarten möglich.

GEHZEITEN

Die angegebenen Gehzeiten sind unverbindliche Richtwerte (ohne Pausen). Auch sie entsprechen mit wenigen Ausnahmen den Angaben auf den Wegschildern vor Ort. Manche Wanderer werden sie unterbieten, andere lassen sich unterwegs mehr Zeit. Auch schlechte Wetter- und Geländeverhältnisse können zu Verzögerungen führen. Planen Sie daher stets genügend Zeitreserven ein.

WETTERBERICHT, WEBCAMS

Im TV-Programm SRF 1 täglich um 19.55 Uhr, www.srf.ch/meteo
www.meteoschweiz.admin.ch
www.swisswebcams.ch/verzeichnis/alle/berner-oberland

AUSRÜSTUNG

Abgesehen von einfachen Wanderungen im Talbereich benötigen Sie bei allen Touren feste Trekkingschuhe mit Profilgummisohle, wind- und regendichte Kleidung, Reservewäsche zum Wechseln, Proviant, genug zu Trinken und eine kleine Notfallapotheke.
Teleskopstöcke sind vor allem beim Bergabgehen hilfreich. Bei Übernachtung ist in den meisten Hütten ein Hüttenschlafsack Pflicht.

WANN WANDERN?

Während Talwanderungen am Thuner- und Brienzersee meist das ganze Jahr über möglich sind, liegt in den höhergelegenen Orten oft noch im Frühjahr viel Schnee. Im Frühsommer blühen die Bergwiesen in unglaublicher Pracht. Hohe Gipfel lassen sich mitunter erst ab Anfang/Mitte Juli ohne langes Schneestapfen erklimmen. Dafür dauert die Wandersaison oft bis weit in den Herbst hinein.
Hartgefrorene Altschneefelder und vereiste Rinnen, nasses Gras auf Steilhängen, Nebel, Gewitter und Wetterstürze bedeuten im Gebirge jedoch grosse Gefahr. Achten Sie unterwegs stets auf die Wetterentwicklung.

UNWETTERSCHÄDEN – WEGSPERREN

Immer wieder verursachen Unwetter, Hochwasser, Stürme und Felsstürze Schäden an Forststrassen und Wegen, die dann zeitweise nur erschwert passierbar sein können, gesperrt oder sogar neu trassiert werden müssen. Auch durch Bau- und Forstarbeiten können einzelne Wegabschnitte kurzfristig unbegehbar sein.
Aktuelle Infos über die Begehbarkeit der Wege erhalten Sie in den örtlichen Tourismusbüros.

MILITÄRÜBUNGEN
In einigen Gebieten führt die Schweizer Armee zeitweise Schiessübungen durch. Schiessanzeigen werden dort 15 Tage im Voraus angezeigt. Sollten Sie Blindgänger finden: Nicht berühren, markieren und der Polizei (Tel. 117) melden. www.vtg.admin.ch/de/aktuell/mitteilungen/schiessanzeigen

MUTTERKUHHALTUNG
Auf vielen Alpweiden werden Mutterkühe gesömmert. Diese schützen ihre Kälber mit natürlichem Instinkt. Gehen Sie ruhig und unauffällig in 20 bis 50 Metern Distanz an den Tieren vorbei, erschrecken Sie sie nicht und schauen Sie ihnen auch nicht direkt in die Augen. Streicheln Sie auf keinen Fall Kälber. Achten Sie auf Drohgebärden der Kühe – Senken des Kopfes, schnarren, brüllen. Sollten die Tiere herannahen, bleiben Sie ruhig und verlassen Sie die Weide langsam, kehren Sie ihnen aber dabei nicht den Rücken zu.
Ein Hund darf nur an der Leine mitgeführt werden – im Notfall müssen Sie ihn jedoch loslassen.
https://wegwandern.ch/kuhweiden-und-wanderer

HERDENSCHUTZ
Manche Tierherden werden von Hunden geschützt. Verhalten Sie sich auch dort ruhig und halten Sie Distanz. Bellen die Hunde und laufen auf Sie zu, ziehen Sie sich weiter zurück – vermeiden Sie dabei Augenkontakt, bleiben Sie aber den Hunden zugewandt. Umgehen Sie die Herde weiträumig oder kehren Sie um.
Mit dem eigenen Hund dürfen Sie eine geschützte Herde nie durchqueren. www.herdenschutzschweiz.ch

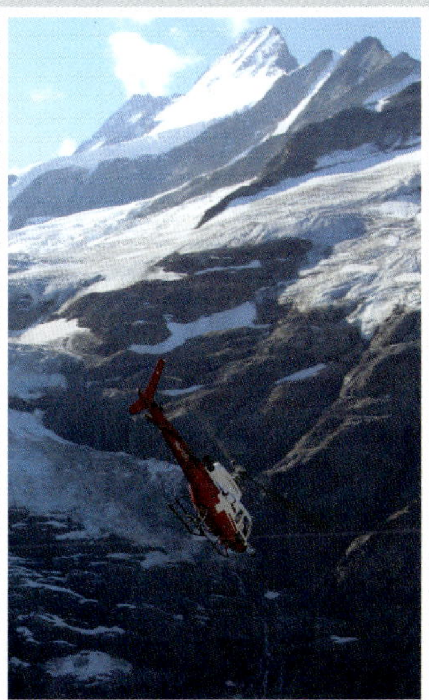

Hubschrauber unterm Schreckhorn.

IM NOTFALL
Medizinische Infos (z. B. Apotheken-Notdienst, ärztlicher Notfalldienst): www.medinfo-engadin.ch
Internationale Notrufnummer: 112
Rega (Schweizerische Rettungsflugwacht): mit schweizerischer SIM-Karte 14 14, mit ausländischer SIM-Karte +41 333 333 333.
Informationen über Bergungskosten, Rega-Gönnermitgliedschaft und Versicherungen über Alpinvereine: www.rega.ch, www.sac-cas.ch, https://www.alpenverein.de, www.alpenverein.at

ALPINES NOTSIGNAL
Innerhalb einer Minute sechs Mal rufen, pfeifen, blinken oder winken; dazwischen eine Minute Pause.
Antwort: drei Zeichen pro Minute.

MEINE HIGHLIGHTS

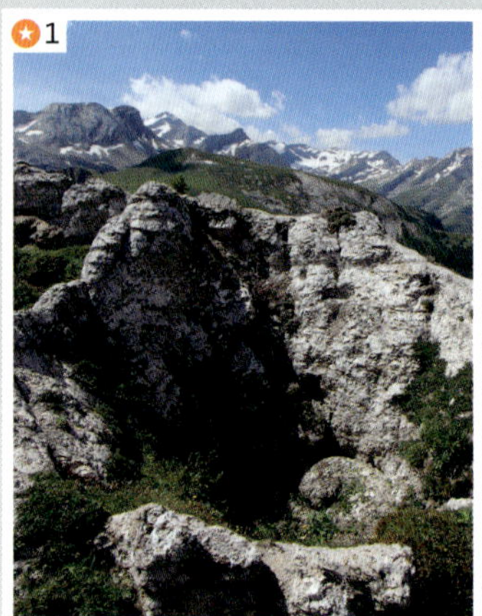

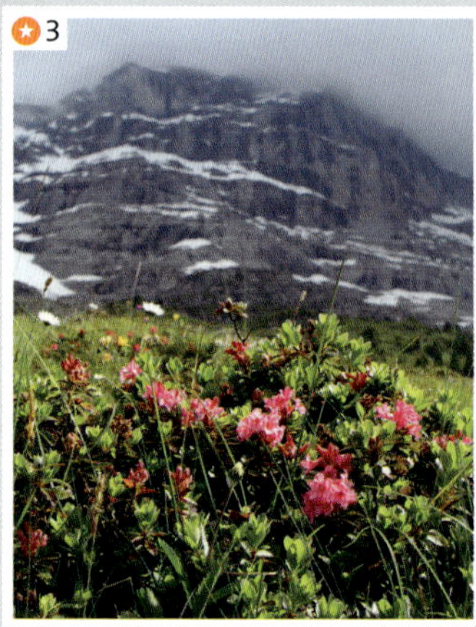

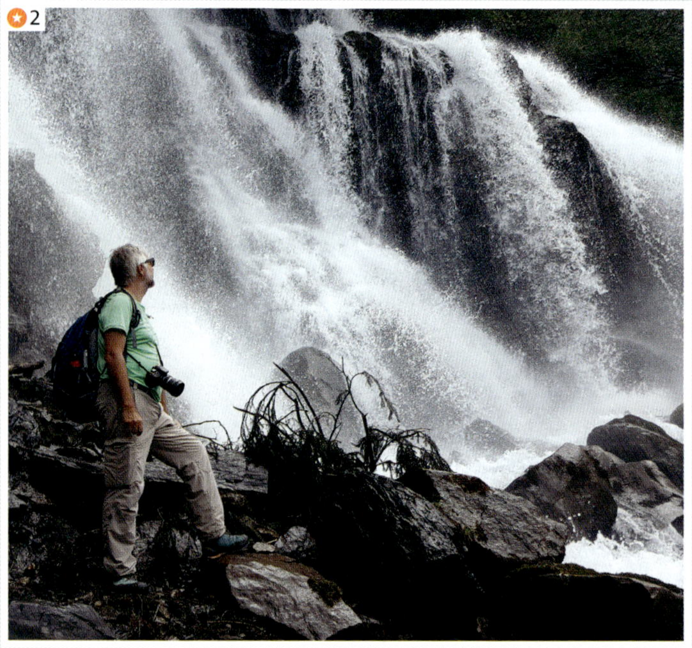

2

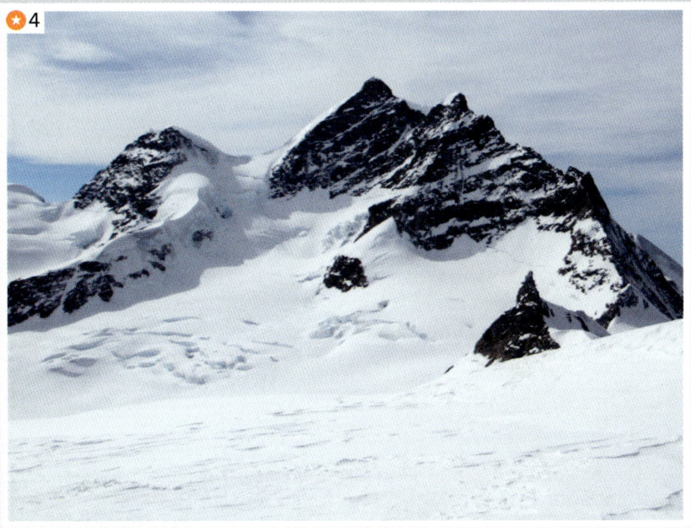

4

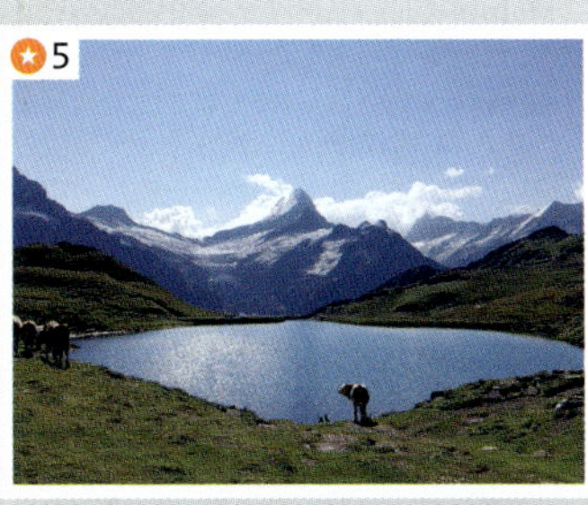

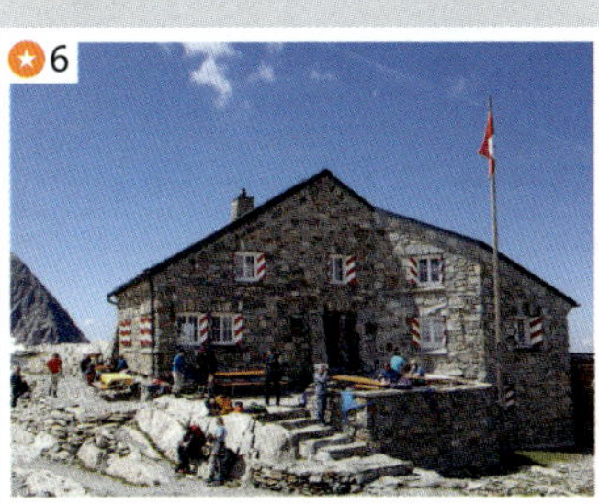

1: Geheimnisvolle Gryden – Gipslöcher an der Lenk
→ Tour 18, Seite 92

2: Bi de Sibe Brünne – Karstwasser aus dem Wildstrubel
→ Tour 19, Seite 96

3: Der Eiger Trail – Wandern unter der Riesenwand
→ Tour 50, Seite 204

4: Das Jungfraujoch – Am besten im Winter besuchen
→ Tour 49, Seite 200

5: Die Bachseen – Glanzstücke über Grindelwald
→ Tour 54, Seite 220

6: Die Tierberglihütte – Einkehr im Hochgebirge
→ Tour 62, Seite 248

1

DER SPIEZER RUNDWANDERWEG

Eine Zeitreise über dem Thunersee

 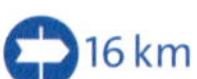 16 km 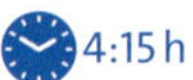 4:15 h 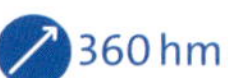 360 hm  360 hm  30

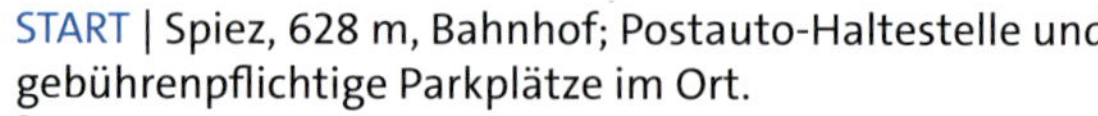

START | Spiez, 628 m, Bahnhof; Postauto-Haltestelle und gebührenpflichtige Parkplätze im Ort.
[GPS: UTM Zone 32 x: 399.082 m y: 5.171.209 m]
CHARAKTER | Lange, aber landschaftlich schöne Rundwanderung auf ruhigen Nebenstrassen und breiten Wanderwegen, die nur einige kurze steilere Passagen aufweisen (T1). Dank der guten öffentlichen Verkehrsverbindungen lässt sich die Tour an mehreren Stellen abbrechen oder wieder beginnen. Einkehren kann man unterwegs in Spiez, Faulensee, Hondrich und Spiezwiler.

Dieser Rundweg bietet eine gute Gelegenheit, die vielfältige Landschaft zwischen dem Südufer des Thunersees und der alles beherrschenden Bergpyramide des Niesen zu erkunden. Er besteht aus vier Abschnitten: Zu Beginn wandert man von Spiez, dem „Kraftort am Wasser", auf dem 1914 eröffneten Strandweg ins Nachbardorf Faulensee, dann auf dem Höhenweg nach Hondrich und Spiezwiler. Von dort führt der gleichnamige Weg nach Spiezmoos. Mit dem Rebenweg bietet die Rundroute ein würdiges Finale. Unterwegs findet man viele naturkundliche und kulturelle Besonderheiten, geniesst immer wieder eine herrliche Sicht zu den Berner Alpen und hat natürlich auch oft den Thunersee im Blick.

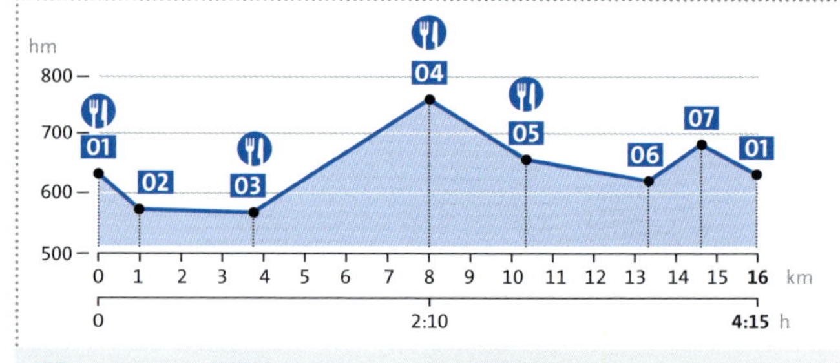

01 Spiez, 628 m; 02 Schloss Spiez, 575 m; 03 Faulensee, 561 m; 04 Hondrich, 760 m; 05 Spiezwiler, 655 m; 06 Spiezmoos, 620 m; 07 Spiezberg, 687 m

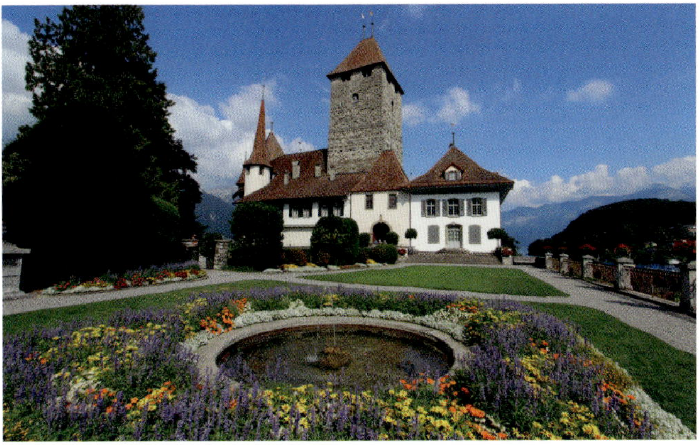

Barocke Garten- und bunte Blütenpracht vor dem Schloss Spiez.

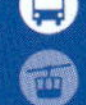

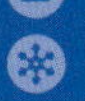

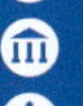

▶ Gegenüber vom Bahnhof in **Spiez** 01 folgen Sie den Schildern „Spiez/Schloss, Spiezberg" nach links, gehen nach 80 m rechts zur Seestrasse hinunter und auf dieser links zum Kreisverkehr am Kronenplatz. Von dort schlendern Sie Richtung „Spiez/Schloss" etwa 200 m auf der Seestrasse weiter, bis Sie links auf der beschilderten Strasse zum **Schloss Spiez** 02 (575 m, Museum) gelangen. Der Schlosspark ist ebenso sehenswert wie die frühromanische Schlosskirche hinter dem Torbogen – sie ist eine der berühmten zwölf „Tausendjährigen Kirchen" um den Thunersee.

Rechts daneben führt eine Treppe zur Bucht von Spiez (Schiffstation) hinunter. Dort folgen Sie dem Schild „Faulensee" zum Freibad, wo Sie das erste weiss-grüne Schild des Rundwanderweges Spiez finden. Es weist links zu einem kleinen Tor, bei dem der Strandweg nach Faulensee beginnt. Er führt dem Seeufer entlang und unter dem bewaldeten Bürg-Hügel vorbei. Nach 45 Minuten erreichen Sie das Dorf **Faulensee** 03 (561 m). Vom Gasthof Bellerive unterhalb der Kirche gehen Sie 50 m nach links, am Strandhotel Seeblick vorbei.

Dann überqueren Sie die Strasse nach rechts und folgen dem Dorfgässli zu einer Abzweigung und links zu einer Querstrasse. Dies ist der Allmendweg, der links zur Eisenbahnbrücke führt, danach die Autobahn unterquert und zur Krattigstrasse ansteigt (schöner Seeblick). Gegenüber der Einmündung bei einem Holzwerk führt der Rundwanderweg in den Seeholzwald und zu einem Forsthaus. Rechts geht's weiter zur Wiese der Seeholzallmend. Danach steigt die Route links stärker an, biegt rechts nach Eggi ab und verläuft auf der Rüttistrasse ins schöne Bergdorf **Hondrich** 04 (760 m). 1:15 h ab Faulensee.

Beim Schulhaus folgen Sie der Beschilderung des Rundwanderweges nach rechts. Nach 100 m passieren Sie das älteste Bauernhaus der Region, das auf das Jahr 1558 zurückgeht, nach weiteren 150 m zweigen Sie rechts auf den nur anfangs geteerten Mechtenried-

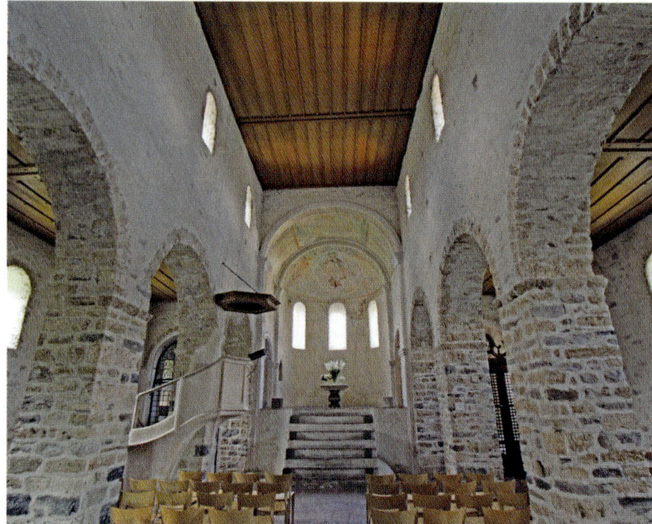
Die Schlosskirche von Spiez geht auf das 7. Jahrhundert zurück.

weg ab. Er führt südlich unter dem Hondrichhügel vorbei. Nach einem kurzen steileren Abstieg kommen Sie nach **Spiezwiler** 05 (655 m), wo Sie dem Gehsteig neben der Frutigenstrasse rechts folgen. Nach 300 m führen rechts einige Stufen in die Siedlung Stutz, durch die Sie zum Volg-Supermarkt im Ortszentrum gelangen. 30 Minuten ab Hondrich.

Einige Schritte weiter überqueren Sie die Hauptstrasse links über den Zebrastreifen (oder über die Fussgängerbrücke) und wandern vom Schulhaus aus dem Jahre 1826 auf dem Plattenweg in den Spiezwilerwald hinauf. Dort wandern Sie auf dem gekiesten Riedliweg zu einer Gabelung und rechts weiter. Von den Wiesen um Riedli sehen Sie schon den Stauweiher Spiezmoos, zu dem Sie vor dem Bahnübergang bei Lattingen (627 m) rechts abzweigen. Jenseits der Autobahnbrücke erreichen Sie sein Ufer. Dort zweigen Sie scharf nach links ab, überqueren die Lötschberg-Bahnlinie und biegen nach 100 m rechts Richtung „Spiez" ab. Nach der Eisenbahnbrücke erreichen Sie die Ortschaft **Spiezmoos** 06 (620 m), wo Sie nochmals rechts abzweigen.

Nach 70 m wird links die Hauptstrasse unter- und dann die Werkstrasse überquert. 30 Minuten ab Spiezwiler. Dann wandern Sie auf dem Weidliweg durch eine Siedlung zu einer Grillstelle. Dort beginnt links der letzte Abschnitt der Wanderung, der über den bewaldeten **Spiezberg** 07 (687 m) und – rechts absteigend – wieder zum **Schloss Spiez** 02 führt.

Davor vermittelt der Erlebnispfad durch den berühmten Spiezer Rebberg das krönende Finale der Wanderung. Auf der Zugangsroute zurück bis zum Bahnhof in **Spiez** 01. Gehzeit ab Spiezmoos 1:15 h.

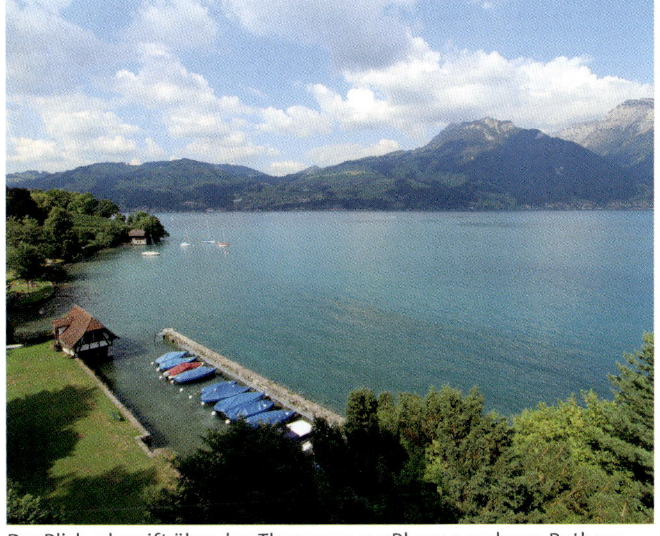

Der Blick schweift über den Thunersee zur Blueme und zum Rothorn.

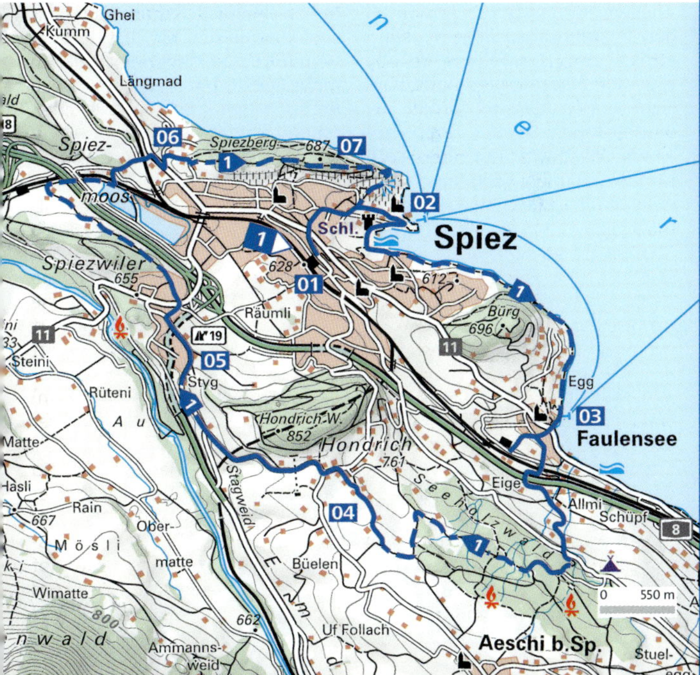

2

VON SIGRISWIL ZUR BLUEME • 1391 m

Hängebrücke und Aussichtsturm über dem Thunersee

 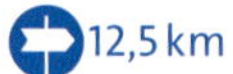 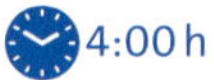 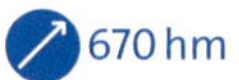  

START | Sigriswil, 795 m; Haltestelle der STI-Buslinie 25 von Thun bei der Kirche, gebührenfreier Parkplatz beim Sportplatz vor der Hängebrücke.
[GPS: UTM Zone 32 x: 401.411 m y: 5.174.609 m]
CHARAKTER | Einfache Voralpenwanderung auf teils geteerten Nebenstrassen und Wanderwegen (T1), die man dank der guten Busverbindungen auch abkürzen kann. Die Überquerung der Hängebrücke ist kostenpflichtig und erfordert Schwindelfreiheit. Einkehrmöglichkeit in Sigriswil und Schwanden.

Die Voralpen im Nordwesten des Thunersees vermitteln fast schon einen Hauch des Südens. Auf den Wiesen um das Dorf Sigriswil laden familienfreundliche Wanderrouten zum Dahinflanieren ein – sie alle bieten eine wunderbare Sicht zu den höheren Gipfeln der Berner Alpen. Weiter oben, auf einem Waldberg mit dem seltsamen Namen Blueme, lugt man dann zwischen den Fichtenspitzen auch nordwärts Richtung Emmental und Jura – aber nur, wenn man den 16,4 Meter hohen Aussichtsturm auf dem Gipfel über die 87 Stufen einer Wendeltreppe erklimmt. Noch mehr Metall hat man für die 320 Meter lange Hängebrücke zwischen Sigriswil und Aeschlen verbaut: Sie ermöglicht den kurzen, aber luftigen und ein wenig schaukelnden Gang über die bis

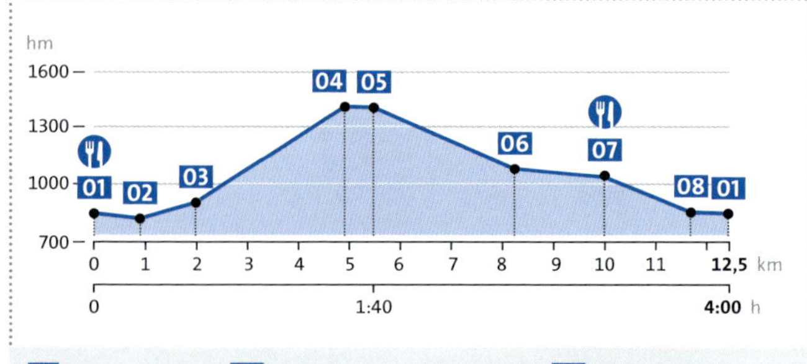

01 Sigriswil, 795 m; 02 Aeschlen ob Gunten, 770 m; 03 Tschingel, 910 m; 04 Dreiländerstein, 1396 m, 05 Blueme, 1391 m; 06 Sagi, 1077 m; 07 Schwanden, 1024 m; 08 Grabenmühle, 810 m

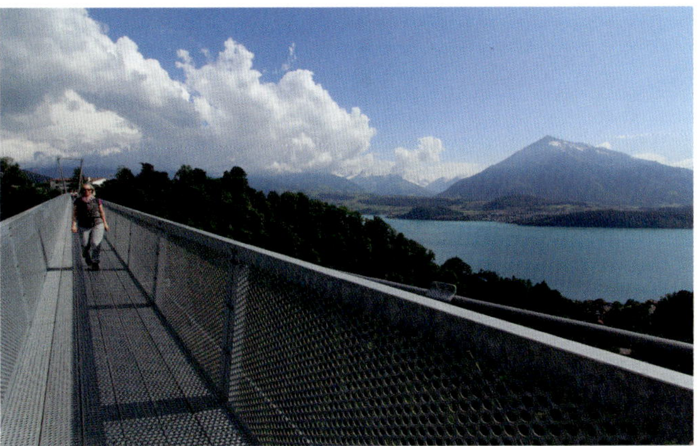
Unterwegs in schwindelnder Höhe – mit Blick zum See und zum Niesen.

zu 180 Meter tiefe Gumischlucht (die oft auch Gummischlucht genannt wird) – und einen ganz besonders eindrücklichen Blick zum 2362 Meter hohen Niesen, der als ebenmässige Pyramide über dem Thunersee aufragt. Dafür ist ein nicht ganz billiges Ticket zu lösen, das jedoch auch freien Eintritt in den Tier-, Natur- und Freizeitpark Grabenmühle am Ende dieser Rundwanderung gewährt. Und man kann natürlich auf dem jahrhundertealten Kirchweg in die zwischen Nagelfluhfelsen eingezwängte Schlucht absteigen und jenseits wieder hinaufwandern – diese „Einstiegsvariante" kostet nichts und ist landschaftlich interessant, aber natürlich länger und auch ein wenig schweisstreibend.

▶ Das erste Highlight dieser Wanderung ist die Überquerung der Hängebrücke von **Sigriswil** 01, die über die Gumischlucht führt. Jenseits mündet der Panorama-Rundweg Thunersee (Nr. 26) ein, der am Hotel Panorama vorbeiführt. Gleich darauf überqueren Sie die Schwandenstrasse und erreichen nach 20 Minuten die Ortschaft **Aeschlen ob Gunten** 02 (770 m, Bushaltestelle).
Von dort wandern Sie, den Wegweisern „Blueme, Margel" folgend, rechts auf einer schmalen Strasse (Emmitweg) Richtung aufwärts und biegen nach 200 rechts auf den Wiesenpfad nach **Tschingel** 03 (910 m, Bushaltestelle) ab. 30 Minuten.
Etwa 20 Schritte links der Tourismus-Info zeigt die Tafel „Wanderwege" nach rechts hinauf. So kürzen Sie auf Wiesen- und Feldwegen eine Kehre der Strasse ab, steigen oberhalb davon zu einem weiteren Fahrweg an und wandern – stets Richtung „Blueme" – auf die aussichtsreiche Anhöhe des Margel (1185 m). Links breiten sich die Wiesen der Aeschlenallmi aus (eine jener „Allmenden", die einst von den Bauern eines Dorfes gemeinschaftlich genutzt wurde). Über eine kleine Senke geht's weiter zum Margelsattel (1196 m), wo Sie eine weitere Teerstrasse queren und auf einen Planetenweg treffen. Die-

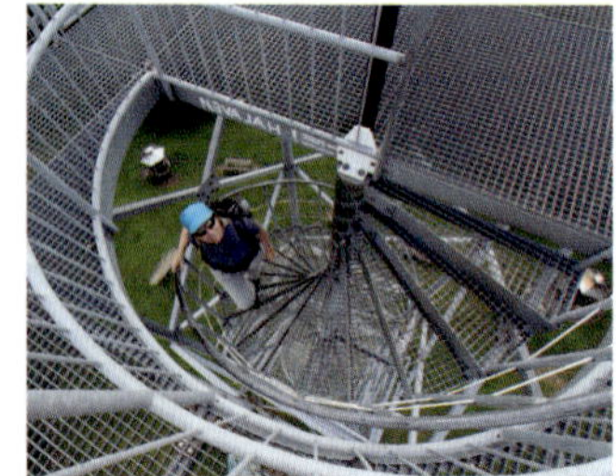
Viele Stufen führen auf den Turm.

ser führt über die nahen Wiesen der Tschingelallmi (1230 m) zu einer einer Kreuzung im Wald, von der Sie geradeaus (Wegweiser „Blueme") auf den dicht bewaldeten Rücken der Schwendi-Blueme ansteigen. Dort führt links ein Abstecher zum nahen Aussichtspunkt am **Dreiländerstein** 04 (1396 m), wo sich zwischen den Bäumen ein Blick zur Stadt Thun auftut. Rechts kommt man dagegen in wenigen Minuten zum Aussichtsturm auf der **Blueme** 05 (1391 m). 1:40 h.
Der Abstieg verläuft rechts (Wegweiser „Schwanden/ Sagi") auf einem breiten Waldweg zu einer Kreuzung (1315 m). Dort erreichen Sie wieder den Planetenweg, dem Sie halbrechts auf der Forststrasse Richtung „Schwanden, Sigriswil" folgen. Diese führt in einer weiten Kehre über 2 km durch die Waldhänge abwärts, bis man schliesslich auf Asphalt durch Wiesen (mit Blick zum Sigriswiler Rothorn) die kleine Ortschaft **Sagi (Säge)** 06 (1077 m) erreicht. 50 Minuten.
Gegenüber der Bushaltestelle am Sägeplatz beginnt der Weg nach Schwanden. Links an der Werkstätte vorbei gelangen Sie zur Allmendschwandstrasse, der Sie nach links folgen. Nach 200 m zweigen Sie rechts auf den Beiweg ab und wandern nun auf geteerten Nebenstrassen in 20 Minuten nach **Schwanden** 07 (1024 m, Bushaltestelle).
Dort gabelt sich der Weg nach einem Brunnen. Dort folgen Sie links der Beschilderung „Sigriswil", zweigen nach 50 m links auf den Wanderweg ab und wandern in den Staldegraben hinab. Durch Waldhänge und vorbei an einem Anwesen geht's weiter in den Büelgraben, durch den ein Schotterfahrweg zur Tschingelstrasse führt. Nach ihrer Überquerung wandern Sie zum Tier-, Natur- und Freizeitpark der **Grabenmühle** 08 (810 m), wo man in einem Beizli einkehren, Forellen fischen und sogar Gold waschen kann. Zuletzt kommen Sie auf einem Fahrweg über der Schlucht des Guntenbachs nach **Sigriswil** 01 zurück. 30 Minuten.

Variante durch die Gumischlucht: Wer sich die Eintrittsgebühr für die Hängebrücke ersparen möchte, folgt vor dem Friedhof von Sigriswil dem Wegweiser „Gumischlucht, Aeschlen, Schluchtrundweg" (Panorama Rundweg Thunersee 26), schwenkt nach etwa 180 m auf den links abzweigenden Weg ein und steigt in Kehren über 120 Höhenmeter durch den steilen Waldhang in die Gumischlucht ab.
Von der Brücke über den Guntenbach geniesst man einen eindrücklichen Blick in die schmale Konglomeratklamm, bevor es wieder bergauf geht. Bei der Abzweigung nach Gunten bleiben Sie rechts. Bald darauf erblicken Sie die Hängebrücke von unten, unterqueren sie und erreichen den westlichen Brückenkopf, von dem Sie ins nahe Aeschlen wandern. Gehzeit zusätzlich 45 Minuten.

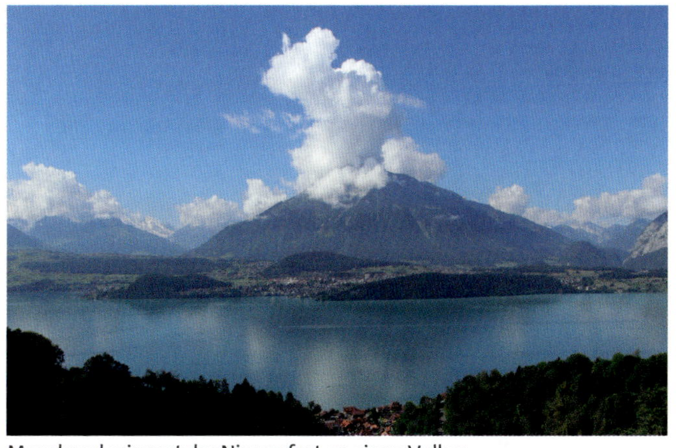

Manchmal erinnert der Niesen fast an einen Vulkan.

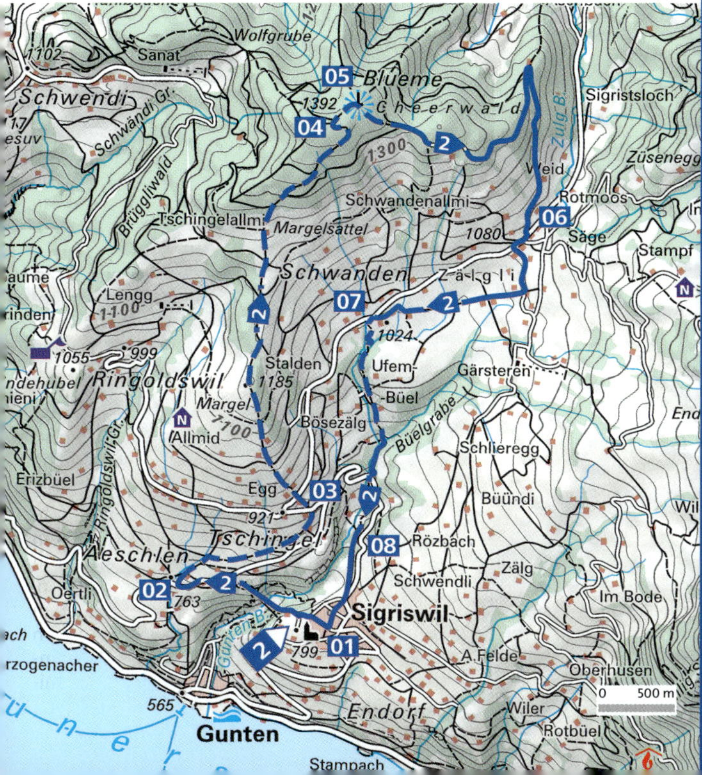

SIGRISWILER ROTHORN • 2034 m

Ein Felsgipfel mit Militärstollen

  14,5 km 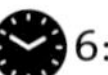 6:45 h 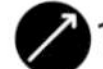 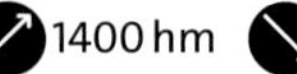 1400 hm 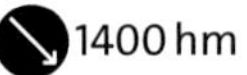 1400 hm 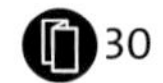 30

START | Sagi (Säge), 1077 m, bei Schwanden oberhalb von Sigriswil; STI-Bus von Oberhofen am Thunersee zur Endstation Schwanden-Säge (Linie 24, 25), gebührenpflichtiger Parkplatz. [GPS: UTM Zone 32 x: 402.984 m y: 5.177.059 m]
CHARAKTER | Anspruchsvolle Bergwanderung auf Forststrassen und schmalen, teils steilen und steinigen Pfaden (T3); im Bereich des Gipfels und des Schaflochs sind absolute Trittsicherheit und Schwindelfreiheit Voraussetzung – bei Schneelage sehr gefährlich! Ausserdem braucht man im Stollen eine gute Taschenlampe. Auf Unterbergli sind im Sommer Getränke erhältlich.

Für einen nur etwas über 2000 Meter hohen Voralpenberg bietet das Sigriswiler Rothorn erstaunliche Besonderheiten. Rund um das kleine Massiv zeigen sich Steilhänge und Felsabbrüche, hinter denen sich kleine Täler, entlegene Alpweiden und ein geologisch interessantes Karstgebiet verbergen. Wer die Pfade um und auf den kantigen Hauptgipfel erkunden möchte, darf sich vor gerade einmal schuhbreiten Gesteinsbändern und schwindelnden Tiefblicken nicht fürchten – und auch nicht vor der Finsternis, denn es führt sogar ein enger Stollen mitten durchs Gestein. Er verbindet die Militäranlagen, die während des Zweiten Weltkriegs auf der schroffen Nordwestseite des Rothorns erbaut wurden, mit dem

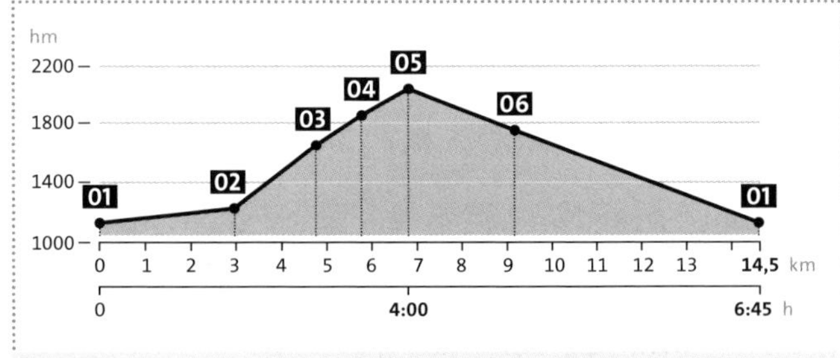

01 Sagi (Säge), 1077 m; 02 Skilift Wilerallmi, 1185 m; 03 Unterbergli, 1676 m; 04 Oberbergli, 1818 m; 05 Sigriswiler Rothorn, 2034 m; 06 Schafloch, 1780 m

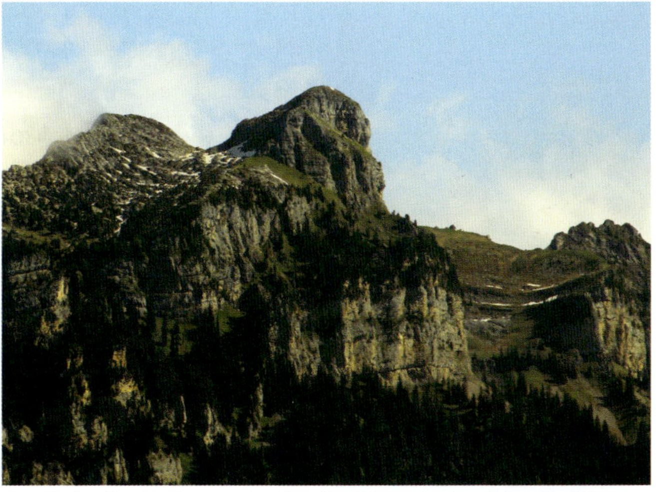

Das Sigriswiler Rothorn, seine Karstmulde und seine Wandfluchten.

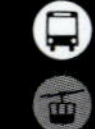
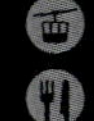
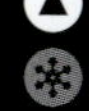

sagenumwobenen Schafloch, dessen Portal hoch über dem Justistal unter der Gipfelwand klafft. Seit 1980 ist die etwa 15 Minuten lange Durchquerung des einst gruseligen Gangs wieder möglich – allerdings nur mit einer guten Lampe.

▶ Gegenüber der Bushaltestelle (Sägeplatz) in **Sagi (Säge)** 01 zeigt das Schild „Oberbergli, Rothorn“ die Richtung an. Auf der Stampfstrasse geht's über eine Kreuzung. Nach etwa 350 m lässt sich eine Kehre links auf dem Wanderweg abkürzen, dann bleiben Sie rechts auf der asphaltierten Fahrbahn. Von der folgenden Kreuzung (1219 m) geht's rechts zu einem kleinen Skigebiet hinauf (Sicht zum Thunersee) und kurz in den Gärstereggraben hinab. Von dort führt ein Schotterfahrweg zum **Skilift Wilerallmi** 02 (1185 m) hinüber. 1:00 h.

Auf der geteerten Zufahrt wandern Sie nun zur nahen Alphütte (1205 m), hinter der links die Route mit dem Wegweiser „Unterbergli, Rothorn“ beginnt. Zunächst schlängelt sich rechts ein Fahrweg zu den Wiesen „In de Weng“ empor, dann steigt man auf einem steilen Waldpfad zum Felsabbruch der Rälligstöcke empor. Dort ermöglicht eine steile Rinne den Durchstieg zur Abzweigung im verborgenen Chälegraben. Von dort wandern Sie rechts weiter aufwärts, bis Sie zwischen Felsen einen Sattel (1650 m) nahe der kleinen, aber bei Kletterern beliebten Spitzi Flue erreichen.

Dahinter führt der Pfad nach links und über einer Weidehochfläche mit schöner Sicht auf die Gletschergipfel um die Blümlisalp zur Alp **Unterbergli** 03 (1676 m). 1:15 h.

Hinter der Hütte geht's geradeaus weiter. Über einen Wiesenhang steigen Sie in licht bewaldetes Gelände an, wo Sie rechts abbiegen und nach 30 Minuten zur Alphütte am **Oberbergli** 04 (1818 m) gelangen.

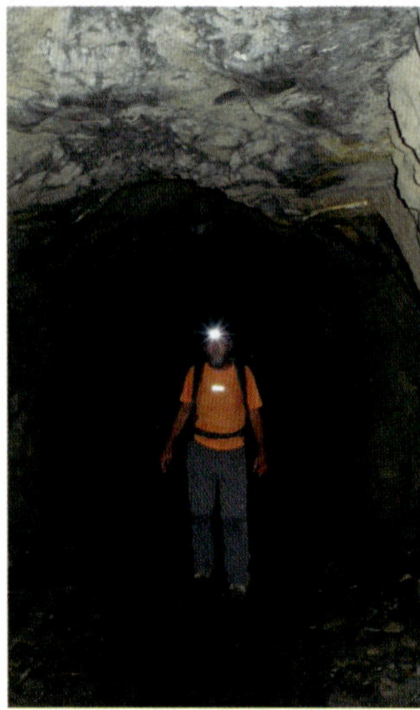

Licht am Ende des Schaflochs.

Von dort gelangen Sie über einen Wiesenrücken mit einem Tümpel zu einer Abzweigung, von der Sie links über einen Kamm gegen das Rothorn ansteigen. Links überrascht eine Karstmulde mit scharf verwitterten Karrenfelsen und Dolinentrichtern. Auf 1970 m erreichen Sie eine Gabelung, von der Sie links Richtung „Rothorngipfel" in eine Scharte Nordwestgrat gelangen. Dort beginnt rechts der Nordwestgrat mit einem Felskopf, dessen Ersteigung etwas Mut und den Einsatz der Hände erfordert. Danach geht's jedoch durch gut gangbares Blockgelände empor, bis nach etwa 45 Minuten beim Gipfelkreuz des **Sigriswiler Rothorns** **05** (2034 m) eine grandiose Rundsicht alle Mühen belohnt. Weite Teile des Thunersees liegen Ihnen zu Füssen, im Nordosten beherrschen die Felswände der Sieben Hengste sowie der Hohgant das Bild – und über dem benachbarten Niederhorn sind die Viertausender beiderseits des Eigers sichtbar.

Nach dem Abstieg zur erwähnten Gabelung (1970 m) beginnt das nächste Abenteuer: Der linke Pfad Richtung „Schafläger" verläuft nun hoch über dem Justistal, und zwar auf schmalen und recht luftigen Felsbändern durch die sehr steile Südostflanke des Gipfels, die unten mit senkrechten Wänden abbricht. An ihrem Fuss befindet sich das Schafloch, durch das Sie später zurückkehren werden.

Zuvor aber geht's nach links und über dem Schutt- und Graskar im Norden des Berges in eine Senke (1921 m) des Sigriswilgrats hinüber. Dort folgen Sie der Beschilderung „Schwanden, Sagi" nach links zu einer Anhöhe auf der Nordseite, von der Sie dann gut 100 Höhenmeter in Serpentinen absteigen. So erreichen Sie den links abzwei-

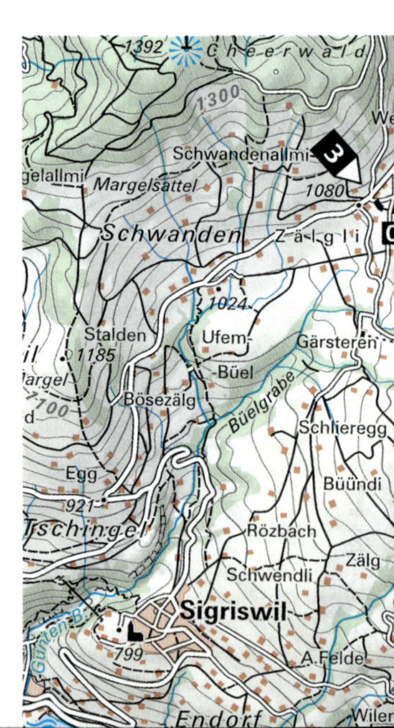

genden Stollenzustieg (Drahtseile). Auf einem Holzsteg kommt man zum Nordeingang des etwa 600 m langen Schafloch-Stollens (1810 m), der unter dem Bergmassiv zur eindrücklichen, auf natürliche Weise entstandenen Grotte des **Schaflochs** **06** (1780 m) führt.

Nach der Übersteigung des dortigen ein Zauns auf einer kleinen Leiter geht's auf dem Pfad unter den wilden Felsabstürzen der Rothorn-Südostflanke weiter – erst etwas absteigend und nach etwa 400 m – von einer Schuttmulde – rechts in Kehren zu einem Sattel hinauf. Es folgt ein Grasband, von dem Sie rechts zum Gipfelzustieg ansteigen. 1:30 h nach dem Abmarsch vom Gipfel endet dieser Tourenabschnitt am **Oberbergli** **04** (1818 m).

Nach weiteren 150 m verlassen Sie den Weg zum Unterbergli nach rechts, übersteigen eine kleine, felsige Scharte und wenden sich in der dahinter gelegenen Schuttmulde wieder nach links. Nachdem Sie etwa 500 m durch das wildromantische Tälchen abgestiegen sind, biegen Sie oberhalb des Chälegrabens nach rechts ab und überschreiten damit den Sattel der Berglichäle (Berglikehle, 1725 m). Jenseits zieht der Pfad durch die anfangs recht abschüssigen, stellenweise auch bewaldeten Hänge im Norden des Sigriswilergrats hinab (nach 10 Minuten bleiben Sie bei einer unmarkierten Abzweigung geradeaus).

Oberhalb des Wilerallmi-Skigebiets wechseln Sie bei der Alp Bodmi (1422 m) auf einen geteerten Fahrweg, der sich jedoch bald wieder auf Wanderpfaden abkürzen lässt. Vorbei am Naturfreundehaus Stampf (1265 m) kehren Sie schliesslich nach 1:45 h wieder nach Sagi (Säge) **01** zurück.

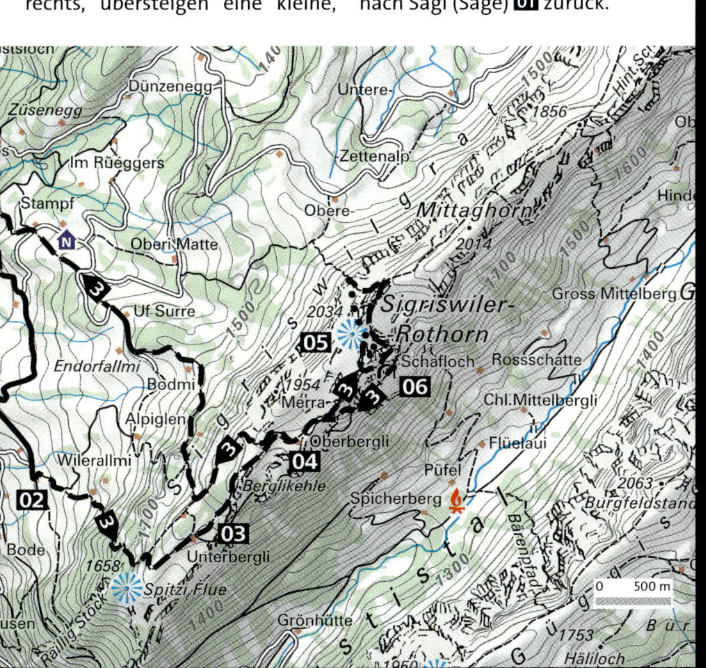

4

NIEDERHORN • 1950 m
GEMMENALPHORN • 2061 m

Ein Bergausflug ins Reich der Steinböcke

 11 km  3:30 h 340 hm  1060 hm  30

START | Beatenberg, 1137 m, Talstation der Gruppenumlaufbahn auf das Niederhorn; Postauto-Haltestelle, Parkplatz. Auffahrt zur Bergstation am Niederhorn, 1932 m (www.niederhorn.ch). Rückfahrt von Waldegg mit dem Postauto (Linie 101).
[GPS: UTM Zone 32 x: 406.382 m y: 5.173.733 m]
CHARAKTER | Aussichtsreiche Grat- und Bergwanderung auf gut angelegten Pfaden und Alpstrassen; Seilsicherung an einigen ausgesetzten Stellen zwischen dem Burgfeldstand und dem Gemmenalphorn (T3). Einkehren kann man nur bei der Bergstation und in Waldegg.

Bilderbuchtour! Mit diesem Begriff sollte man sparsam umgehen, doch für die Wanderung über den Guggisgrat hat er wirklich seine Berechtigung. Durch die besondere Lage dieser Bergkette zwischen dem vielbesuchten Niederhorn und dem Gemmenalphorn bietet sie an Tagen mit klarer Luft eine unglaublich schöne Aussicht zum nahen Sigriswiler Rothorn (unter dem das Schafloch zu erkennen ist) und zum fernen Jura, über die Simmentaler und Waadtländer Berge, auf Stockhorn und Niesen, zu den Spitzen über Kandersteg, auf die Blümlisalp, zu Jungfrau, Mönch und Eiger, Finsteraar- und Schreck-

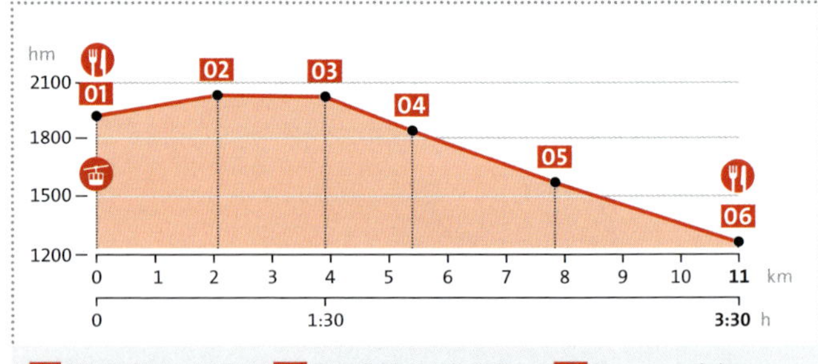

01 Niederhorn, 1932 m; 02 Burgfeldstand, 2063 m; 03 Gemmenalphorn, 2061 m; 04 Gemmenalp/Oberberg, 1818 m; 05 Schwendi, 1557 m; 06 Waldegg, 1202 m

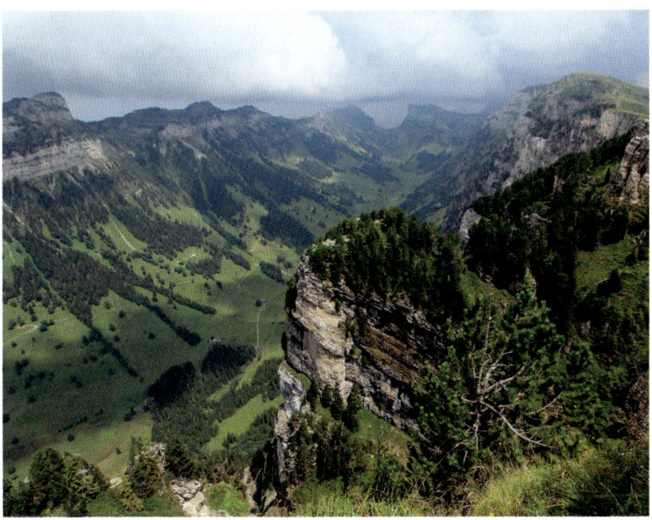

Sigriswiler Rothorn (links), Sichle und Burgstand über dem Justistal.

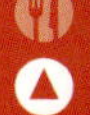

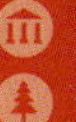

horn und zum Schluss auch zu den Gipfeln über dem Haslital, zu den Innerschweizer Bergen hinter dem Titlis, zum Hohgant sowie auf die schräge Karsthochfläche der Sieben Hengste. Oft wird der Blick aber viel Näheres fixieren, denn auf dem Guggisgrat leben zahlreiche Steinböcke. Da sie nicht bejagt werden, zeigen manche von ihnen kaum Scheu vor dem Menschen und naschen gleich neben dem Weg an Kräutern.

▶ Nach der Ankunft in der Seilbahn-Bergstation auf dem **Niederhorn** 01 (Berghaus Niederhorn) lohnt sich zunächst der kurze Abstecher auf den Gipfel (1950 m) bzw. zur nahen Aussichtsterrasse (Panorama über den Thunersee und bis zum Jura).
Dann wandern Sie, dem Wegweiser „Gemmenalphorn" folgend, über den Güggisgrat, der rechts mit weiten Grashängen abdacht (Sicht zu den Gletscherbergen der Berner Alpen) und links steile Felsflanken aufweist (Blick über das Justistal zum Sigriswiler Rothorn) nach Nordosten. Vorbei an einem kleinen Kreuz erreichen Sie im sanften Abstieg einen ausgedehnten Grassattel (1918 m) mit einer Abzweigung. Links geht's zum **Burgfeldstand** 02 (2063 m) empor – das ist der höchste Punkt des Kammes.
Von dort führt der Pfad in eine Scharte hinab und durch ausgesetztes Gelände links an schroffen Felsformationen vorbei (Stufen, Sicherungen). Dann geht's wieder durch die rechte Flanke und über zwei Kuppen in eine weitere Senke. Von dort steigen Sie links über den Südkamm (mit einer kurzen heiklen Stelle) zum Gipfel des **Gemmenalphorns** 03 (2061 m) an. Es erwartet Sie eine prachtvolle Rundsicht, die nun im Nordosten auch die schräge Karsthochfläche der „Sieben Hengste" und den Hohgant inkludiert. 1:30 h.

Die **Abstiegsroute** verläuft zunächst wieder auf dem Aufstiegspfad zur obersten Gabelung hinab und links (Beschilderung „Beatenberg/Waldegg"). Durch Grashänge steigen Sie zur **Gemmenalp/Oberberg** 04 (1818 m) ab. Weiter geht's rechts auf dem Fahrweg Richtung „Waldegg", den Sie jedoch nach etwa 100 m links auf einem Wanderpfad verlassen. Er führt links um einen bewaldeten Hügel herum, bis er nach 1 km auf eine weitere Schotterstrasse trifft. Diese leitet Sie über einen Rücken (Leimere) nach Süden zur Hütte auf **Schwendi** 05 (1557 m). Nun wandern Sie durch das Skigebiet

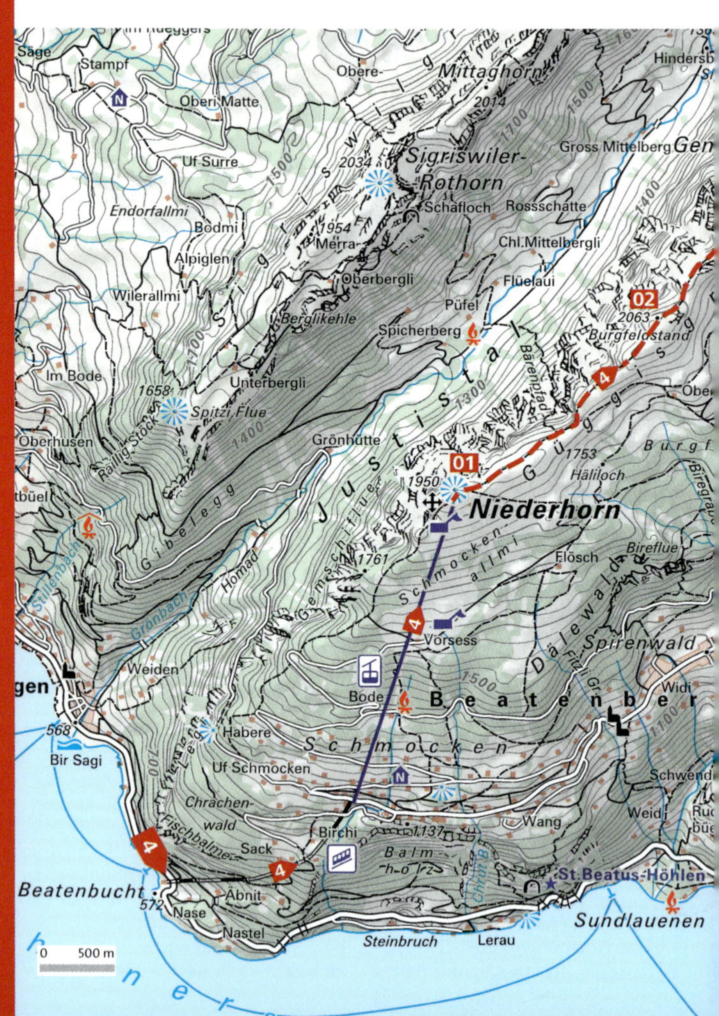

der Waldeggallmi talwärts – zwar auf den Kehren einer Strasse, aber dafür direkt den vergletscherten Berner Hochgipfeln um Eiger, Mönch und Jungfrau entgegen. Zuletzt nutzen Sie nochmals einen Wanderweg, bis Sie nach 2:00 h in der Ortschaft **Waldegg** 06 (1202 m) ankommen.

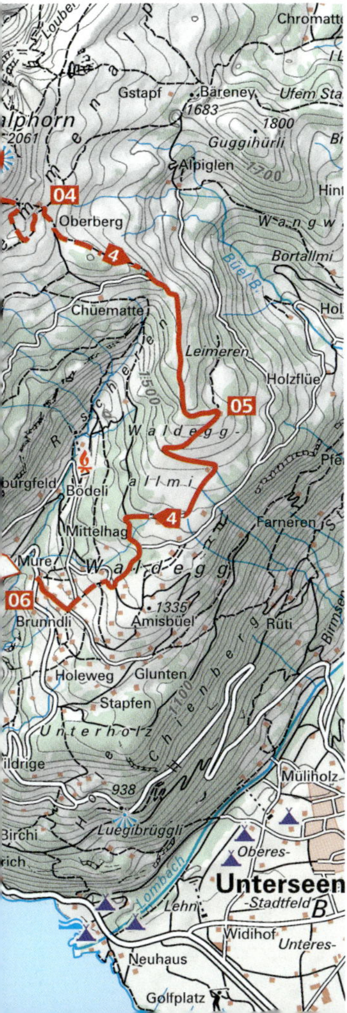

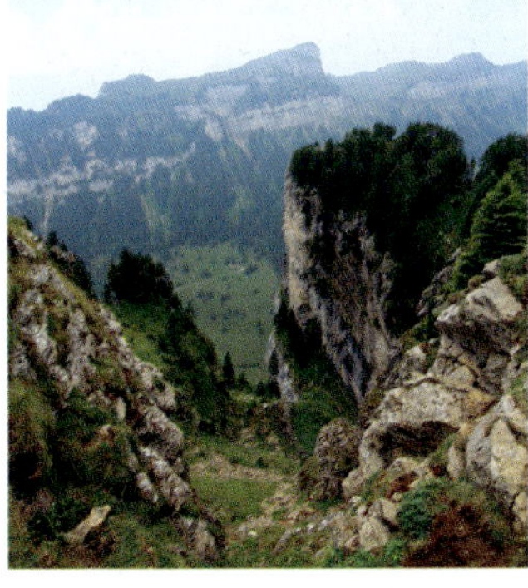

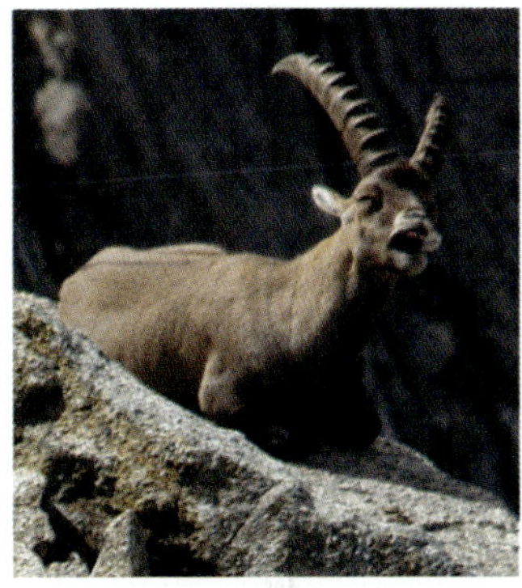

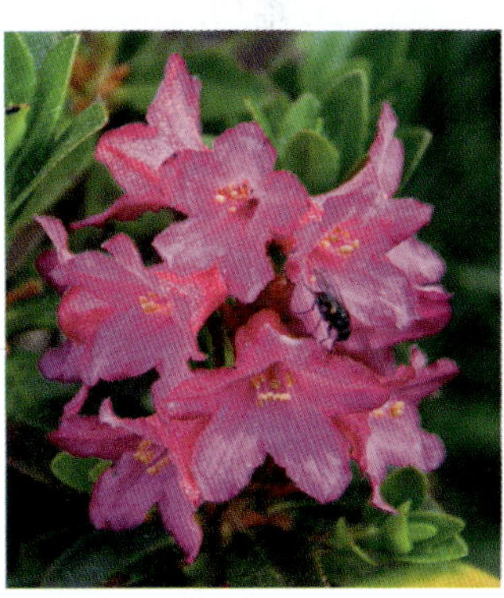

Schroffe Felsabbrüche, ein gähnender Steinbock und ein Blütengruss vom Niederhorn.

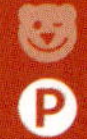

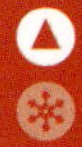

ZU DEN BEATUSHÖHLEN

Pilgerweg und Panoramadorf

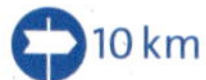

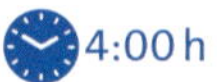

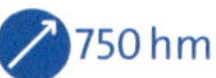

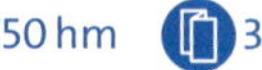

START | Beatenbucht am Nordufer des Thunersees (zwischen Merlingen und Sundlauenen), 560 m, Talstation der Standseilbahn nach Beatenberg; gebührenpflichtiger Parkplatz (Parkhaus), Schiffsanlegestelle, Postauto-Haltestelle.
[GPS: UTM Zone 32 x: 404.217 m y: 5.170.896 m]
CHARAKTER | Auf- und Abstieg auf steilen Pfaden, dazwischen gut 1 km entlang der Strasse; zuletzt wandert man auf einem flachen Wanderweg und kurz auf einem Schotterfahrweg (T2). Man kann die Tour durch die Auffahrt mit der Standseilbahn um 1:50 h abkürzen (www.niederhorn.ch). Einkehrmöglichkeit in Beatenberg und bei den Beatushöhlen.

Die Beatushöhlen gehören zu den bekanntesten Ausflugszielen im Berner Oberland. Etwa 200 Meter über dem Nordufer des Thunersees sprudeln zeitweise Karstquellen aus den Felsen der Balmflue – dahinter verbirgt sich ein Höhlenlabyrinth mit einer bisher bekannten Gesamtlänge von 14 Kilometern, in denen sich unterirdische Bachläufe, riesige Hallen und bis zu 40.000 Jahre alte Tropfsteinformationen verbergen. Ein etwa ein Kilometer langer, elektrisch beleuchteter Rundgang kann zwischen Mitte März und Mitte November täglich im Rahmen von einstündigen Führungen bewundert werden (www.beatushoehlen.ch). Wer zudem die Umgebung dieses Natur-

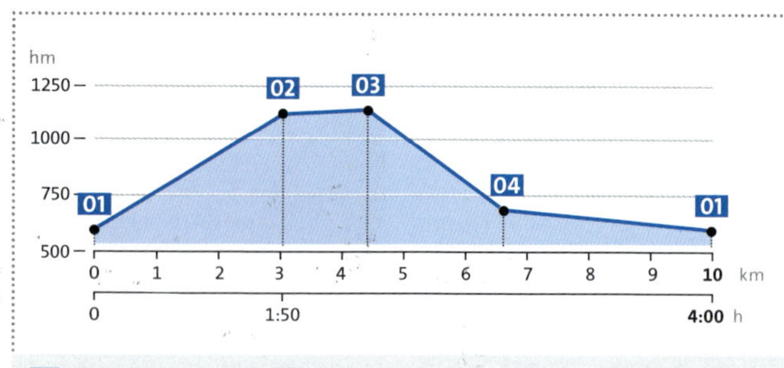

01 Beatenbucht, 560 m, 02 Beatenberg, 1121 m; 03 Haltestelle „Firnelicht", 1129 m; 04 St.-Beatus-Höhlen, 676 m

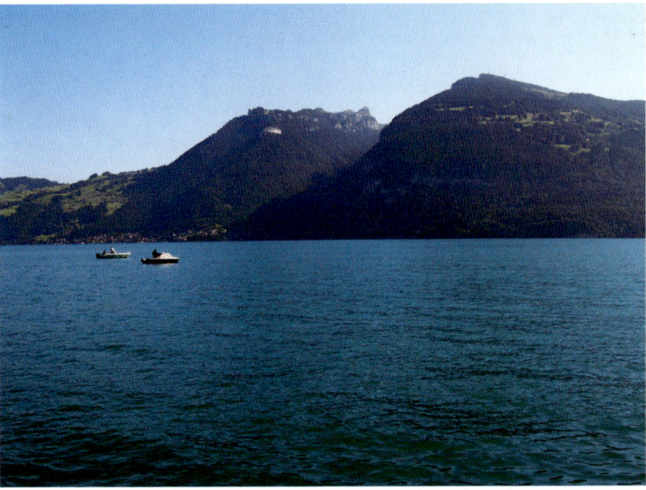

Beatenberg (rechts) und Sigriswiler Rothorn über dem Thunersee.

wunders erkunden möchte, kann dies auf einem uralten Pilgerweg tun, denn die Höhlen sollen einst dem englischen Missionar Beatus als Einsiedelei gedient haben. Wer dabei etwas höher hinauf will, steige zum Sonnenbalkon von Beatenberg an und staune dort nicht nur über die grossartige Viertausendersicht: Mit einer Ausdehung von sieben Kilometern vom ersten bis zum letzten Haus gilt der Ort als das längste Dorf der Schweiz, wenn nicht ganz Europas.

Gegenüber der Talstation der Standseilbahn an der **Beatenbucht** 01 – direkt unter der Brücke der Bahn – führt ein Kiesweg mit dem Wegweiser „Merlingen (Pilgerweg), Beatenberg" in den Wald hinauf. In Kehren erreichen Sie den flachen Pilgerweg (Jakobsweg, Nr. 4), auf den Sie scharf nach links einschwenken. Nach ca. 100 m biegen Sie unter der Fischbalme rechts Richtung „Beatenberg" ab. Der Pfad steigt durch die Waldhänge unter der Schmockenflue an, führt auf einer Brücke über die Standseilbahn und erreicht eine weitere Gabelung. Nun geht's links empor, an einem Tunnelportal vorbei und über Wiesen – zweimal kurz einer Strasse folgend – hinauf. Zuletzt steigen Sie auf Stufen neben dem Bahntrassee bis zur Bergstation der Standseilbahn in **Beatenberg** 02 (1121 m) an. Dort befindet sich auch die Talstation der Gruppenumlaufbahn auf das Niederhorn (Postauto-Haltestelle). 1:50 h.
Nun marschieren Sie rechts (nach Osten, Beschilderung „Bode, Vorsass") auf dem Gehsteig neben der Beatenbergstrasse weiter. Dabei passieren Sie das Hotel Dorint, eine Aussichtterrasse (schöner Blick zum Thunersee bzw. zum Dreigestirn Jungfrau, Mönch und Eiger) und einen Parkplatz. Nach gut 1 km biegen Sie bei der **Postauto-Haltestelle „Firnelicht"** 03 (1129 m) rechts Richtung „Beatushöhlen, Sundlauenen" ab.

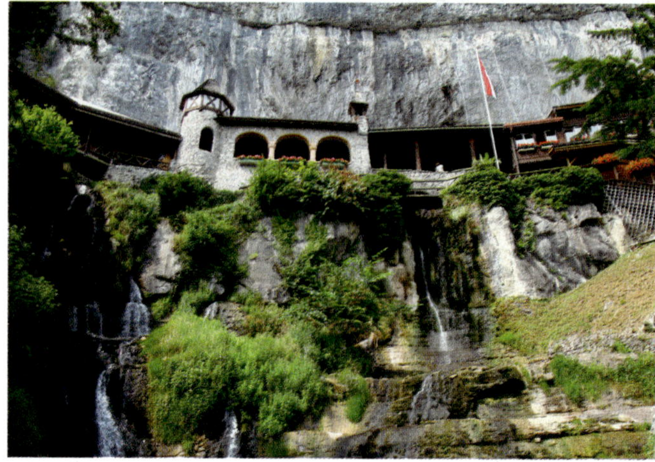
Beim Eingang zu den Beatushöhlen sprudelt Karstwasser aus den Felsen.

Bald geht's auf einem Wiesenweg und durch den Campingplatz Wang zum Waldrand hinunter. Dort zweigt rechts der schmale Pfad zu den St.-Beatus-Höhlen ab, der durch bewaldetes Gebiet und zwischen den Felsabbrüchen der Gsteigleflue bergab führt. Schliesslich gelangen Sie im Zickzack zu einer Gabelung hinab und von dort nach links – ziemlich steil – in wenigen Minuten zu den **St.-Beatus-Höhlen** 04 (676 m) hinauf. 1:10 h.

Nach der Besichtigung gehen Sie kurz zum Pilgerweg (Nr. 4) und folgen diesem Richtung „Beatenbucht, Merlingen". Er quert einen Graben, steigt rechts an und führt auf einer Strasse am Steinbruch im Balmholz vorbei. Danach geht's auf dem idyllischen Wanderweg weiter, über die überdachte Budelbachbrügg und an einem nach dem Dichter Josef Viktor Widmann benannten Aussichtsplatz vorbei. Zuletzt gelangen Sie von Nastel (640 m) links wieder zur **Beatenbucht** 01 hinab. 1:00 h

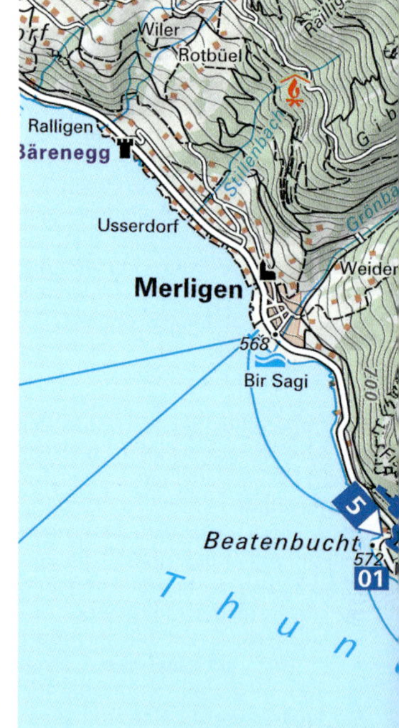

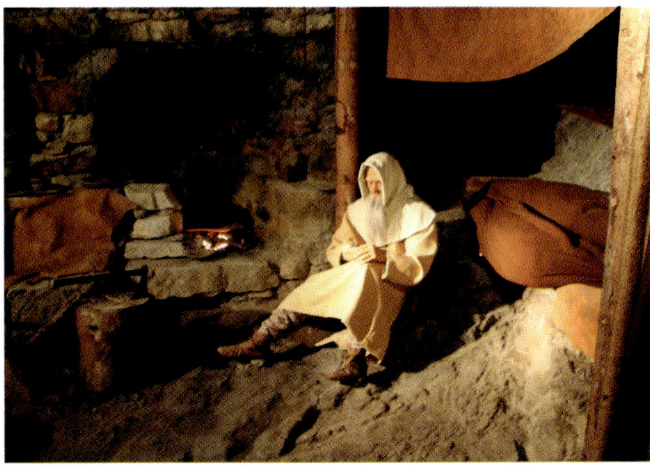

So (ähnlich) wohnte der heilige Beatus wohl in seiner Höhle.

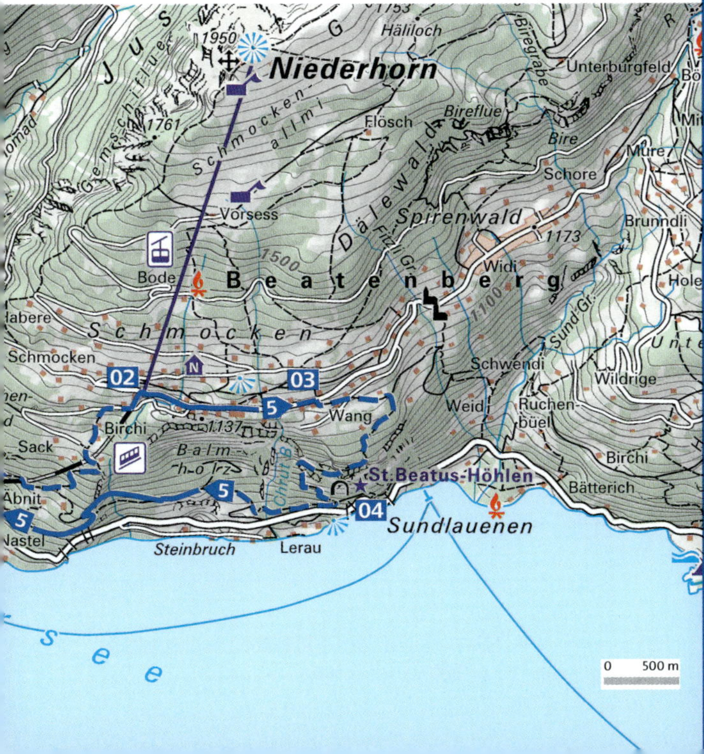

WANNICHHUBEL • 1585 m
HARDERKULM • 1322 m

Auf den Hausberg von Interlaken

 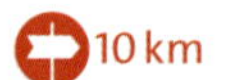 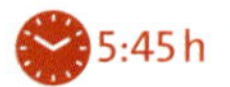 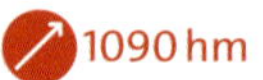 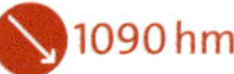 

START | Goldswil bei Interlaken, 577 m; Zufahrtsmöglichkeit vom Bahnhof Interlaken Ost mit dem Postauto (Linie 102), gebührenpflichtige Parkplätze im Ort.
[GPS: UTM Zone 32 x: 414.092 m y: 5.172.064 m]
CHARAKTER | Anstrengende Bergwanderung auf stellenweise sehr steilen Waldpfaden, die Trittsicherheit erfordern (T2). Einkehrmöglichkeit auf dem Harderkulm. Man kann sich den Abstieg und damit 1:30 h Gehzeit durch die Talfahrt mit der Harder-Standseilbahn ersparen (www.jungfrau.ch/de-ch/harder-kulm).

Im Berner Oberland zählt eine Erhebung wie der Harder zu den „Bergzwergen". Doch selbst sein westlicher Eckpunkt, der Harderkulm, erhebt sich 755 Höhenmeter über dem Ufer der Aare, die zwischen dem Brienzer- und dem Thunersee kurz durchs „Bödeli" fliesst. Als sich in der Zeit der Belle Époque dort neben dem Städtchen Unterseen die Hotelsiedlung Interlaken entwickelte, kam der Gedanke an die Erschliessung dieses Aussichtspunktes auf. 1908 war es dann soweit: Seit damals garantiert eine Standseilbahn die eindrückliche Sicht zur Jungfrau ganz ohne Schweissvergiessen. Das kann man von den Pfaden, die von ganz unten auf den Hardergrat hinaufführen, nicht behaupten – aber dafür geniesst man dort, ganz im Gegen-

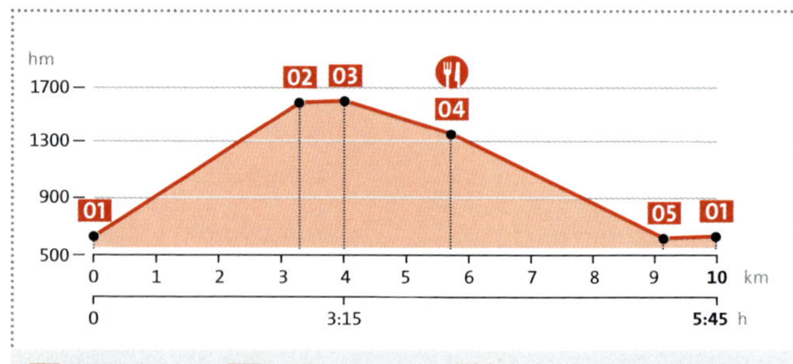

01 Goldswil, 577 m; 02 Hardergrat, 1577 m; 03 Wannichnubel, 1585 m; 04 Harderkulm, 1322 m; 05 Interlaken, 566 m

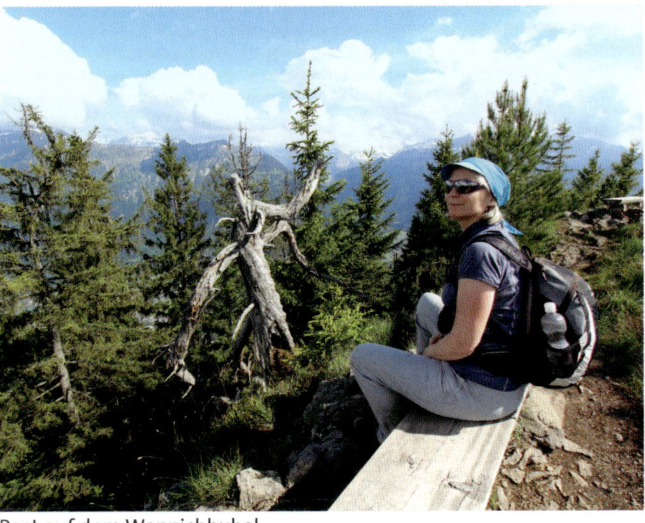

Rast auf dem Wannichhubel.

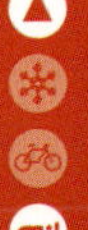

satz zum Harderkulm – die Aussicht noch in wohltuender Stille.

Von der Postauto-Haltestelle Goldswil Dorf gegenüber dem Gemeindshus in **Goldswil** 01 gehen Sie am Brunnen vorbei und schwenken links in die Hobachergasse ein (Wegweiser „Rote Fluh"). Nach dem letzten Haus führt ein Wanderweg über die Goldswilallmi in den Wald, wo Sie links Richtung „Ried, Hardergrat" abzweigen. Oberhalb der Weiden der Tschingel steigen Sie dann rechts gemäss der Beschilderung „Rote Fluh, Augstmatthorn" im Zickzack durch Buchenwald an. Auf den oberhalb davon gelegenen Wiesen geht's erst nach links und gleich darauf wieder rechts zu den Hütten von Ried (1048 m) hinauf. Schon davor zieht der steinige, auch mit Stufen ausgebaute „Wurzelweg" zum Hardergrat links neben dem bewaldeten Riedgraben empor. Dann führt er nach rechts und in weiten Kehren zur kleinen Geissmedli-Hütte empor. Dort wird nun auch der Blick auf das Dreigestirn Eiger, Mönch und Jungfrau frei. Gleich danach biegen Sie bei der Gabelung (Hohmeder, 1361 m) rechts ab und steigen in vielen Serpentinen durch sehr steiles, licht bewaldetes Gelände zum **Hardergrat** 02 (1577 m) hinauf. 3:00 h.
Nun folgen Sie dem schmalen Gratweg links Richtung „Harderkulm" und an einer Kammerhebung vorbei. Zwischen den Bäumen tun sich immer wieder Tiefblicke nach Interlaken auf. Nach 600 m zweigt rechts der kurze Stichpfad zum **Wannichnubel** 03 (1585 m, Wegweiser „Wanniknubel") ab.
Die Überwindung einiger Felsstufen wird mit Durchblicken zwischen knorrigen Gipfelbäumen zum Brienzer- und zum Thunersee, zum Hohgant und zu den Eisriesen der Berner Alpen belohnt. 15 Minuten.

Von der Weggabelung geht's dann unterhalb des kleinen Gipfels und über den dicht bewaldeten Kamm abwärts (der Wegweiser des Elfenwegs, der unterwegs scharf links zum Harderkulm zeigt, bleibt unbeachtet). So erreichen Sie nach knapp 30 Minuten das turmgeschmückte Restaurant und die Aussichtsterrasse am **Harderkulm** 04 (1322 m) – man ist dort zwar nie allein, aber man kann dort gut essen und der Blick über Interlaken zur vergletscherten Jungfrau lässt den Trubel fast vergessen.

Der weitere Abstieg erfolgt über den Kamm nach Südwesten, stets gemäss der Beschilderung „Interlaken".

Nach etwa 10 Minuten zweigen Sie auf der Wiese der Hardermatte links Richtung „Bleikiwald, Interlaken-Ost" ab, wandern durch den Waldhang zum Trassee der Standseilbahn hinüber und davor rechts hinunter zu einem Aussichtsplatz (Unterstand) über der Felswand der Falkenfluh (wo das sagenumwobene „Hardermandli" aus dem Gestein blickt). In der Folge führt der Weg wieder zur Bahn, die unterquert wird, und zur Lichtung unter dem Bleikiwald, wo Sie rechts abzweigen. Bald geht's auf einem Steg über die Schienen und dann sehr steil bergab – eine kurze Stelle ist sogar mit Geländern und einem Drahtseil gesichert. Vom Pavillon am Hohbühl wandern Sie links auf einem Fahrweg zum Alpenwildpark, der neben der Standseilbahn liegt. Von dort ist es nicht mehr weit zur Talstation der Harderbahn in **Interlaken** 05 (566 m) hinunter. 1:30 h.

Direkt vor der nahen Brücke über die Aare beginnt links der schöne Uferweg, der flussaufwärts ins knapp 2 km entfernte **Goldswil** 01 führt. 30 Minuten.

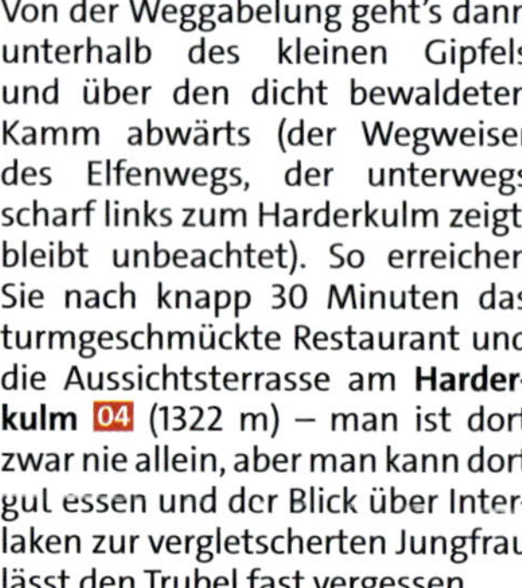

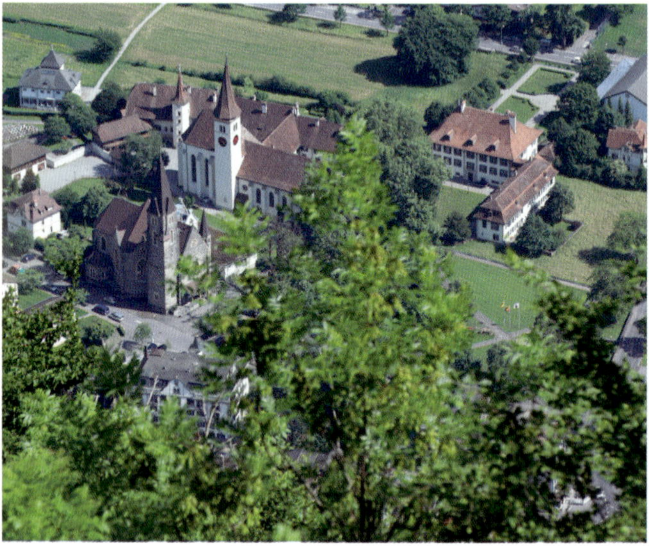

Der Tiefblick vom Harderkulm zum einstigen Kloster von Interlaken.

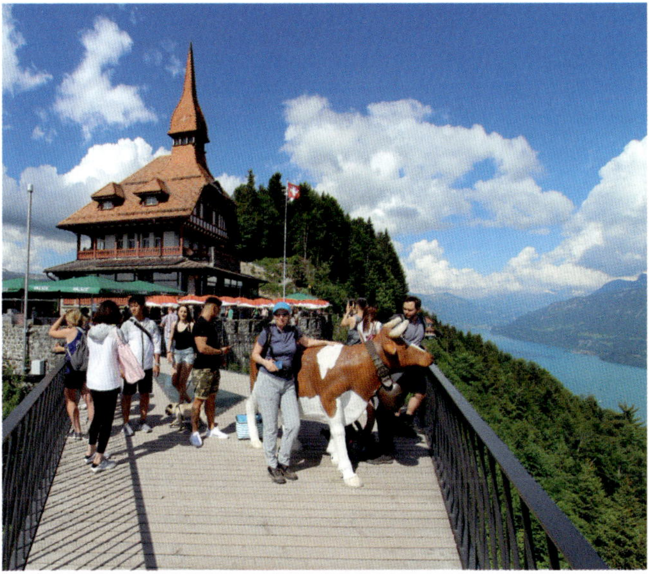

Fröhlicher Trubel herrscht hoch über dem Brienzersee.

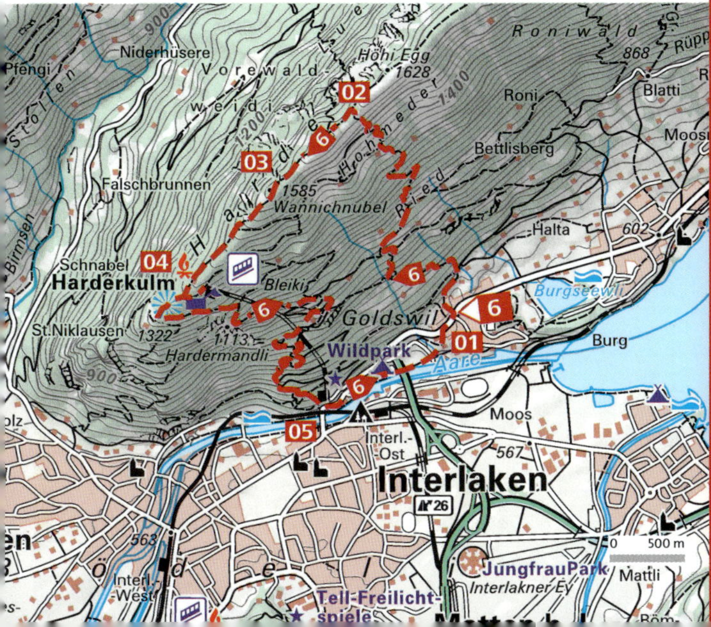

7

AUF DAS BRIENZER ROTHORN • 2350

Abenteuerliche Pfade durchs Lättgässli

  12 km 5:20 h 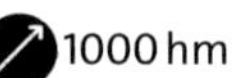 1000 hm  1000 hm 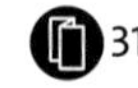 31

START | Brienz am Brienzersee, 567 m, Talstation der Zahnradbahn auf das Brienzer Rothorn; Parkplatz, Bahnhof, Postauto-Haltestelle und Schiffsanlegestelle. Auffahrt mit der Zahnradbahn zur Station Planalp, 1341 m (https://brienz-rothorn-bahn.ch).
[GPS: UTM Zone 32 x: 425.095 m y: 5.180.388 m]
CHARAKTER | Anspruchsvolle Bergtour auf steilen, felsigen und stellenweise ausgesetzten Pfaden, die absolute Trittsicherheit und Schwindelfreiheit erfordern (T3); bei Schlechtwetter oder Schneelage sehr gefährlich! Man kann den schwierigen Aufstieg auslassen, indem man mit der Zahnradbahn zur Bergstation hinauffährt – oder man erspart sich den Abstieg mit der Talfahrt zur Planalp.

Dampfbetrieb seit 1892: Die 7,6 Kilometer lange Zahnradbahn auf das Brienzer Rothorn ist die einzige in der Schweiz, deren Lokomotiven bis heute mit Kohle befeuert werden. Daneben überwinden aber auch mit Diesel und Öl betriebene Zugmaschinen den Höhenunterschied von 1678 Höhenmetern zwischen dem Ufer des Brienzersees und der Bergstation, von der die Fahrgäste nur mehr 20 Gehminuten vom Gipfel trennen. Wer ohne technische Hilfe dort hinauf möchte, muss dafür fünf Stunden Gehzeit veranschlagen. Eine sehr interessantere Tour ermöglicht der Start auf der Plan-

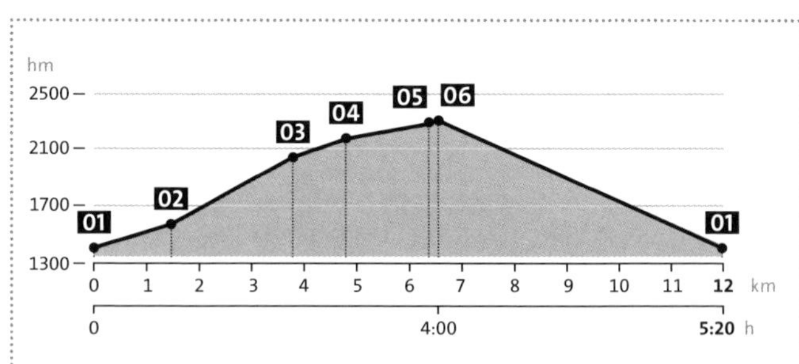

01 Planalp, 1341 m; 02 Greesgi, 1566 m; 03 Chruterenpass, 2053 m; 04 Lättgässli, 2175 m; 05 Bergstation Rothornbahn, 2266 m; 06 Brienzer Rothorn, 2350 m

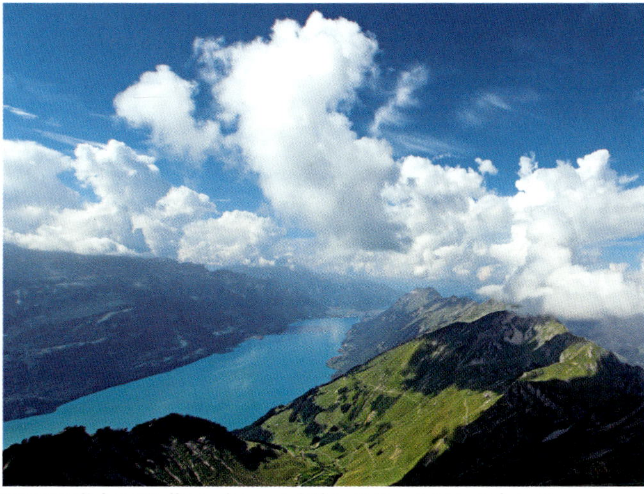

Sommerliches Wolkenschauspiel über Brienzersee und -grat.

alp, einer alten Walsersiedlung auf halber Höhe des Berges: Hinauf geht's über den luftigen Brienzergrat, der nach Westen die Kammverbindung bis zum Harder herstellt, und hinunter auf dem einfacheren „Normalweg".

▶ Von der Bahnstation auf der **Planalp** 01 folgt die beschilderte Wanderroute aufs Brienzer Rothorn zunächst einem Fahrweg links über einen Bahnübergang und über den Milibach. Danach biegen Sie bei der zweiten Abzweigung rechts ab und wandern in 45 Minuten neben dem Graben – zuletzt auf einem Abkürzungsweg – zu den schön gelegenen Alphütten von **Greesgi** 02 (1566 m) hinauf.
Dort nehmen sie die Alpstrasse mit der Beschilderung „Chruterenpass", die in einer Schleife durch die darüber gelegenen Weidehänge zur Alp Gummi (Uf der Chuefuren, 1822 m) ansteigt. Weiter geht's auf einem schmalen Pfad, der sich durch ein Schuttkar unter dem Brienzergrat und einen felsigen Grashang auf die Anhöhe über dem Choppisegg schlängelt. Dahinter wandern Sie durch steileres Gelände in den felsigen **Chruterenpass** 03 (2053 m) hinauf. 1:35 h.

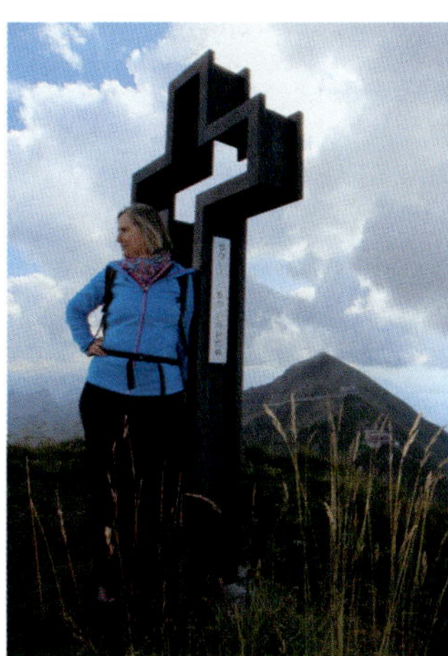

Das Schongütsch-Gipfelkreuz.

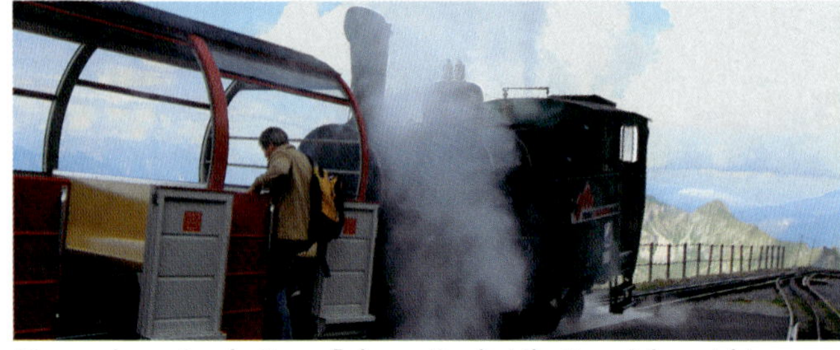

Die rauchprustende Dampflokomotive hat ihr Bergziel erreicht.

Zum Blick nach Süden über den See auf die Gletscherberge kommt nun die Sicht nach Osten zu den Gipfeln zwischen dem Sustenhorn und dem Dammastock, während im Norden der ferne Pilatus, das Entlebuch und die Karsthänge der Schrattenflue auftauchen.

Der Wegweiser „Chruterenboden, Rothorn" gibt nun die Gehrichtung durch die sehr steile und grasige Nordseite des spitzen Kammes vor. Bei der folgenden Gabelung gehen Sie rechts Richtung „Rothorn" weiter. Sie sind nun auf dem „Grenzpfad Napfbergland" (Nr. 65) unterwegs, der eine Anhöhe anpeilt. Von dort erblicken Sie über einem Schuttfeld (das bis in den Sommer hinein unter hartem Altschnee liegen kann) das **Lättgässli 04** unter den felsstarrenden Lanzizähnen. Die schmale und steile Felskluft lässt sich jedoch dank einer betonierten, mit soliden Stahlseilen und Halteketten versehenen Treppe viel einfacher als gedacht erklimmen.

Oben am Grat (2175 m) angekommen erscheinen wieder die Hochgipfel der Berner Alpen im Süden – doch die sollte man nur im Stehen bewundern, denn der Pfad durchquert nun die sehr abschüssigen Grashänge unter zwei weiteren Kammerhebungen hoch über dem Kessel der Alp Greesgi (die Schwindelfreie auch überschreiten können).

Eine dritte, aus schrägen Gesteinsschichten aufgebaute Kuppe mit dem eigenartigen Namen Schongütsch (2319 m) trägt ein Gipfelkreuz und lässt sich auf einem kurzen Stichpfad „mitnehmen". Dann befinden Sie sich bereits über der **Bergstation der Rothornbahn 05** (2266 m). 40 Minuten vom Chruterenpass.

Von dort gehen Sie in etwa 20 Minuten auf einem breiten Weg – vorbei am Restaurant Rothorn Kulm und an der Bergstation der Seilbahn, die von Sörenberg herauffährt – zur Plattform auf dem Gipfel des **Brienzer Rothorns 06** (2350 m) hinauf. Dort geniesst man eine Rundsicht der Extraklasse!

Wer nicht mit der Zahnradbahn talwärts fährt, folgt nach dem 10-Minuten-Abstieg zum Restaurant dem links abzweigenden Pfad Richtung „Ober Stafel, Planalp", der durch die steilen Südhänge unter dem Rothorn zum Bahntrassee und nach seiner Überquerung am Ober Stafel (1818 m) hinunterzieht. Kurz danach geht's links nach **Greesgi 02** und wieder auf der Zugangsroute bis zur Bahnstation auf der **Planalp 01** zurück. 1:50 h.

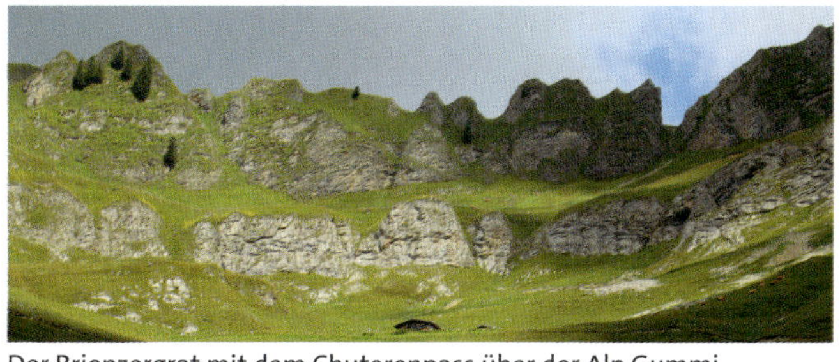

Der Brienzergrat mit dem Chuterenpass über der Alp Gummi.

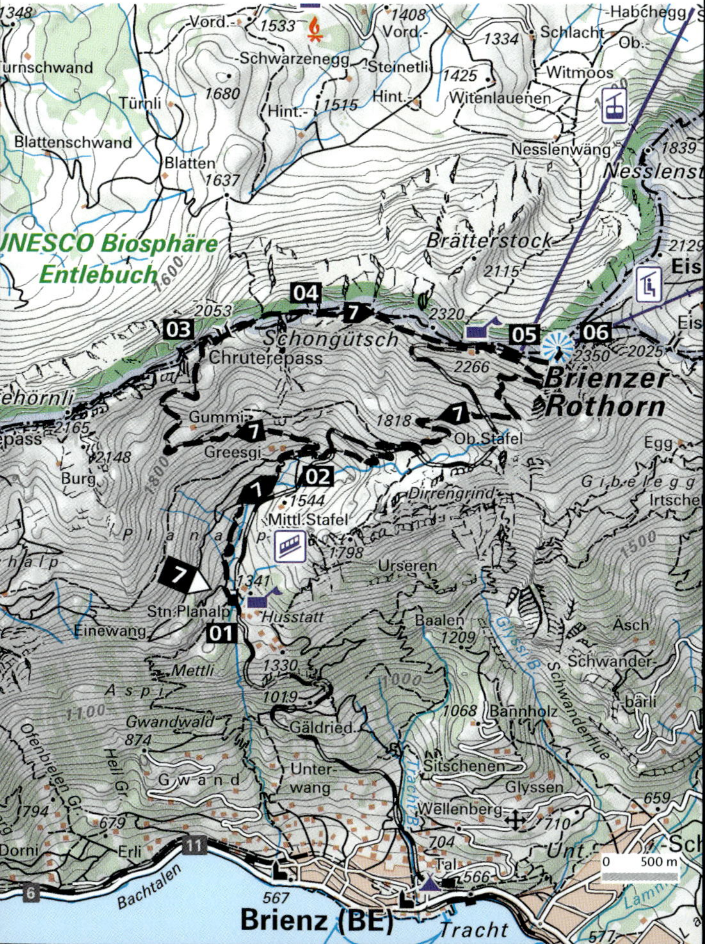

AUF DEM SCHNITZLERWEG ZUM HINTERBURGSEELI

Eine märchenhafte Kurztour auf der Axalp

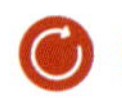  4 km  2:15 h 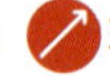 380 hm  380 hm 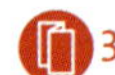 31

START | Axalp, 1535 m, über dem Südufer des Brienzersees; schmale und kurvige Asphaltstrasse zum gebührenpflichtigen Parkplatz, Postauto-Zufahrt vom Bahnhof Brienz (Linie 152). [GPS: UTM Zone 32 x: 426.474 m y: 5.174.384 m]
CHARAKTER | Kurze, aber landschaftlich sehr lohnende Rundwanderung auf guten Wegen (T2). Einkehrmöglichkeit auf der Axalp und im Bergrestaurant Hilten.

Im Gebiet der Axalp – hoch über dem Südufer des Brienzersees – sollen schon die Kelten gehaust haben. Heute befindet sich dort ein kleines Familienskigebiet, während sich im Sommer das nahe Hinterburgseeli grosser Beliebtheit erfreut. Das glasklare und fast mystisch anmutende Bergwasser, das keinen oberirdischen Abfluss hat, liegt am Fuss der Oltschiburg, einem 2233 Meter hohen und von bizarr verformten Gesteinsschichten aufgebauten Vorberg des Schwarzhornmassivs. Den Weg dorthin säumen mehr als 100 Holzskulpturen, die zahlreiche heimische Künstler aus den Strünken umgestürzter Bäume geschnitzt haben. So wandert man dort an Tierfiguren aller Art, aber auch an hölzernen Älplern und Sagenfiguren vorbei – ein besonderer Spass nicht nur für Kinder!

▶ Vom oberen Parkplatz auf der **Axalp** 01 wandern Sie, dem

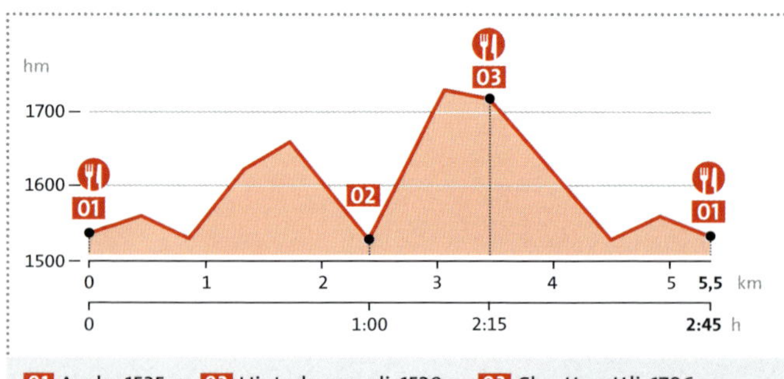

01 Axalp, 1535 m: 02 Hinterburgseeli, 1520 m; 03 Chruttmettli, 1706 m

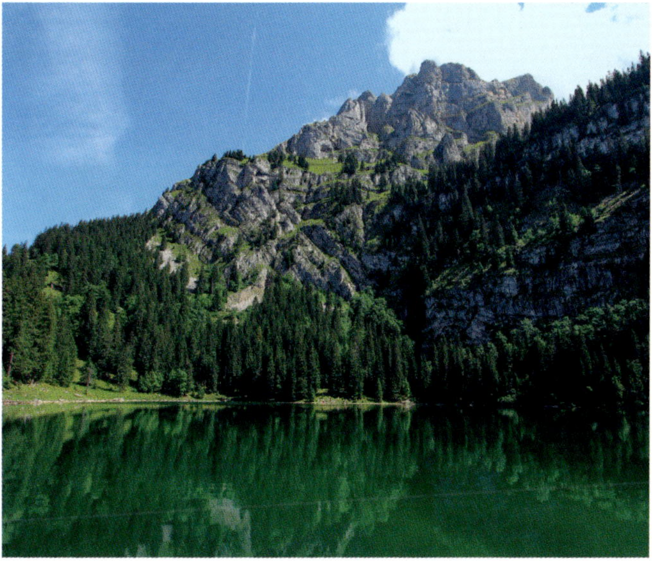

Die schroffe Oltschiburg und das grüne Hinterburgseeli.

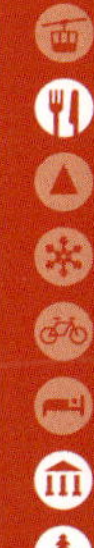

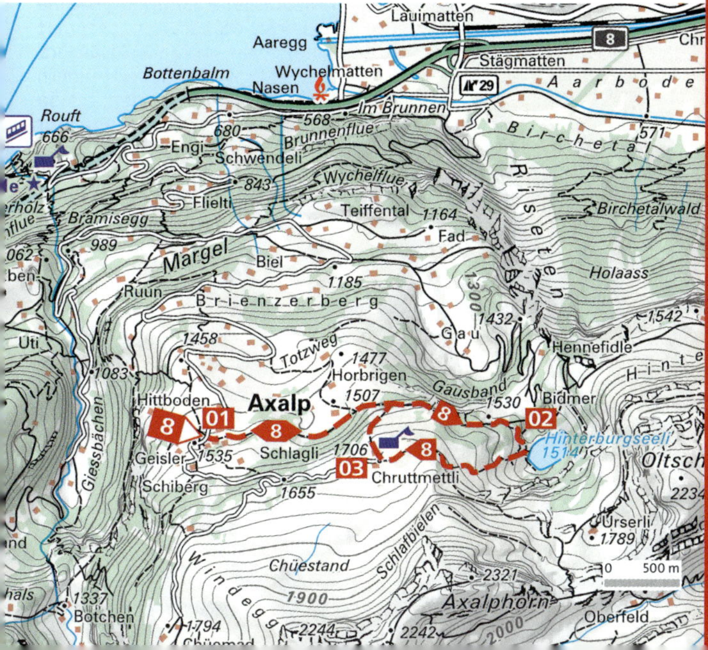

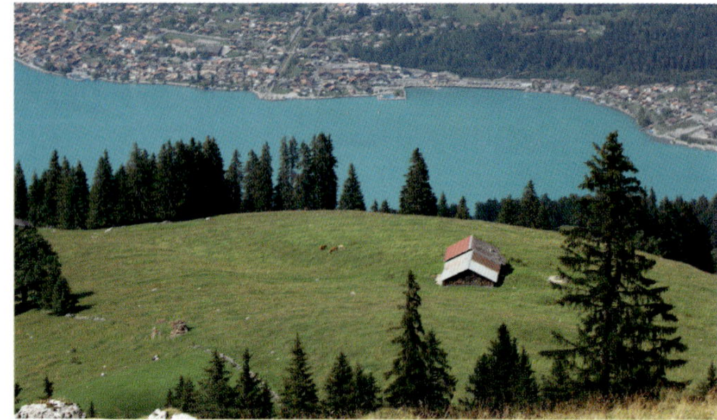

Ein herrlicher Tiefblick vom Chruttmettli auf den Brienzersee.

Wegweiser „Hinterburgseli“ folgend, auf dem Schnitzlerweg am Axalp-Stübli vorbei zur Skiwiese. Bei der dorigen Gabelung bleiben Sie rechts. Im sanften Auf und Ab geht's nun durch licht bewaldetes Gelände, vorbei an den Alphütten von Schlagli und Farnigen. Nach einem kurzen Aufstieg erreichen Sie eine weitere Gabelung, von der Sie links weitergehen. Durch einen steilen Waldhang und zuletzt wieder absteigend erreichen Sie das idyllisch unter der schroffen Oltschiburg gelegene **Hinterburgseeli** 02 (1520 m). 1:00 h.

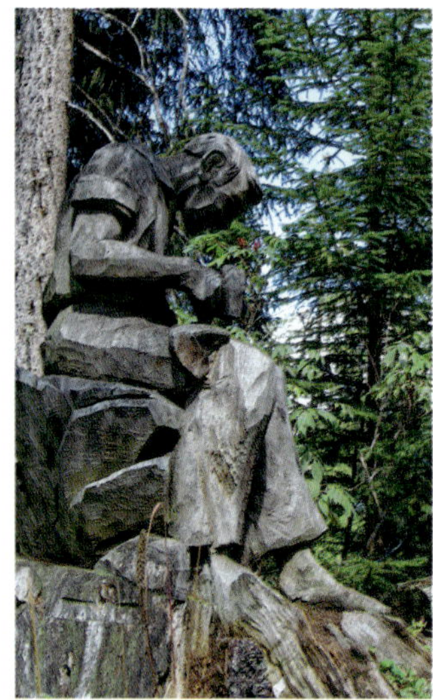

Schnitzkunst am Weg.

Es folgt ein kurzer Zickzack-Aufstieg (Wegweiser „Chruttmettli“) durch Wald und Weiden, bis Sie rechts abzweigen und auf dem flachen Weg – zuletzt unter einer Seilbahn durch – zum **Chruttmettli** 03 (1706 m) hinüberwandern. Ein paar Schritte rechts davon lockt das Bergrestaurant Hilten nicht nur mit bodenständiger Stärkung, sondern auch mit einem traumhaften Panoramablick über den Brienzersee und zum gegenüber aufragenden Rothorn. 45 Minuten.
Bei der Abzweigung zum Restaurant beginnt auch der alte Alpweg Richtung „Farnigen, Axalp“. Er führt über die Wiese und durch Wald zum Schnitzlerweg hinunter. Auf diesem gelangen Sie links nach 30 Minuten wieder zum Ausgangspunkt auf der **Axalp** 01.

ZU DEN GIESSBACHFÄLLEN

„Wasser-Wege“ am Südufer des Brienzersees

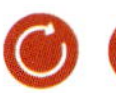  14,7km 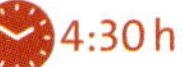 4:30 h 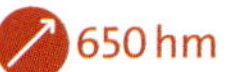 650 hm  650 hm  31

START | Iseltwald, 566 m, Dorfplatz; Postauto-Haltestelle, Parkplätze am Ortsrand und im Zentrum.
[GPS: UTM Zone 32 x: 420.720 m y: 5.173.615 m]
CHARAKTER | Landschaftlich abwechslungsreiche Rundtour auf guten, aber im Bereich der Giessbachfälle steilen Pfaden (T2). Vom Giessbach kann man auch mit dem Schiff nach Iseltwald zurückfahren. Einkehrmöglichkeit: Grandhotel Giessbach (Kiosk, Restaurants).

Im Nordabfall des 2927 Meter hohen Schwarzhorns verbergen sich etliche Naturwunder. Das bekannteste davon sind die Wasserfälle des Giessbachs, die eine Gesamthöhe von 290 Meter aufweisen. Direkt vor diesem nassen Spektakel erbaute man 1857 eine Herberge für Touristen; das heutige Grandhotel stammt aus dem Jahr 1884.
Fünf Jahre davor erfolgte die Einweihung der Standseilbahn, die vom Seeufer dort hinaufführt – sie ist damit die älteste derartige Anlage in der Schweiz, die noch ihren Dienst versieht. Ruhiger blieb es dagegen beim Mülibach-Wasserfall in der Nähe von Iseltwald und am schönen Uferweg, der diesen Ferienort seit den 1970er-Jahren mit der Giessbachmündung verbindet. Über einen darüber gelegenen Wiesenbalkon und das Hochtal der Schweibenalp lassen sich diese so unterschiedlichen „Wasser-Wunder“ im Rahmen einer Rundwanderung erkunden.

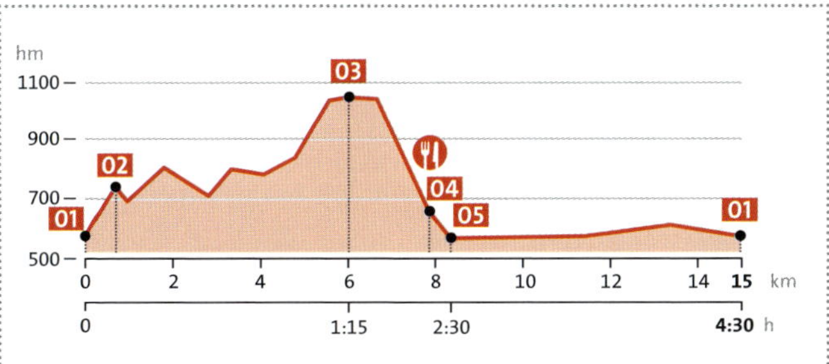

01 Iseltwald, 566 m; 02 Mülibachfall, 633 m; 03 Schweibenalp, 1062 m; 04 Grandhotel Giessbach, 666 m; 05 Schiffsanlegestelle Giessbach, 566 m

▶ Vom Dorfplatz in **Iseltwald** 01 gehen Sie 100 m nach Westen Richtung Schiffsanlegestelle und biegen vor dem Seeufer links ab (Tenn). Bei der Abzweigung des Wanderweges nach Bönigen bleiben Sie auf der schmalen Strasse, die nach Süden über die Ackermatte zum Mülibach führt. Jenseits der Ortstrasse folgen Sie den Wegweisern „Mülibachfall, Giessbach, Brienz“ auf einem Kiespfad zur Brücke der Autobahn (Zebrastreifen über beide Auffahrten). Nach einem Drehkreuz zweigt der Pfad zum 147 m hohen **Mülibachfall** 02 (auch Iseltwald-Wasserfall genannt, 633 m) links ab. Das kühle Nass stürzt frei über eine Felswand. 30 Minuten.

Davor zweigen Sie links ab und wandern zu einem Fahrweg, der rechts zum Anwesen Louberli zieht. Etwas weiter oben – auf etwa 770 m Seehöhe – biegt der Weg zu den Giessbachfällen links ab. Er führt ungefähr 1,5 km durch Wald und Wiesen dahin. Immer wieder gibt's Sicht zum Brienzersee und seiner Bergumrahmung; vor dem vorspringenden Farnihubel fällt der Hang links fast senkrecht ab. Nach der Unterquerung einer Hochspannungsleitung geht's dann hinab zu einem weiteren Fahrweg, auf dem Sie rechts ansteigen.

Auf dem 1 km langen Wiesenbalkon von Büel und Hag (803 m) begleitet Sie wieder die Stromleitung, dann steigen Sie auf einem Pfad durch steile Waldhänge an. Zwischen Felsbändern und durch den Mälbächligraben erreichen Sie die 300 m höher gelegene Wiese „Bim Alten Hus“ (1054 m), von der eine Forststrasse durch das Hochtal des „Bodens“ führt. Von einer Abzweigung kommen Sie geradeaus durch Wald zur **Schweibenalp** 03 (1062 m). 1:15 h.

Vor dem einstigen Kurhaus folgen Sie dem Wegweiser „Giessbach/Hotel, Giessbach/See“. Links führt ein Waldpfad bergab. Die Felsen der Schweibenflue werden über Stufen, eine Metalltreppe und aus dem Fels gehauenen, mit Geländern versehenen Passagen überwunden.

So erreichen Sie eine Brücke vor der Klamm, aus der der Giessbach über den obersten seiner zwölf Wasserfälle tost. Jenseits schlängelt sich der Weg über fast 200 Höhenmeter neben dieser Sturzbachkette abwärts. Der Wasserfall Nummer sieben lockt zu einem kleinen Abstecher hinter die stürzende Gischt, hinter der sich das **Grandhotel Giessbach** 04 (666 m) in Szene setzt. Sie erreichen die Terrasse dieses baulichen Kleinods nach 1:00 h.

Daneben befindet sich die Bergstation der historischen Standseilbahn, die zum BrienzersSee und

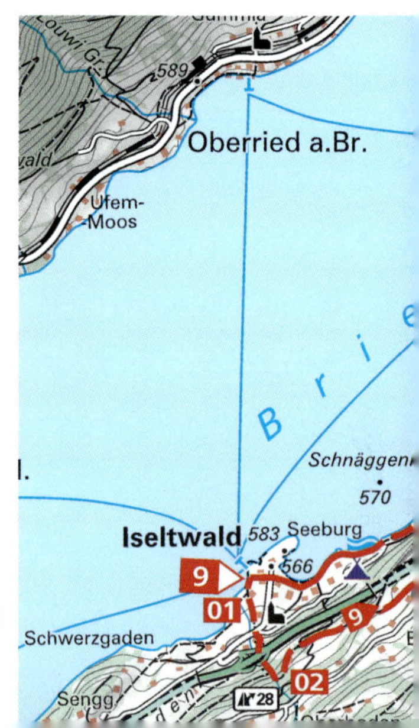

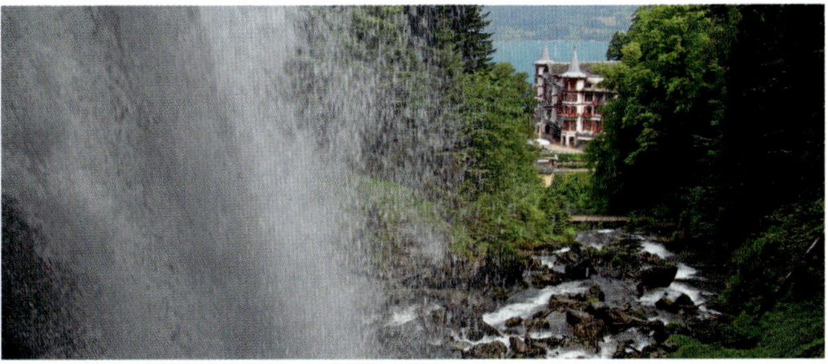

Das altehrwürdige Grandhotel hinter einem Wasservorhang.

zur **Schiffsanlegestelle Giessbach** 05 (566 m) hinunterfährt. Der Abstieg nimmt 15 Minuten in Anspruch. Nahe dem Seeufer führt der Spazierweg über den untersten Wasserfall des Giessbach.

Der letzte Abschnitt dieser Tour verläuft 4,5 km ohne grössere Höhenunterschiede dem Südufer des Brienzersees entlang – stellenweise durch unverbaute Waldhänge und schroffe Felspassagen, durch wildromantisches Bergsturzgelände und einen kleinen Tunnel. Zwischenzeitlich lädt ein idyllischer Rastplatz (Feuerstelle) zum Verweilen ein. Schliesslich erreichen Sie mit Blick zum Schnäggeninseli den Campingplatz mit dem Strandbad am Ortsrand von **Iseltwald** 01. Auf der Uferpromenade und der Seestrasse gelangen Sie nach etwa 1:30 h wieder zum Ausgangspunkt zurück.

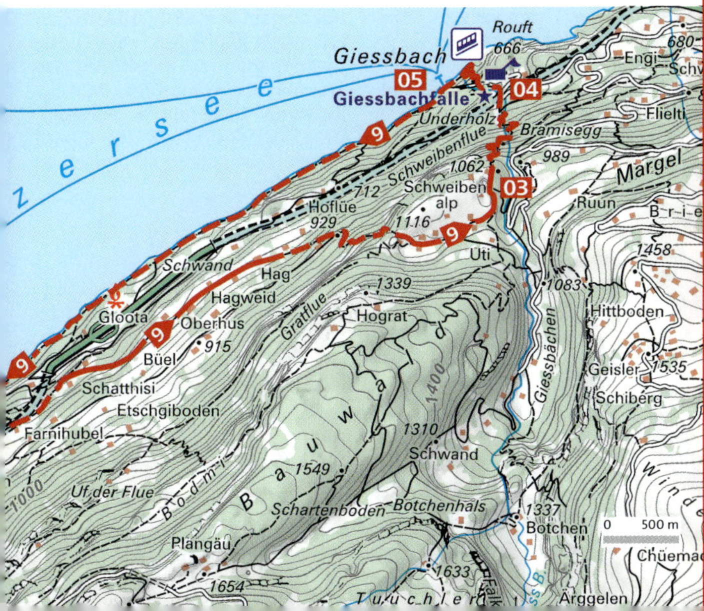

DER SIMMENTALER HAUSWEG

Eine Zeitreise von Hof zu Hof

 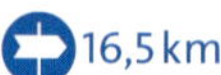 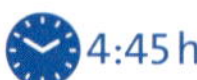 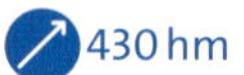  

START | Erlenbach im Niedersimmental, 681 m, Bahnhof; Parkplätze im Ort.
[GPS: UTM Zone 32 x: 389.466 m y: 5.168.479 m]
CHARAKTER | Einfache Talwanderung auf Nebenstrassen und Wegen (T1). Einkehrmöglichkeit in Erlenbach und Ringoldingen. Die Tour kann an den Bahnstationen in Ringoldingen, Därstetten und Weissenburg beendet oder begonnen werden.

Das Simmental ist weit über die Grenzen der Schweiz hinaus für seine stattlichen Bauernhöfe bekannt. Wer dort wandert, kommt aus dem Staunen über hohe Zimmermannskunst und historische Architekturleistungen nicht mehr heraus. Der mit braunen Wegweisern signalisierte Simmentaler Hausweg führt Sie zu den schönsten Dorfgebäuden und Bauernhöfen mit eindrücklichen Fassadenmalereien, verspielten Holzdetails und bunten Vorgärten. Es gibt allerdings nicht *den* Hausweg, sondern ein ganzes Netz dieser Themenwege – von Wimmis bis an die Lenk. Die hier vorgeschlagene Rundtour ist eine Kombination aus Abschnitten des Terrassen- und des Talweges im Niedersimmental.

▶ Gegenüber dem Bahnhof in **Erlenbach** 01 finden Sie den ersten der braunen Wegweiser des Simmentaler Hauswegs, dem Sie Richtung „Balzenberg, Oberwil" ins Ortszentrum (707 m) hinauf folgen. Dort sollten Sie auf jeden

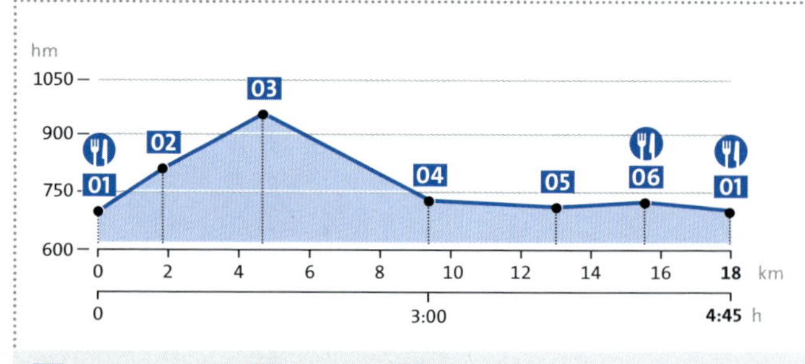

01 Erlenbach, 681 m; 02 Tal, 874 m; 03 Balzenberg, 977 m; 04 Weissenburg, 742 m; 05 Wiler, 710 m; 06 Station Ringoldingen, 739 m

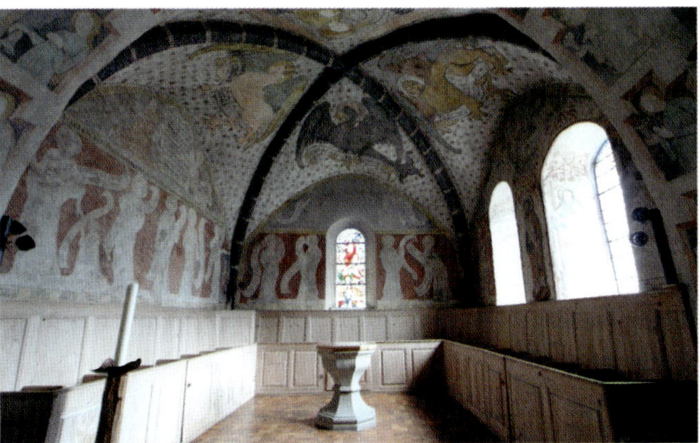
Die Kirche von Erlenbach birgt wunderbare Wandmalereien.

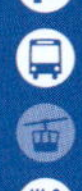
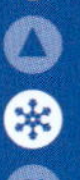

Fall die erhöht gelegene Kirche besuchen – sie ist über einen gedeckten Treppenaufgang erreichbar und birgt wunderschöne spätgotische Wandbilder. Dann gehen Sie neben der Hauptstrasse einige Schritte talauswärts (Richtung Wimmis) und gemäss der Hausweg-Beschilderung links in den Weiler **Tal** 02 (874 m) hinauf. 45 Minuten.
Dort zweigen Sie zweimal links ab und wandern über den Wildenbachgraben in den kleinen Weiler Moos (917 m), wo die Stockhorn-Seilbahn unterquert wird. Auf der flachen Strasse geht's nach Oberescheln (949 m) weiter. Von dort führt links ein Wiesenweg zu den Häusern von **Balzenberg** 03 (977 m) hinüber. 45 Minuten.
In der Folge gelangen Sie auf einem links abzweigenden Wiesen- und Waldweg in die benachbarte Siedlung Nidfluh (915 m) in der Gemeinde Därstetten. Auf einer sanft ansteigenden Strasse geht's weiter, bis von einer Kurve links ein Weg abzweigt. Er führt über Zihl zu einer weiteren Nebenstrasse, auf der Sie zu den aussichtsreich gelegenen Anwesen am Weissenburgberg (980 m) kommen.
Der erste Wegabschnitt endet mit einem steilen Abstieg links zur Bahnstation und weiter in den Ort **Weissenburg** 04 (742 m). 1:30 h.
Von dort marschieren Sie dann auf der Hauptstrasse nach rechts über den Buuschebach, zweigen gleich danach links ab und überqueren die Simme auf einer 1936 erbauten, mit einem Holzdach gedeckten Brücke. Nun sind Sie auf dem flachen Talweg Richtung „Därstetten, Chloster" unterwegs, und zwar zunächst auf

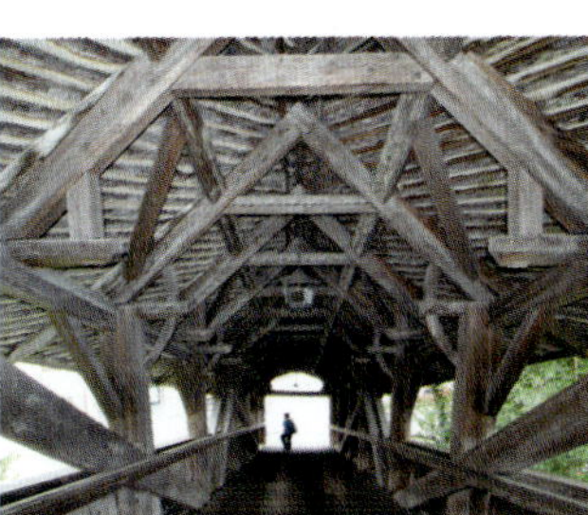
Der Kirchenaufgang in Erlenbach.

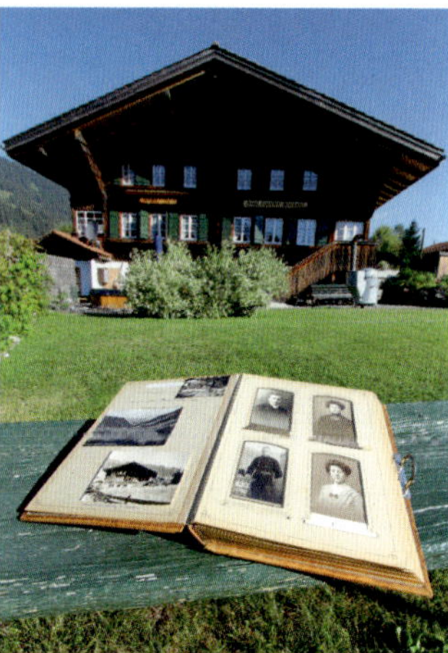

Hier stehen Häuser mit Geschichte.

Asphalt, vorbei an einem Campingplatz und am Knuttihaus in Moos (758 m), das schon als das schönste Bauernhaus Europas bezeichnet wurde.

Die nächste Station ist die ursprünglich aus dem 12. Jahrhundert stammende Kirche von Därstetten, die mit ihrem Pfarr- und Waschhaus einst zu einem Augustiner-Chorherrenstift gehörte. Gleich danach gehen Sie auf einer weiteren gedeckten Brücke über die Simme und rechts nach **Wiler** **05** (710 m), wo die nächsten prachtvollen Häuser zu bewundern sind. Von dort geht's geradeaus zur Bahnlinie, nach der Unterführung rechts zu den Schienen und daneben weiter zur **Station Ringoldingen** **06** (739 m). 1:00 h.
Dahinter führt eine dritte gedeckte Brücke über den Fluss, den Sie dann auf einem links abzweigenden Feldweg begleiten. Auf der Steinibrügg geht's dann ein letztes Mal über die Simme, bevor Sie rechts auf dem Uferweg neben der Bahnlinie in 45 Minuten nach **Erlenbach** **01** zurückkommen.

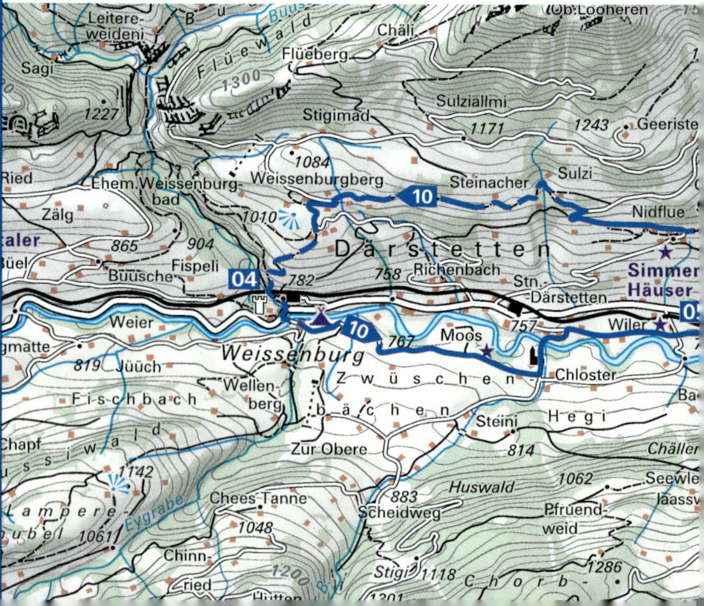

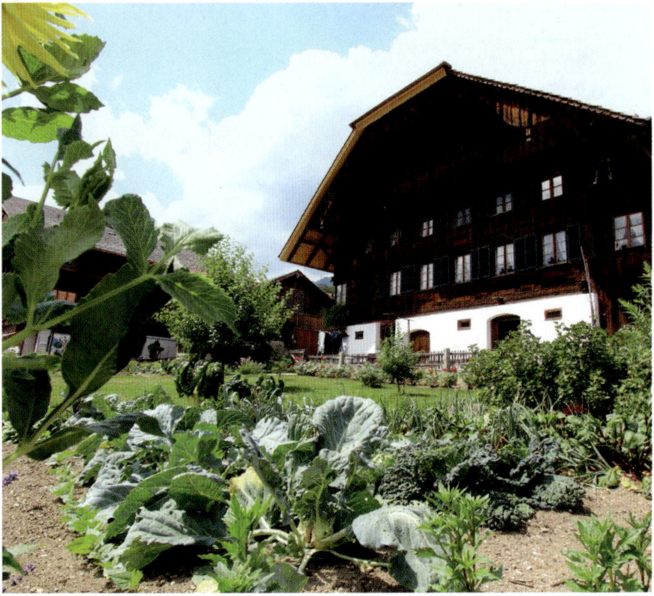

Holzbaukunst in höchster Vollendung – und das auf Schritt und Tritt.

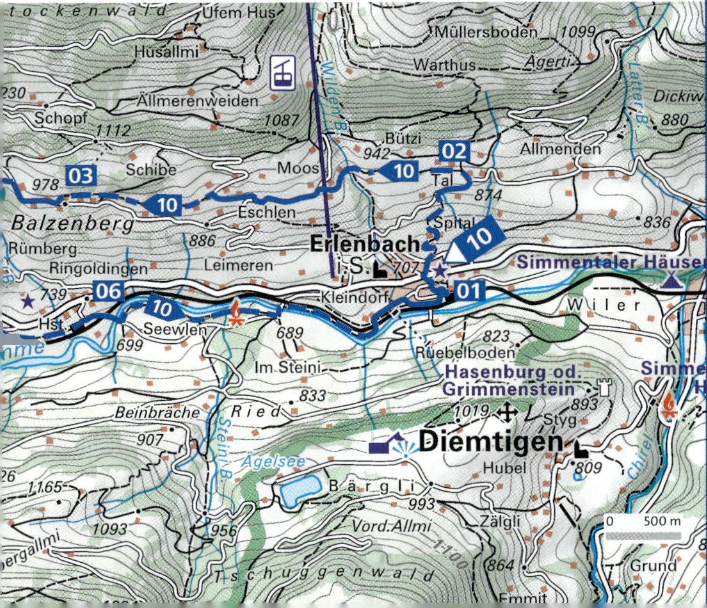

AUF DAS STOCKHORN • 2190 m

Fernsicht und Seenzauber

 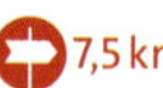 7,5 km 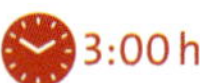 3:00 h  900 hm  900 hm 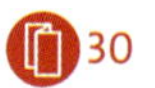 30

START | Erlenbach im Niedersimmental, 681 m, Talstation der Stockhornbahn; Parkplatz, Bahnhof im Ort. Auffahrt zur Mittelstation Chrindi, 1637 m.
[GPS: UTM Zone 32 x: 388.577 m y: 5.171.141 m]
CHARAKTER | Eindrückliche Bergwanderung auf einen vielbesuchten Aussichtsgipfel; gute, aber stellenweise steile Pfade (T2). Einkehrmöglichkeit bei der Mittelstation, im Restaurant nahe dem Gipfel und im Berggasthaus Oberstockenalp. Dank der Seilbahn kann man sich den Auf- oder den Abstieg ersparen.

Vom Thunersee her ist der felsige Gipfelzahn des Stockhorns unübersehbar. Durch seine Lage im Osten des 13 Kilometer langen Felskammes, der sich über dem Niedersimmental bis zum Gantrisch und zum Jaunpass hinüberschwingt, kann er auch mit einer prachtvollen Rundsicht punkten. Die Seilbahn, die 1969 eröffnet wurde, ermöglicht eine ganze Reihe von Tourenvarianten, die auch zu den beiden Bergseen unterhalb des Gipfels führen.

▶ Von der **Station Chrindi** 01 der Stockhornbahn wandern Sie, der Beschilderung „Oberbärgli, Stockhorn" folgend, zu einer nahen Abzweigung über dem Hinterstockesee. Von dort steigen Sie rechts auf einem Pfad durch Grashänge zur Alp Oberbärgli (1794 m) hinauf. Die Route aufs Stockhorn zieht links auf eine

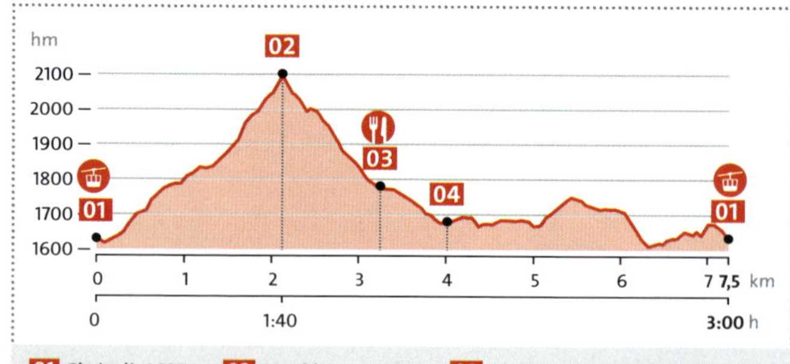

01 Chrindi, 1637 m; 02 Stockhorn, 2190 m; 03 Oberstockealp, 1776 m; 04 Oberstockesee, 1666 m

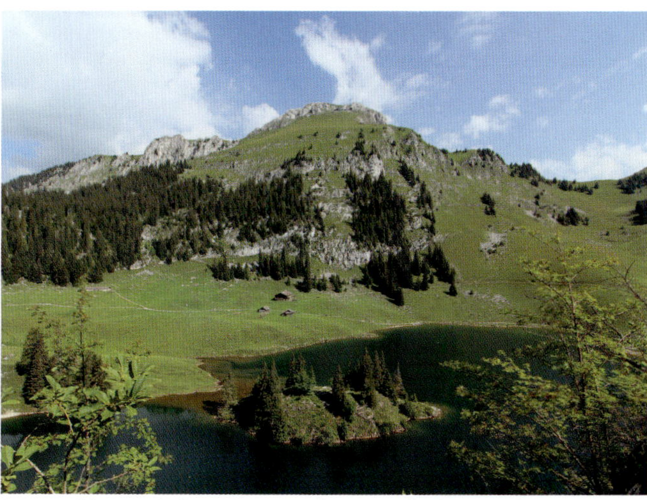

Das Stockhorn mit dem Hinterstockesee und seiner Insel.

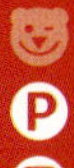

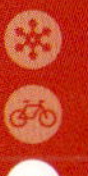

grasige Anhöhe (1851 m) und dahinter ins Chummli-Kar unter dem Gipfel. Steiler durch Schutt ansteigend gelangen Sie zu einer Seilbahnstütze und einer Alphütte am Rand des Stockefelds. Über diesen grasigen Abhang führt der breite und mit Stufen versehene Pfad rechts in Kehren zur Bergstation mit dem Panoramarestaurant (2140 m) empor.
Direkt daneben führt ein 70 m langer Stollen unter dem Gipfel zur spektakulären Aussichtsplattform, die förmlich über der 200 m hohen Nordwand klebt – sie bietet einen atemberaubenden Ausblick ins Mittelland, zur Stadt Thun und auf den Thunersee, zum Jura und an ganz klaren Tagen sogar bis ins Elsass und in den südlichen Schwarzwald. Beim Restaurant beginnt auch der gut ausgebaute Weg auf den 2190 m hohen Felsgipfel des **Stockhorns** 02, von dem sich auch die ganze Gebirgspracht von den Simmentaler Gipfeln bis

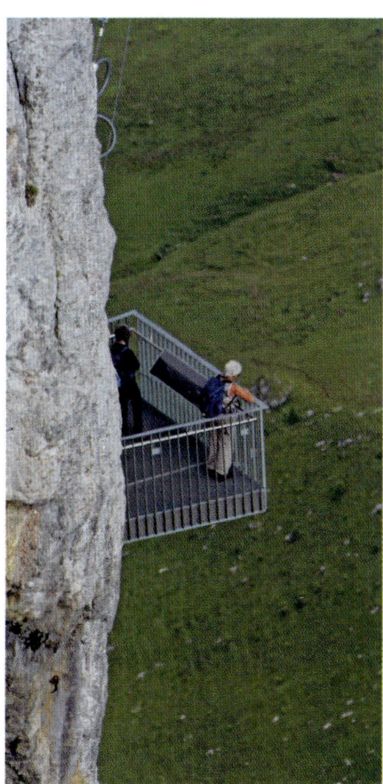

Ein „Balkon“ in der Vertikalen.

zu den vergletscherten Drei- und Viertausendern der Berner Alpen zeigt. 1:40 h.

Im **Abstieg** folgen Sie der Aufstiegsroute über das Stockefeld bis zur Hütte bei der Seilbahnstütze, von der Sie rechts Richtung „Oberstockealp“ abzweigen. 45 Minuten nach dem Abmarsch vom Gipfel lädt das **Berggasthaus Oberstockenalp** 03 (1776 m) zur Einkehr ein.

Westlich unterhalb davon liegt der **Oberstockesee** 04 (1666 m) in einer idyllischen Wald- und Grasmulde. Auch wenn man sich damit einen kleinen Gegenanstieg über 80 Höhenmeter einhandelt: Man sollte das Bergwasser unbedingt umrunden, bevor man sich auf den Weg nach Osten zum Hinterstockesee (1594 m) macht. Auch dieser ruht in einer Vertiefung, die man am besten auf ihrer felsigen Südseite auf einem abgesicherten Weg und durch einen Tunnel umgeht. So geniesst man vor der Rückkehr zur **Station Chrindi** 01 noch einen eindrücklichen Blick zur Insel des Sees und hinüber zum Stockhorn. 1:00 h (ohne Seeumrundung 35 Minuten).

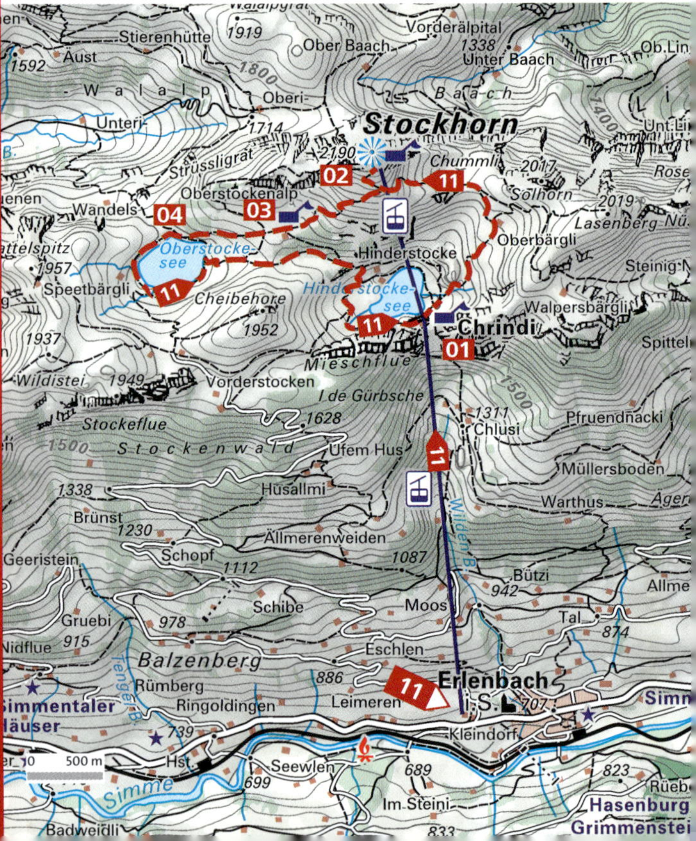

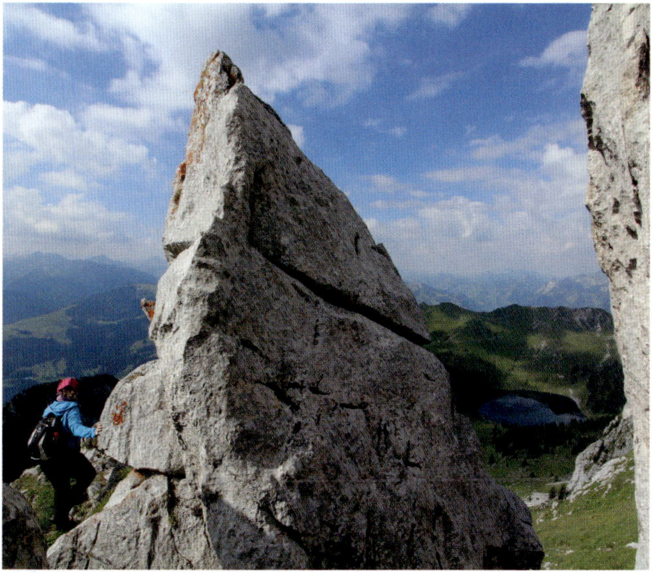

Auch ein vielbesuchter Ausflugsberg hat seine rauen Seiten.

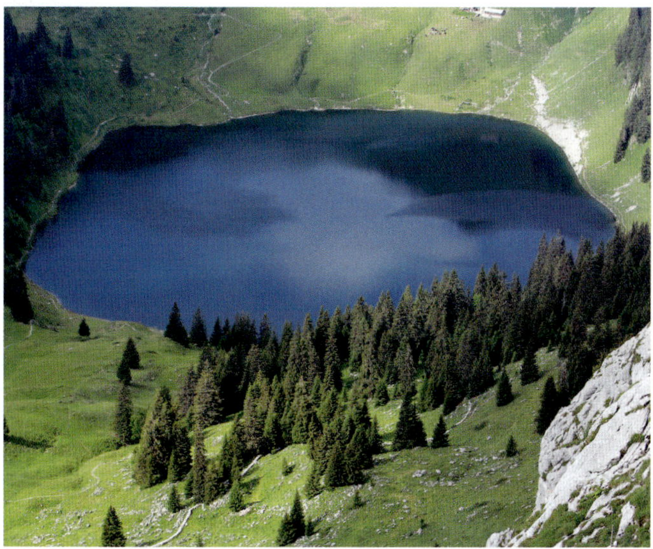

Der Oberstockesee im Alpgebiet unter dem Stockhorn.

INS DIEMTIGTAL

Am Rand des grössten Alpwirtschaftsgebiets der Schweiz

 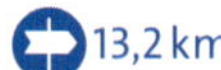 13,2 km 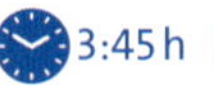 3:45 h 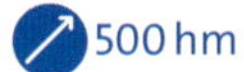 500 hm  500 hm 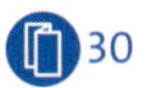 30

START | Erlenbach im Niedersimmental, 681 m, Bahnhof; Parkplätze im Ort.
[GPS: UTM Zone 32 x: 389.466 m y: 5.168.479 m]
CHARAKTER | Einfache Wanderung im Talbereich auf Strassen und Wegen (T1). Einkehren kann man in Diemtigen und im Gasthaus Bergli. Abkürzungsmöglichkeiten: Mit der Bahn von Erlenbach nach Oey oder per Postauto (Linie 260) von Diemtigen dorthin.

Wie im Simmental findet man auch in seinem grössten Seitental noch viele historische Bauernhäuser. Und auch dort erschliessen besonders signalisierte Wanderrouten diesen architektonischen Schatz, der sich in die 2011 zum Naturpark erklärte Voralpenlandschaft einfügt. Diese Zone umfasst das grösste zusammenhängende Alpwirtschaftsgebiet der Schweiz. Hier sei der Hausweg durch das vordere Diemtigtal vorgestellt, verlängert durch eine Schleife über den aussichtsreichen Wiesenbalkon um den kleinen Ägelsee. Auch wenn man hier vielfach auf Hartbelag unterwegs ist, so erlebt man dabei doch eine der eigenwilligsten Natur- und Kulturlandschaften der Schweiz.

▶ Vom Platz vor dem Bahnhof in **Erlenbach** 01 gehen Sie ein paar Schritte in Richtung „Oey-Diemtigen, Diemtigen/Dorf" taleinwärts, dann links zur Brücke über die Simme und jenseits nochmals

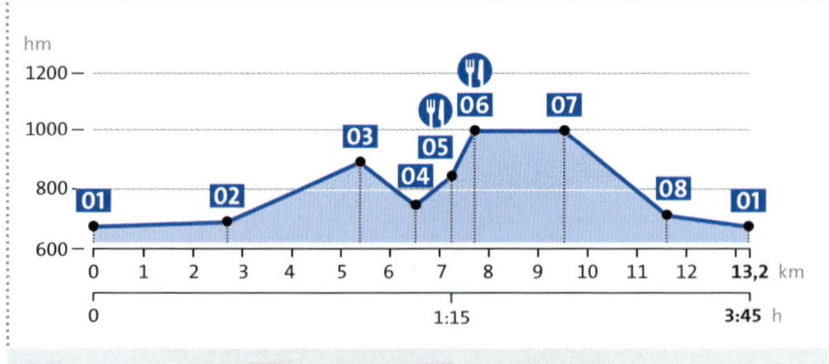

01 Erlenbach, 681 m; 02 Oey, 669 m; 03 Bächlen, 889 m; 04 Grund, 757 m; 05 Diemtigen, 832 m; 06 Gasthaus Bergli, 995 m; 07 Ägelsee, 1000 m; 08 Steinibrügg, 689 m

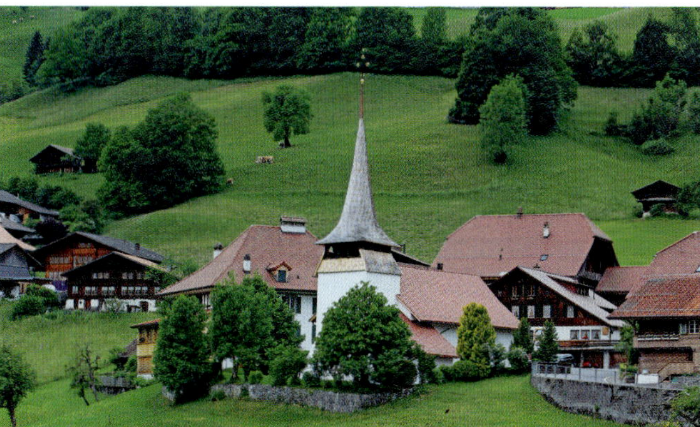

Diemtigen, der Hauptort des Tals, lädt zur Besichtigung ein.

nach links. Bei der folgenden Abzweigung bleiben Sie geradeaus im Tal, wo Sie auf der Asphaltstrasse in etwa 45 Minuten über Wiler (705 m) in den Mündungsbereich des Diemtigtals hinüberwandern. Oberhalb davon biegen Sie links nach Wilerau ab. Vorbei am Sportplatz gelangen Sie zur Brücke über den Chirel, die ins Ortszentrum von **Oey** 02 (669 m) führt.

Dort überqueren Sie die Diemtigtalstrasse und folgen nun stets den braunen Schildern der Diemtigtaler Hauswege. Anfangs orientieren Sie sich auch am Wegweiser „Wimmis", biegen nach wenigen Schritten links zur Bahnlinie ab und folgen dieser nach rechts auf einem Weg. Bald geht's auf der Feldstrasse oberhalb des Bahnhofs Oey-Diemtigen vorbei, bevor Sie von der nächsten Abzweigung rechts ansteigen.

Teils auf Asphalt, teils auf Wegen wandern Sie zu den Anwesen Feld und Hasli hinauf. Dort steht ein Haus mit der Jahreszahl 1516 am First – das ist die älteste Hausdatierung im Berner Oberland. Auf etwa 800 m Seehöhe, am Houetewald, schwenkt der Diemtigtaler Hausweg nach rechts und passiert in Sälbze (Selbezen) weitere schöne Holzhäuser. In Höji (779 m) biegen Sie links ab und wandern auf dem Pfad neben einem Graben nach Gmeinen. Dann geht's auf der Strasse zum Dörfli **Bächlen** 03 (889 m) hinauf, wieder etwas hinab und rechts zum Hof Gruebi (876 m), neben dem ein Ofenhaus steht. Ein Waldweg führt dann nach **Grund** 04 (757 m) ins Tal hinunter.

Nach einigen Schritten neben der Hauptstrasse gehen Sie rechts auf einem Steg nochmals über den Chirel. Jenseits gibt ein Tunnelportal den Talweg frei, dem Sie nach rechts folgen. Nach gut 300 m führt der Hausweg links durch einen Waldhang zur Hauptstrasse in **Diemtigen** 05 (832 m) hinauf. 200 m weiter rechts sind im Zentrum des Diemtigtaler Hauptorts die reformierte Kirche und zahlreiche alte Gebäude zu sehen (Gasthof, Postauto-Haltestelle).1:15 h.

Jenseits der Hauptstrasse wandern Sie Richtung „Ägelsee, Erlen-

Durch das Diemtigtal

4:30 h lang dem Chirel entlangwandern – das ermöglicht der 14 Kilometer lange „Fünf-Sterne-Wanderweg" vom Bahnhof Oye-Diemtigen zur Grimmialp (1235 m). Nach dem grossen Hochwasser von 2005 entstand zwischen Oey und Horboden eine neue Landschaft; nach einem Tunnel umgeht man das Cholerentobel hoch über dem Bach. Rückfahrt mit dem Postauto.

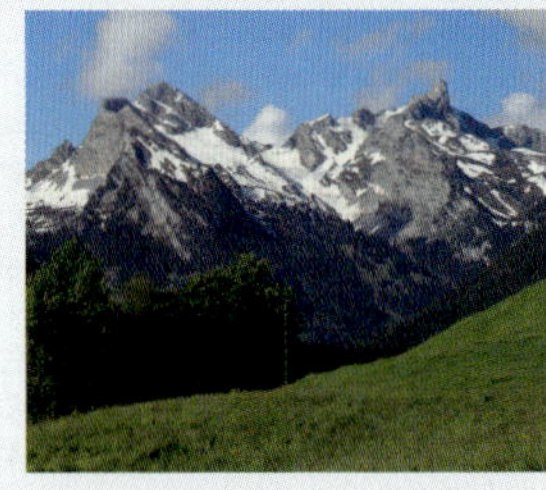

bach" bergauf – auf Teerbelag und dazwischen auch auf einem Weg neben einem kleinen Bach. Übers Diemtigbergli (Vorders Bergli) erreichen Sie nach ungefähr 30 Minuten die Abzweigung zum **Gasthaus Bergli** 06 (995 m), das 200 m weiter rechts (Stockhorn-Blick!) zur Einkehr einlädt.
Geradeaus geht's dagegen auf der flachen Asphaltstrasse zum **Ägelsee** 07 (1000 m) weiter. Das kleine Gewässer – eigentlich ein Staubecken eines Kraftwerks – verbirgt sich hinter Bäumen. Bald zeigt die Beschilderung „Steinibrücke, Erlenbach" den weiteren Wegverlauf über die Wiese der Hinderi Allmi an. Nach einem kurzen Strassen-Abstieg zweigt der Wanderweg ins Simmental rechts ab. Er führt durch den bewaldeten Graben des Steinlibachs direkt zur **Steinibrügg** 08 (689 m) hinab. Auf dieser überschreiten Sie die Simme, bevor Sie rechts auf dem Simmentaler Hausweg bis nach **Erlenbach** 01 zurückkehren. 1:15 h.

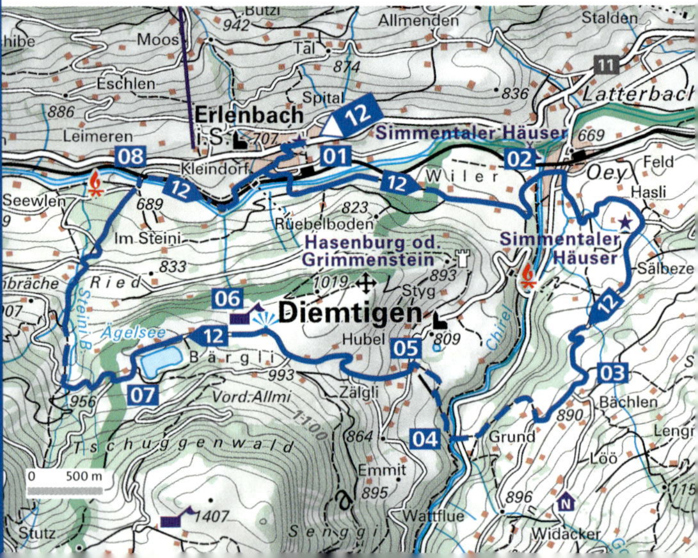

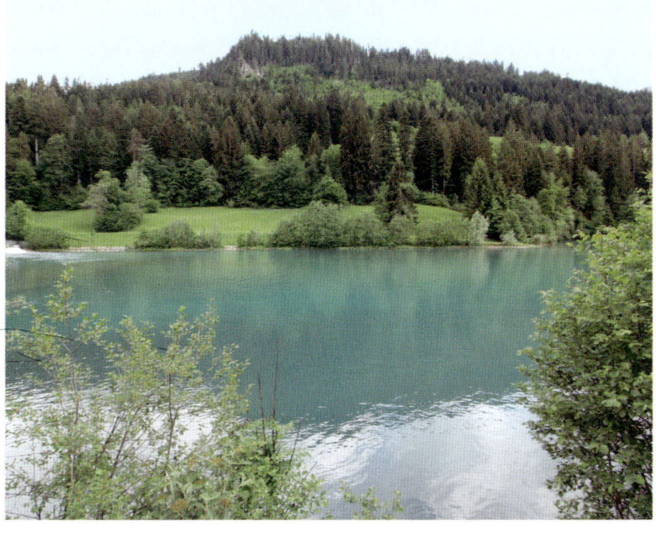

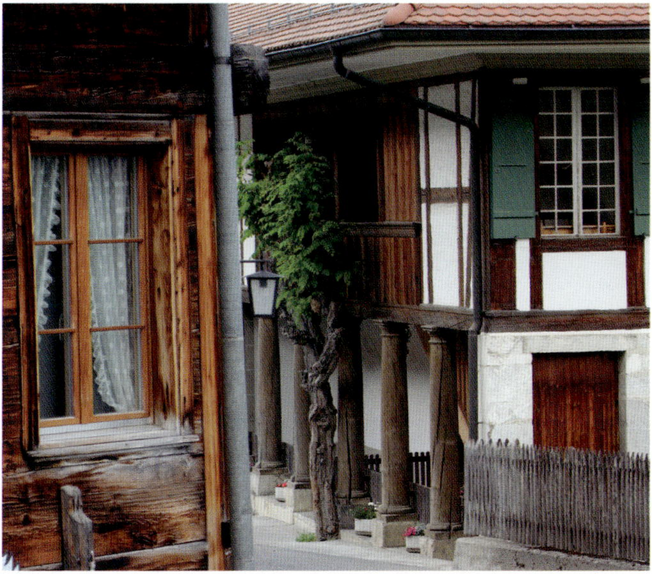

Blickpunkte am Weg – der Ägelsee (oben) und alte Zimmermannskunst.

13

SEEBERGSEE – NIEDERHORN • 2078 m

Schroffe Felsen und weite Weiden im Naturpark

 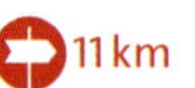 11 km 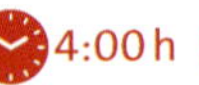 4:00 h 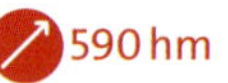 590 hm 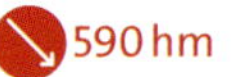 590 hm  29

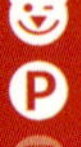
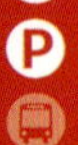
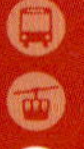

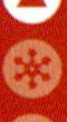

START | Parkplatz Seeberg im Osten des Diemtigtals, 1740 m; Zufahrt von Zwischenflüh auf einer 9 km langen, schmalen und gebührenpflichtigen Asphaltstrasse; Abzweigung bei der Post Richtung „Seebergsee, Meniggrund" (die Bewilligung für die Auffahrt ist nur dort am Automaten erhältlich).
[GPS: UTM Zone 32 x: 381.132 m y: 5.160.394 m]
CHARAKTER | Abwechslungsreiche Bergwanderung auf Alpstrassen und stellenweise felsigen und rutschigen Pfaden, die Trittsicherheit erfordern (T2). Vorsicht im Gipfelbereich, schwierige Orientierung bei Nebel. Einkehrmöglichkeit nur im Restaurant Seeberg.

In der Kletter-Community ist das Niederhorn (Niderhore) im Westen des Diemtigtals aufgrund seiner langgezogenen, mit senkrechten Klüften und Türmen geschmückten Ostwandflucht ein Begriff. Es fasziniert aber auch Menschen, die gern über Alpweiden flanieren. Die Wiesen reichen nämlich von Westen her bis zur Oberkante des Berges, die an besonders schönen Tagen ein Südpanorama von den Diablerets über das Wild- und das Bietschorn bis zum Dreigestirn Jungfrau, Mönch und Eiger reicht, während im Norden die Stockhornkette den Horizont begrenzt. Spannend ist aber auch die Wanderung am Fuss der Wand, wo sich die sagen-

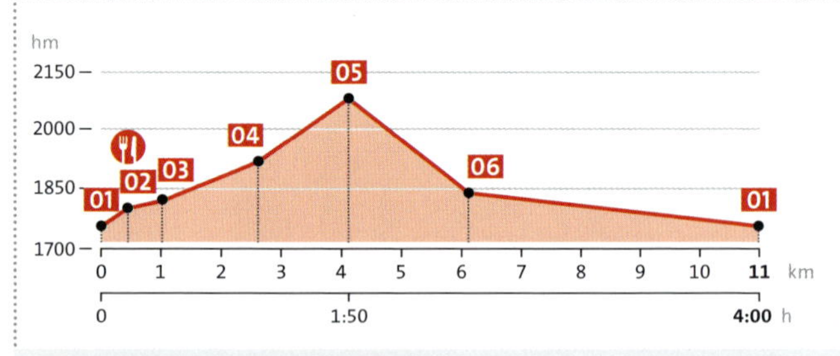

01 Parkplatz Seeberg, 1740 m; 02 Restaurant Seeberg, 1800 m; 03 Seebergsee, 1838 m; 04 Luegle, 1907 m; 05 Niederhorn, 2078 m; 06 Urscher, 1840 m

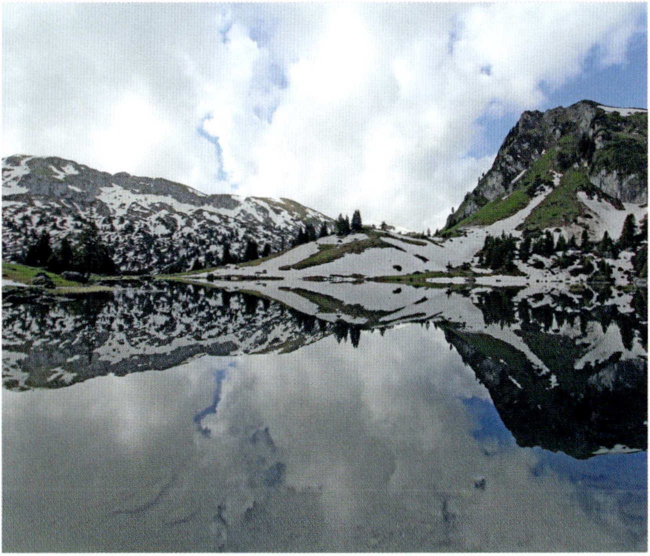

Spiegelung am Seebergsee.

umwobene Karstlandschaft des Urscher verbirgt. Der vielleicht schönste Weg zum Niederhorn beginnt im Alpgebiet um den Seebergsee, der im Hochsommer sogar zum Baden einlädt. Das sechs Hektar grosse und bis zu 15 Meter tiefe Gewässer liegt unter einer geologisch interessanten Bergumrahmung, die zum Teil aus Brekzie – einem aus kantigen Gesteinstrümmern bestehenden Gestein – aufgebaut ist.

▶ Vom **Parkplatz Seeberg** 01 führt ein Wanderpfad parallel zur Alpstrasse aufwärts. Wer gleich zu Beginn im **Restaurant Seeberg** 02 (1800 m) einkehren möchte, zweigt nach wenigen Schritten links ab – ansonsten geht man durch das sanft ansteigende Wiesengelände rechts daran vorbei, bis ein Fahrweg (Berner Voralpenweg Nr. 37) rechts zum **Seebergsee** 03 (1838 m) führt. 20 Minuten.

Von dort wandern Sie, dem Wegweiser „Luegle, Boltigen" folgend, rechts auf einem Pfad hinauf zum Puur-Sattel (1942 m) unter dem felsigen Geisshöri. Jenseits geht's mit Blick zu den Ostwänden des Niederhorns zu den Weiden am Vordere Berg (1866 m) hinab und geradeaus an einer Abzweigung vorbei. Nach einer kleinen Anhöhe kommen Sie dann rechts zu einer weiteren Kiesstrasse (1850 m), der Sie links über den Luegleboden folgen. Doch schon nach wenigen Schritten schwenken Sie rechts Richtung „Luegle, Niderhore" auf einen Fahrweg ein, der zur Alphütte am **Luegle** 04 (1907 m) ansteigt.

Auf einem Pfad erreichen Sie den nahen Luegle-Sattel (1930 m), in dem Sie rechts abzweigen. Nun steigen Sie durch eine Mulde und

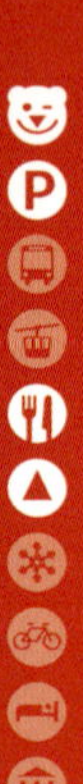

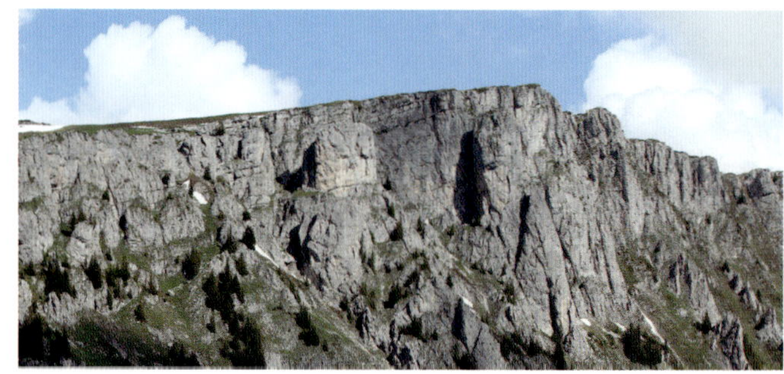

Die lange Ostwand des Niederhorns – der Weg führt über den Gipfel.

an einer Hütte vorbei auf das breite, grasige Gipfelplateau des **Niederhorns** 05 (2078 m) an. 1:30 h.

Abstieg nach Norden (Wegweiser „Vorder Niederhornalp“) über die sanft abfallende Hochfläche – erst auf dem Pfad, bald aber auf einem steinigen Fahrweg, der rechts an der flachen Kuppe des Blutte Hubel vorbeiführt. Nach etwa 20 Minuten – noch hoch über der Alp Hindere Niderhore – zweigen sie rechts auf den beschilderten Pfad Richtung „Urscher“ ab.

Er führt durch die steile, von Lawinen- und Murenabgängen gezeichnete Nordostflanke des Berges und überwindet dann eine kurze Zone mit zerklüftetem Karstgestein. So erreichen Sie nach weiteren 20 Minuten eine Alpstrasse, der Sie nach rechts folgen. Nach wenigen Metern zeigt die Beschilderung „Obergestelen, Seebergsee“ rechts die Abzweigung zum **Urscher** 06 (1840 m) an.

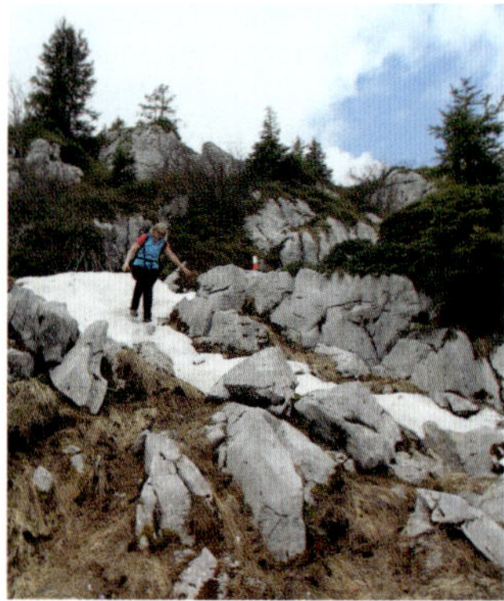

Etwas unwegsam zum Urscher.

Auf schmaler Spur wandern Sie nun durch eine licht bewaldete Karstlandschaft in eine verborgene Mulde mit zwei Alphütten und über einen kleinen Sattel. Dann folgt die 1,5 km lange Durchquerung der steilen Schutthalden am Fuss der Niederhorn-Ostwände. Eine kurze felsige Passage ist mit Drahtseilen gesichert. Eine unmarkierte, links hinabführernde Pfadspur bleibt unbeachtet.

Nach 45 Minuten gelangen Sie im sanften Auf und Ab zur Gabelung einer geteerten Strasse auf der Alp Obergestelen, auf der Sie rechts kurz zum Luegleboden ansteigen.

Dort treffen Sie auf den Zugangsweg, dem Sie links in 30 Minuten zum **Seebergsee** 03 (1838 m) und in weiteren 15 Minuten via **Restaurant Seeberg** 02 zum **Parkplatz Seeberg** 01 folgen.

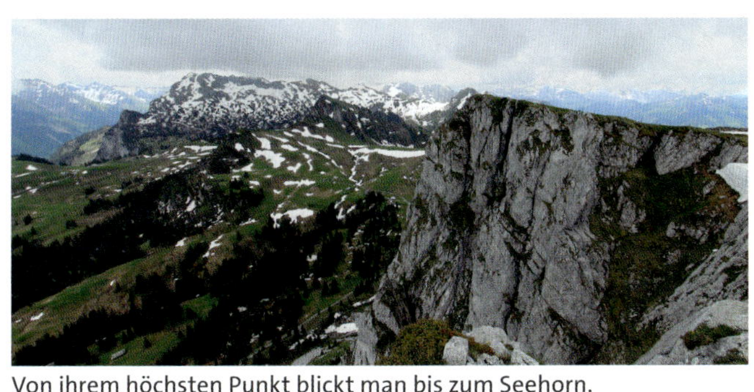

Von ihrem höchsten Punkt blickt man bis zum Seehorn.

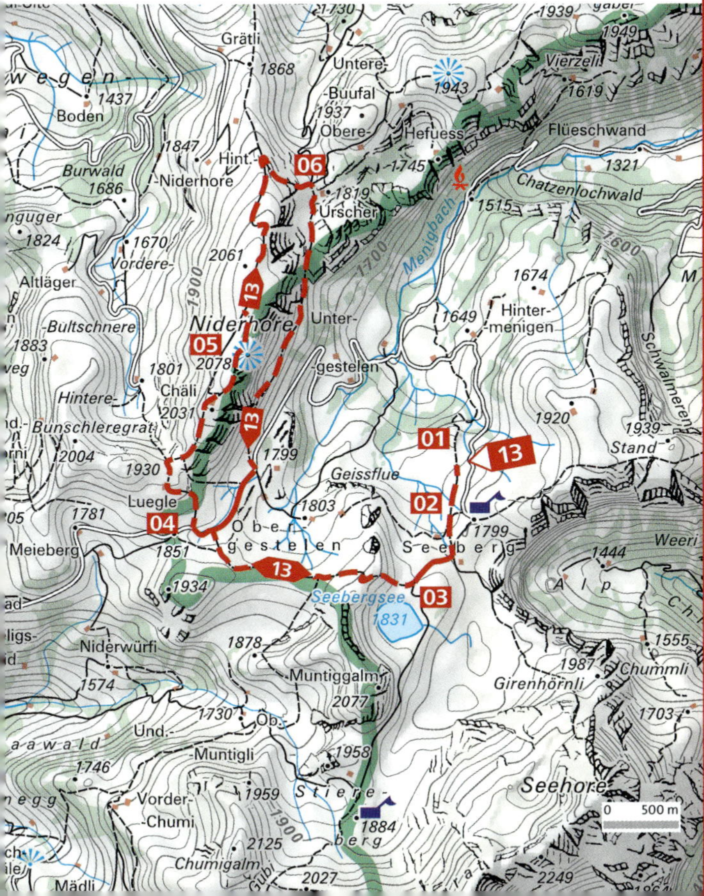

SCHNURENLOCH – HÄNGEBRÜCKE LEITEREWEIDENI

Höhlenabenteuer und Bädergeschichte

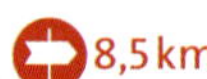

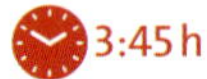

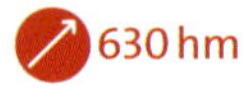

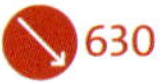

START | Oberwil im Simmental, 836 m; Parkplatz bei der Bahnstation.
[GPS: UTM Zone 32 x: 380.404 m y: 5.168.210 m]
CHARAKTER | Sehr abwechslungs- und erlebnisreiche Bergwanderung auf Forststrassen und teils steilen, steinigen und felsigen Pfaden, die Trittsicherheit und Schwindelfreiheit erfordern (T3). Für den Abstecher zu den Höhlen empfehlen sich nicht allzu schöne Kleidung und die Mitnahme einer verlässlichen Taschen- oder Stirnlampe.

Die Felsen über dem Simmental sind von etlichen Höhlen zerfressen. Die bedeutendste davon, das 26 Meter lange Schnureloch, war schon den Menschen der Steinzeit bekannt – das belegen Steinwerkzeuge und Knochenfragmente von Höhlenbären, die dort bei Ausgrabungen ans Tageslicht kamen. Wie die Ur-Simmentaler die senkrechte Felswand unter dem Höheneingang einst überwunden haben, bleibt wohl ein Rätsel – heute kommt man dort nur dank einer langen Leiter hinauf (gleiches gilt auch für das benachbarte Mamilchloch). Der Höhlenpfad von Oberwil ist aber nur das erste Highlight der hier vorgeschlagenen Rundwanderung, denn es folgen dann noch eine schwindelnde Hängebrücke, der Abstieg über

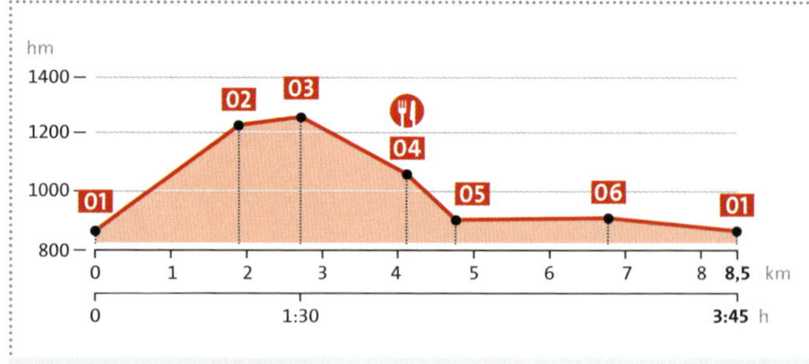

01 Oberwil, 836 m; 02 Mamilchloch, 1210 m; 03 Schnurenloch, 1230 m; 04 Hängebrücke, 1045 m; 05 Weissenburgbad, 852 m; 06 Buusche, 860 m

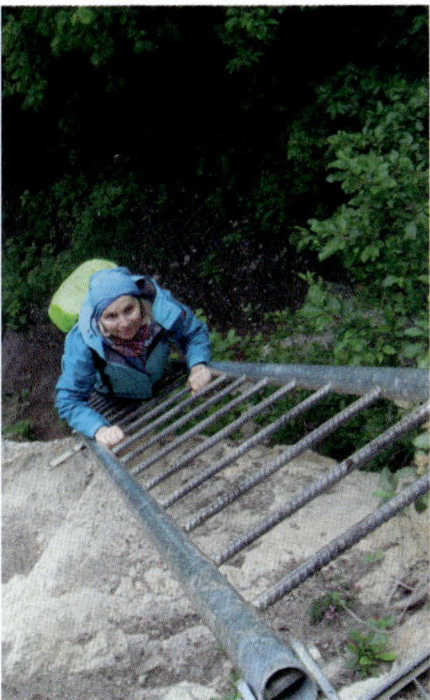

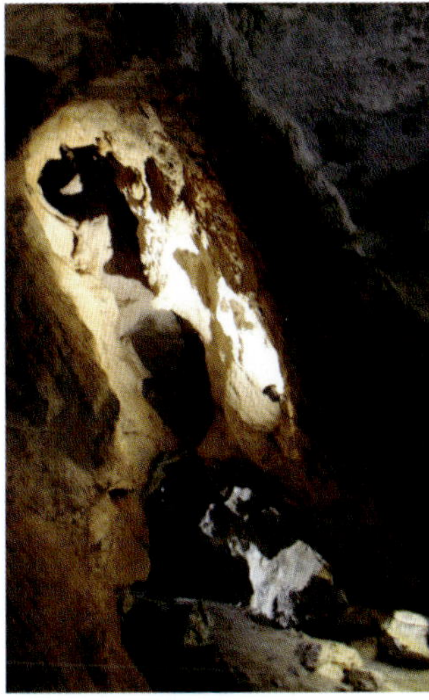

Steil zum Höhleneingang hinauf und tief in den Berg hinein.

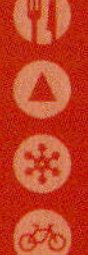

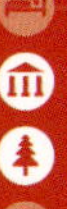

eine spannenden Treppenweg in eine enge Felsschlucht und die Relikte des ältesten Thermalbads im Berner Oberland: Mitten in der Wildnis am Buuschebach verströmte das noble Kurhotel Weissenburgbad ab 1899 internationales Flair; nach einem Brand im Jahr 1974 blieben davon nur mehr Mauerruinen übrig.

▶ Gegenüber dem Bahnhof in **Oberwil** 01 zeigt der Wegweiser „Schnurreloch, Ehem. Weissenburgbad, Weissenburg via Leitereweideni" nach rechts (Osten); ein paar Meter weiter zeigen auch die Tafeln „Höhlenpfad" und „Hängebrücke" in diese Richtung. So gehen Sie durchs Dorf, an der Gemeindeverwaltung und der Post vorbei, zur Brücke über den kleinen Hübach. Gleich danach biegen Sie links Richtung „Schnurreloch" auf einen breiten Schotterweg ab, der neben dem Bach ansteigt. Von einer Gabelung geht's links weiter. Bald wandern Sie auf einem Pfad durch die Farniweid zur Kehre einer Forststrasse und folgen dieser links hinauf. Nach etwa 1:00 h beginnt links bei einer Übersichtstafel der steinige Pfad zum Schnurenloch und den beiden benachbarten Höhlen. Die reine Gehzeit für diesen Abstecher beträgt alles in allem etwa 1:00 h, für die Höhlenerkundung und eine Rast beim Zwärgliloch muss man aber entsprechend mehr einplanen. Nach wenigen Minuten teilt sich der Weg: Der linke Pfad zieht durch den steilen, teils auch felsigen Waldhang zum **Mamilchloch** 02 (1210 m) hinauf. Sein Felsportal wird auf einer 10 m hohen Metallleiter erklommen. Das Höhleninnere lässt sich per Solarlampe beleuchten und man kann mit Hilfe eines angebrachten Seils ein paar Meter in die schaurige Unterwelt hinabkraxeln – Vorsicht, es ist abschüssig und rutschig!

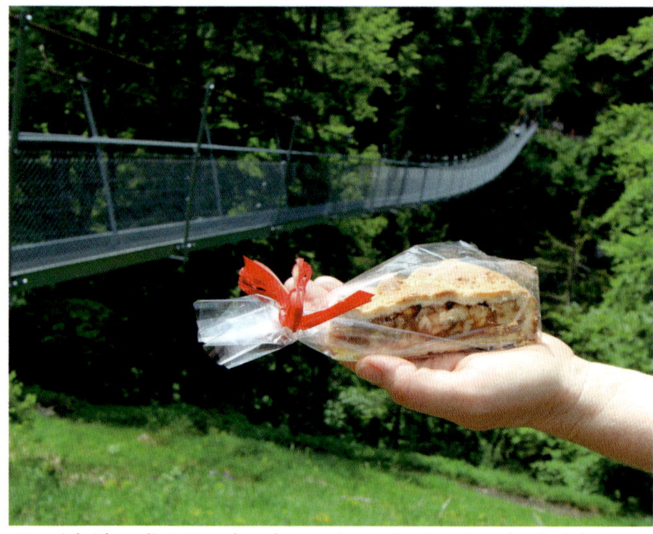

Wer sich über die Hängebrücke traut, wird mit Leckereien belohnt.

Beim Übergang zum Schnurenloch muss man nicht bis zur Gabelung absteigen, denn es führt schon weiter oben eine „wurzelreiche“, aber mit Stahlseilen gesicherte Route links hinüber. Auf dem Zugangsweg geht's dann links hinauf zum 20 m langen Schlüfloch, das man durchkriechen muss. Dahinter folgt ein mit Drahtseilen und einem Gitterzaun gesicherter Wegabschnitt, bevor man auf einer noch längeren Metalleiter zum **Schnurenloch** 03 (1230 m) gelangt. Mit einer guten Stirnlampe kann man ins Innere der Höhle vordringen, wo eine kleine Leiter eine Felsstufe überwindet. Beim Abstieg wird man den Abstecher links zum Zwärgliloch (1140 m) nicht versäumen. Im durchlöcherten Höhlenportal befindet sich eine Brätelstelle mit Tisch und Bänken; Holz muss man aber von der Abzweigung unten mitbringen.

Von dort wandern Sie nach dem Höhlenabstecher links auf der Schotterstrasse Richtung „Ehem. Weissenburgbad, Weissenburg via Leitereweideni“ weiter. Über ein grasiges Wegstück steigen Sie zu einer weiteren Forststrasse ab, auf der Sie links zu einer nahen Gabelung gehen. Von dort folgen Sie der Beschilderung „Morgetepass“ und marschieren hoch über einem Graben zur 111 m langen **Hängebrücke** 04 (1045 m), die rechts über die ebenfalls 111 m tiefe Schlucht des Morgetebachs führt.
Jenseits auf der Leiternweide (Leitereweideni) erwarten Sie ein kleiner Rastplatz und ein Verkaufsstand mit bäuerlichen Produkten – besonders die Nusstorte mundet dort vorzüglich! Dann steigen Sie auf einem steilen, aber sehr gut angelegten, mit Stufen, Metalltreppen und Geländern versehenen Felsenweg in den Talgrund hinab. Er ersetzt eine senk-

rechte Holzleiter, die bis in die 1940er-Jahre den kürzesten Zugang zur damals noch dauerhaft bewohnten Weide bildete. Durch die schmale Felsschlucht kommen Sie zur Einmündung des Bunschen- oder Buuschebachs, dem Sie talaus zu den Resten des Hinteren Bades Weissenburg, einer Thermalquelle und zum einstigen Kurhotel **Weissenburgbad** 05 (852 m) folgen. 45 Minuten.
Kurz davor zweigt der beschilderte Pfad nach Oberwil – ein Teilstück des Simmentaler Hauswegs – scharf nach rechts ab. Auf einem Steg wird eine kleine Felsklamm überschritten. Bei der folgenden Abzweigung bleiben Sie geradeaus Richtung „Buusche, Oberwil". Durch den Waldhang gelangen Sie auf eine grosse Weide, über die ein Feldweg mit betonierten Fahrstreifen in die Ortschaft **Buusche (Bunschen)** 06 (860 m) führt.
Zuletzt wandern Sie auf dem Hausweg (Asphaltstrasse) über dem Simmental durch die Weiler Büel (852 m) und Wyssebach nach **Oberwil** 01 zurück. 1:00 h.

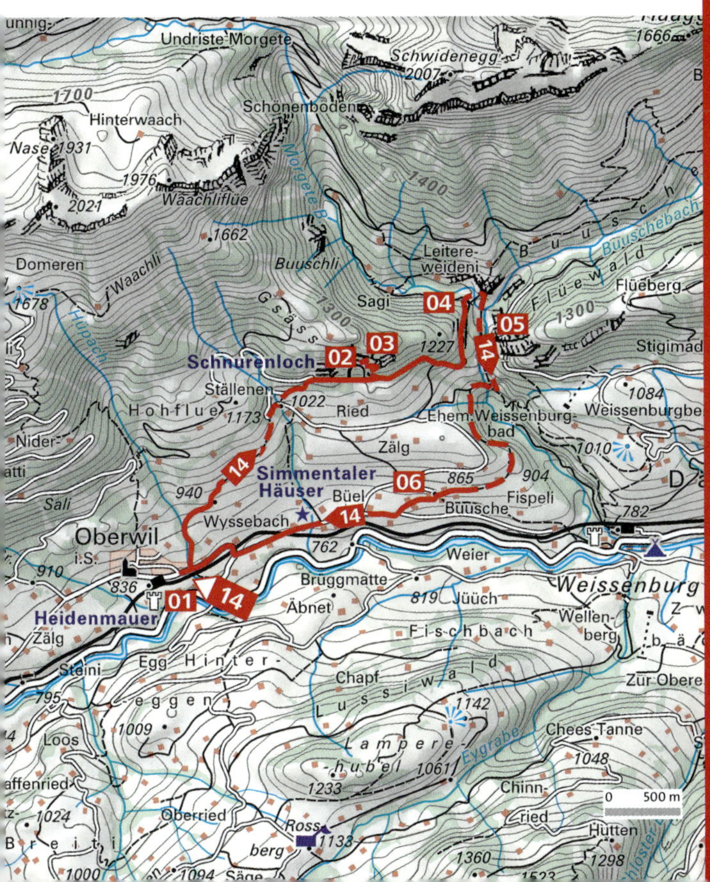

WALOPSEE – GARTEN • 2040 m

Grüner See und hohe Matten

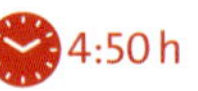
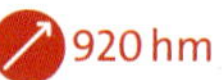

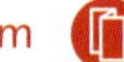
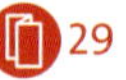

10 km · 4:50 h · 920 hm · 920 hm · 29

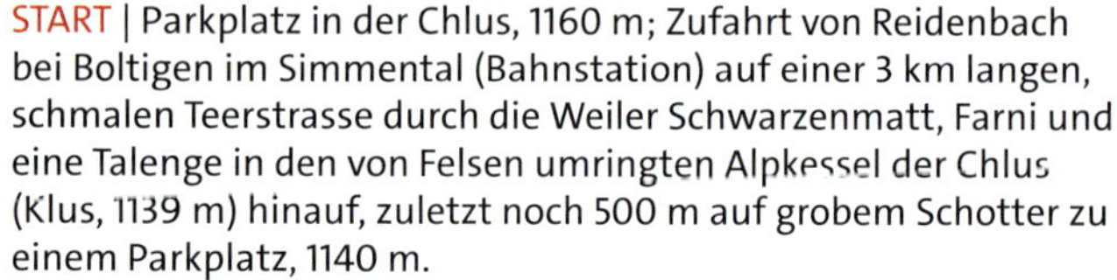

START | Parkplatz in der Chlus, 1160 m; Zufahrt von Reidenbach bei Boltigen im Simmental (Bahnstation) auf einer 3 km langen, schmalen Teerstrasse durch die Weiler Schwarzenmatt, Farni und eine Talenge in den von Felsen umringten Alpkessel der Chlus (Klus, 1139 m) hinauf, zuletzt noch 500 m auf grobem Schotter zu einem Parkplatz, 1140 m.
[GPS: UTM Zone 32 x: 373.583 m y: 5.165.282 m]
CHARAKTER | Bergwanderung auf stellenweise steilen, steinigen und feuchten Pfaden (T2). Im Gipfelbereich schwierige Orientierung bei Nebel! Unterwegs keine Einkehrmöglichkeit.

Der Name ist Programm: Bis weit in den Juli hinein kommen Blumenkenner auf dem Garten im Westen des Simmentals voll auf ihre Kosten. Doch auch Blicke in die Ferne lohnen sich auf dem Weg über diesen Wiesengipfel, denn er ist von überaus schroffen Zacken und Wänden umgeben. Schon bei der Anfahrt staunt man über das mächtige Felsrund, das die Alp Chlus umringt. Und ein idyllisches Bergwasser wie den Walopsee würde man hinter dieser Steinbarriere erst recht kaum vermuten (weiter hinten, am Fuss der Kaiseregg, verbirgt sich ein zweites Gewässer, das im Sommer jedoch meist austrocknet). Mit einem Wort: Hier findet man landschaftliches Schmuckstück der besonderen Art!

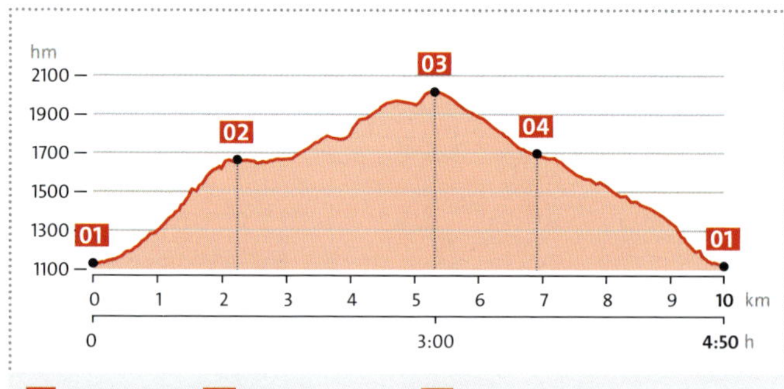

01 Chlus, 1160 m; 02 Walopsee, 1614 m; 03 Garten, 2039 m; 04 Rohrboden, 1678 m

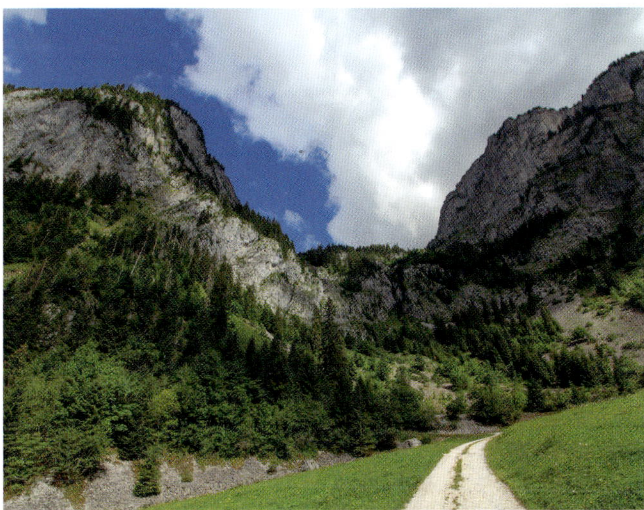

Schon der Startpunkt ist ein landschaftliches Erlebnis – die Chlus.

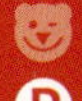

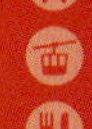

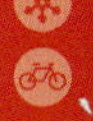
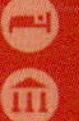

▶ Vom Parkplatz in der **Chlus** 01 weist die Beschilderung „Vordere Walop, Kaiseregg“ bergwärts. Der alte Alpweg schlängelt sich schier endlos durch steile Waldhänge und Schutthalden empor; zwei Passagen wurden aus den Felsen herausgeschlagen (Geländer, Brunnen). Nach der Überwindung von 400 Höhenmetern erreichen Sie den Sattel „Uf Egg“, hinter dem Sie einen rauen Fahrweg und eine Hütte erreichen. Kurz darauf erblicken Sie links unten den zauberhaft grünen **Walopsee** 02 (1614 m). 1:30 h.
500 m weiter taleinwärts breiten sich die Weiden der Vorderen Walop (1664 m) in einem breiten Hochtal vor der Steinkulisse der Kaiseregg (2185 m) aus. Dort zweigen Sie links Richtung „Luchere, Jaun“ ab, gehen an einer Alphütte vorbei und steigen durch eine Mulde unter der Felsflanke des Rotechaste (2216 m) auf einen Rücken (1790 m) an. Danach geht's durch das Kar der Underi Luchere mit seinen Dolinen zu zwei weiteren Hütten (Gaasche, 1966 m) weiter. Oberhalb davon gelangen Sie von einer Wegteilung links in wenigen Minuten auf die Graskuppe des **Gartens** 03 (2039 m). Überraschend weit ist die Fernsicht an klaren Tagen – von den Simmentaler Fels- und Grasbergen bis zum Weisshorn im Wallis, von der Jungfrau bis zum 120 km entfernten Tödi in den Glarner Alpen! 1:30 h.
Im Abstieg folgen Sie dem Schild „Rineschli, Chlus“ erst weglos über den breiten, im Frühsommer in voller Blüte stehenden Wiesenbuckel des Gartens hinab – Zielpunkte sind die obersten Alphütten. Auf einem rauen Alpweg kommen Sie dann zum **Rohrboden** 04 (1678 m) hinunter.
Links flach weiter zur nächsten Hütte und links durch einen feuchten Graben hinab zum Rieneschli (1566 m). Nochmals links

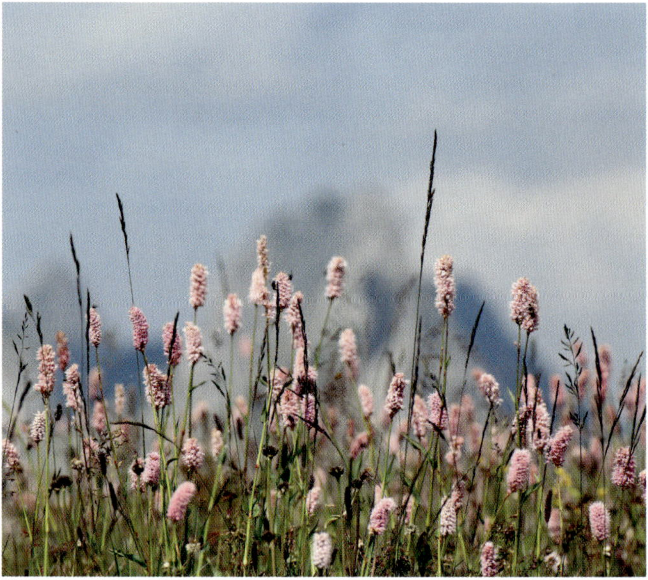

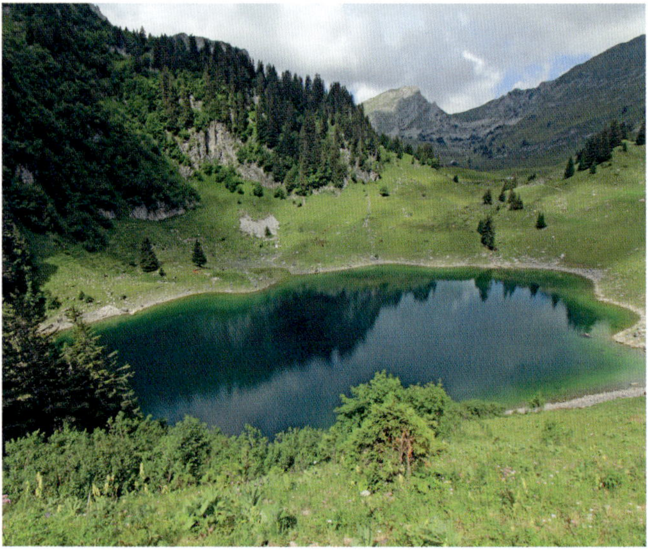

Rosarote Blütenpracht im „Garten“ über dem Jaunpass (oben), geheimnisvolles Grün im Walopsee unter der Kaiseregg (unten).

abzweigend steigen Sie nun durch die linke Seite des eindrücklichen Reidiggrabens ab – anfänglich wieder auf schlecht erkennbarer Spur, aber direkt den Zacken des Trimlehore, der Chemiflue und des Chlushorns entgegen. Weiter unten führt ein guter Serpentinenweg in die **Chlus** 01 hinunter; dort sind es links auf der Strasse nur mehr wenige Minuten zum Parkplatz. 1:50 h.

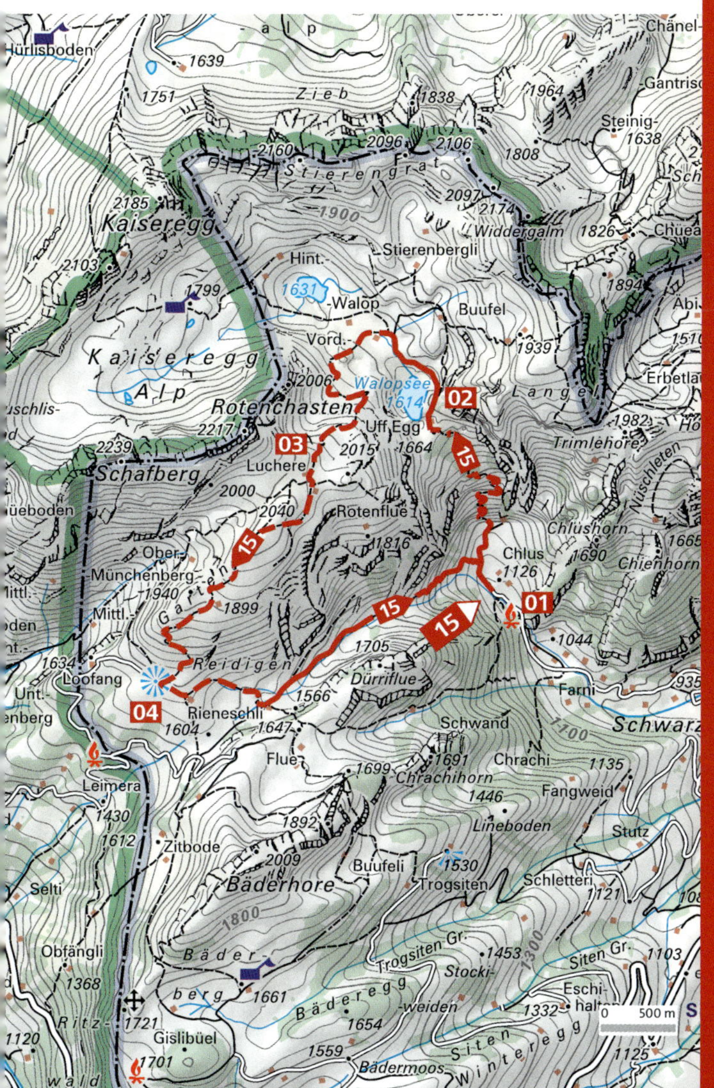

16

VOM JAUNPASS ÜBER DEN HUNDSRÜGG • 2047 m

Wunderschönes Land am Rand

 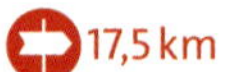 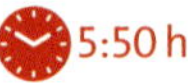 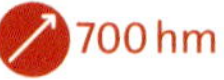  

START | Jaunpass, 1504 m; Zufahrt von Boltigen im Simmental (Bahnhof) mit dem Postauto (Linie 260). Rückfahrt von Saanen nach Boltigen mit der Bahn.
[GPS: UTM Zone 32 x: 372.645 m y: 5.161.145 m]
CHARAKTER | Einfache und sehr aussichtsreiche Berg- und Kammwanderung auf Alpstrassen und guten Pfaden (T2).

Zwischen dem Simmental und dem Saanenland verlockt ein kilometerlanger Wald- und Graskamm zum genussvollen Dahinwandern. Der Weg über den Hundsrügg gewährt das Gefühl eines Höhenflugs im Angesicht der Freiburger und der Waadtländer Alpen, wobei die wilde Kalkkette der Gastlosen und die „Gstaader Dolomiten" um die Gummfluh das Panorama dominieren. Die Wanderung endet schliesslich im sehr sehenswerten Dorf Saanen, wo man unbedingt die Mauritiuskirche mit ihren um 1470 entstandenen Wandmalereien besuchen sollte.

▶ Am **Jaunpass** 01 kündigt ein Wegweiser zum Hundsrügg eine Gehzeit von 2:10 h an. Auf einer zunächst geteerten Alpstrasse wandern Sie nach Süden. Von der nahen Gabelung geht's links Richtung „Hundsrügg, Rellerigrat" weiter; ab Hüttlistalden kürzt ein Pfad die Kehren neben einem

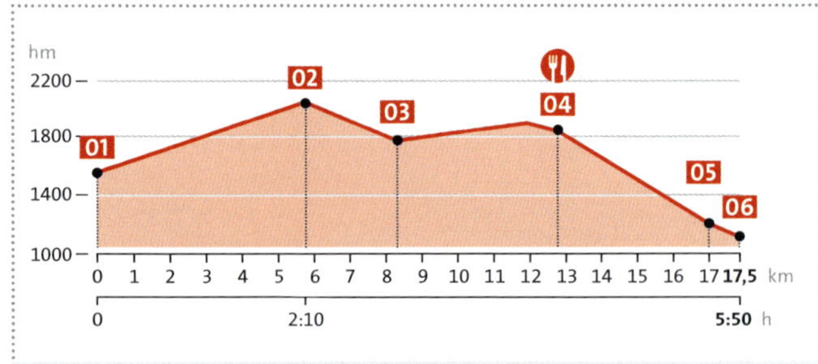

01 Jaunpass, 1504 m; 02 Hundsrügg, 2047 m; 03 Bire, 1792 m; 04 Rellerligrat, 1833 m; 05 Unterbort, 1150 m; 06 Saanen, 1013 m

Skilift ab. Nach 50 Minuten erreichen Sie den Oberenegg-Läger (1698 m, schöne Sicht übers Simmental bis zum Stockhorn). Bei den oberen Hütten zweigen Sie links ab, verlassen nach 500 m die Alpstrasse nach rechts und steigen zur einsamen Hütte Hürli an. Oberhalb davon führt der Pfad zu einem Kreuz (1926 m) auf dem Wald- und Grasrücken, der im sanften Auf und Ab, zuletzt aber stärker ansteigend, zum **Hundsrügg** 02 (2047 m) aufschliesst. Prachtvoll ist der Blick zum Felskamm zwischen der Dent de Ruth (2236 m) und den wilden Gastlosen (1935 m), unter denen das winzige Dorf Abländschen zu sehen ist; dahinter bauen sich

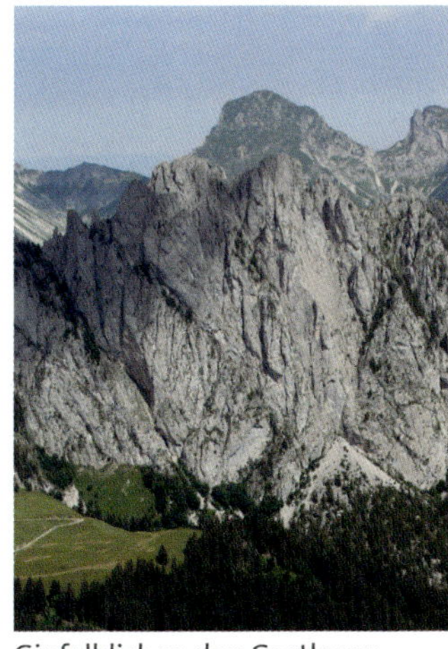

Gipfelblick zu den Gastlosen.

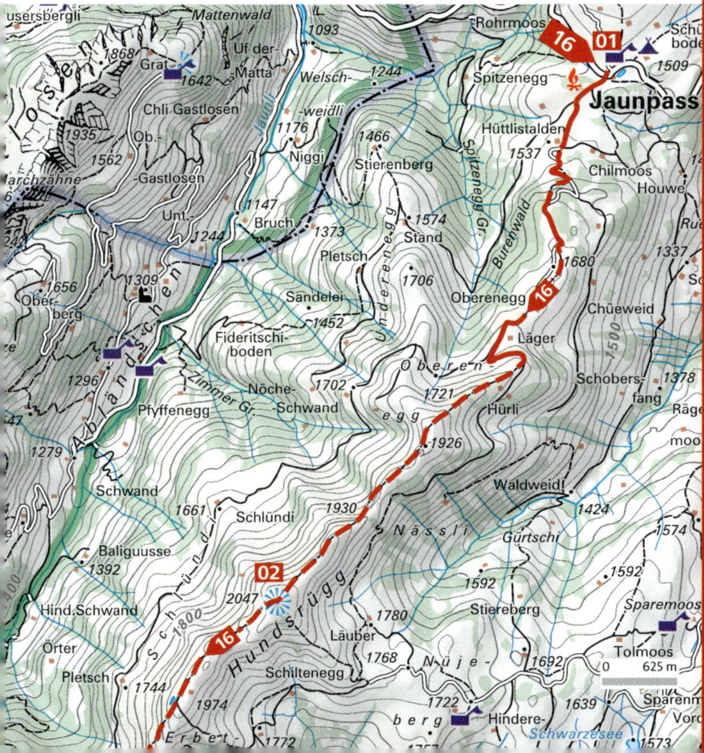

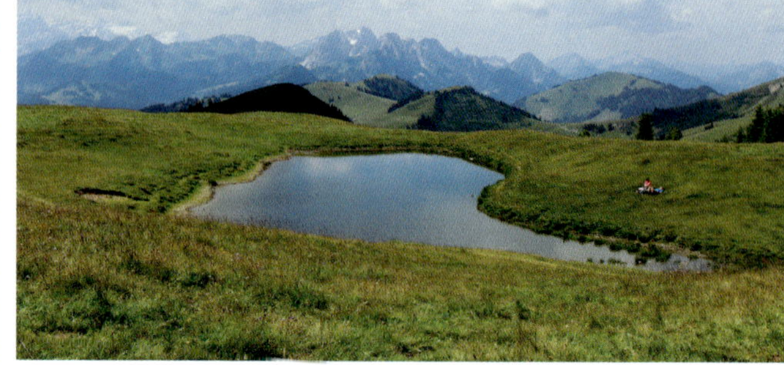

Rast am Minisee mit Blick zu den „Gstaader Dolomiten".

die Freiburger Alpen und die Berge um die Kaiseregg und den Gantrisch auf. Im Osten zeigt das Niederhorn seine sanfte Seite; im Süden prunken der Wildstrubel (3244 m) mit dem flachen Glacier de la Plaine Morte, das Wildhorn (3248 m) und das Massif des Diablerets (3210 m). 1:20 h.

Nun geht's im Auf und Ab über den Kamm nach Südwesten weiter. Nach einem Minisee gelangen Sie in den Luegle-Sattel (1839 m) hinab, von dem Sie rechts – Richtung „Bire, Rellerigrat" – den Birehubel umgehen. Über die folgende Senke, die **Bire** 03 (1792 m), zieht eine Hochspannungsleitung. Von der dortigen Hütte wandern Sie rechts über den breiten Rücken weiter, dann umgehen Sie links einen Hügel und steigen durch den Südhang des Schneitgrats zur Alp Vorderi Schneit (1734 m) ab. Vom nahen Sattel am Chaltläger (1769 m) führt der Pfad westseitig unter dem steilen, licht bewaldeten Planihubel zum Aherlisbode (1806 m).

Eine letzte Erhebung, der Hugeligrat (1899 m), stellt sich vor das Tourenziel. Sie fordert noch einmal einen kurzen Anstieg zu einer flachen Senke, dann muss man sich entscheiden, ob man über seinen Gipfel oder links durch die einstige Liftwiese zum leider geschlossenen Berghaus auf dem **Rellerligrat (Obers Relleri)** 04 (1831 m) hinübergeht. 2:00 h.

Beim **Abstieg** folgen Sie dem Wegweiser Richtung „Saanen, Grüebli" über den Grasrücken nach Süden hinab, vorbei an der Hütte von Rittmal, wo im Mittelalter ein „Chuz" (ein Posten zur Übermittlung von Feuersignalen) bestand. Nach ungefähr 40 Minuten erreichen Sie auf Gspan (1552 m) einen Fahrweg, auf dem Sie rechts zu einer nahen Hütte gelangen.

Dort zweigen Sie links Richtung „Saanen" ab und wandern auf einem Wiesenpfad nach Grüebli (1450 m) hinunter. Von dort führt ein Alpweg rechts über Leimere in den Weiler **Unterbort** 05 (1150 m), wo Sie rechts auf die Unterbortstrasse einschwenken. Nach 120 m zweigen Sie scharf links Richtung „Saanen" auf eine Treppe ab und wandern auf einem Pfad talwärts. Schliesslich kürzen Sie auf dem „Bortgässli" die Strassenkehren ab, bis Sie den Friedhof und die reformierte Kirche von **Saanen** 06 (1013 m) erreichen. Durch das sehenswerte Ortszentrum ist es dann nicht mehr weit bis zum Bahnhof. 1:00 h.

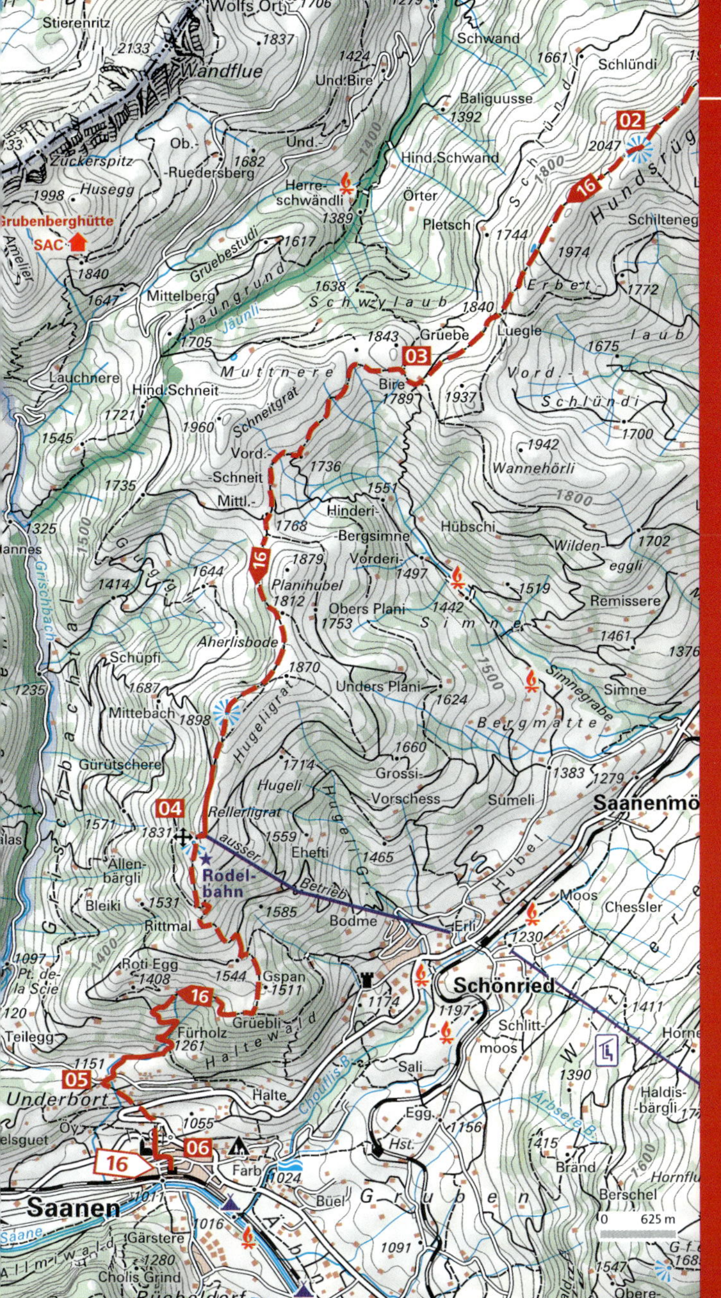
Wolfs Ort
Stierenritz
Wandflue
Schwand
Schlündi
Und.Bire
Baliguusse
Zückerspitz
Ob.-Ruedersberg
Und.-Herreschwändli
Hind.Schwand
Husegg
Grubenberghütte SAC
Örter
Pletsch
Schiltenegg
Gruebestudi
Mittelberg
Jaungrund
Jäunli
Schwyzlaub
Gruebe
Luegle
Erbetlaub
Lauchnere
Hind.Schneit
Muttnere
Bire
Vord.-Schlündi
Schneitgrat
Vord.-Schneit
Mittl.-
Wannehörli
Hinderi-Bergsimne
Vorderi-
Hübschi
Wilden-eggli
Planihubel
Obers Plani
Simne
Remissere
Grischbach
Aherlisbode
Schüpfi
Unders Plani
Simnegrabe
Simne
Mittebach
Hugeligrat
Bergmatte
Gürütschere
Hugeli
Grossi-Vorschess
Sumeli
Saanenmö
Rellerligrat
Ehefti
Hubel
ausser Betrieb
Rodelbahn
Ällenbärgli
Bleiki
Rittmal
Bodme
Erli
Moos
Chessler
Roti Egg
Pt. de la Scie
Gspan
Schönried
Teilegg
Fürholz
Grüebli
Haltewald
Schlitt-moos
Underbort
Halte
Choullis B.
Sali
Haldis-bärgli
Egg.
Hst.
Arbsere B.
Bränd
Farb
Saanen
Büel
Gruben
Berschel
Saane
Gärstere
Allmiwald
Cholis Grind
Rüebeldorf
Obere-
0 625 m

INS FÄRMELTAL

Ein stiller Winkel über dem Simmental

  19 km 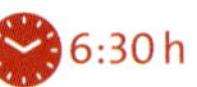 6:30 h 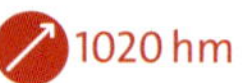 1020 hm  1020 hm  29

START | Matten im Obersimmental, 1023 m; Parkplatz bei der Bahnstation und im Dorf neben der Einfahrt ins Färmeltal. [GPS: UTM Zone 32 x: 377.411 m y: 5.151.505 m]
CHARAKTER | Bergwanderung auf Forst- bzw. Alpstrassen und schmalen, stellenweise steilen und steinigen Pfaden, die Trittsicherheit erfordern (T2).

Zwischen dem Obersimmen-, dem Diemtig- und dem Engstligental bäumen sich wilde Felsformationen auf: die Spillgerte-Gruppe, das Türmlihore und das Gsür, das Albristhorn. Mittendrin verbirgt sich mit dem Färmeltal einer der urtümlichsten Winkel weit und breit – ein entlegener Gebirgsgraben mit wunderschönen alten Holzhäusern, prachtvollen Ahornbäumen und weiten Alpweiden. Oberhalb davon verläuft ein kaum bekannter Höhenweg, auf dem man zweieinhalb Stunden lang unter schroffen Wänden und bizarren Felsfiguren in den hintersten Talgrund wandert.

▶ Gleich hinter der Bahnstation von **Matten** 01 überqueren Sie die Lenkstrasse, dann spazieren Sie durchs Innere oder Äussere Gässli ins etwas oberhalb gelegene Matten Dörfli (1048 m) mit seinen schönen Simmentaler Häusern. Die Dorfstrasse führt links zur Brücke über den Färmelbach, nach der Sie rechts Richtung „Färmeltal/Stalde, Grimmifurggi" abzweigen und etwa 300 m ins Tal hineinwandern. Von der ersten Strassen-

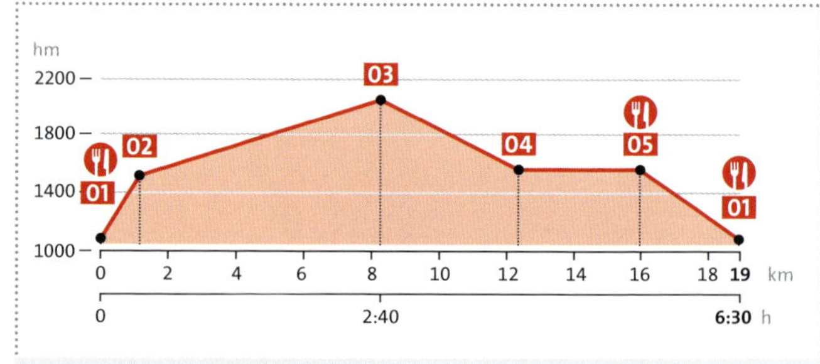

01 Matten, 1023 m; 02 Dachbode, 1538 m; 03 Grimmifurggi, 2023 m; 04 Färmelläger, 1640 m; 05 Stalde, 1343 m

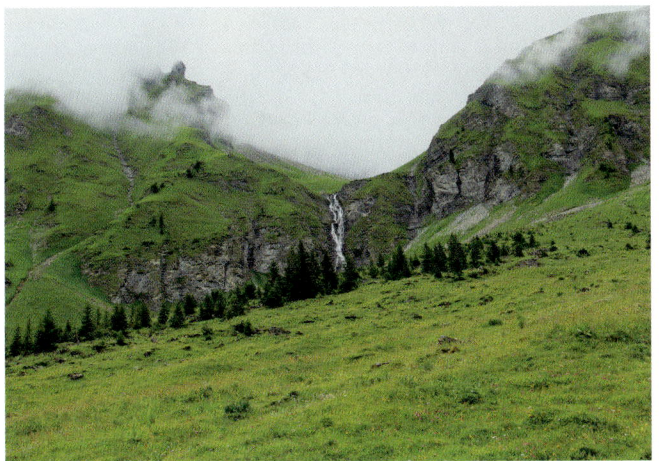

Geheimnisvolles Färmeltal – das Türmlihore über dem Färmelberg.

kehre schwenken Sie rechts auf die alte Färmelstrasse ein, von der Sie jedoch schon vor der nahen Brücke links auf einem Waldpfad ansteigen. Nun folgen Sie stets den Wegweisern Richtung „Grimmifurgge". Am Schätzlisbode folgen Sie der Asphaltstrasse 50 m nach rechts, bis die Wanderroute wieder links wegzieht. Sie quert einen Weg, zieht rechts durch steile Waldhänge empor und kürzt dabei die Kehren einer Forststrasse ab. Auf den Wiesen von Gfell (1515 m) geht's rechts auf einem Feldweg zur Hütte am **Dachbode** 02 (1538 m) hinüber. Nach etwa 1:30 h überblicken Sie von dort das hintere Färmeltal mit Türmlihore und Gsür, während im Süden der Wildstrubel und das Wildhorn prunken.

Gemäss der Beschilderung „Grimmifurggi" geht's in gleicher Richtung zu den Hütten am Fuss der Mieschflue weiter. Dort zweigen Sie links ab und wandern auf einem sanft ansteigenden Pfad durch den steilen, von vielen Schutthalden und rauen Lawinenbahnen unterbrochenen Allmiwald, der sich unter dem Felsmassiv zwischen dem Brunnihorn (2220 m) und dem Rothore (2409 m) erstreckt. Gut 1:00 h dauert die eindrückliche Höhenwanderung hoch über dem Färmeltal zur Alp am Undere Bluttig (1752 m), von der Sie in weiteren 35 Minuten zur Hütte am Obere Bluttig (1985 m) ansteigen. Von dort lohnt sich der 10-Minuten-Abstecher links zum Sattel des **Grimmifurggi** 03 (2023 m) auf jeden Fall: Herrlich die Sicht zu den jäh aufragenden Felsburgen des Rothorns und der Hinderi Spillgerte (2475 m), weit der nordseitige Blick über die Alp Grimmi ins hintere Diemtigtal!

Nach dem kurzen Abstieg biegen Sie dann auf der Obere Bluttig links Richtung „Färmelberg, Färmeltal/Stalde" ab und geniessen den zweiten Teil der Höhenwanderung über die 2000 m hohen Färmelmeder unter dem Raufligrat. Eine Alpstrassein führt in den Talkessel des Färmelbergs hinab. Dort, unter dem wild zerrissenen Türmlihore (2491 m), dem Gsür (2710 m) und dem Albristhorn (2762 m), erreichen Sie nach gut 1:00 h die Hütten am **Färmelläger** 04 (1640 m).

Der Marsch ins Tal erfolgt erst auf der asphaltierten Alpstrasse und nach 400 m links auf dem alten Talweg Richtung „Färmel/Blachti, Matten". Links des Färmelbachs kommt man nach 30 Minuten zu den schönen, von zahlreichen Bergahornbäumen umgebenen Häusern im Weiler **Stalde** 05 (1343 m) und damit auch zur einzigen Einkehrmöglichkeit im Verlauf der Tour, dem Restaurant Alpenrose. Unterhalb davon wandern Sie etwa 600 m auf der Asphaltstrasse talwärts, vorbei am Rastplatz am stinkenden, aber gesunden „Schwäfelbrünneli". Zuletzt führt die alte Talstrasse jenseits des Baches nach **Matten** 01 hinunter. 1:00 h.

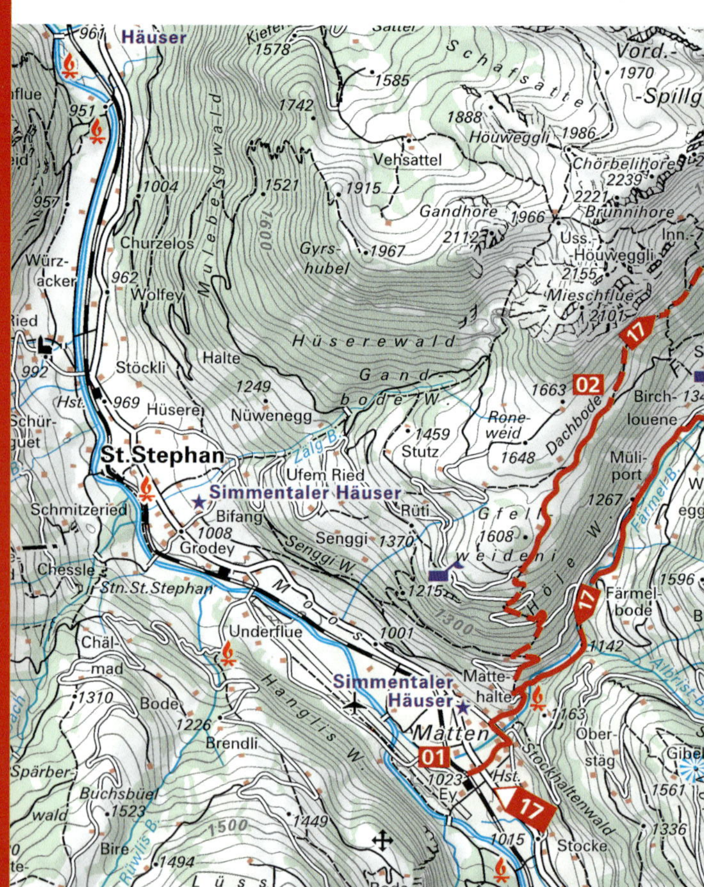

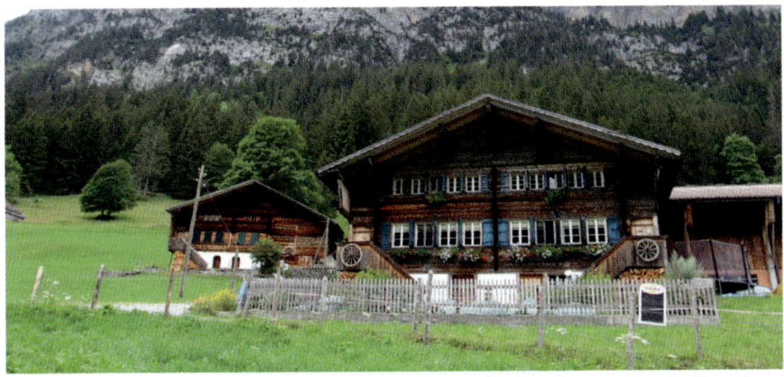

Ein wunderschöner Bauernhof unter den Felsabstürzen der Spilgerte.

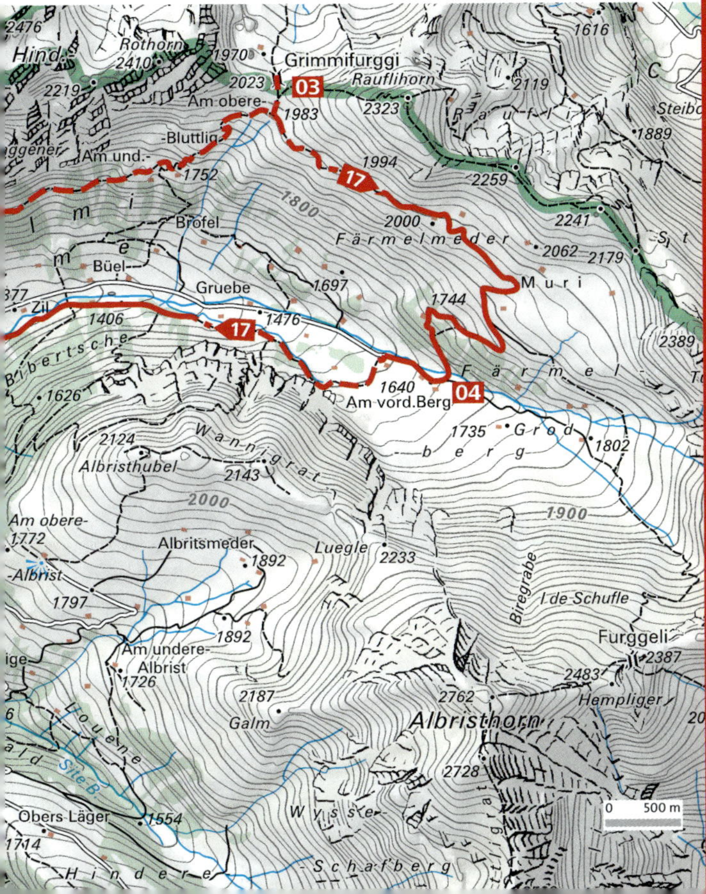

LEITERLI – STÜBLENI • 2109 m

Von den Gipslöchern der Gryden in die Wallbachschlucht

 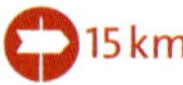 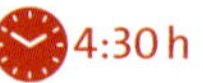 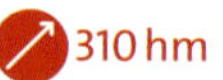 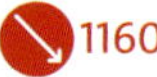 

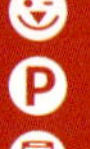

START | Lenk, 1064 m, Talstation der Bergbahn Lenk – Stoss – Leiterli; Parkplatz, Bahnhof und Bushaltestelle im Ort. Auffahrt mit der Gondelbahn zur Bergstation Leiterli, 1943 m (https://lenk-bergbahnen.ch).
[GPS: UTM Zone 32 x: 377.722 m y: 5.142.925 m]
CHARAKTER | Landschaftlich besonders interessante Bergwanderung auf Alpstrassen und guten Pfaden, die im Bereich der „Gryden" jedoch Trittsicherheit erfordern (T2). Einkehrmöglichkeit in der Walleggstube.

Der beliebte Höhenweg zwischen dem Leiterli im Südwesten von Lenk und den Alpmatten über dem Lauenental führt durch eine der eigenartigsten Berglandschaften der Schweiz. Im Bereich der „Gryden" durchquert er ein Gebiet, das aus Rauhwacke und Gipsstein aufgebaut ist. Gips ist ein helles Kalziumsulfatmineral, das man stellenweise mit den Fingern zerreiben kann. Es wird vom Regen- und Schmelzwasser langsam aufgelöst, wobei tückische Versickerungs- und Einsturztrichter (Dolinen) entstehen, die wie Mondkrater oder Bombentrichter aussehen. Diesen „Stübleni" (kleine Stuben) verdankt der seltsame Berg seinen Namen; während der Begriff „Gryde" auf „Chride" (Kreide) zurückgeht. Wer hier im Slalom wandert, sollte also genau auf den Weg achten. Entspannt

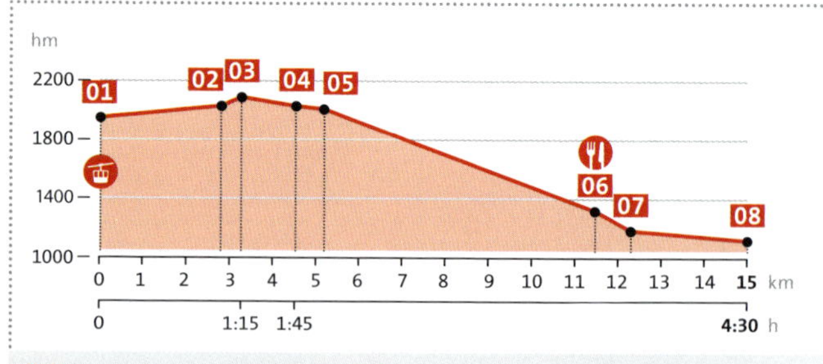

01 Bergstation Leiterli, 1943 m; 02 Abzweigung 02, 2058 m; 03 Stübleni, 2109 m; 04 Tütlisbergpass,2038 m; 05 Losegg, 2000 m; 06 Walleggstube, 1327 m; 07 Wallbachschlucht, 1250 m; 08 Lenk, 1064 m

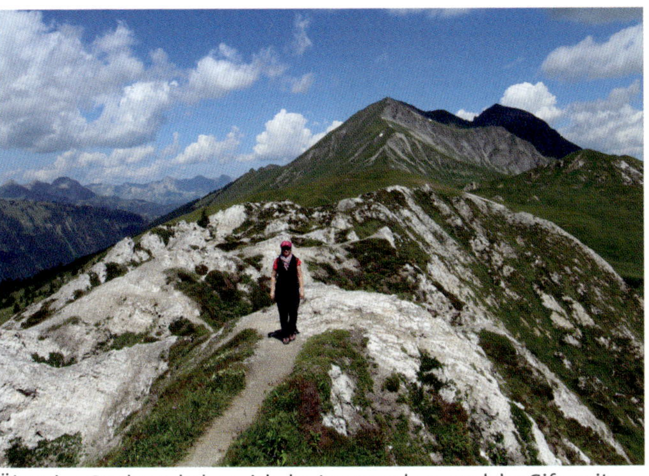

Über den Gryden erheben sich das Louwenehorn und der Giferspitz

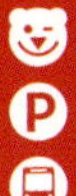
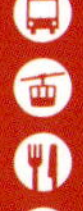
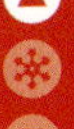

geht's dann in den Wallbachgraben hinunter, wo eine kleine, aber zauberhafte Schlucht neuerlich Aufmerksamkeit fordert.

Von der **Bergstation Leiterli** 01 der Gondelbahn wandern Sie auf dem breiten, flachen Weg mit der Beschilderung „Stüblenipass, Trütlisbergpass" rechts am Leiterli vorbei (man kann den aussichtsreichen Rücken auf dem Alpenblumenweg überschreiten). Rechts über dem Moor am Haslerberg und dem Wallbachgraben zeigen sich das Louwenehore (2477 m) und auch der Giferspitz (2541 m), im Rückblick imponiert die felsige Spillgerte (2475 m). Nach gut 1 km erreichen Sie einen Sattel und steigen auf dem rechts abzweigenden Pfad durch die südseitigen Wiesenhänge der Gryden (1987 m) an. Unterhalb eines seltsamen Felszackens gehen Sie von einer Gabelung links Richtung „Stüblenipass" weiter. Nach einem kurzen Anstieg folgen Sie von der nächsten **Abzweigung** 02 (2058 m) dem Wegweiser „Trütlisbergpass" nach rechts.
So gelangen Sie nach etwa 1:15 h auf den Grasrücken des **Stübleni** 03 (2109 m), von dem Sie den Hauptkamm der Berner Alpen vom Balmhorn (3698 m) bei Kandersteg über den Wildstrubel (3244 m) bis zu den Gipfeln des Wildhornmassivs und der Waadtländer Voralpen um die Gummfluh (2458 m) überblicken.
Nun geht's links ein par Schritte zu einer weiteren Gabelung hinab. Weiterhin Richtung „Trütlisbergpass" durchqueren Sie nun sie seltsame Welt der Gryden: Der Pfad führt über einen Rücken aus auffallend hellem Gestein, schlängelt sich über kleine Buckel und zwischen Kratern durch. Nach etwa 500 m haben Sie dieses geologische Unikum überschritten, passieren eine Holzhütte und wandern wieder durch Grashänge zum **Tütlisbergpass** 04 (2038 m) hinüber. 30 Minuten.
Von dort lohnt sich ein Abstecher nach links, Richtung „Turnelsattel,

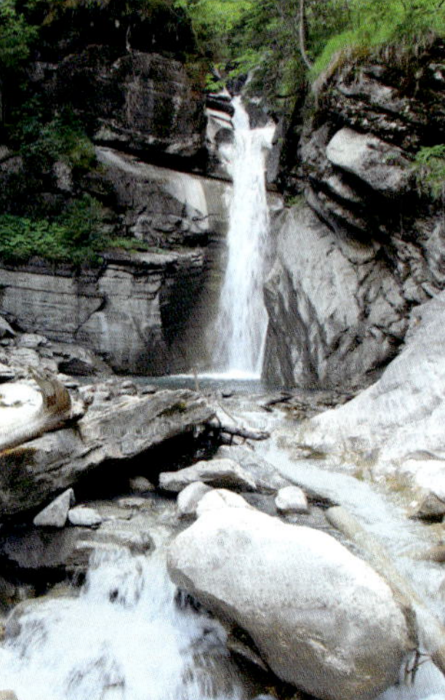

In der Wallbachschlucht.

Gstaad": Unter der Tube (2106 m) mit ihren Felstürmchen zieht der Pfad auf die nahe Anhöhe der **Losegg** 05 (2000 m), von der das lange Steinebergtal zwischen dem Giferspitz (links) und dem Laaglehore (rechts) einen Blick über den Rinderberg (2079 m) zu den Simmentaler Voralpen um die Kaiseregg (2185 m) freigibt. Westlich in der Tiefe liegt das Lauenental, über dem sich das vergletscherte Wildhorn (3248 m) zeigt. Hin und zurück ca. 15 Minuten.

Vom **Tütlisbergpass** 04 wandern Sie dann links – nach Nordosten – Richtung „Obere Lochberg, Wallegg, Lenk" hinab. Der Pfad – ein Teilstück der Via Alpina – verläuft durch Moorwiesen, Grashänge und über kleine Anhöhen ins Alpgebiet des Obere und Undere Lochbergs. Von den Weiden „In der Site" (1547 m) geht's rechts steiler in den Wallbachgraben hinunter. Nach der Bachüberquerung gelangen Sie durch Waldhänge hinauf zur gastlichen **Walleggstube** 06 (1327 m).

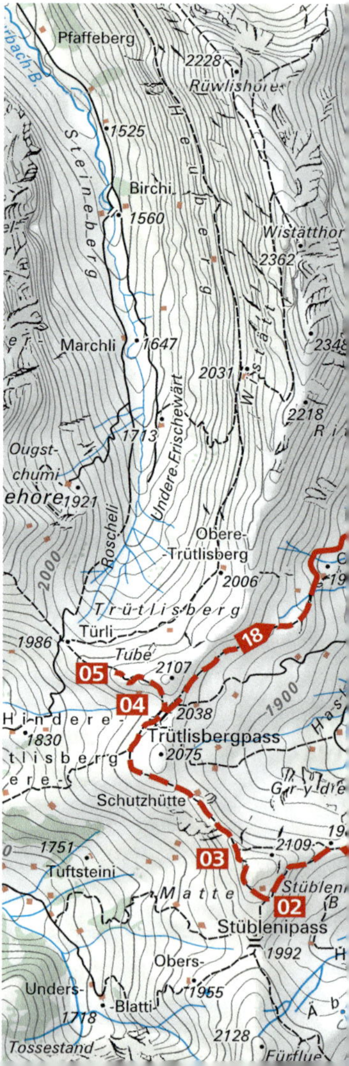

Kurz davor zweigt links der beschilderte Pfad in die **Wallbachschlucht** 07 (1250 m) ab. Über viele Stufen kommen Sie durch steilen Wald in die romantische Klamm hinunter; die Felsstufe neben ihrem Wasserfall überwindet man auf einer Metalltreppe. Weiter unten folgen Sie den Wegweisern „Lenk“ rechts über den Bach und unterhalb der Seilbahnstation rechts durch eine Siedlung.

So gelangen Sie nach ungefähr 2:30 h ins Ortszentrum von **Lenk** **08** (1064 m). Dort wenden Sie sich links zum Bahnhof oder rechts – kurz ansteigend – zum Ausgangspunkt bei der Bergbahn-Talstation.

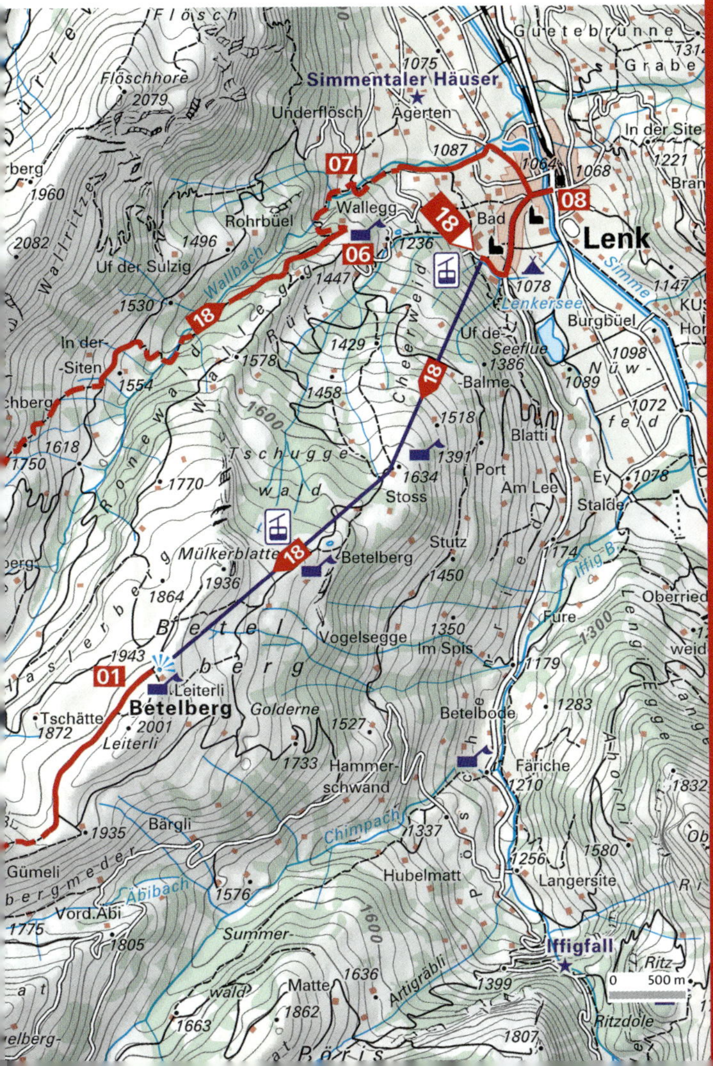

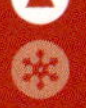
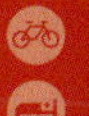
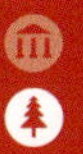

AUF DAS OBERLAUBHORN • 1999 m

Von den „Siebe Brünne“ zum Iffigfall

  11 km 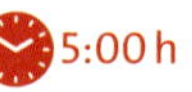 5:00 h 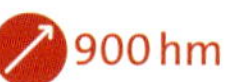 900 hm 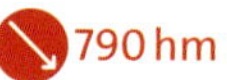 790 hm 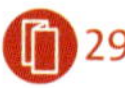 29

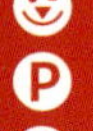
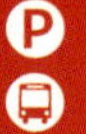
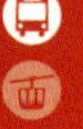

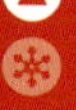

START | Lenk im Obersimmental, 1064 m; Bahnhof, kostenlose Parkplätze im Ort. Mit der AFA-Buslinie 283 zum 4,5 km entfernten Hotel Restaurant Simmenfälle, 1105 m.
[GPS: UTM Zone 32 x: 382.931 m y: 5.142.599 m]
Rückfahrt von der Hubelmatte nach Lenk mit der AFA-Buslinie 282.
CHARAKTER | Landschaftlich eindrückliche Bergwanderung auf Alpstrassen und steinigen Pfaden (T2). Einkehren kann man unterwegs im Restaurant Siebenbrunnen am Rezlibergli sowie in den Alphütten Langermatte und Ritz.

Kein Fluss der Schweiz hat einen so interessanten Ursprung wie die Simme: Sie rauscht in mehreren Strahlen aus dem Felsfundament des Wildstrubels. Ihr Wasser – durchschnittlich 2,8 Kubikmeter pro Sekunde – bezieht die 30 Meter breite Karstquelle der „Siebe Brünne“ vom Glacier de la Plaine Morte, dem „Gletscher der toten Ebene“, der 1400 Meter weiter oben eine acht Quadratkilometer weite Mulde bedeckt. Das kühle Nass vermag das Kalkgestein des Gebirges aufzulösen und gurgelt unterirdisch zu Tal, bis es undurchlässige Schichten ans Tageslicht zwingen. Am Gletscherrand entstehen auch Schmelzwasserbecken, deren Inhalt sich durch das bis zu 230 Meter dicke Eis frisst. Dabei bilden sich manchmal un-

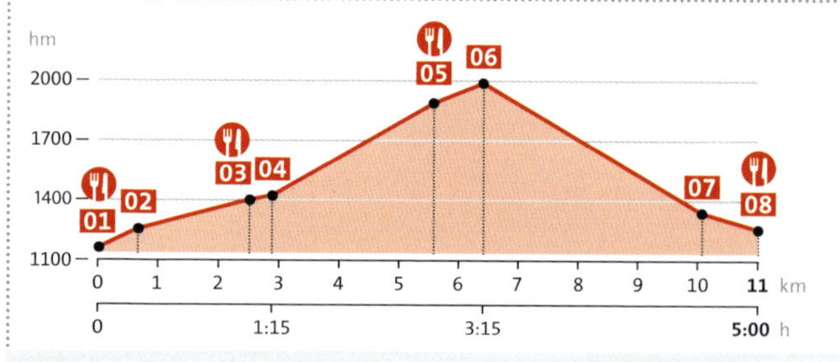

01 Hotel Simmenfälle, 1105 m; 02 Simmenfälle, 1240 m; 03 Restaurant Siebenbrunnen, 1403 m; 04 „Bi de sibe Brünne“, 1410 m; 05 Langermatte, 1856 m; 06 Oberlaubhore, 1999 m; 07 Iffigfall, 1319 m; 08 Restaurant Alpenrösli, 1210 m

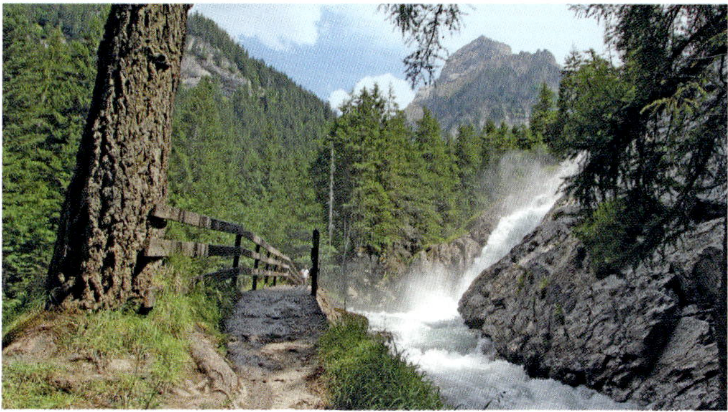

Der stäubende Simmenfall unter dem Ammertehore.

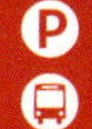

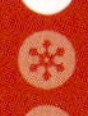

terirdische Seen, die den Gletscher sogar ein wenig anheben. Wird der Druck zu gross, dann bricht das Wasser unter dem Rezligletscher, der nach Norden abfallenden Zunge der Plaine Morte, blitzartig aus. So schwillt der Trüebbach zu einer schlammige Flutwelle an, die sich weiter unten auch über die 28 Meter hohen Simmenfälle stürzt. Mit der Umleitung ihres Abflusses versuchte man schon am Ende des 18. Jahrhunderts, die ständigen Zerstörungen durch das Wasser zu entschärfen – die untere, etwa 300 Meter lange Kaskadenstrecke der Simme entstand also durch Menschenhand. Völlig naturbelassen blieb hingegen der westlich benachbarte, 112 Meter hohe Iffigfall unter dem Wildhornmassiv – allerdings nur, weil Naturschützer und geologische Probleme dort den Bau eines Autobahntunnels verhindert haben. All diese Naturwunder lassen sich auf einer Wanderung zwischen den beiden „Ursprungstälern" an der Lenk auf wunderbare Weise erleben. Und der bescheidene Alpgipfel, der dazwischen aufragt, bietet dazu noch ein fantastisches Panorama.

 Vom **Hotel Restaurant Simmenfälle** 01 wandern Sie, der Beschilderung „Sibe Brünne, Langermatte" folgend, gut 100 m auf der Strasse taleinwärts und zweigen dann rechts ab (brauner Wegweiser „Simmefall"). Der steinige Wanderweg entlang der tosenden **Simmenfälle** 02 (1240 m) darf nur im Aufstieg begangen werden. Auf einem Steindamm gelangen Sie zum obersten Wasserfall, der vor der Barbarabrücke meist für reichlich Wasserstaub sorgt. Von der nahen Wegkreuzung steigen Sie rechts auf dem Fahrweg Richtung „Sibe Brünne, Langermatte" an. Vorbei an der Staldeweid (1370 m) und der Schlucht des Ammertenbachs gelangen Sie zur Rezlibergweid, über der Wasserfälle die Felsflanken des Wildstrubelmassivs durchziehen. Gleich danach erreichen Sie das **Restaurant Siebenbrunnen** 03 (1403 m) im Hochtal des Rezlibergs. Von dort sind es nur wenige Meter zur Abzweigung des kurzen Stichpfades, der zur mehrstrahligen Karstquelle **„Bi de sibe Brünne"** 04 (1410 m) führt. 1:15 h.

Von dort geht's rechts gemäss dem Wegweiser „Langermatte"

über die junge Simme, auf einem Fahrweg nach links und neben dem einmündenden Trüebbach zu einer Moorwiese. Nach 600 m zweigen Sie links auf einen Pfad ab, der sich durch Weidehänge und lichte Lärchenbestände – im Bereich der Alp Langer eine Strasse querend – zur Alpwirtschaft auf der flachen **Langermatte** 05 (1856 m) emporschlängelt. 1:30 h.

Dahinter führt rechts ein Pfad auf den Wiesenrücken oberhalb der Ritzmad und auf den teils bewaldeten, teils auch felsigen Grasbuckel des **Oberlaubhore** 06 (1999 m). Nach 30 Minuten freut man sich dort über den prächtigen Rundblick, der das Obersimmental ebenso umfasst wie den Wildstrubel (3243 m) und das Wildhorn-Massiv mit dem Iffighore. Der Abstieg nimmt etwa 15 Minuten in Anspruch.

Von der **Langermatte** 05 führt der Pfad Richtung „Iffigenalp" nach Westen. Bald geht's auf einem Fahrweg hinab zu den Ritzhütten (1738 m), wo man unbedingt den mehrfach preisgekrönten Alpkäse verkosten und erwerben sollte. Die Alpstrasse führt rechts durch licht bewaldete Hänge ins Tal des Iffigbachs hinunter; unten gibt's auch einen Abkürzungsweg.

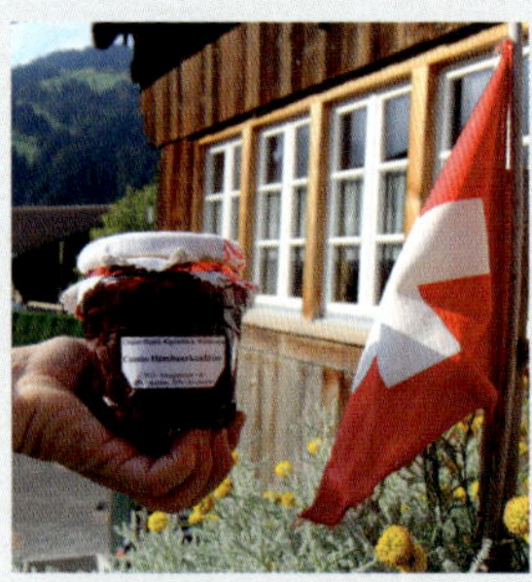

Süsses & Strubelblick

Köstlichkeiten wie diese Konfitüre halten die Erinnerung an die Obersimmentaler Gemeinde St. Stephan lange wach: Edith Kaufmann versüsst den Gästen ihres Chalet-Hotels Alpenblick Wildstrubel den Urlaub gern mit selbstgemachten Spezialitäten. So liegt am Morgen, wenn man in einem der sieben individuell eingerichteten Zimmer erwacht, schon der Duft von frischem Hefezopf in der Luft; auch das Brot zum reichhaltigen Frühstücksbüffet stammt aus dem eigenen Backofen. All das geniesst man ganz familiär in der Stube eines heimeligen Holzhauses, das aus dem 16. Jahrhundert stammt, unter Heimatschutz steht und mit viel Liebe den heutigen Bedürfnissen angepasst wurde: Eine authentischere Unterkunft wird man selbst in der noblen Tourismusregion um Gstaad kaum finden. Begeistert sind viele Gäste aber auch von den attraktiven Wanderwegen rund um das Haus und natürlich vom eindrücklichen Wildstrubelblick aus dem blühenden Garten. Von dieser Begeisterung liest man schliesslich auch im Gästebuch – vom urchigen „miär händ yys bi diär wunderbar chännä erholä" bis zum weltläufigen „thank you Edith for all your kind attentions!"

Chalet-Hotel Alpenblick Wildstrubel
Grodeygasse 2, CH-3772 Sankt Stephan, Tel. +41 33 722 13 79,
http://alpenblickwildstrubel.ch

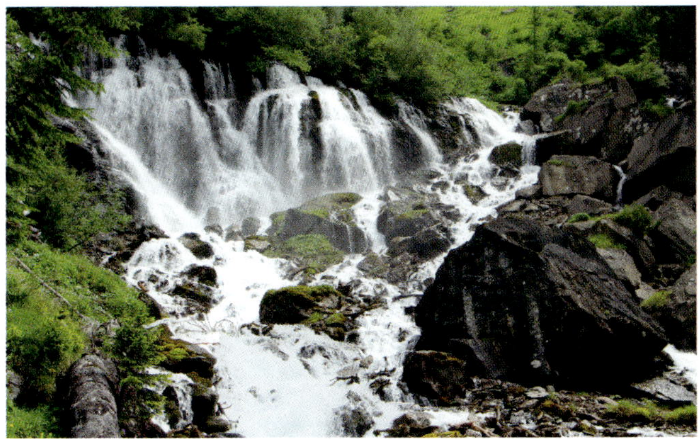

„Bi de Sibe Brünne“ – der eindrückliche Ursprung der Simme.

Nach der Brücke (1470 m, Bushaltestelle „Ritzdole“) folgen Sie der geteerten Strasse Richtung „Lenk“ kurz nach rechts, bis rechts ein Wanderweg abzweigt. Dieser zieht durch die steilen Waldhänge über der Schlucht des Iffigbachs hinab, quert die Strasse mehrmals (Bushaltestelle) und erreicht einen Steg, von dem rechts ein kurzer Pfad zu einem Aussichtspunkt vor dem gewaltigen **Iffigfall** 07 (1319 m) führt. 1:15 h.

Zuletzt wandern Sie auf dem Talweg zur nahen Bushaltestelle „Hubelmatte“ oder 15 Minuten weiter hinaus zum **Restaurant Alpenrösli** 08 (1210 m, Bushaltestelle).

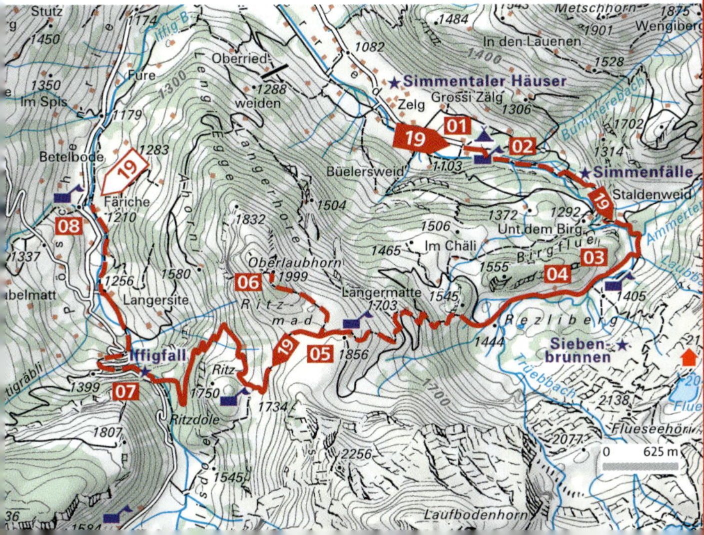

ÜBER DEN TIERBERGSATTEL • 2654 m

Im Reich des Wildstrubels

 17,5 km  8:30 h  1720 hm 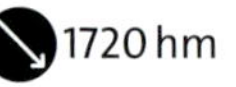 1720 hm 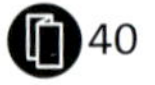 40

START | Iffigenalp, 1584 m; gebührenpflichtiger Parkplatz (Zufahrt von Lenk zum Parkplatz Hubelmatte und von dort im zeitlich geregelten Einbahnverkehr), Endstation der AFA-Buslinie 282 vom Bahnhof Lenk.
[GPS: UTM Zone 32 x: 380.180 m y: 5.139.647 m]
CHARAKTER | Hochalpine Bergwanderung auf stellenweise steilen und felsigen Pfaden, die Trittsicherheit und Schwindelfreiheit erfordern (T3). Einkehrmöglichkeiten: Restaurant Siebenbrunnen, Alp Langermatte, Alp Ritz. Übernachten könnte man in der Wildstrubelhütte des SAC, die von den Rawilseeleni in 1:00 h erreichbar ist, oder in der nicht bewarteten Fluhseehütte (nur nach Voranmeldung, Tel. 078 926 08 92).

Die zwischen 1845 und 1865 erschienene Dufour-Karte zeigt, dass der Rezligletscher im Norden des Glacier de la Plaine Mort damals bis auf 2000 Meter Seehöhe hinabreichte. Bei seinem Rückzug hinterliess er nicht nur abgeschliffene Felsen und Unmengen von Schutt, sondern auch Wasserbecken wie das Rezligletscherseeli. Eisfrei blieb hingegen der westlich davon gelegene Rawilpass, den die Menschen schon vor der Römerzeit als Übergang vom Simmen- ins Rhonetal benützten. Der kunstvoll angelegte Weg, auf dem man von der Iffigenalp hinaufsteigt, geht auf das 18. Jahrhundert zurück. Der dazwischen gelegene Tierberggletscher reichte während seines nacheiszeitlichen Höchststands um 1850 von Osten bis an den gleichnamigen Sattel heran – trotzdem lagerten Jäger schon um

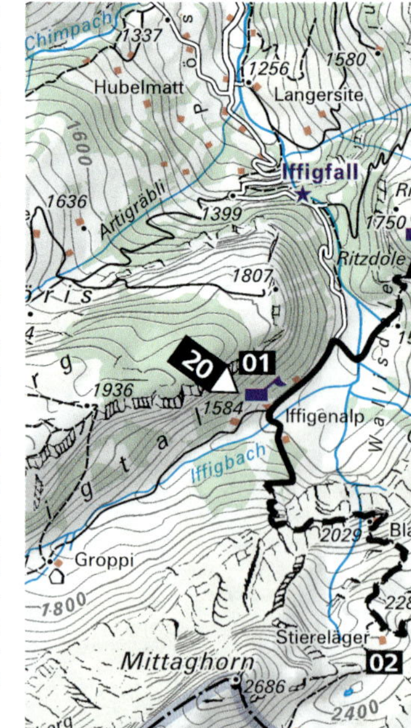

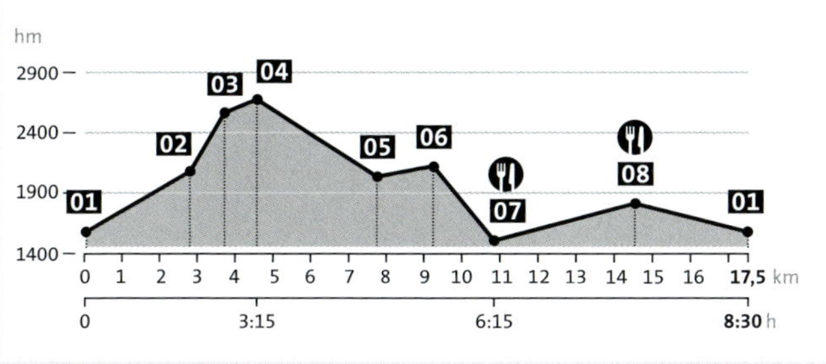

01 Iffigenalp, 1584 m; **02** Stiereläger, 2280 m; **03** Rawilseeleni, 2488 m; **04** Tierbergsattel, 2654 m; **05** Rezligletscherseeli, 2265 m; **06** Flueseehöri, 2137 m; **07** Restaurant Siebenbrunnen, 1403 m; **08** Langermatte, 1856 m

1800 v. Chr. in einer Höhle, die sich im Tierberggrat öffnet. Es ist also eine natur- und kulturgeschichtlich besonders interessante Route, die da auf der Nordseite des Wildstrubel-Massivs all diese Bereiche miteinander verbindet.

▶ Von der **Iffigenalp** **01** führt ein Fahrweg (Wegweiser „Rawilseeleni, Wildstrubelhütte, Simmenfäll") zur Brücke über den Iffigbach. Gleich danach zweigt der Rawilweg rechts ab; er schlängelt sich steil durch Wald, über Schutthal-

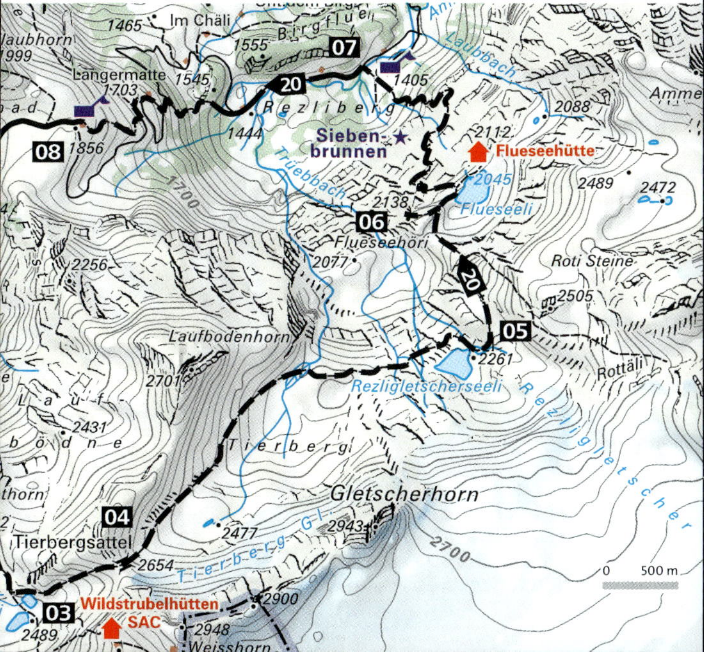

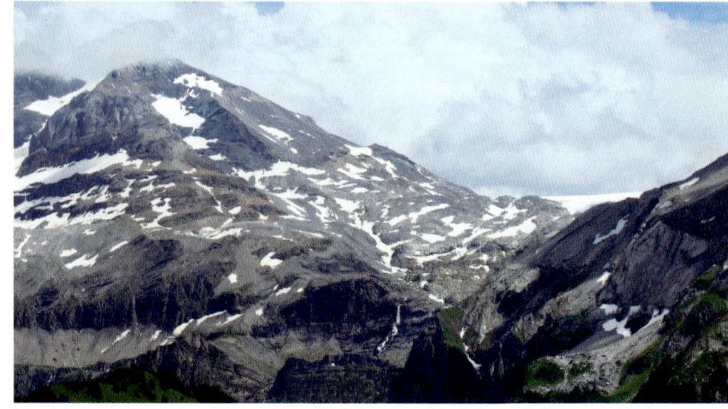

Die Tour verläuft unter dem Wildstrubel (links) und dem Rezligletscher.

den und zwischen Felsen empor. Nach einer längeren Querung – der aus dem Schiefergestein gehauene und mit Stahlseilen gesicherte Pfad führt an einem Wasserfall vorbei und unter der Militärseilbahn durch – erreichen Sie die Blattihütte (2027 m). Durch die Wiesenmulde zwischen dem Rot- und dem Mittaghore geht's weiter bergauf zur Hütte am **Stiereläger** **02** (2280 m). 2:00 h.

Davor verlassen Sie den Weg zum Rawilpass nach links und wandern zum unteren der **Rawilseeleni** **03** (2488 m). Dort zweigen Sie nochmals links ab und steigen durch eine Schuttmulde an. Nach 1:15 h kommen Sie am **Tierbergsattel** **04** (2654 m) an und können sich bei einer Rast am Prachtblick zurück zum Wildhorn erfreuen.

Im Abstieg durchqueren Sie das Geröll unter den Resten des Tierberggletschers, der unter dem Gletscherhore (2943 m) auch zwei kleine Seen hinterlassen hat. Nach 1:00 h stehen Sie am **Rezligletscherseeli** **05** (2265 m). Daneben überqueren zwei Stege seinen Schmelzwasserbach, der an Hochsommernachmittagen schon einmal bis zur Unüberwindbarkeit anschwellen kann. Nach einem kurzen Anstieg geht's zu einer Abzweigung (2252 m) hinab, von der Sie geradeaus in die Senke über dem Flueseli (2045 m) absteigen.

Von dort verlockt das grasige, aber nordseitig mit einer 500 m hohen Felswand abbrechende **Flueseehöri** **06** (2137 m) zu einem Abstecher. 1:00 h. Eine kleine Selbstversorgerhütte steht am Nordufer des Sees, der schon am Ende der letzten Eiszeit vor rund 9300 Jahren entstanden ist.

Davor führt der Pfad nun durch die Riesenflanke des Flueschafbergs hinab; eine Passage ist mit Stahlseilen gesichert. Nach 1:00 h erreichen Sie zwischen der Karstquelle der „Sibe Brünne" und dem **Restaurant Siebenbrunnen** **07** (1403 m) die Alpweiden am Rezliberg.

Nun wandern Sie wie bei Tour 19 über die **Langermatte** **08** (1856 m) ins Tal des Iffigbachs hinüber. Bei den Ritzhütten (1738 m) zweigen Sie jedoch links auf den beschilderten Wanderweg zur **Iffigenalp** **01** ab. Dieser erreicht das Hochtal kurz vor der Station der Militärseilbahn und dem Gasthaus. 2:15 h.

ÜBER DAS IFFIGHORE • 2378 m

Im Reich der Wildhornhütte

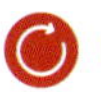 13,5 km 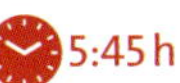 5:45 h 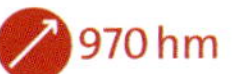 970 hm 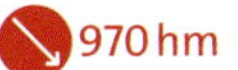 970 hm 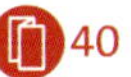 40

START | Iffigenalp, 1584 m; gebührenpflichtiger Parkplatz (Zufahrt von Lenk zum Parkplatz Hubelmatte und von dort im zeitlich geregelten Einbahnverkehr), Endstation der AFA-Buslinie 282 vom Bahnhof Lenk.
[GPS: UTM Zone 32 x: 380.180 m y: 5.139.647 m]
CHARAKTER | Bergwanderung auf gut angelegten, aber stellenweise steinigen Pfaden (T2). Die Wildhornhütte ist im Sommer bewartet.

Seit 1969 steht ein 43 Quadratkilometer grosses Gebiet im Norden des Wildhornmasivs unter Naturschutz. Damit gehören die lange gehegten Pläne für eine Wasserableitung zum Kraftwerk Sanetsch und für einen Autobahntunnel unter dem Rawilpass der Vergangenheit an. So lässt sich die berühmte sommerliche Blütenpracht am Hohberg und um den wunderbar gelegenen Iffigsee nach wie vor ohne Beeinträchtigungen erleben. Im Verlauf der hier vorgeschlagenen Tour lockt zudem eine interessante Gipfelrundsicht vom fernen Jura bis zum nahen Gletschereis. Und die Bewirtschafter der Iffigenalp bzw. der Wildstrubelhütte sorgen dafür, dass in diesem kleinen Paradies niemand hungern oder Durst leiden muss.

▶ Von der **Iffigenalp** 01 führt eine Schotterstrasse über Weideböden ins Iffigtal hinein (Wegweiser „Iffighorem Iffigensee, Wild-

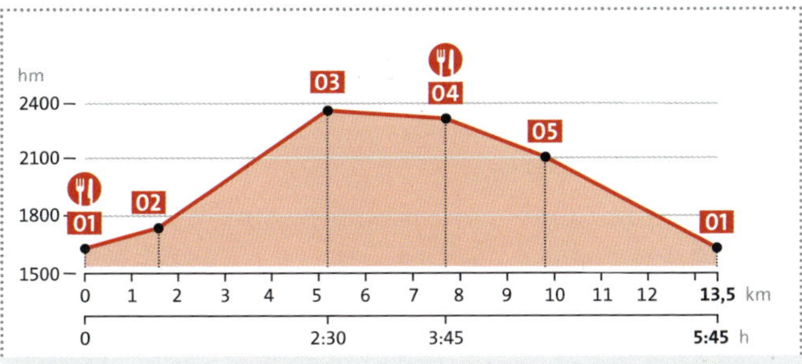

01 Iffigenalp, 1584 m; 02 Alp Groppi, 1741 m; 03 Iffighorn, 2378 m; 04 Wildhornhütte, 2303 m; 05 Iffigsee, 2100 m

hornhütte“). Bei der Hütte auf der **Alp Groppi** **02** (1741 m) zweigen Sie rechts Richtung „Hohberg, Pöschenried, Iffigenhorn“ ab, übersetzen den Iffigbach und wandern durch ein Schuttfeld in den Wald hinauf. Dort wird es deutlich steiler und bald scheint eine Felswand den Weg zu versperren – der Pfad schlängelt sich jedoch durch eine Lücke empor und wendet sich nach links zur Wiesenhochfläche des Chesseli (1934 m). Dort biegen Sie links ab und wandern oberhalb der Felsabbrüche und über den breiten und lang ansteigenden, im Sommer jedoch überaus blumenreichen Grasrücken des Hobergs aufwärts. Rechts schweift der Blick über die Voralpenberge des oberen Simmentals bis zum dunklen Albristhorn und zum Ammertenspitz hinaus, links faszinieren die auffallend gebänderten Felsabbrüche des Mittaghorns (2686 m) und des Schnidehorns (2937 m). Weiter oben führt der Pfad knapp am Wandabbruch des Hohbergs vorbei – dort sieht man den türkisblauen Iffigse in der Tiefe. Dort teilt sich die Route: Rechts gelangen Sie nach knapp 2:30 h auf den Gipfel des **Iffighorns** **03** (2378 m), der nordseitig schroff abbricht. Im Südwesten dominiert das Wildhorn (3248 m) mit seinen Gletschern das Panorama, während im Nordosten bei gutem Wetter u. a. die Blüemlisalp, der Mönch und der Eiger zu bewundern sind.

Der Abstieg erfolgt über den steilen südseitigen Grashang. Gleich nach einem Bächlein (2174 m) kreuzt ein Wanderweg, auf dem man rechts Richtung „Tungelpass, Lauenen“ durch felsdurchsetzte Hänge ansteigt. Nach etwa 600 m – knapp unter einem Sattel – zweigen Sie scharf nach links ab (Beschilderung „Wildhornhütte“). Durch eine Schutthalde und steinige Hänge geht‘s hinüber ins Hochtal der Stieren-Iffige, wo Sie kurz in den mit Schutt (und oft auch mit Schnee) erfüllten Talgrund absteigen. Nach dem Metallsteg trennen Sie nur noch we-

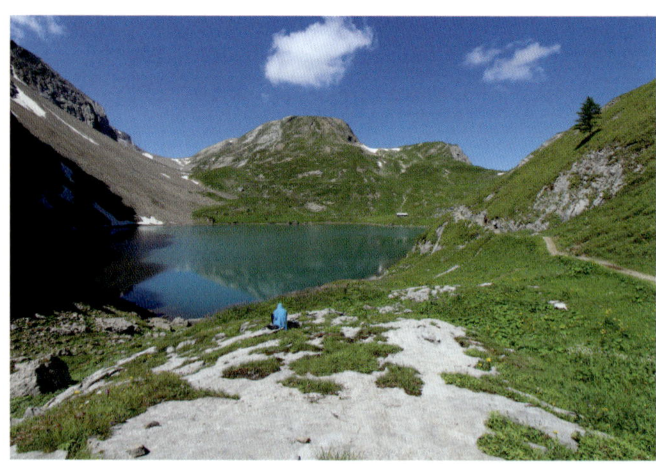

Ein Naturjuwel über dem Obersimmental – der Iffigsee.

nige Höhenmeter von der rechts oben gelegenen **Wildhornhütte** 04 (2303 m). 1:15 h.
Rückweg auf derselben Route. Von der Abzweigung unterhalb der Hütte gehen Sie jedoch geradeaus auf dem Talweg mit der Beschilderung „Iffigsee, Iffigenalp“ über den flachen Sandboden weiter. Der Pfad führt auf etwa 2100 m durch grasige Hänge über dem wunderbar gelegenen **Iffigsee** 05 vorbei. Von der folgenden Gabelung geht‘s geradeaus weiter und nach einem kurzen, etwas felsigen Anstieg erreichen Sie einen Sattel über dem Ostufer. Dahinter führt der Pfad in Kehren zur **Alp Groppi** 02 (1741 m) hinab. Auf der Schotterstrasse zurück zur **Iffigenalp** 01. 2:00 h.

Variante: Für den direkten Aufstieg von der Iffigenalp über den Iffigsee zur Wildhornhütte muss man 2:45 h einplanen.

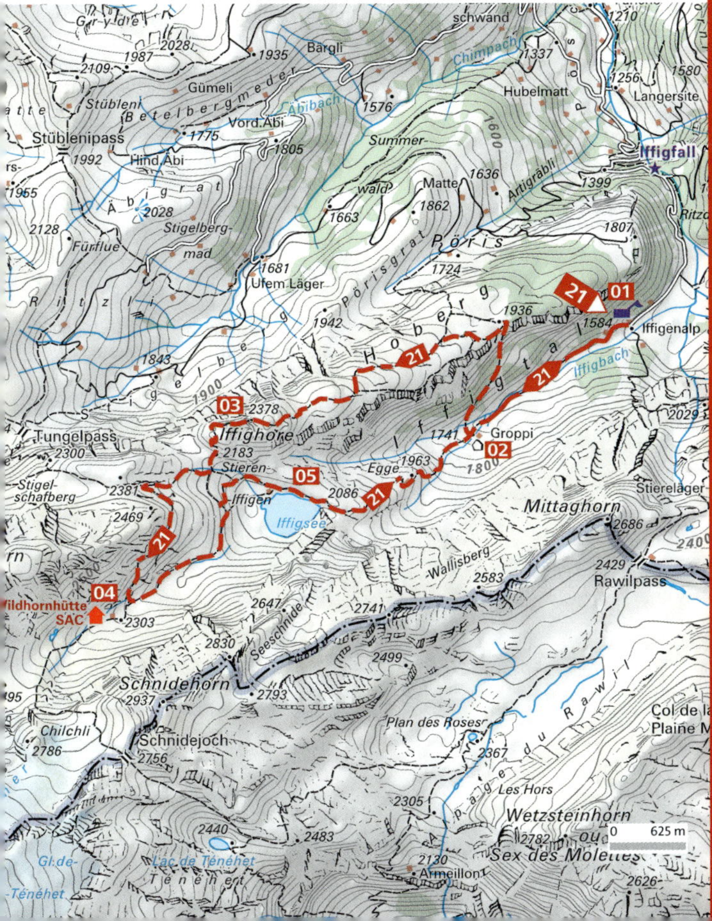

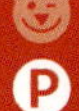
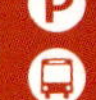
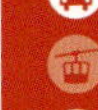

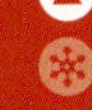

AUF DAS SCHNIDEHORE • 2937 m

Dank Gletscherschmelze in die Urzeit

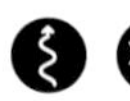 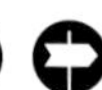 5,5 km 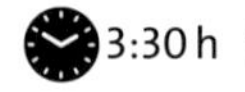 3:30 h  610 hm  610 hm  40

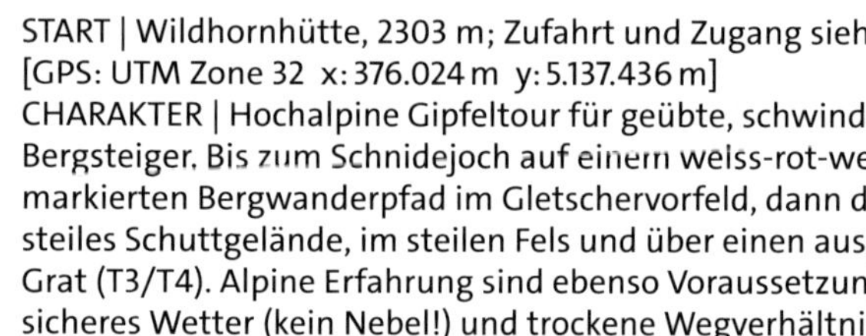

START | Wildhornhütte, 2303 m; Zufahrt und Zugang siehe Tour 21. [GPS: UTM Zone 32 x: 376.024 m y: 5.137.436 m]
CHARAKTER | Hochalpine Gipfeltour für geübte, schwindelfreie Bergsteiger. Bis zum Schnidejoch auf einem weiss-rot-weiss markierten Bergwanderpfad im Gletschervorfeld, dann durch steiles Schuttgelände, im steilen Fels und über einen ausgesetzten Grat (T3/T4). Alpine Erfahrung sind ebenso Voraussetzung wie sicheres Wetter (kein Nebel!) und trockene Wegverhältnisse. Bis weit in den Sommer hinein können steile Schneefelder Probleme bereiten.

Dieser fast 3000 Meter hohe Felsgipfel fasziniert nicht nur klettergewandte Bergsteiger, sondern auch historisch interessierte Menschen. Im Bereich des Schnidejochs, das aufgrund des Klimawandels erst vor einigen Jahren (wieder) eisfrei geworden ist, fand man nämlich Teile von Bogen, Pfeilköchern, Kleidung, Werkzeug und Waffen aus der Zeit zwischen 2900 und 2600 v. Chr., römische Schuhnägel sowie Fragmente mittelalterlichen Schuhwerks. Das beweist, dass der Pass schon sehr früh und in mehreren Epochen als Übergang von Oberitalien ins schweizerische Mittelland genützt wurde. Auf das Schnidehore wird dereinst kaum jemand hinaufgeklettert sein. Erst die heutigen Besucher erfreuen sich an der vergletscherten Urlandschaft

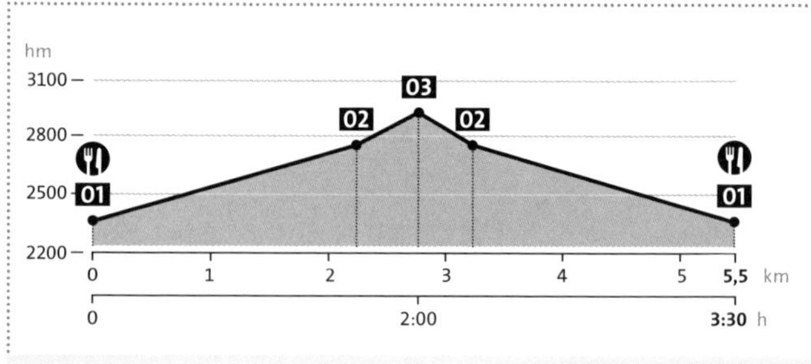

01 Wildhornhütte, 2303 m; 02 Schnidejoch, 2756 m; 03 Schnidehore, 2937 m

und an der Gipfelaussicht vom Eiger über die Berner Voralpen und das drei Kilometer entfernte Wildhorn bis zur Kette der Walliser Viertausender – aber nur, wenn sie schaurige Tiefblicke nicht fürchten, denn das Schnidehore hat eine wirklich scharfe Schneide!

▶ Hinter der **Wildhornhütte** 01 führt der Pfad ins Schuttgelände, das der Chilchligletscher vor mehr als 150 Jahren zurückgelassen hat. Er führt auf eine Moräne, hinter der sich ein kleiner See unter den Abhängen des Niesehore (2776 m) verbirgt. Nun steigen Sie links über den Moränenkamm an, zuletzt im Zickzack. Bevor sich der Pfad unter den steil aufgestellten Felsen des Chilchli (2785 m) nach links wendet, erblicken Sie rechts in der grossen Schuttmulde unter dem Hahnschritthore (2833 m) den Dürrsee. der Pfad führt über Felsbänder und abgeschliffenes Gestein auf eine Anhöhe, hinter dem die Zunge des Chilchligletschers immer weiter zurückschmilzt. Über dem östlichen Eisrand geht's durch Schutt und Felsflanken weiter aufwärts. Bald wird die Spitze des Wildhorns (3250 m) sichtbar und Sie erreichen durch eine oft mit Schnee erfüllte Geröllmulde den flachen Sattel des **Schnidejochs** 02 (2756 m). Bei klarer Sicht erscheinen im Süden die Walliser Eisriesen um den Dom (4545 m) und das Weisshorn (4506 m).

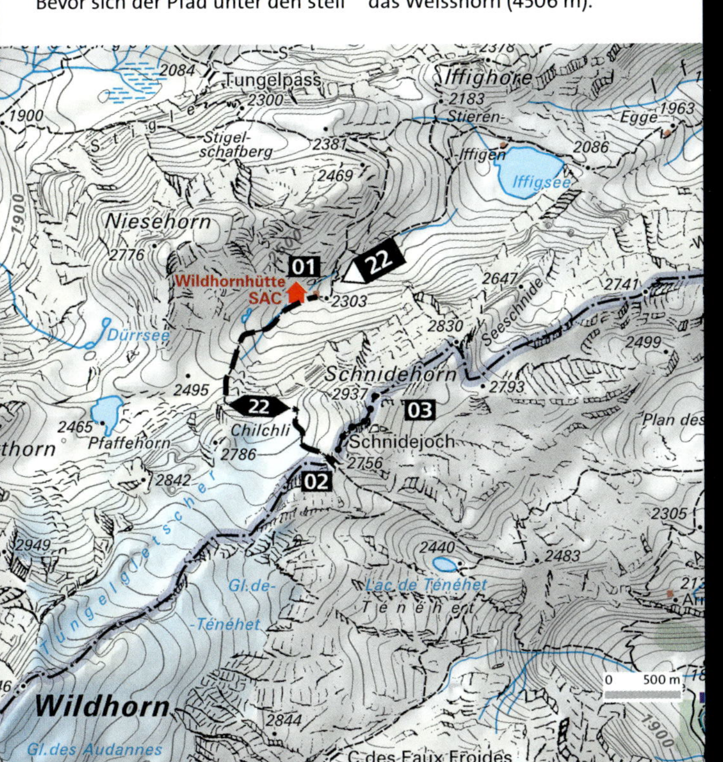

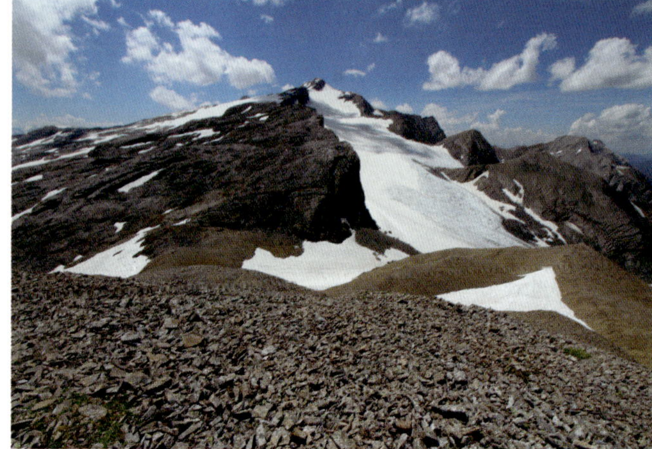

Blick vom Gipfelaufstieg zum Wildhorn mit dem Tungelgletscher.

Nun folgen Sie den links abzweigenden Pfadspuren, die auf einen Schutthügel unter dem Gipfelaufbau hinaufführen. Aus der rechts davon gelegenen Mulde. wird der Felsaufbau des Südwestgrats über eine schmale Rampe und einen kurzen Kamin erklommen, Dann geht's links auf den schroffen Vorgipfel (2921 m) und über den kurzen, aber sehr luftigen Südgrat (der rechts unten umgangen werden kann) zum Gipfelsteinmann auf dem **Schnidehore** **03** (2937 m) hinüber. 2:00 h.
Abstieg auf derselben Route. 1:15 h.

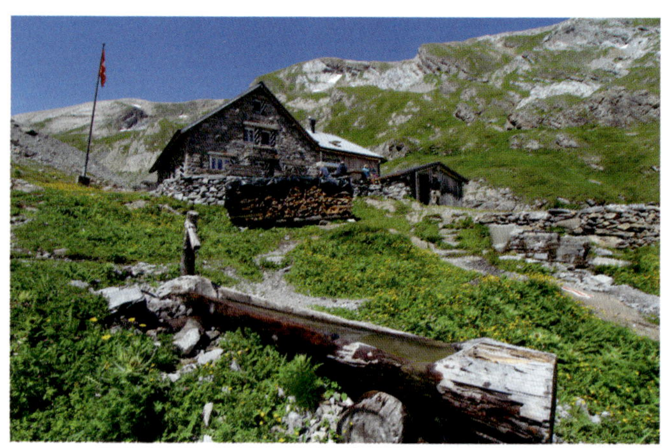

Start bei der Wildhornhütte des Schweizer Alpen-Clubs.

RINDERBERG • 2078 m
HORNFLUE • 1949 m

Ein Höhenweg der Extraklasse

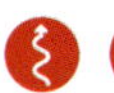  9 km  3:10 h 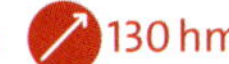 130 hm 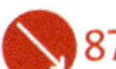 870 hm 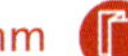  29

START | Zweisimmen, 946 m, Talstation der Gondelbahn Rinderberg in der Nähe des Bahnhofs. Auffahrt zur Bergstation auf dem Rinderberg, 2004 m. Rückfahrt von Saanenmöser mit der Bahn. [GPS: UTM Zone 32 x: 374.056 m y: 5.151.808 m]
CHARAKTER | Höhenwanderung auf Alpstrassen und Pfaden (T2), die im Bereich des Gandlouenegrats und auf der Hornfluh Trittsicherheit und Schwindelfreiheit erfordern.

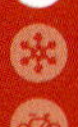

Diese Tour zählt zu den „Wanderklassikern" im Simmental: Sie beginnt auf einem Panoramapfad, lässt Sie auf einer Alpstrasse ein wenig verschnaufen und hält mit der Hornfluh sogar einen kleinen Felsgipfel bereit. Der Normalweg dort hinauf ist rau, der Abstieg luftig – und wer's noch schärfer liebt, findet dort sogar zwei kurze Klettersteige. Zuletzt wandert man unbeschwert ins Tal hinab.

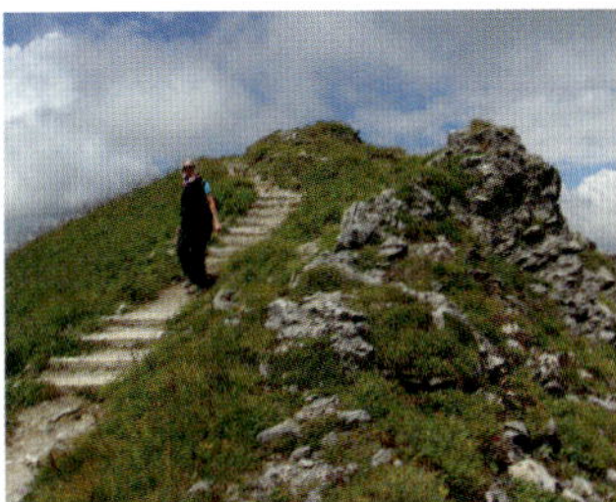
Abstieg vom Rinderberg.

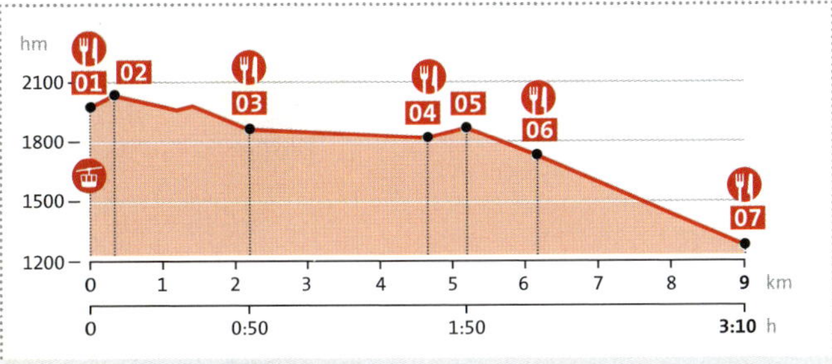

01 Rinderberg, 2004 m; 02 Hindere Spitz, 2078 m; 03 Parwengen, 1836 m; 04 Hornberg, 1814 m; 05 Hornfluh, 1949 m; 05 Horneggli, 1770 m; 06 Saanenmöser, 1267 m

Von der Bergstation der Gondelbahn auf den **Rinderberg** 01 steigen Sie kurz Richtung „Hornberg, Horneggli“ auf den höchsten Punkt des Rinderbergs, den **Hindere Spitz** 02 (2078 m), an. Vom hölzernen Adler des Bildhauers Hansueli Knöri wandern Sie dann auf einem stellenweise mit Stufen versehenen Pfad (Berner Voralpenweg Nr. 37) über den schmalen, kuppigen und teils etwas felsigen Gandlouenengrat weiter nach Süden. Links unten erblickt man das Skigebiet von St. Stephan, rechts das Alpgebiet im Chaltebrunngrabe. Im Parwengesattel (1989 m) passieren sie zwei Liftstationen, dann umgehen Sie einen kleinen Hügel rechts auf einem breiten Weg. Nach einer weiteren Kuppe (1969 m) steigen Sie rechts zur Alpwirtschaft **Parwengen** 03 (1836 m) ab. Nach 50 Minuten Gehzeit geniessen sie von seiner Terrasse einen herrlichen Blick übers Turbachtal zum Giferspitz (2542 m)!

Nun wandern Sie, dem Wegweiser „Hornberg, Horneggi (Höhenweg)“ folgend, in 30 Minuten auf einer flachen Schotterstrasse in einen weiten Sattel (1816 m) und durch die teils bewaldeten Südhänge des Horetube und des Hüenerspil zum **Berghotel Hornberg** 04 (1814 m).

Von dort folgen Sie der Beschilderung „Horneggli, Schönried“ (Nr. 37), zweigen jedoch schon nach wenigen Schritten rechts Richtung „Hornfluh“ ab. Kurz darauf geht's nochmals rechts zu einer Liftstation hinauf. Davor zieht rechts der Pfad (Blumenweg) über einige Felsstufen auf die von einem Sendemast gekrönte **Hornfluh** 05 (1949 m) empor. 30 Minuten.

Der kürzeste, aber auch anspruchsvollere Abstieg führt vom nahen Nordgipfel (1941 m) über den grasigen, weiter unten licht bewaldeten Nordgrat zum **Horneggli** 06 (1770 m) hinunter. Man kann aber auch auf der Aufstiegsroute zur zweiten Abzweigung zurückkehren und dort rechts Richtung „Horneggli, Schönried“ abbiegen – so gelangt man unter den Kletterwänden auf der Westseite des Gipfels zum Berghaus bei der Bergstation der Sesselbahn. 30 Minuten.

Zuletzt wandern Sie in auf einem Pfad über Weiden und einen schütter bewaldeten Rücken zu den Liftstationen im Saanenwald (1416 m) hinab. Von dort folgen Sie kurz einer Teerstrasse, bevor Sie rechts auf einem Wanderweg zur **Bahnstation Saanenmöser** 07 (1267 m) gelangen. 1:10 h.

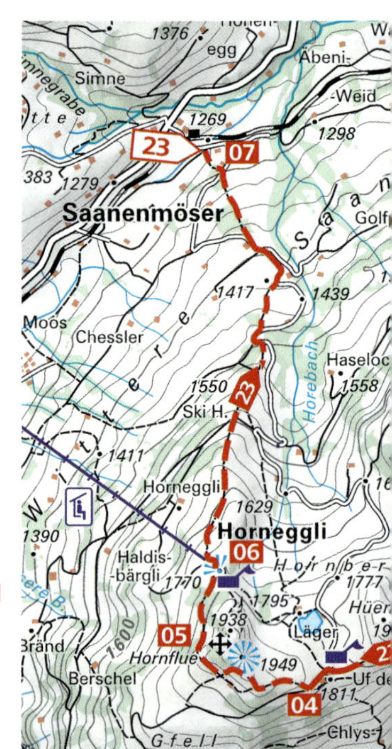

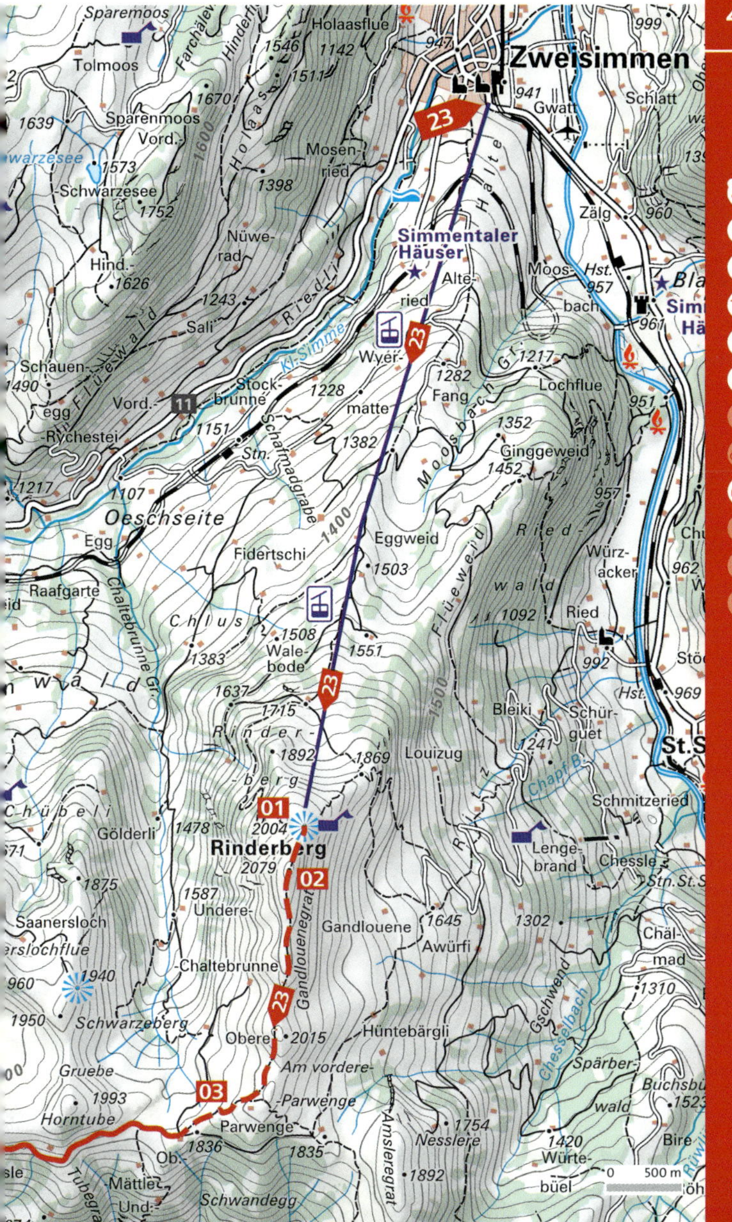
Zweisimmen
Simmentaler Häuser
Rinderberg
2079
Oeschseite
Sparenmoos
Schwarzesee
Holaasflue
Mosenried
Alteried
Wyer
Stockbrunne
Fidertschi
Eggweid
Walebode
Louizug
Gandlouene
Gandlouenegrat
Chaltebrunne
Schwarzeberg
Parwenge
Horntube
Amsleregrat
Lochflue
Ginggeweid
Ried
Schmitzeried
Lengebrand
Chessle
Bleiki
Schürguet
Zälg
Schlatt
Gwatt
01
02
03
23
0 500 m

ZUR GELTENHÜTTE • 2002 m

Ins sagenumwobene Rottal

  9 km 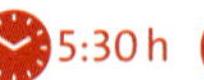 5:30 h 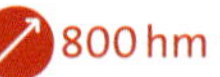  800 hm 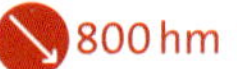 800 hm 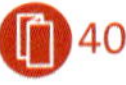 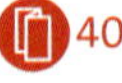 40

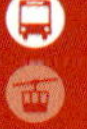
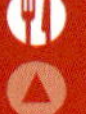
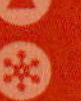

START | Gebührenpflichtiger Parkplatz beim Legerlibrügg in der Nähe des Lauenensees, 1379 m; Postauto-Zufahrt vom Bahnhof Gstaad über Lauenen (Linie 181).
[GPS: UTM Zone 32 x: 372.378 m y: 5.139.083 m]
CHARAKTER | Anspruchsvolle Bergwanderung auf gut angelegten Pfaden; eine ausgesetzte, aber gesicherte Passage erfordert Schwindelfreiheit (T3). Bei Schneelage gefährlich!

Auf seiner Nordseite verbirgt das Wildhorn eine ganz besonders romantische Landschaft: das Geltental mit seinen Wasserfällen und seiner einladenden Schutzhütte. Diese entfaltet eine so grosse Anziehungskraft, dass viele Wanderer den finalen Abstecher ins nahe, aber etwas verborgene Rottal gar nicht mehr in Betracht ziehen. Dabei sind seine schwarzen Riesenwände schon beim spannenden, weil ziemlich luftigen Zustieg übers „Gältetrittli" nicht zu übersehen.

▶ Vom **Parkplatz** 01 zeigt der Wegweiser „Geltenschuss, Geltenhütte" nach links. Sie gehen also auf der Strassenbrücke über den Gältebach zurück und biegen gleich danach rechts auf den Wanderweg ab, der in den Auwald und auf einem Steg über den Tungelbach führt (links oben sind die Wasserfälle des Tungelschuss sichtbar). Nach etwa 350 m biegen Sie auf der Wiese „An der Ledi" gemäss dem Wegweiser „Chüetungel" links ab. Der alte, steinige und mit Holzstufen versehene Alpweg

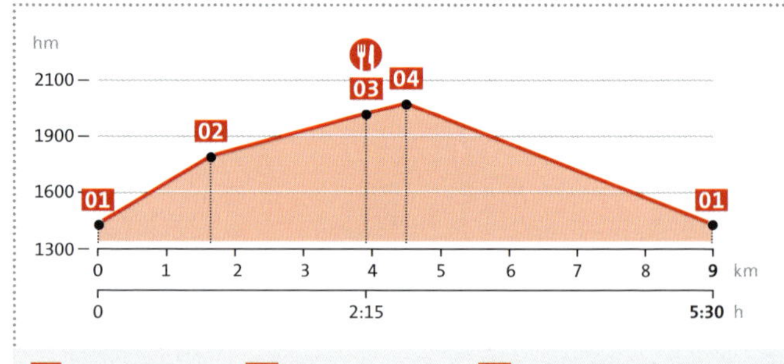

01 Parkplatz, 1379 m; 02 Kühtungel, 1800 m; 03 Geltenhütte, 2001 m; 04 Rottal, 2055 m

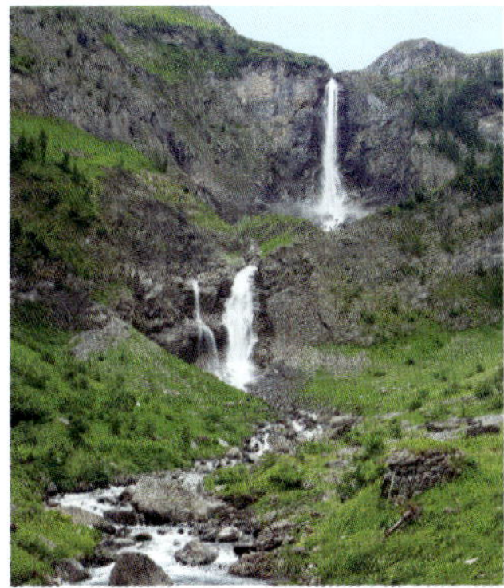

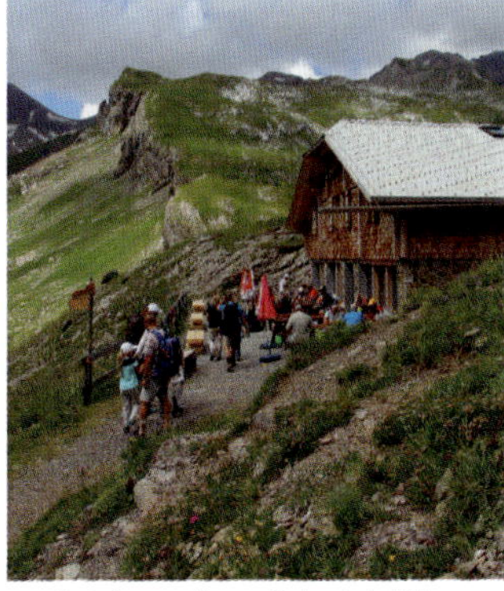

Der „doppelte" Geltenschuss und die geleichnamigen Schutzhütte.

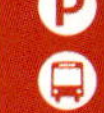

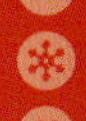

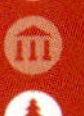

führt im Zickzack durch die steilen Waldhänge im „Hörbereich" der Wasserfälle empor. Oben lichtet sich der Baumbestand und nach 1:00 h erreichen Sie die grosse, ebene Weidehochfläche der **Kühtungel** 02 (Chüetungel, 1800 m) am Fuss des Follhore (2196 m) und des Niesehore (2776 m).

Dort zweigen Sie rechts nach der Beschilderung „Geltenhütte" ab, steigen auf die Graskuppe der Almenegg (1829 m) und wandern durch den Hang unter

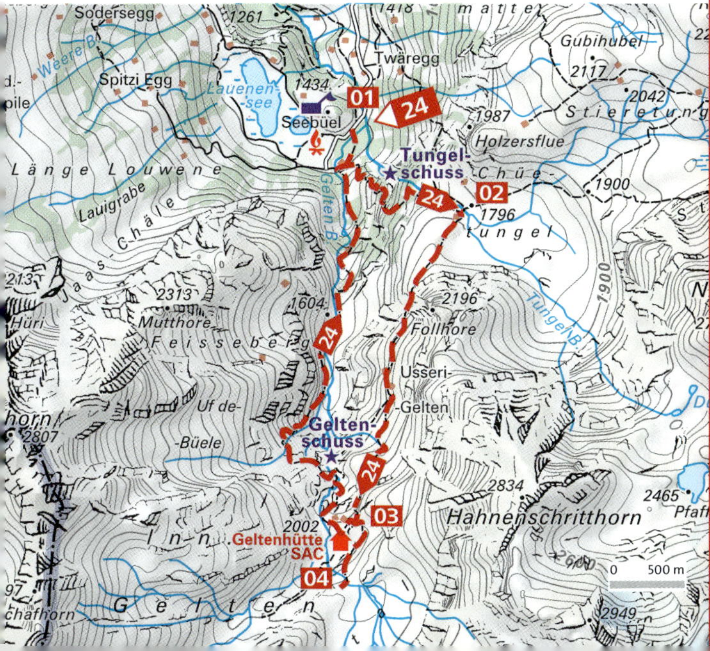

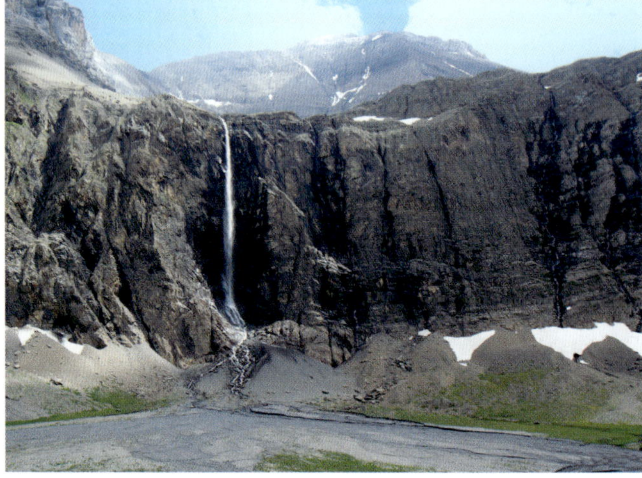

Der einzigartige Felszirkus des Rottals mit seinem Wasserfall.

dem Follhore. Dort wird die Felsstufe des Gältetrittli auf einer 6 m hohen, soliden Metalltreppe überwunden (Tiefblick zum Lauenensee). Der sehr luftige Pfad, der dahinter die Steilhänge der Üsseri Gelten durchquert, wurde 2018 gut ausgebaut und mit Halteseilen versehen. Bald sind Sie wieder in weniger exponiertem Gelände unterwegs und erblicken im Talgrund den eindrücklichen Wasserfall des Geltenschuss (Gälteschutz). Nach einer Alphütte steigen Sie zur Anhöhe der Bire (2022 m) an und wandern dahinter kurz zur **Geltenhütte** 03 (2001 m) hinab. 1:15 h.

Vor der Hütte zweigt ein hölzerner Wegweiser auf den kurzen Pfad ins Rottal, der im Bogen über dem Talkessel mit den Alphütten ansteigt. Der Abstecher auf die darüber gelegene Anhöhe (ca. 2080 m) dauert – hin und zurück – nicht einmal 30 Minuten, aber er lohnt sich ungemein: Von dort oben erblickt man die weite Schwemmebene des **Rottals** 04 (2055 m) am Fuss eines fast 3 km langen und bis zu 300 hohen Wandabbruchs. Über sein dunkles Gestein stürzen zehn Wasserfäden und Kaskaden, die von den Firnfeldern des Gältegletschers unter dem 3248 m hohen Wildhorn gespeist werden. Dieser wahrhaft mystische Ort erinnert fast an die Cirque de Gavarnie in den Pyrenäen.

Von der Hütte wandern Sie dann am besten auf dem Talweg zurück. Er schlängelt sich im Nahbereich des Gältebachs abwärts und überquert seine kleine Karstschlucht auf einem Steg. Nach einer Steilstufe vermittelt er einen prachtvollen Rückblick zum Geltenschuss-Wasserfall und seinem etwas weiter unten rauschenden „kleineren Bruder“. Über die Talstufe „In de Dole“ und vorbei an einem letzten Wasserfall gelangen Sie wieder zur Wegkreuzung „An der Lädi“. Geradeaus geht‘s zum **Parkplatz** 01 zurück.

ÜBER DIE HÖHI WISPILE • 1939 m

Ein grüner Laufsteg über Gstaad

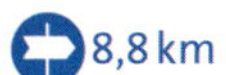

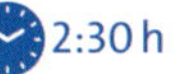

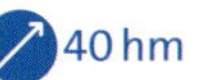

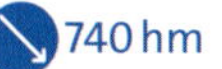

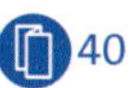

START | Gstaad, 1047 m, Talstation der Gondelbahn Wispile im Süden des Ortes; Parkplatz, zu Fuss vom Bahnhof in 20 Minuten erreichbar. Auffahrt zur Bergstation, 1907 m. Rückfahrt von Gstaad mit dem Postauto (Linie 180).
[GPS: UTM Zone 32 x: 368.875 m y: 5.144.417 m]
CHARAKTER | Herrliche Höhenwanderung auf guten Pfaden (T1); der Abstieg zum Chrinnepass ist jedoch sehr steil und manchmal rutschig. Unterwegs kann man im Berg-Beizli auf der Vorderi Höji Wispile einkehren.

Um der Bedeutung des Bergnamens „Wispile“ auf die Spur zu kommen, muss man im 1827 erschienenen Hand-Lexikon des Vereins von Vaterlandsfreunden nachschlagen: „Wispillenberg, der, oder besser Windspielberg, heisst das Gebirg (...) das Gsteig vom Lauenenthal trennt und bei Gsteig sich an das 8640 F. ü.M. erhabene Windspillenhorn (heute Spitzhore genannt) lehnt.“ Dass es sich bei der Höji Wispile um einen

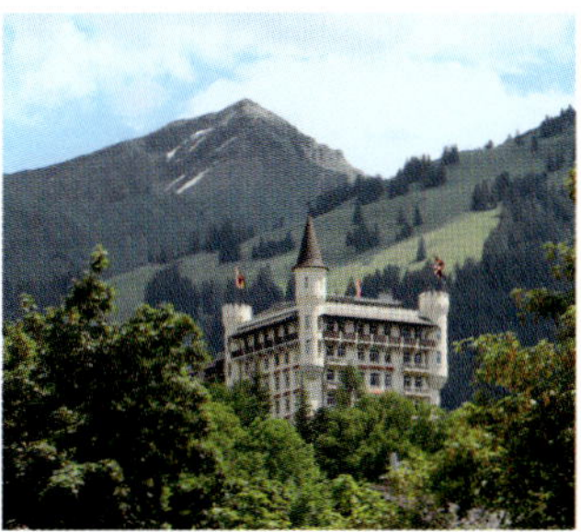
Gstaad Palace und Giferspitz.

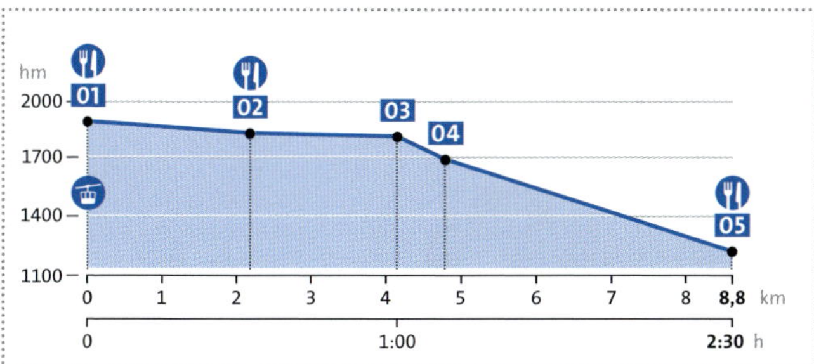

01 Bergstation Wispile, 1907 m; 02 Vorderi Höji Wispile, 1836 m; 03 Chrinetritt, 1805 m; 04 Chrinepass, 1659 m; 05 Gsteig, 1183 m

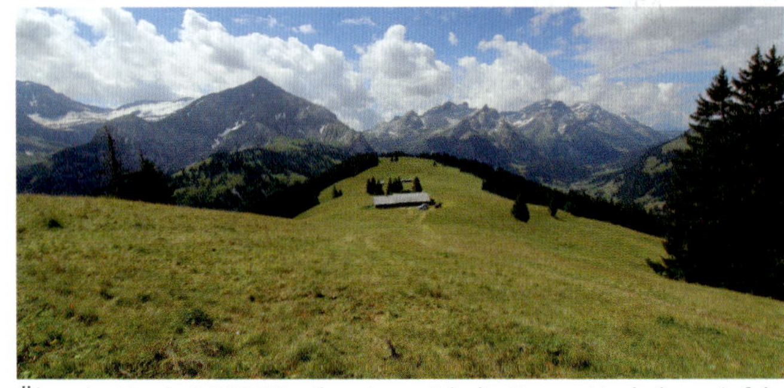

Über der Vorderi Höji Wispile zeigen sich die Berner Hochalpengipfel.

prachtvollen Aussichtsberg handelt, steht nicht drin – aber das merkt man sehr rasch, wenn man den „Hausberg“ der noblen Tourismusdestination Gstaad bis zum Chrinepass überschreitet und dann ins wunderschöne Bergdorf Gstaad absteigt.

▶ Von der **Bergstation der Gondelbahn Wispile** 01 führt der Weg Richtung „Vorderi Höji Wispile, Gstaad“ am benachbarten Berghaus und einem Teich vorbei nach Süden – man kann aber auch links davon den flachen Höhenzug des Stands (1939 m) überschreiten. Über den teils bewaldeten Grasrücken geht's weiter; immer wieder tun sich schöne Ausblicke zu den grünen Nachbargipfeln über dem Lauenental, in den Waadtländer Alpen und vom Wildstrubel bis zu den Diablerets auf. Mehrmals etwas absteigend gelangen Sie nach 30 Minuten zur Alphütte der **Vorderi Höji Wispile** 02 (1836 m).

Dahinter wandern Sie gemäss der Wegweiser „Chrinetritt, Gsteig“ über die Weiden der Inneri Höji Wispile in eine Senke (1796 m). Nun erblicken Sie schon den Talkessel von Gsteig mit dem felsigen Einschnitt des Sanetschpasses und das Gebiet um den Coll du Pillon. Nach weiteren 30 Minuten haben Sie am bewaldeten **Chrinetritt** 03 (1805 m) das südliche Ende des Höhenzugs erreicht, zweigen links Richtung „Chrine, Lauenen“ ab und folgen dem sehr steilen Serpentinenpfad in 15 Minuten zum **Chrinepass (Krinnepass)** 04 (1659 m) hinunter.

Nun zieht der Weg nach Gstaad rechts in eine Grasmulde hinab. Von dort marschieren Sie links auf einer Alpstrasse und Abkürzungspfaden durch den Ussere Saaligrabe talwärts.

Zuletzt zeigt links der geteerten Strasse ein Drehkreuz den letzten Wegabschnitt durch den Innere Saaligrabe ins Dorfzentrum von **Gsteig** 05 (1183 m) an. 1:30 h.

Zielpunkt ist die Kirche in Gsteig.

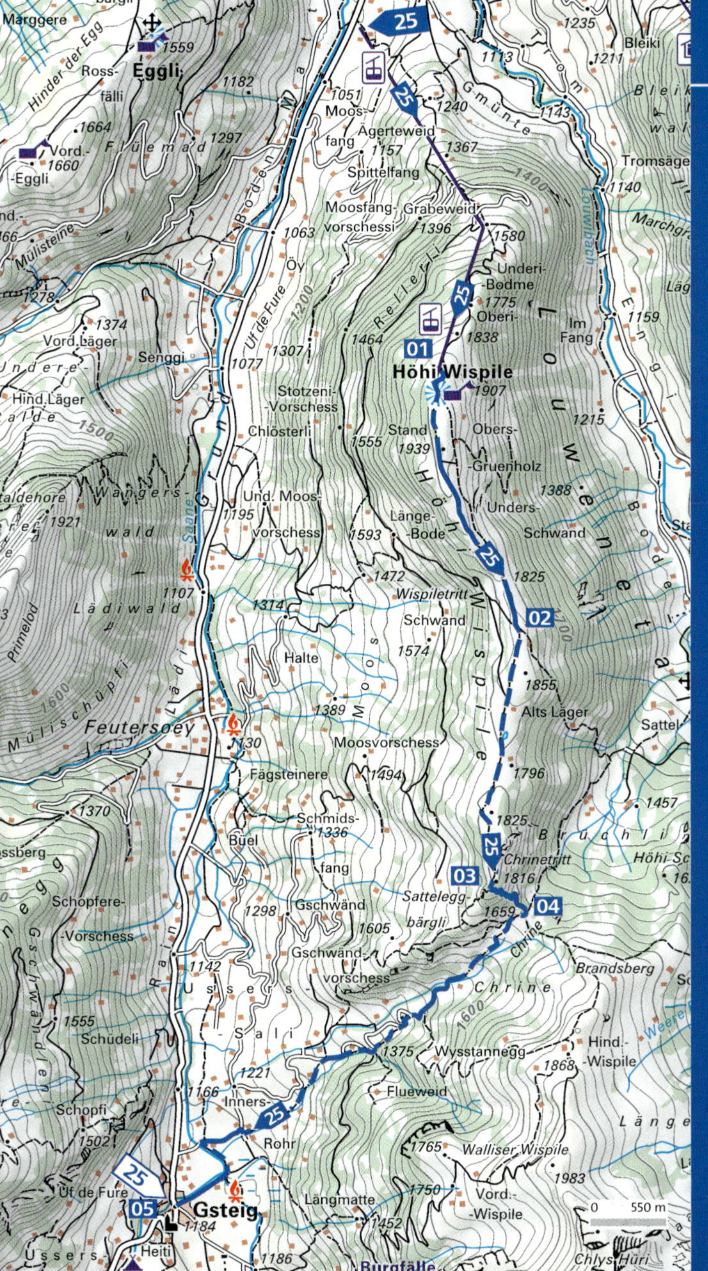
Wispile
Höhi Wispile
Gsteig
Feutersoey
Eggli
Burgfälle
Walliser Wispile
Alts Läger
Chrinetritt
Wispiletritt
Lädiwald
Louwenetal
Grabeweid
Ägerteweid
Spittelfang
Moosvorschess
Fägsteinere
Schmidsfang
Gschwänd
Sattelegg-bärgli
Wysstannegg
Flueweid
Innersrohr
Längmatte
Vord.-Wispile
Chrine
Brandsberg
Hind.-Wispile
Tromsäge
Bleiki
Litzi
Lerchweid
Marggere
Senggi
Chlösterli
Halte
Buel
Rohr
Heiti
Uf de Fure
Schopfi
Schüdeli
0 550 m

VOM COL DU PILLON NACH GSTEIG

Im Schatten der Teufelshörner

 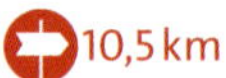 10,5 km  4:00 h  570 hm 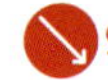 940 hm  40

START | Coll du Pillon, 1546 m; Parkplatz, Postauto-Haltestelle. Rückfahrt von Gsteig mit dem Postauto (Linie 180). [GPS: UTM Zone 32 x: 361.925 m y: 5.134.899 m]
CHARAKTER | Schöne Bergwanderung auf Alpstrassen und guten Pfaden (T2).

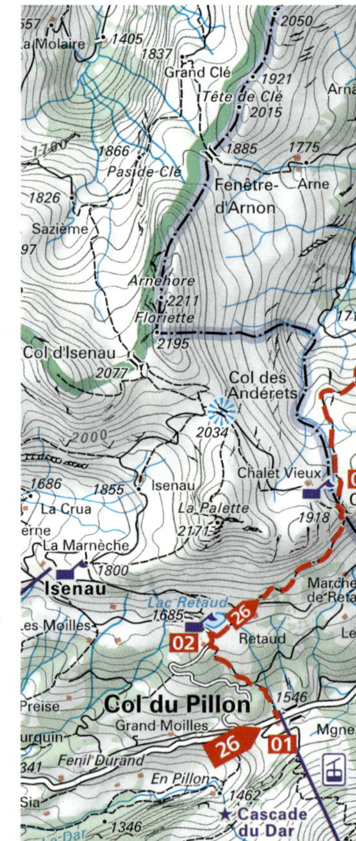

Diese Tour beginnt ganz im Südwesten des Berner Oberlandes – und schon in der Romandie, denn die Kantons- und Sprachgrenze schlägt zwei Kilometer östlich der Passhöhe des Col du Pillon einen Haken durch die abwechslungsreiche Landschaft zwischen dem 3123 Meter hohen Oldenhorn im Massiv der Diablerets (der „Teufelshörner") und den deutlich grüneren Waadtländer Voralpen. Diese überragen auch die beiden Pässe, die bei der wunderschönen Wanderung nach Gstaad überschritten werden, und umfassen den Arnensee, dessen grünes Wasser im Tal des Tschärzisbachs von einem 17 Meter hohen Damm gestaut wird.

▶ Bei der Postauto-Haltestelle am **Coll du Pillon** 01 zeigt der Wegweiser „Lac Retaud, Arnensee, Gsteig" die Wanderrichtung an. Man folgt der Tour des Alpes Vaudoises (Nr. 46) zwischen der Seilbahnstation Glacier 3000 und dem Restaurant, an einem Steinbruch vorbei und dann auf einem Waldweg bergauf. Bald steigen Sie durch Wiesen zu einem Parkplatz an. Dahinter errei-

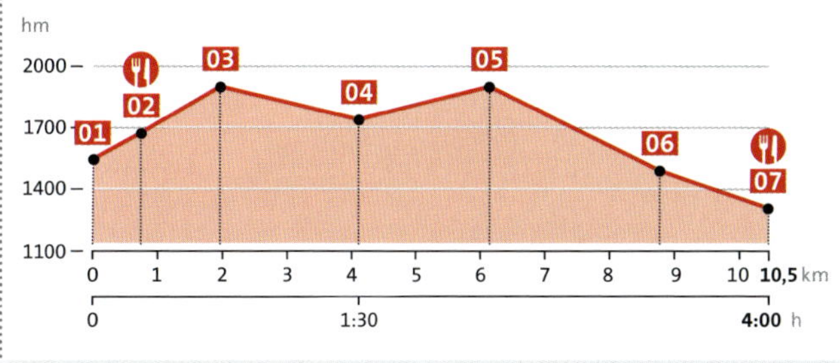

01 Coll du Pillon, 1546 m; **02** Lac Retaud, 1690 m; **03** Col de Voré, 1918 m; **04** Alp Seeberg, 1711 m; **05** Blattipass, 1919 m; **06** Schopfi, 1505 m; **07** Gsteig, 1184 m

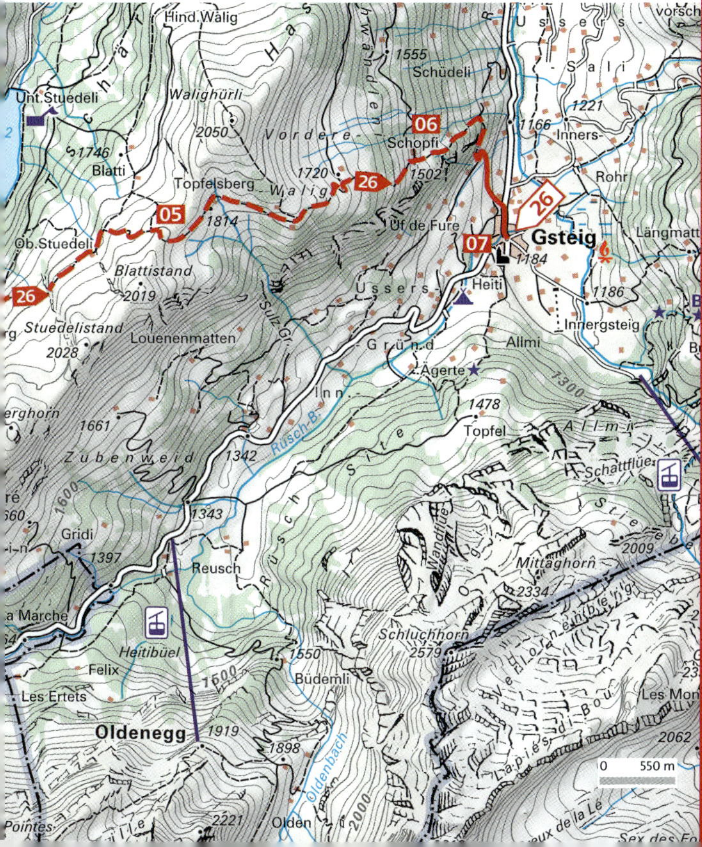

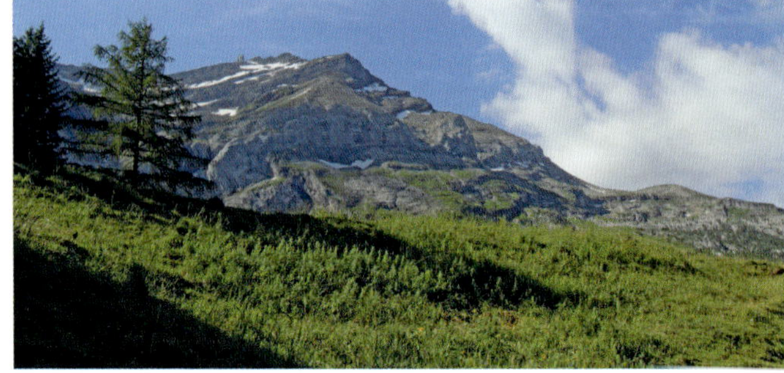

Beim Aufstieg zum Col de Voré.

chen Sie nach knapp 30 Minuten Gehzeit den **Lac Retaud** 02 (1690 m, Restaurant), der idyllisch am Fuss der La Palette (2170 m) liegt.

In weiteren 30 Minuten wandern Sie von dort – erst rechts auf einen Fahrweg, bald darauf links auf den Pfad Richtung „Voré, Arnensee, Seeberg“ abzweigend – in den grünen Sattel des **Col de Voré** 03 (1918 m) hinauf. Dort geniessen Sie einen herrlichen Rückblick zum Massif des Diablerets mit dem Oldenhorn (3123 m), dem Sex Rouge (2971 m) und der dazwischen herabstürzenden Cascade du Dar, sondern auch die Nahsicht auf einen kleinen See, der eine Steinmauer (=Sprachgrenze) unterbricht, und einen Panoramaauschnitt der Waadtländer Alpen mit der Gummfluh (2457 m).

Vom Col de Voré steigen Sie geradeaus (Wegweiser „Arnensee, Seeberg“) ab und spazieren während der dritten halben Stunde durch sanftes Wiesengelände abwärts. Schon vor der **Alp Seeberg** 04 (1711 m) erblicken Sie den gestauten Arnensee im Tschärzis-Tal.

Bei den Alphütten verlassen Sie die Tour des Alpes Vaudoises (Nr. 46) nach rechts Richtung „Blattipass, Gsteig“ und gelangen im sanften Anstieg unter dem Stuedelistand (2028 m) zur Alp Obers Stuedeli (1830 m).

Kurz danach zweigen Sie rechts ab und steigen steiler durch Gebüsch zum **Blattipass** 05 (1919 m) an. Der Pfadübergang zwischen dem Arnensee und Gsteig liegt südwestlich und etwas höher als der eigentliche Sattel (1902 m). 45 Minuten.

Nun folgt der Abstieg, bei dem man sich stellenweise nur an rotweiss bemalten Holzpfählen im Wiesenboden orientieren kann. Von der Alp Topfelsberg (1801 m) marschieren Sie auf einem Fahrweg hinab bis zum Vorder Walig (1725 m), dann rechts auf den Pfad Richtung „Gsteig“. Beim schönen Baum-Hütten-Ensemble von **Schopfi** 06 (1505 m) zweigen Sie nochmals rechts ab und wandern durch die Waldhänge über einem Felsabbruch in den Inneren Schnüdelegrabe (1277 m) hinunter. Dort schwenken Sie rechts auf den Fahrweg ein und folgen weiter unten schliesslich der geteerten Strasse links über eine Kehre zum Talboden hinunter. Rechts gelangen Sie neben der Hauptstrasse ins 400 m entfernte Dorfzentrum von **Gsteig** 07 (1184 m, Restaurant, Postauto-Haltestelle). 1:30 h.

AESCHIRIED – ALP BRUNNI – POCHTEFALL • 1644 m

Eine Höhenwanderung mit See- und Wasserfallblick

  13 km  4:30 h  760 hm 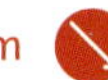 760 hm 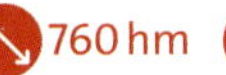 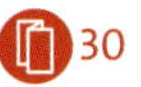 30

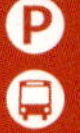
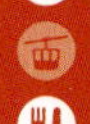

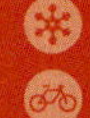

START | Aeschiried, 1015 m; gebührenpflichtiger Parkplatz beim Schulhaus, Postauto-Zufahrt von Spiez über Aeschi (Linie 29). [GPS: UTM Zone 32 x: 402.424 m y: 5.166.498 m]
CHARAKTER | Abwechslungsreiche Berg- und Talwanderung auf guten Pfaden und zum Schluss auf einer schmalen Asphaltstrasse. Einkehren kann man unterwegs im Restaurant Pochtefall und an Wochenenden im Sommer auch in der Clubhütte Brunni. Die Tour lässt sich abkürzen, indem man von Suld bzw. von Unterallmi mit dem Postauto nach Aeschiried zurückfährt (Linie 67).

Über dem Südufer des Thunersees hat der eiszeitliche Kandergletscher einen mächtigen Moränenwall hinterlassen. Heute ist diese Anhöhe unter dem Namen Aeschiallmi weitum als grossartiger Aussichtspunkt bekannt. Im gleichnamigen Dorf, das gleich unterhalb davon liegt, beginnt eine wunderschöne Rundwanderung, bei der sich das See- und Bergpanorama noch weiter steigert, bis man nach einem steilen Abstieg auch einen eindrücklichen Wasserfall bewundern kann. Ganz in seiner Nähe verlockt ein traditionsreiches Restaurant zu Rast und Einkehr ein, bevor man neben einem unberührten Wildbach zurückwandert.

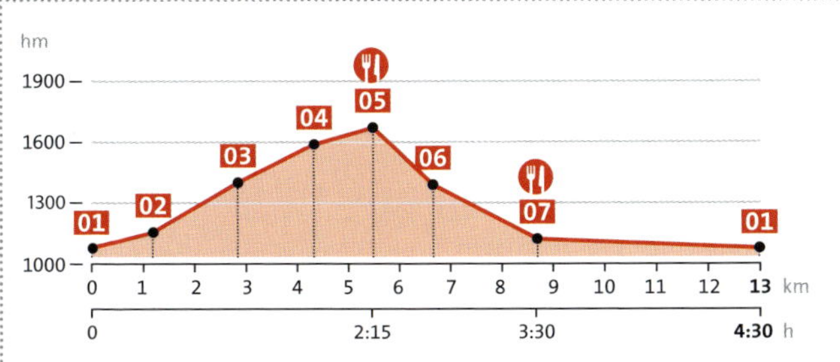

01 Aeschiried, 1015 m; 02 Aeschiallmi, 1128 m; 03 Alp Bireberg, 1420m; 04 Greberegg, 1595 m; 05 Alp Brunni, 1646 m; 06 Louene, 1361 m; 07 Suld, 1080 m

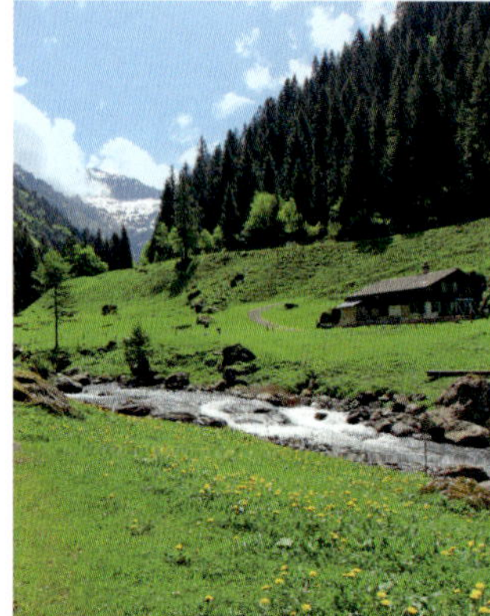

Alpidylle am Latreijebach.

▶ Beim Parkplatz in **Aeschiried** 01 zeigt der Wegweiser „Aeschiallmi, Brunni" die Aufstiegsrichtung. Sie wandern zunächst auf einer Asphaltstrasse (Allmigässli) bergauf und zweigen nach ungefähr 300 m links auf den beschilderten Wanderweg ab. Nun geht's durch Wiesen zu einem Skilift (Skihütte) auf dem Grasrücken der **Aeschiallmi** 02 (1128 m) hinauf (herrliche Sicht zum Thunersee und zum Niesen, nach Interlaken und ins Entschtligetal Richtung Adelboden). Über den freien Rücken und neben dem oberen Skilift wandern Sie dann in zunehmender Steigung auf den bewaldeten Spitz (1424 m). Es folgt eine flachere Kammüberschreitung oberhalb der **Alp Bireberg** 03 (1420 m). Danach geht's wieder etwas anstrengender über einen Waldrücken zur Wiesenkuppe der **Greberegg** 04 (1595 m) hinauf.

Von dort gelangen Sie – bei einer Abzweigung geradeaus bleibend – in eine Kammsenke (1534 m) und in die südseitigen Hänge des Rückens, durch die Sie schliesslich zur Hütte des Skiclubs Leissigen auf der **Alp Brunni** 05 (1646 m) ansteigen. Nach ca. 2:15 h haben Sie dort den höchsten Punkt der Tour erreicht. Es lohnt sich, noch ein Stück gegen die Felsen des Morgenberghorns (2248 m) hinaufzugehen – mit jedem Schritt wird der Blick zum Thunersee schöner und umfassender! Von der Hütte führt der mit „Lauene, Suld" beschilderte Pfad südwärts hinab. Bis zur steilen Bergwiese der Huetmad ist er manchmal recht nass. Nach einer Hütte zweigen Sie rechts ab und steigen zum Boden von **Louene** 06 (1361 m) ab. Weit hinten über dem Talschluss zeigt sich die mächtige Schwalmere (2777 m). 45 Minuten.

Von dort geht's rechts auf dem Pfad Richtung „Suld, Aeschi" neben dem Latrejebach weiter. Nach etwa 600 m teilt sich der Pfad: Man kann geradeaus

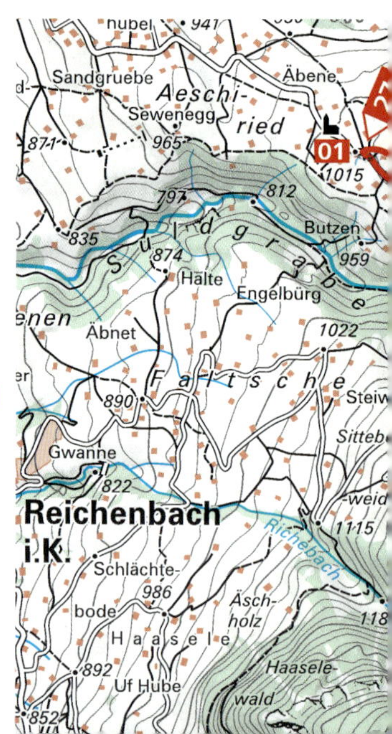

auf dem alten Alpweg bleiben oder links (Wegweiser „Pochtefall, Suld, Rundweg") über die nahe Brücke gehen und dann rechts durch den steilen Waldhang absteigen. In jedem Fall tut sich ein schöner Blick zum Pochtefall auf, der über eine 80 m hohe Felswand stürzt. Da wie dort gelangen Sie nach etwa 30 Minuten zum Restaurant Pochtefall in **Suld** 07 (1080 m, Postauto-Haltestelle). Dort lohnen sich eine Einkehr und ein Blick auf das alte Mühlrad hinter dem Haus.

Auf der linken (südlichen) Talseite führt ein Wanderweg Richtung „Aeschiried, Aeschi" hinaus. Im Anschluss an ein kurzes Stück auf einer Alpstrasse geht's neben der munter plätschernden Suld dahin. Nach 1 km führt eine Brücke rechts über den Bach; nach weiteren 700 m zweigen Sie rechts ab und wandern kurz zur Asphaltstrasse hinauf. Auf dieser gelangen Sie über Unterallmi (1036 m) ins noch 1,6 km entfernte **Aeschiried** 01 zurück. 1:00 h.

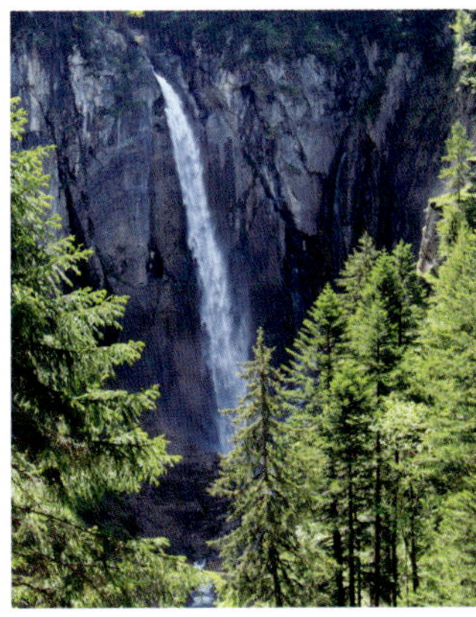

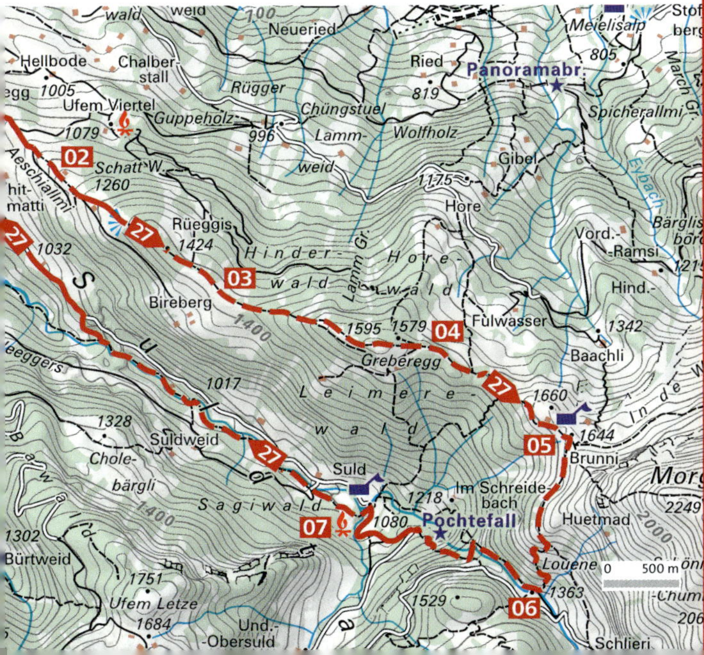

Der Pochtefall mitten im Wald.

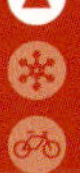

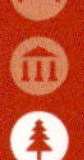

AUF DEN NIESEN • 2362 m

Eine Pyramide als Berg-Wahrzeichen

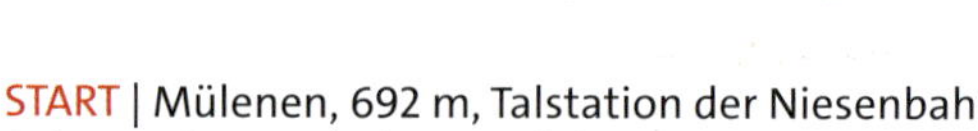

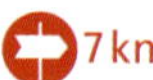

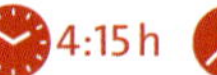

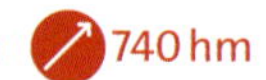

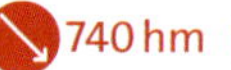

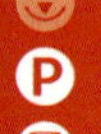

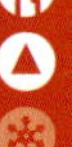

START | Mülenen, 692 m, Talstation der Niesenbahn neben der Bahnstation; Parkplatz. Auffahrt mit der Niesenbahn zur Mittelstation Schwanden, 1663 m.
[GPS: UTM Zone 32 x: 397.975 m y: 5.166.278 m]
CHARAKTER | Anspruchsvolle Bergwanderung auf stellenweise steilen und steinigen Pfaden (T2). Bei Schneelage gefährlich. Eine Übernachtung im Berghaus auf dem Niesen ist sehr empfehlenswert!

Jedes Jahr im Juni kann man einen der bekanntesten Berge der Schweiz auf eine ganz besondere Weise erklimmen: auf der längsten Treppe der Welt, die neben den Schienen der 1910 eröffneten Zahnradbahn bis knapp unter den Gipfel emporführt (Anzahl der Stufen: 11.674, Anstiegsrekord von 2011: 55 Minuten und 55 Sekunden. Doch auch die Normalwege von Mülenen oder Wimmis haben es in sich; sie überwinden einen Höhenunterschied von rund 1700 Metern, der nicht wenige Sportler zum Höhenlauf-Training verlockt. Viel beschaulicher, aber durchaus alpin ist die hier empfohlene Gipfelüberschreitung ab der Mittelstation der Bahn, die sich sogar mit einer Übernachtung im Berghaus knapp unter dem höchsten Punkt des Berges krönen lässt. Wer an klaren Tagen einen Sonnenuntergang bzw. das Erwachen des neuen Tages erlebt, kann sich glücklich schätzen. Unvergesslich bleibt auch, wenn

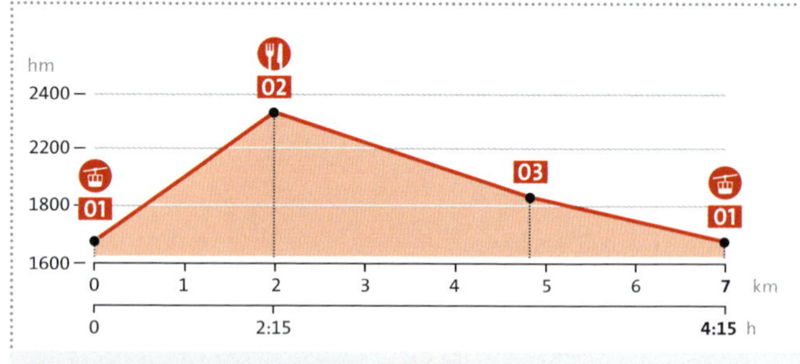

01 Mittelstation Schwanden, 1663 m; 02 Niesen, 2362 m;
03 Alp Oberniesen, 1813 m

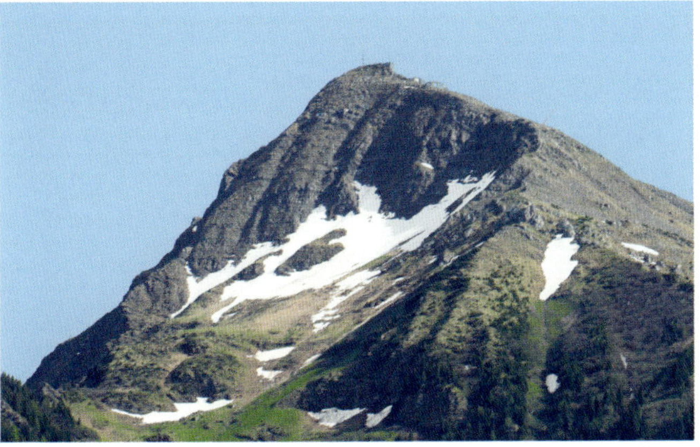

Der Niesen, einer der eindrücklichsten Berge des Berner Oberlandes.

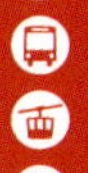
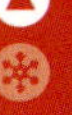

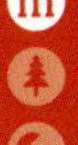

der Niesen seinen Schatten auf die dunstige Luft über den Thunersee oder auf ein herbstliches Nebelmeer wirft – in jener perfekten Pyramidenform, die den Berg zu einer geradezu mythischen Erscheinung und einer Ikone der Malerei werden liess.

▶ Vor der **Mittelstation Schwandegg** 01 (Getränkeautomat) weist die Beschilderung „Rebmattli, Niesen" auf jenen Pfad, der etwas weiter oben das überdeckte Trassee der Zahnradbahn quert, einen schönen Platz mit Blick auf den Thunersee passiert und dann sehr steil durch den Wald ansteigt. Auf dem immer steiler werdenden Hang kommen Sie an Lawinenverbauungen vorbei; der Weg ist mit vielen Stufen, steinernen Mauern und einem weiteren Aussichtsplatz versehen. Unter dem Glogghore (1984 m) quert man dann nach links und gelangt im Bereich der Waldgrenze zum Wiesenhang des Räbmattli, unter dem die Bahn durch einen Tunnel rattert. Zuletzt geht's in

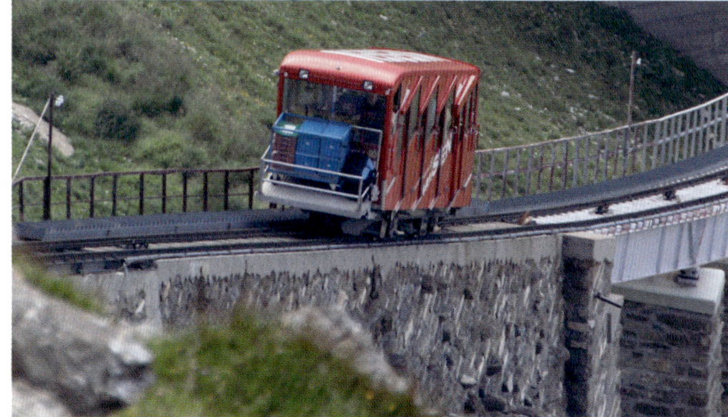
Die alte Standseilbahn auf den Niesen ist ein Erlebnis!

unzähligen Serpentinen zwischen den Brücken der Bahn und der Abbruchkante des Niesen-Südostgrats zu einer Alphütte und zur Bergstation empor. Von dort führt ein breiter, ebener Weg links zum nahen Berghaus (2336 m), vor dem rechts der kurze Weg zum höchsten Punkt des **Niesen** 02 (2362 m) beginnt. Nach 2:15 h Aufstiegszeit lädt die Panoramaplattform rund um die Antenne zur Rast und zum Schauen ein.

Nach der Rückkehr zum Berghaus biegen Sie scharf nach rechts Richtung „Alp Oberniesen, Schwandegg" ab, gehen nördlich um das Gebäude herum und steigen dann auf dem Pfad über den Westgrat bzw. durch seine steile südseitige Wiesenflanke ab. Nach gut 1 km zweigen Sie links ab (Wegweiser „Alp Oberniesen, Schwandegg") und wandern schräg durch den Hang zum nach Südwesten ziehenden Niesengrat hinab. Dort erreichen Sie auf einer von den Kühen gern frequentierten Anhöhe eine Gabelung (1988 m), von der Sie dem linken, stellenweise recht steilen Pfad ins Kar hinunter folgen.

Nach 1:15 h biegen Sie bei den Hütten auf der **Alp Oberniesen** 03 (1813 m) nochmals scharf links ab und gehen unter der Materialseilbahn durch. Dann steigen Sie noch einmal steil und über einige Felsstufen ab, bevor Sie einen Wasserlauf, abschüssige Grashänge und einen weiteren Graben durchqueren. Von der Alpport-Hütte geht's links weiter und schliesslich noch etwas zur **Mittelstation Schwandegg** 01 bergauf. 45 Minuten.

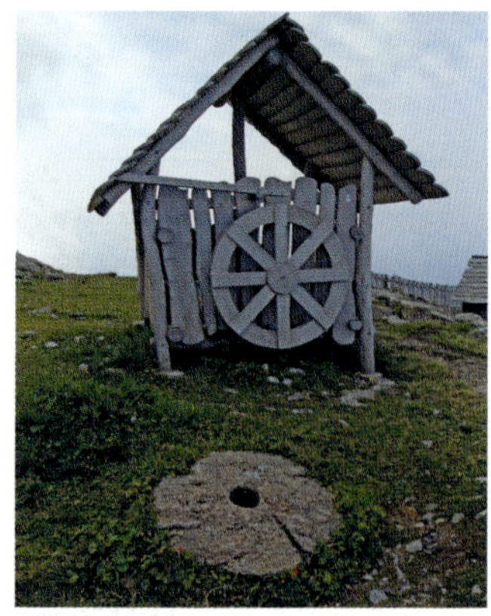
Mühlsteine auf dem Niesen?

KIENTAL – GRIESALP – GAMCHI

Wasserfälle und wilde Berge

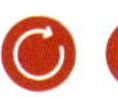  12,5 km 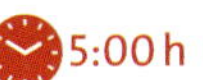 5:00 h 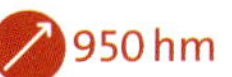 950 hm  950 hm  30

START | Parkplatz Tschingel im hinteren Kiental, 1170 m; Parkplatz, Postauto-Haltestelle.
[GPS: UTM Zone 32 x: 404.677 m y: 5.155.731 m]
CHARAKTER | Landschaftlich sehr eindrückliche Bergwanderung auf kurzen Alpstrassen-Abschnitten und stellenweise schmalen, steinigen Pfaden, die Trittsicherheit erfordern (T3). In den höheren Bereichen können bis weit in den Sommer hinein Altschneefelder liegen. Abkürzen lässt sich die Tour durch die Fahrt im Postauto bis zur Griesalp.

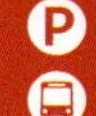
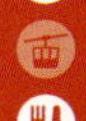
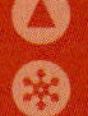

Da fällt die Wahl schwer: zu Fuss durch die Griesschlucht oder im Postauto über die steilste Busstrecke Europas zur Griesalp hinauf? Hier sei Ersteres empfohlen, denn es gibt keine bessere Einstimmung für den Weg, der in die grüne Berglandschaft am Fuss der Blüemlisalp emporzieht. Der nächste landschaftliche Höhepunkt ist dann der wilde und weltentlegene Talkessel der Gamchi im Vorfeld des gleichnamigen Gletschers, wo seit 2016 eine wunderschöne neue Sennhütte zur Einkehr einlädt.

Vom Parkplatz in **Tschingel** 01 führt die gut beschilderte Route Richtung „Pochtenfall, Pochtenalp, Griesalp“ zunächst 250 m weit in die Griesschlucht hinein. Ein erster Abstecher lockt links zu den Kaskaden im **Hexenkessel** 02 (1196 m) des Gamchibachs. Ober-

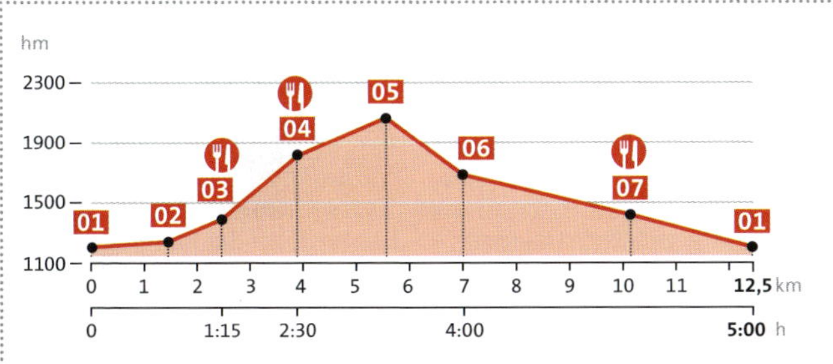

01 Parkplatz Tschingel, 1170 m; 02 Hexenkessel, 1196 m; 03 Griesalp, 1398 m; 04 Berghaus Bundalp, 1840 m; 05 Gratkante, 2040 m; 06 Gamchi, 1672 m; 07 Berggasthaus Golderli, 1440 m

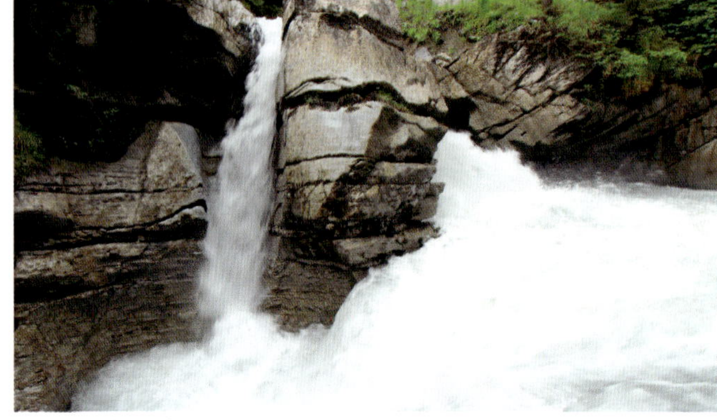
Im Hexenkessel rumort der Gornernbach ganz gewaltig.

halb davon zweigt der Wildwasser-Weg links ab, um sich kurz darauf zu gabeln: Rechts geht's auf einem Steg über die Schlucht und links zum nahen, 14 m hohen Pochtenfall. Wer auch den Düngenfall bewundern möchte, muss davor rechts zur Strasse ansteigen – darüber stürzt er über eine 59 m hohe Felsflanke.
Von der Gabelung im Tal schlängelt sich der Wildwasser-Weg links durch die steilen Waldhänge über dem Pochtenfall empor und trifft auf einen Fahrweg, der zum nostalgischen Hotel Waldrand auf der Pochtenalp (1364 m) führt. Von dort gelangen Sie auf einem Waldweg zur Via Alpina (Nr. 1), auf der Sie rechts zur Strassenbrücke über den Gamchibach absteigen. Jenseits erreichen Sie nach etwa 1:15 h die **Griesalp** 03 (1398 m) mit ihren fünf Unterkunftshäusern.
Vom Grand Hotel kürzen Sie am besten auf der Via Alpina (Nr. 1, Beschilderung „Bundalp, Hohtürli/Blümlisalphütte, Kandersteg") die Kehre einer Schotterstrasse ab und folgen dieser kurz nach links, bis Sie links auf einen breiten Kiesweg abzweigen und taleinwärts zu einer Hütte (1520 m) über dem Bundsteg wandern. Von der davor gelegenen Gabelung geht's geradeaus Richtung „Bundalp, Hohtürli, Blümlishütte SAC" in den Wald hinauf. Über der Baumgrenze schlängelt sich der Pfad über die Wiesenhänge der Underi Bundalp (1687 m) zur Oberi Bundalp mit dem schönen **Berghaus Bundalp** 04 (1840 m) empor. Nach etwa 1:15 h geniessen Sie von dort den Blick zum Chlyne Bundstock (2756 m) und zur tief eingeschnittenen, vergletscherten Gamchilücke zwischen dem Morgenhorn (3623 m) und dem Gspaltenhorn (3436 m).
In diese Richtung geht's auf einer Alpstrasse über den Bundbach. Bei der folgenden Abzweigung führt die Via Alpina rechts weg – Sie bleiben jedoch auf der Fahrbahn, die an der nahen Sennhütte Bundläger (1919 m, Käserei) vorbeiführt. Nach einer Brücke wandern Sie auf einem schmalen Pfad durch die Grasmulde des Oberlochs zu einer Gabelung hinauf. Von dort sind es links – Richtung „Gamchi - Griesalp, Sefinenfurgge, Gspaltenhütte SAC" –

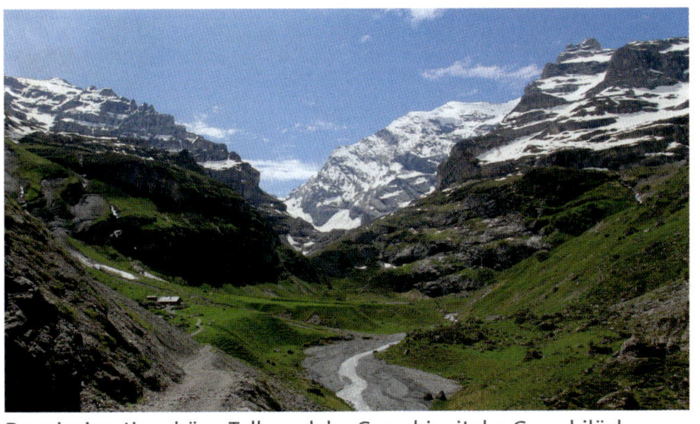

Der einzigartig schöne Talkessel der Gamchi mit der Gamchilücke.

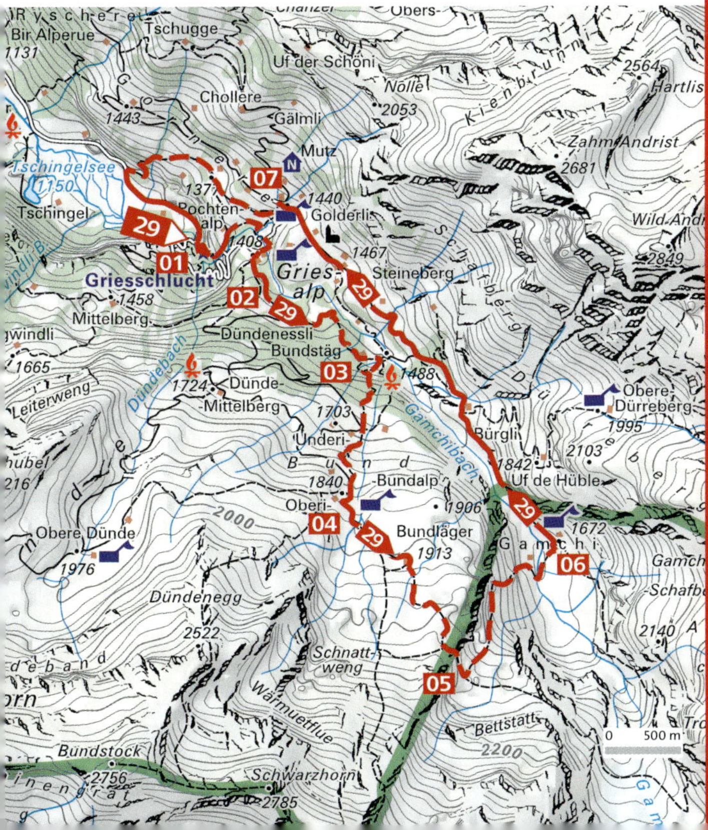

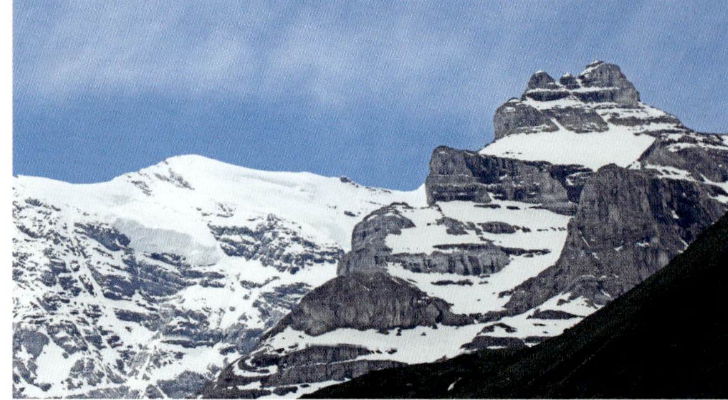

Die Wyssi und die Wildi Frau hoch über dem Gamchi-Kessel.

nur 50 m bis zu einer **Gratkante** 05 (ca. 2040 m), die mit Felswänden und steilen, immer wieder von Hangrutschungen heimgesuchten Schutthalden nach Südosten hin abbricht. Schier atemberaubend ist die Aussicht in den Talkessel des Gamchi und in den Talschluss mit dem steilen Gamchigletscher und seinen Massen an Moränenschutt.

An der einzig möglichen Stelle führt der Pfad jenseits schräg durch einen Steilhang abwärts. 70 Höhenmeter weiter unten zweigen Sie links ab und wandern am Rand des Kars, das ebenfalls „Oberloch" genannt wird, weiter bergab. Unter den stellenweise überhängenden Wandabbrüchen geht's durch Schutt und zwischen Bergsturzblöcken weiter und schliesslich in Kehren zum Talboden hinab. Von der Brücke über den Gornerbach gelangen Sie in wenigen Minuten zur 2016 neu eingeweihten Sennhütte im **Gamchi** 06 (1672 m). 1:00 h.

Talaus folgen Sie dem breiten, aber stellenweise recht luftigen Schotterweg Richtung „Bürgli, Golderli, Griesalp", der die steilen Fels- und Grasflanken über der eindrücklichen Schlucht des Gornernbachs durchquert. Jenseits zeigen sich wilde Gesteinsverwerfungen; im Rückblick erscheint das Morgenhorn. Nach einem Waldstück passieren Sie die Alp Bürgli (1617 m), von der Sie auf einer Alpstrasse weiter durch das hintere Kiental hinauswandern. Vorbei an der Alp Steinenberg und der Lobpreiskapelle gelangen Sie nach 45 Minuten zum **Berggasthaus Golderli** 07 (1440 m).

Gemäss dem Wegweiser „Kiental, Tschingelsee, Bärenpfad" geht's geradeaus über die Brücke weiter und gleich danach – bei der Abzweigung zum Naturfreundehaus – nach links. Der Bärenpfad führt durch Wiesen (Blick zur Griesalp und zum Dündenfall) und nach etwa 500 m links in den Wald hinab („Pochtenalp/ -fall, Tschingel, Kiental"). Holzstufen und Ketten helfen über eine steilere Wegpassage hinweg, bis Sie nach weiteren 45 Minuten den Talboden erreichen. Dort bieten der verlandete Tschingelsee und der 118 m hohe Gwindlibachfall ein finales Naturschauspiel, bevor Sie links zum nahen Parkplatz in **Tschingel** 01 zurückkehren.

DER LÖTSCHBERG-PANORAMAWEG

Vom Kiental nach Kandersteg

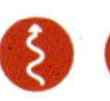 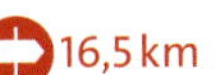 16,5 km 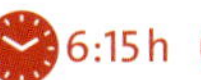 6:15 h 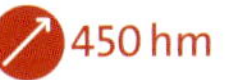 450 hm 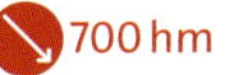 700 hm  30

START | Kiental, 948 m, Talstation der Sesselbahn; Zufahrt vom Bahnhof Reichenbach im Kandertal mit dem Postauto (Linie 220) zur Haltestelle Kiental Ramslauenen, von dort zu Fuss in 10 Minuten; Auffahrt zur Bergstation Ramslauenen, 1409 m (https://kiental-sesselbahn.ch). Rückfahrt von Kandersteg nach Reichenbach mit der Bahn.
[GPS: UTM Zone 32 x: 400.987 m y: 5.159.266 m]
CHARAKTER | Beliebte Höhenwanderung auf Alpstrassen und guten Pfaden (T2). In der Alphütte Bachwald sind im Sommer warme und kalte Getränke erhältlich, sonst gibt es keine Einkehrmöglichkeiten.

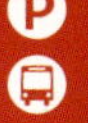

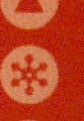

Dieser voralpine Höhenweg zählt zu den beliebtesten Wanderrouten im Berner Oberland – kein Wunder, denn die Wiesen entlang dieser Strecken versprechen ein abwechslungsreiches Panorama vom Niesen bis zum Altels und die Waldabschnitte dazwischen garantieren auch am heissesten Sommertal kühlen Schatten. Es handelt sich dabei um einen jener „klassischen" Übergänge von einem Tal ins andere, die sich dank guter öffentlicher Verkehrsverbindungen problemlos bewerkstelligen lassen.

▶ Von der **Bergstation Ramslauenen** 01 wandern Sie, dem Wegweiser „Kandersteg (Höhen-

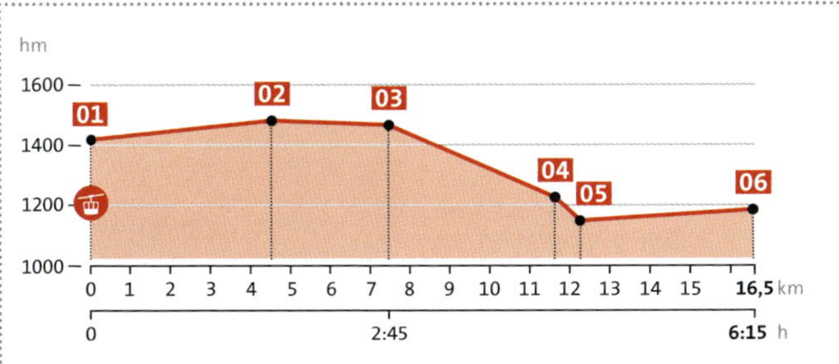

01 Bergstation Ramslauenen, 1409 m; 02 Chüeweid, 1470 m; 03 Schlafegg, 1455 m, 04 Ronewald, 1210 m; 05 Uf der Flue, 1138 m; 06 Bahnhof Kandersteg, 1170 m

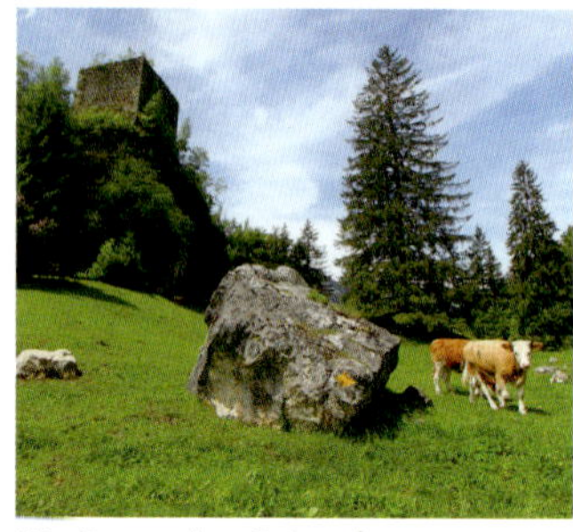

Die Burgruine Felsenburg.

weg Nordrampe)“ folgend, auf dem mit der Nr. 56 bezeichneten Fahrweg hinter dem benachbarten Berghaus und an einem nahen Bauernhaus vorbei. Danach zweigen Sie rechts auf einen Pfad ab, der durch den Weidehang zu einem Skilift und rechts zum Waldrand ansteigt (Blick ins Kiental und zum Dreispitz). Bei der dortigen Abzweigung bleiben Sie rechts auf dem Weg Nr. 56, der durch den lichten Horewald zur Alphütte Bachwald (1555 m) hinüberführt. Dort gehen Sie einige Schritte auf dem Fahrweg nach rechts und schwenken dann links auf den signalisierten Wanderweg ein, der durch Weidehänge zu einem aussichtsreichen Rücken (1530 m) zieht. Von dort zeigen sich das untere Kandertal, der Thunersee und der Niesen – und das nahe Etappenziel, die **Chüeweid** 02 (1470 m). 1:15 h.

Der Weg führt links am Anwesen vorbei, steigt bald ein wenig durch einen Waldgraben an und quert danach eine geteerte Alpstrasse. Hoch über Frutigen dreht die Route nach Süden – in der Folge treten nun auch die hohen Berge über Kandersteg ins Bild. Auf unterschiedlich breiter Spur geht's oberhalb der Alp Under Geerene etwas bergauf und

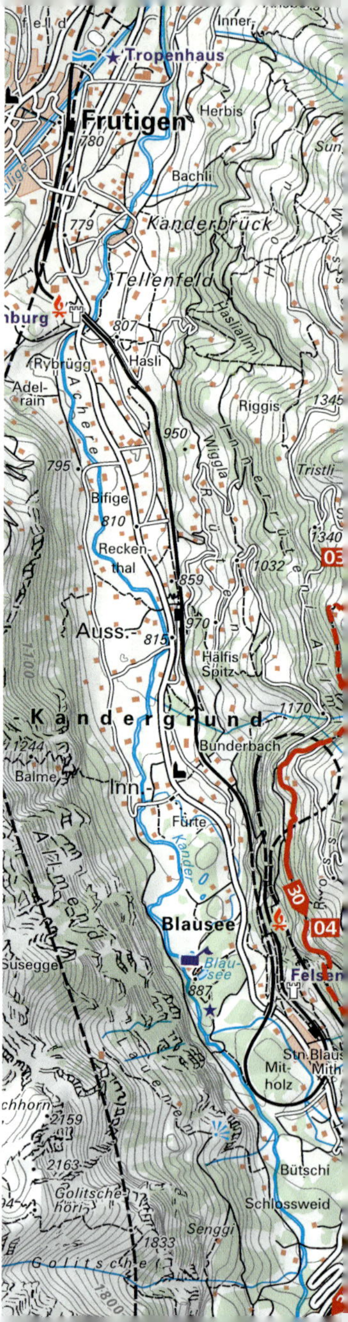

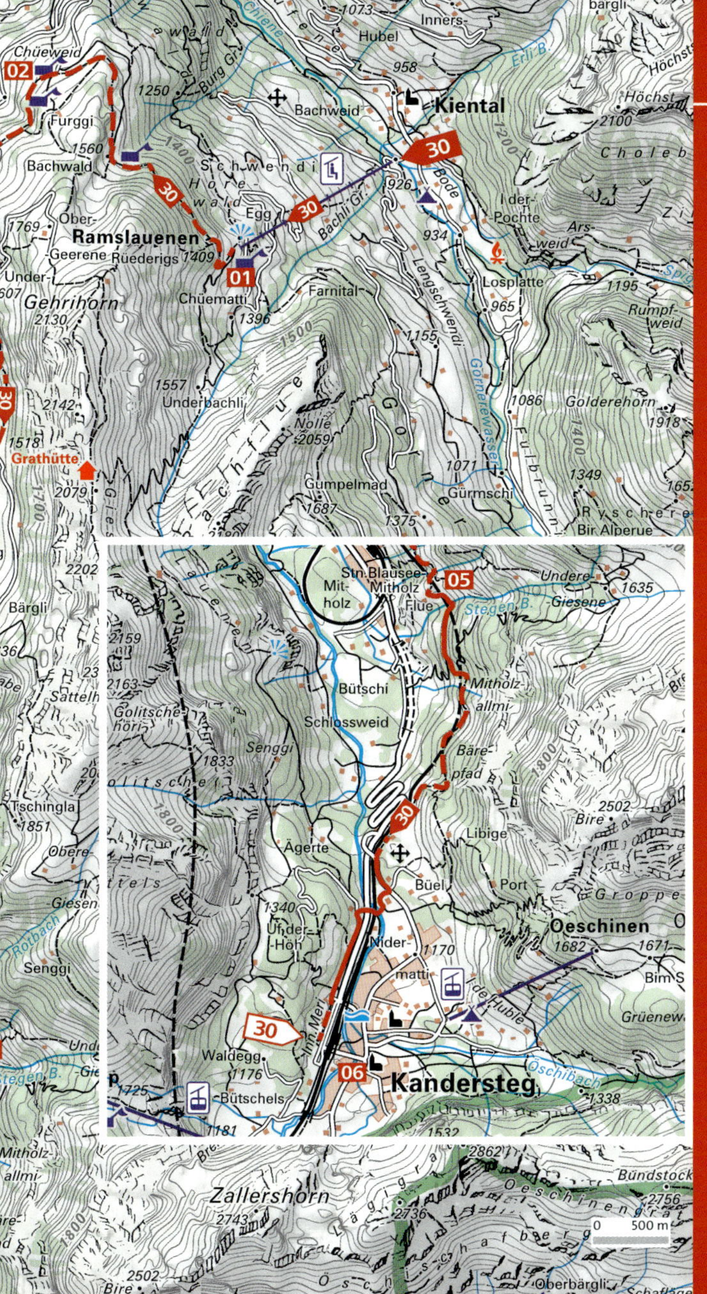
Chüeweid
02
Furggi
Bachwald
1560
1250
Burg Gr.
Chiene
1073
Inners-
Hubel
958
Kiental
Erli B.
Bachweid
30
Schwendi
Hore
wald
Egg
Bächli Gr.
926
Bode
934
Ober-
Ramslauenen
1769
Geerene
Rüederigs
1409
01
Under-
Gehrihorn
2130
Chüematti
1396
Farnital
Lengschwendi
Losplatte
965
1155
1500
1557
Underbachli
2142
1518
Grathütte
2079
Nolle
2059
Gumpelmad
1687
1071
Gürmschi
1375
Gornernewasser
1086
Golderehorn
1918
1349
Rysch
Bir Alperue
Höchst
2100
Choleb
der Pochte
Ars weid
1195
Rumpf-weid
Stn.Blausee-Mitholz
Mit-holz
Flue
05
Undere
1635
Giesene
Stegen B.
Bütschi
Schlossweid
Mitholz-allmi
Bäre-pfad
1800
2159
2163
Golitsche-höri
Senggi
1833
2502
Bire
Libige
Ägerte
Büel
Port
Gropp
Oeschinen
1340
Uf der Höh
Nider-
1170
matti
1682
1671
Hubel
Grüenew
30
Waldegg
1176
06
Kandersteg
Öschibach
1338
1725
Bütschels
1181
1532
2202
Bärgli
Tschingla
1851
Obere
Giesen
Rotbach
Senggi
Stegen B.
Mitholz-allmi
Zallershorn
2743
2862
2736
Bündstock
2756
Oeschinengrat
0 500 m
2502
Bire
Oberbärgli
Schafläger

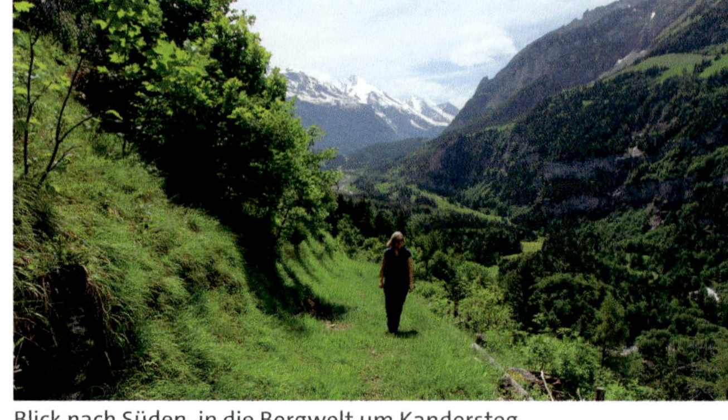

Blick nach Süden, in die Bergwelt um Kandersteg.

dann durch die Wald- und Grashänge unter dem schroffen Gehrihorn (2129 m) zu einer Anhöhe (1521 m) hinab. Dahinter trifft man bei einer Hütte auf einen asphaltierten Fahrweg, auf dem Sie zur Wiesenterrasse von **Schlafegg** 03 (1455 m) hinunterwandern. 1:30 h.

Nach etwa 600 m biegen Sie dort rechts ab und nach weiteren 150 m links. Nach einigen Hütten erreichen Sie das Ende des Fahrwegs und folgen nun einem schmalen Pfad in den Wald hinab. Er führt durch sehr abschüssige Hänge und an einigen Felsköpfen vorbei – ausgesetzte Passagen sind mit Geländern abgesichert. Im Bundergraben (1370 m) am Fuss des Sattelhorns (2375 m) passieren Sie einen Rastplatz. Dann wandern Sie auf dem Pfad und kurz auf einer Asphaltstrasse talwärts, bis Sie links auf einer Forststrasse im leichten Auf und Ab zu einer kleinen Holzhütte im **Ronewald** 04 (1210 m) gelangen. 1:15 h.

Über eine Wiese mit einer weiteren Hütte gelangen Sie zu einer hohen Felswand. Gleich danach verlassen Sie die Strasse rechts auf einem Waldpfad (Schild „Höhenweg Nordrampe"), der in Kehren abwärts führt. Bei der nächsten Gabelung erreichen Sie den hellgrün markierten Bahnerlebnisweg. Auf diesem wandern Sie links oberhalb der Bahnlinie weiter, queren den Rotbachgraben auf einem Eisensteg und steigen zum Grasrücken über Hemlige an.

Von der Hütte auf der benachbarten Weide **Uf der Flue** 05 (1138 m) geht's links auf einem Fahrweg zum Stägebach und ins Mitholzallm (1140 m). Von dort ziehen der Panorama- und der Bahnerlebnisweg links ein Stück bergauf, bevor die Route das Bergsturzgebiet im Saregraben durchquert – dort sollte man nicht verweilen, denn es droht Steinschlaggefahr. Ab der Büelweid begleitet Sie die Bahnlinie, folgt dann der Zufahrtsstrasse nach Kandersteg unter einer Holzbrücke durch und zweigt schliesslich rechts zur Kanderbrücke ab. Jenseits biegen Sie links ab und spazieren neben dem Fluss taleinwärts zum noch 800 m entfernten **Bahnhof Kandersteg** 06 (1170 m). 2:15 h.

ZUR HÄNGEBRÜCKE HOHSTALDE

Von Frutigen dem Wildwasser entlang

  11 km  3:00 h 160 hm 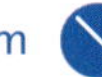 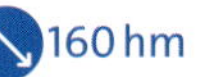 160 hm 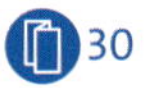 30

START | Frutigen, 780 m; Bahnhof, Bushaltestelle; gebührenpflichtige Parkplätze im Ort.
[GPS: UTM Zone 32 x: 396.677 m y: 5.160.411 m]
CHARAKTER | Einfache Talwanderung auf Nebenstrassen und Pfaden. Dank der parallel verlaufenden AFA-Buslinie 230 lässt sich die Tour auch abkürzen.

153 Meter lang, fast 40 Meter über der rauschenden Engstlige und beim Betreten ein wenig schwankend, aber durch 13 Meter tief im Boden verankerte Betonanker, solide Stahlseile und Seitengitter absolut sicher zu überschreiten: Das ist jene Fussgänger-Hängebrücke, die seit ihrer Eröffnung 2006 zu einem beliebten Wanderziel zwischen Frutigen und Adelboden geworden ist. Realisiert wurde sie weitgehend in privater Initiative, denn die Familie, die jenseits des Flusses wohnt (und dort ein bezauberndes Beizli betreibt), brauchte einen sicheren Übergang von der Strasse als Ersatz für die alte, desolate Brücke. So entstand also dieser ganz besondere „Wendepunkt" der hier vorgeschlagenen Wanderstrecke, auf der man nicht nur die gepflegte Kulturlandschaft des Frutiglandes und die naturbelassenen Auwälder der Engstilge erlebt, sondern zum Schluss auch die Rundsicht vom Turm der Ruine Tellenburg geniesst. Dieses Gemäuer fungierte durch die Jahrhunderte als Wehrbau, Zollstation, Gerichts-

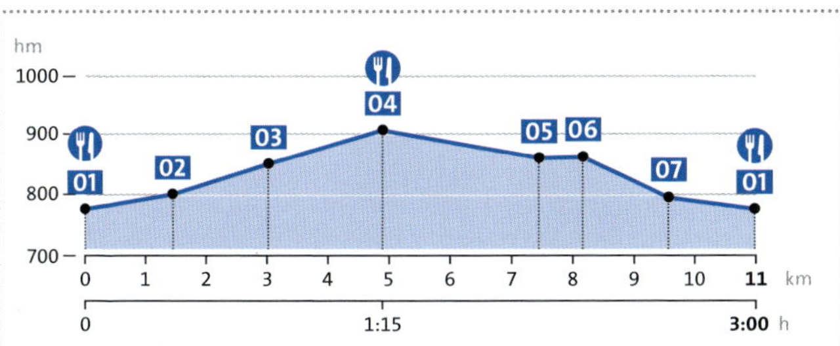

01 Frutigen, 780 m; 02 Gand, 800 m; 03 Grantibrücke, 849 m; 04 Hängebrücke Hohstalde, 904 m; 05 Reinisch, 858 m; 06 Tellenburg, 866 m; 07 Kanderbrück, 799 m

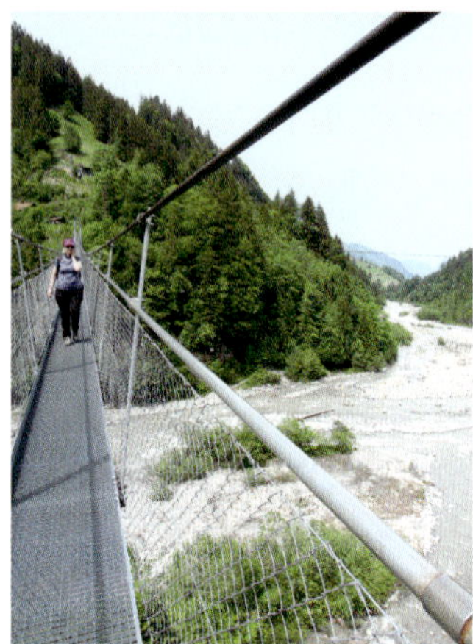
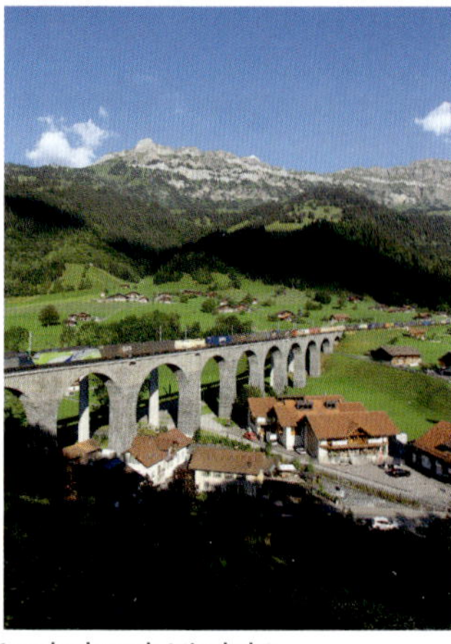

Brückenbaukunst – Hohstalde und Kanderbruck-Viadukt.

ort und Armenhaus; heute bildet es einen „Eye-Catcher" über der Lötschberg-Bahnlinie.

▶ Gegenüber dem Bahnhof von **Frutigen** 01 gehen Sie auf einen geteerten Weg, der Beschilderung „Rohrbach, Adelboden" folgend, neben dem Parkplatz zur nahen Engstlige (Entschlige). Vor der Brücke biegen Sie links ab, spazieren zur Schulhausstrasse und an einem Spielplatz vorbei. Nach 350 m überqueren Sie rechts die Brücke und schwenken jenseits links auf die Künzistegstrasse ein (Wegweiser „Rohrbach"). Schon nach 250 m geht's auf einem schmaleren Weg neben dem Ufer dahin. Bei der Brätlistelle **Gand** 02 (800 m) nach der Einmündung des gleichnamigen Baches steht eine hölzerne Unterstandshütte. Kurz folgt die Route einer Strasse, dann verläuft sie durch geschützte Auwälder und Wiesen; dazwischen überquert man einige Wildbäche. Ab der hölzernen, mit Schindeln gedeckten **Grantibrücke** 03 (849 m) wandert man wieder direkt neben der Engstige und ihren ausgedehnten Schotterbänken weiter, bis nach 1:15 h rechts ein schmaler Pfad zur **Hängebrücke Hohstalde** 04 (904 m, Bushaltestelle) hinaufführt. Nach der schwankenden Flussüberquerung erwartet Sie das Hängebrügg-Beizli täglich ausser am Montag mit Getränken, Plättli mit Trockenfleisch und Hobelkäse aus der Gegend, Glace und hausgemachten Kuchen – nach Voranmeldung (Tel. +41 33 671 15 83) gibt's für Gruppen auch einfache Mahlzeiten oder Raclette. Wer nicht einkehrt, möge bitte einen kleinen Obolus für die Wartung der Brücke entrichten.

Zurück wandert man am besten auf der rechten Talseite. Nach wenigen Schritten auf der Zufahrtsstrasse zweigen Sie beim Schild „Frutigen" links auf einen Weg ab, der durch die Wald- und Wiesenhänge über der Engstige führt. Auch hier sind Skulpturen des Holzbildhauers Johann Inninger zu sehen; u. a. hat er aus Wurzelstöcken allerlei Getier oder

betende Hände geschaffen. Sehr eindrücklich ist auch eine riesige Buche am Weg. Oberhalb der **Grantibrücke** 03 wandern Sie auf einer Strasse weiter Richtung „Frutigen".
Beim Schulhaus im Weiler **Reinisch** 05 (858 m) biegen Sie rechts ab und folgen nun stets der Beschilderung „Tellenburg". Teils auf Fahrwegen, teils auf Wiesenwegen wandern Sie zum Hügel über der Kander, auf dem die Ruine der **Tellenburg** 06 (866 m) steht. Auf einer Treppe gelangt man auf die Plattform des Bergfrieds (herrliche Sicht über das berühmte Kander-Bahn-Viadukt zu den Bergen um Kandersteg).
Kurz vor der Ruine zieht ein Treppenweg rechts zum Talboden hinab. Dort links ein paar Schritte zur Hauptstrasse, rechts über die Brücke und dann gleich wieder links weiter, unter dem Viadukt durch. In der 1 km entfernten Ortschaft **Kanderbrück** 07 (779 m) biegen Sie links Richtung „Frutigen" ab. Vorbei am Schulhaus, auf einem geteerten Wiesenweg und auf der Brücke über die Umfahrungsstrasse kommen Sie nach 1:45 h wieder zum Bahnhof von **Frutigen** 01 zurück.

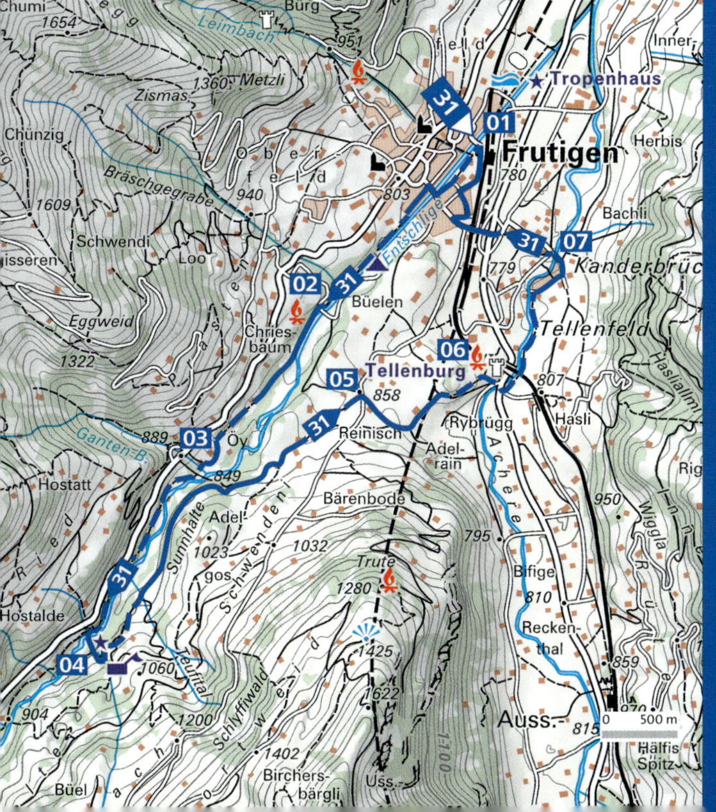

CHOLERENSCHLUCHT UND HÖRNLIWEG

Tief unten und hoch oben in Adelboden

  9,8 km  3:30 h 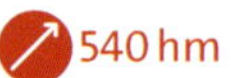 540 hm 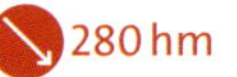 280 hm  30

START | Tregel, 1100 m (an der Talstrasse, 500 m nach der Kirche Achseten und ca. 4,5 km vor Adelboden); Bushaltestelle Achseten Tregel (AFA-Linie 230), kleiner Parkplatz „Cholerenschlucht, Pochtenkessel". Rückfahrt von Adelboden mit dem Bus.
[GPS: UTM Zone 32 x: 391.850 m y: 5.153.034 m]
CHARAKTER | Diese „zweigeteilte" Wanderung verläuft zunächst auf felsigen, aber gut abgesicherten Schluchtpfaden und nach einem längeren Anstieg auf einem flachen und aussichtsreichen Höhenweg; dazwischen und zuletzt sind Sie auf Schotterstrassen und kurz auf Hartbelag unterwegs (T1).

Vor Krankheit muss sich in der Cholerenschlucht niemand fürchten – der Name dieser Felskluft, die der Tschentbach nördlich von Adelboden aus dem Gestein gefräst hat, weist darauf hin, dass in ihrem Bereich einst Holzkohlenmeiler schwelten. Die Klamm ist zwar bloss etwa 100 Meter lang, aber so eng, dass ihre gut angelegten Stege und Treppen nur im Aufstieg begangen werden dürfen – für „Gegenverkehr" ist in diesem eindrücklichen Schlund kein Platz. Interessant ist auch die Bezeichnung der ersten Schluchtpassage dieser Wanderung: Gleich zu Beginn überqueren Sie auf einem hohen Steg den Pochtekessel, in dem die Engstlige wild

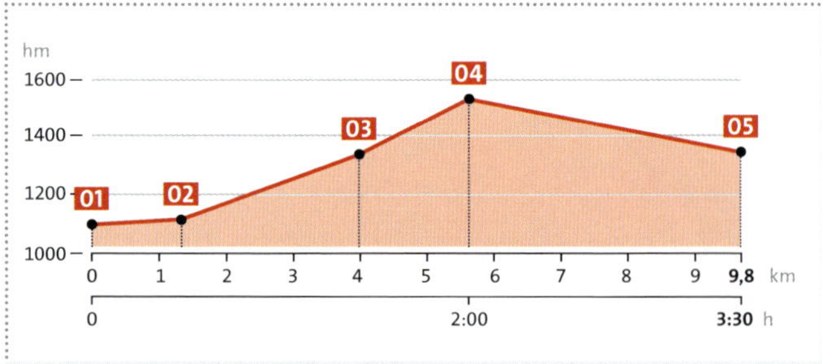

01 Tregel, 1090 m; 02 In den Bächen, 1100 m; 03 Äbi, 1363 m;
04 Hörnli, 1520 m, 05 Adelboden, 1348 m

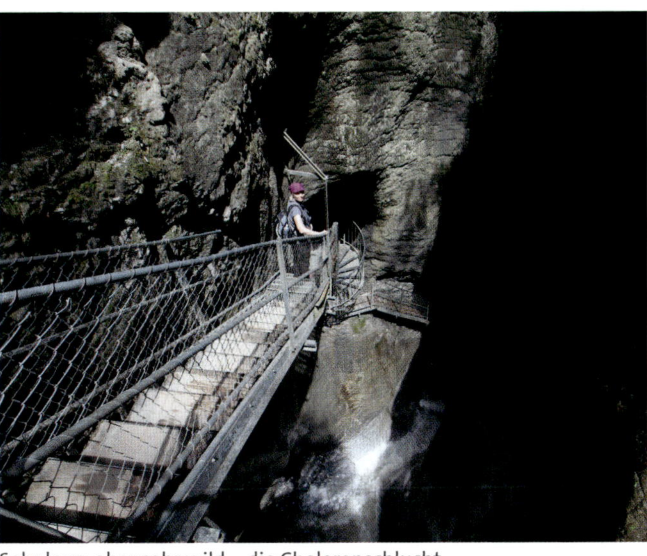

Sehr kurz, aber sehr wild – die Cholerenschlucht.

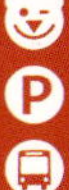
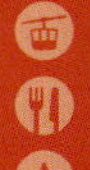

rumort. „Pochte“ bedeutet soviel wie Bottich und somit überquert man dort eigentlich einen „Bottichkessel“. Aus der dunklen Tiefe steigen Sie dann durch ein von Unwettern zerfurchtes Tal am Fuss des Gsür (2708 m) hinauf zum „Höreli“, wo ein liebevoll angelegter Alpengarten das Panorama zum Wildstrubelmassiv mit bunter Blütenpracht garniert. Es folgen eine weiterhin aussichtsreiche Höhenwanderung und ein unbeschwerter Abstieg. Schöner könnte die Annäherung an die noble Tourismusdestination Adelboden kaum sein!

▶ Zwischen dem Parkplatz und der Bushaltestelle in **Tregel** 01 zeigt der Wegweiser „Pochtechessel, Cholereschlucht, Adelboden, Blatti“ den Abstieg in die Schlucht der Engstlige (Entschlige) an. Diese überqueren Sie auf einem soliden Steg bei der felsigen Engstelle des Pochtechessels. Danach steigen Sie auf einem rauen, aber mit Geländern versehenen Pfad zur Zufahrtsstrasse eines Steinbruchs, der Sie links zu einer Abzweigung folgen. Von dort geht's rechts zur nächsten Gabelung und links zur Wegkreuzung **In den Bächen** 02 (1100 m). 30 Minuten.

Vom beschilderten Weg in die nahe Cholerenschlucht lohnt sich an heissen Sommertagen der kurze Abstecher zum „Jungbrunnen“, einem romantischen Badeplatz am erfrischenden Wildbach. Der gut abgesicherte und teils sogar überdachte Schluchtweg führt dann auf Stegen direkt über dem tosenden Bach in die finstere Felskluft. Zuletzt gelangen Sie über eine enge Wendeltreppe in den oberen Talbereich hinauf – dort wird bei einem „Kässeli“ um einen Obolus für die alljährlichen Instandhaltungskosten gebeten.

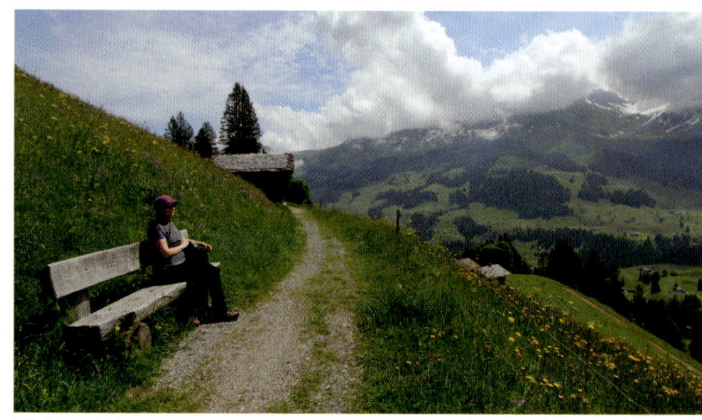

Welch ein Kontrastprogramm – Rast am Hörnliweg über Adelboden.

Von der Strassenbrücke beim oberen Schluchteingang geht's, der Beschilderung „Tschententai, Egerenschwand, Adelboden" folgend, neben dem Tschentenbach taleinwärts. Angesichts des wilden Bachbetts verwundert es nicht, dass dieser Fahrweg bei Gewitter und Hochwasser gesperrt ist. Von der Kreuzung mit einer Asphaltstrasse gehen Sie geradeaus auf Wiesen- und Waldweg Richtung „Tschentschental" weiter, bis Sie eine Forststrasse erreichen. Auf dieser wandern Sie scharf nach links (Schild „Bütschegge, Ausserschwand, Adelboden") übers Chalberweidli zum **Äbi** 03 (1363 m) hinauf. Scharf rechts abzweigend geht's von dort auf einer geteerten Strasse Richtung „Möser – Hörnli" zu einer Garage am Möser (1438 m) hinauf. Der Wegweiser „Hörnli, Adelboden" zeigt den weiteren Anstieg links auf einem Schotterfahrweg an. Er führt durch Waldhänge zum aussichtsreichen Rücken des **Hörnli (Höreli)** 04 (1520 m) empor. Im Sommer blühen im dortigen Alpengarten rund 700 verschiedene Kräuter und Blumen. 1:30 h.

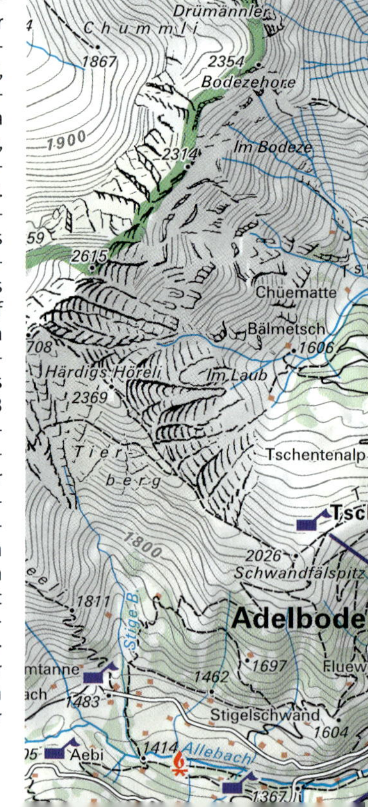

Die Beschilderung „Adelboden (Oberer Hörnliweg)“ kündigt bereits eine herrliche Höhenwanderung an. Der Kiesweg führt im ganz sanften Auf und Ab durch die Abhänge der Tschentenegge und des Schwandfälspitz (2025 m), die immer wieder herrliche Ausblicke zum Bunderspitz (2546 m), zum Gross Loner (3049 m) und zum Wildstrubel (3244 m) mit den Engstligenfällen bietet. Nach dem Schmittegraben am Fuss der schroffen Schlachtflue und der Unterquerung einer Seilbahn ignorieren Sie die erste Abstiegsmöglichkeit nach Adelboden – der Weiterweg Richtung „Taubenfels“ führt zu einem schönen Aussichtspunkt (1536 m, Rastplatz), der für seinen Tiefblick auf den Ort bekannt ist.

5 Minuten danach queren Sie den Uelisgraben und zweigen links ab. In weiten Kehren steigen Sie auf der Forststrasse durch die Waldhänge zu den obersten Häusern ab und erreichen auf der Senggistrasse schliesslich das Ortszentrum von **Adelboden** 05 (1348 m). Auf der Dorfstrasse kommen Sie links in wenigen Minuten zur Kirche und zur Bushaltestelle bei der Post. 1:30 h.

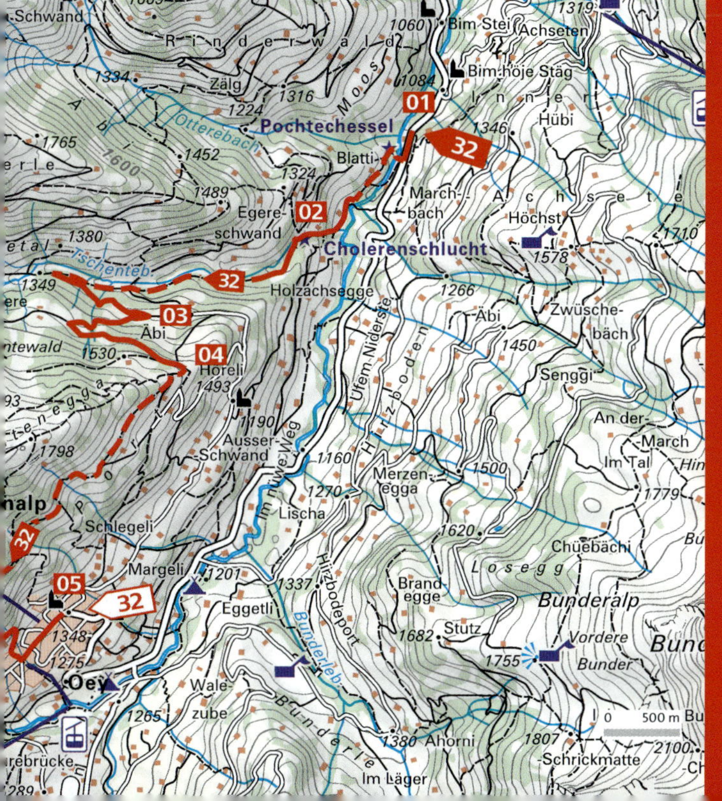

HAHNENMOOSPASS • 1950 m
REGENBOLDSHORN • 2193 m

Ein Top-Höhenweg über Adelboden

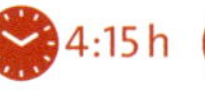

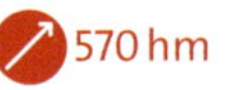

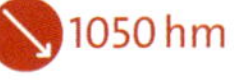

START | Adelboden, Ortsteil Oey, 1274 m; gebührenpflichtiger Parkplatz bei der Talstation der Sillerenbahn (Zufahrt vom Kreisel am Ortseingang); Bushaltestelle Mineralquelle (AFA-Linie 230), von dort zu Fuss in 3 Minuten. Mit der Gondelbahn über die Station Bergläger zur Bergstation Sillerebüel, 1976 m (www.adelboden-silleren.ch). Von Adelboden (Post) kann man auch mit dem Bus (Linie 233) zur Station Bergläger fahren. Rückfahrt vom Bergläger nach Oey mit der Gondelbahn (nach Adelboden auch per Bus, Linie 233). [GPS: UTM Zone 32 x: 386.229 m y: 5.147.513 m]
CHARAKTER | Aussichtsreiche Rundtour auf Alpstrassen und stellenweise schmalen und steinigen Pfaden, die Trittsicherheit erfordern (T2). Mit der Gondelbahn Geils – Hahnenmoospass kann man die Tour abkürzen. Einkehrmöglichkeiten unterwegs am Hahnenmoospass und in der Alp Bütschi.

Adelboden liegt in einem wunderschönen Talbecken zwischen dem schroffen Kamm des Albristhorns (2762 m) und dem Wildstrubel-Massiv bzw. dem nördlich vorgelagerten Kamm des Ammertenspitz (2613 m). Dazwischen gibt der 1950 Meter hoch

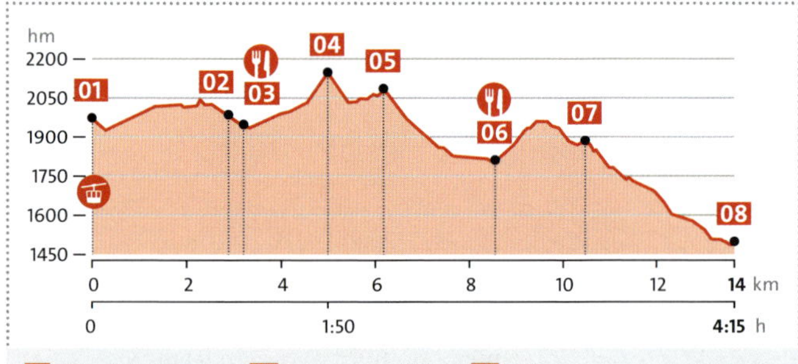

01 Sillerebüel, 1976 m; 02 Laveygrats, 1970 m 03 Hahnenmoospass, 1956 m; 04 Regenboldshorn, 2198 m; 05 Luegli, 2080 m; 06 Alp Bütschi, 1815 m; 07 Teufebode, 1794 m; 08 Bergläger, 1486 m

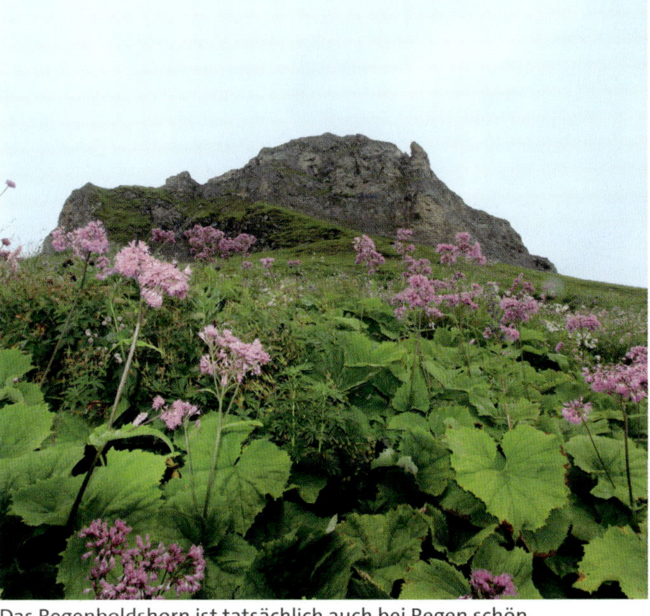

Das Regenboldshorn ist tatsächlich auch bei Regen schön.

gelegene Hahnenmoospass den Übergang ins obere Simmental frei. In alten Zeiten nannte man diese Strecke die „Reyfstrasse", denn man transportierte auf ihr den „Reyfwein" vom Ufer (la rive) des Genfersees nach Bern. Im Winter steckte man kleine Tannen in den Schnee, um die Strecke zu kennzeichnen. Das ist heute nicht mehr nötig, da die Skipisten und Wanderwege gut signalisiert und beschildert sind – so wie die hier vorgeschlagene Rundwanderung, die zu den schönsten Panoramatouren der Schweiz zählt.

▶ Die Route vom **Sillerebüel** 01 zum Hahnenmoospass" wurde als „Blumenweg" mit vielen kleinen Tafeln ausgestaltet. Sie verläuft von der Seilbahnstation und dem benachbarten Restaurant auf der asphaltierten Zufahrtsstrasse (Wegweiser „Hahnenmoos"), führt aber nach knapp 300 m von einer Gabelung auf einem breiten Kammweg weiter. Bald umgeht man einen Hügel auf der rechten Seite, bevor der Weg von der nächsten Senke links durch die Abhänge des Stand und des **Laveygrats** 02 führt. Im sanften Auf und Ab geht's durch steiniges Gelände und unter einer Sesselbahn durch zum **Hahnenmoospass** 03 (1956 m). Auf diesen breiten Sattel zwischen Adelboden und der Lenk führt eine Gondelbahn vom Geils herauf; man findet dort auch ein Berghotel mit einem Restaurant und einem Kiosk. 1:00 h.

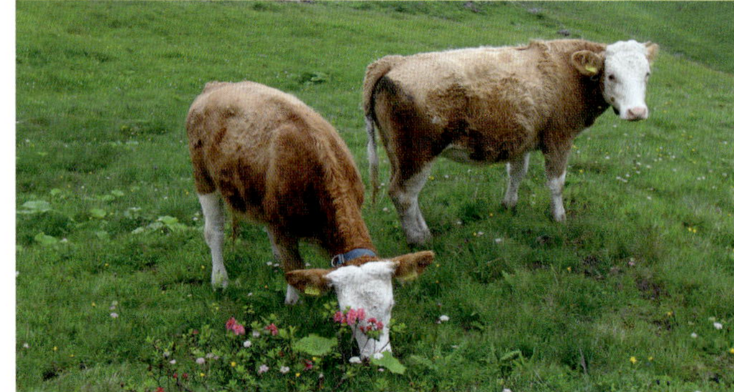

Und dort ist der Mittagstisch sogar mit Blumen geschmückt.

Die Beschilderung „Luegi, Regenbolshorn“ gibt die weitere Gehrichtung vor. Ihr Gipfelziel, das Rägeboldhore, wie es der Volksmund nennt, reckt sich als kleiner Felsspitz im Südosten vor dem viel höheren Ammertespitz und dem Wildstrubel-Massiv empor. Auf einem Fahrweg gelangen Sie zu einer nahen Abzweigung, von der Sie links auf dem breiten Kiesweg („Rundweg Metschstand“) durch die Weidehänge über einem Speichersee zu einem Stall und zum Sattel Ufem Blatti (1991 m) wandern. Danach geht's durch die Ostseite des Metschstands zur nächsten Gabelung, bei der rechts der Gipfelabstecher (Wegweiser „Bummerepas, Rägeboldshore“) beginnt: Nach dem kurzen Anstieg in die Senke des Bummerepasses (2055 m) folgen Sie dem Wegweiser „Rägeboldshore“ nach links. Ein schmaler, steiler und bei Nässe sehr rutschiger Pfad zieht nun neben dem grasigen Westgrat zum Gipfel des **Regenboldshorns** 04 (2198 m) empor. Grossartiger Rundblick von der Kalkbarriere der Berner Alpen im Süden bis zu den Simmentaler Bergen im Norden! 50 Minuten.

Nach dem Abstieg über den Bummerepass zur erwähnten Gabelung unter dem Metschstand zweigen Sie dort rechts Richtung „Luegli – Geils“ ab und durchqueren auf einem schmalen Pfad die steile, teils grasige und teils steinige Flanke unter den schroffen Nordabstürzen des Regenboldshorns. Nach der Unterquerung einer Sesselbahn gelangen Sie in den Sattel des **Luegli** 05 (2080 m). 30 Minuten vom Gipfel. Von der dortigen Weg-Dreiteilung wählen Sie die mittlere Route mit dem Wegweiser „Bütschi, Chuenisbärgli“, die ins einsame Kar (Gruebleta) am Fuss des dunklen Ammertespitz und des Rotstocks hinabzieht.

Durch Matten, zwischen den Felsblöcken eines Bergsturzes und über einen alten Moränenrücken gelangen Sie zu einigen Alphütten. Auf einem Fahrweg erreichen Sie nach 40 Minuten die Abzweigung bei einer Schottergrube auf der **Alp Bütschi** 06 (1815 m).

Dort biegen Sie rechts auf den asphaltierten Fahrweg Richtung „Toneggrat, Chuenisbärgli“ ab und passieren gleich darauf eine gastliche Alpwirtschaft. Von dort führt ein gut angelegter Wanderweg durch eine Schutthalde auf eine Anhöhe (1925 m) und weiter durch die üppig begrünte, aber steile und rutschgefährdete Flanke „Im Hangilaub“ bis zum Troneggrat im Norden des Fitzer (2458 m). Über diesen Grasrücken (schöner Blick zu den Engstigenfällen) marschieren Sie dem Waldbuckel des Höchsthore (1912 m) entgegen, bleiben bei der folgenden Wegteilung links Richtung „Kuonisbergli“ und folgen dem Grat noch etwa 200 m, bis Sie links durch einen steilen Waldhang zu den obersten Weiden absteigen können.

Dort verlassen Sie die Route zum Höchsthore/Chuenisbärgli nach links und erreichen bei der unteren von zwei Alphütten am **Teufebode** 07 (1794 m) einen Fahrweg, der in weiten Kehren zum **Bergläger** 08 (1486 m) im Tal des Geilsbachs hinunterführt (eine davon lässt sich auf einem Wanderweg abkürzen). 1:15 h.

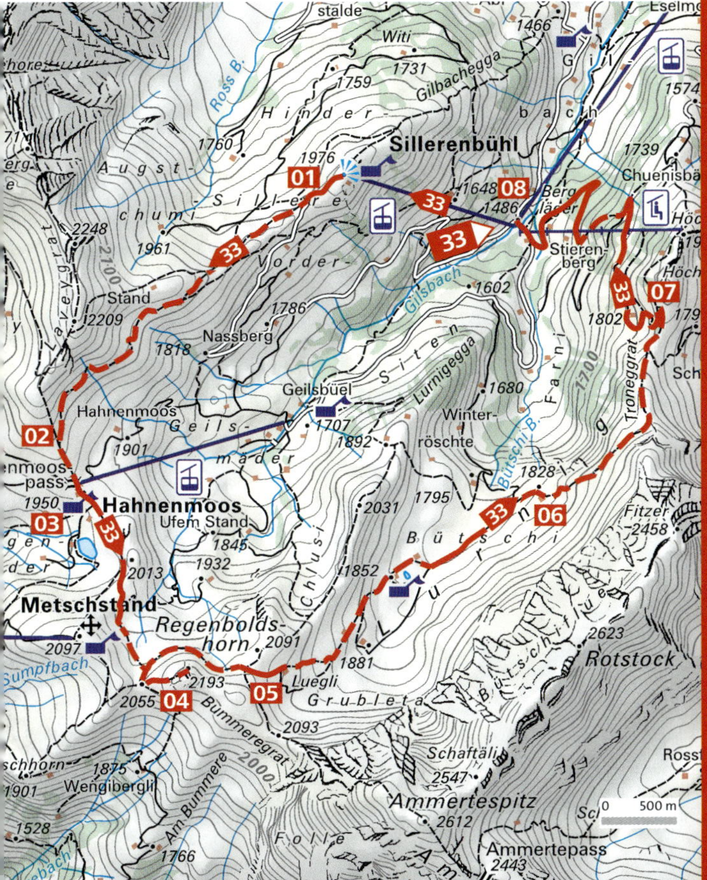

ZU DEN ENGSTLIGENFÄLLEN

Zu den zweithöchsten Fällen der Schweiz

 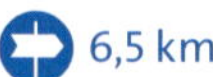 6,5 km  2:15h 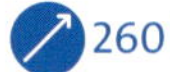 260 hm 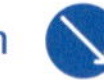 140 hm 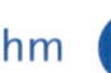  30

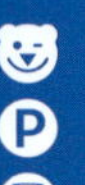

START | Adelboden, Ortsteil Oey, 1274 m; gebührenpflichtiger Parkplatz bei der Talstation der Sillerenbahn (Zufahrt vom Kreisel am Ortseingang); Bushaltestelle Mineralquelle (AFA-Linie 230), von dort zu Fuss in 3 Minuten. Rückfahrt per Bus (Linie 232). [GPS: UTM Zone 32 x: 367.015 m y: 5.175.728 m]
CHARAKTER | Einfache Talwanderung auf Nebenstrassen, Wiesen- und Waldpfaden (T1).

Die Engstligenfälle – auf Bernerdeutsch „Entschligefäll" – stürzen südlich von Adelboden in zwei jeweils 370 Meter hohen Stufen von der Hochfläche der Engstligenalp in den Talkessel Unter dem Birg. Damit gehören sie zu den höchsten Wasserfällen der Schweiz – und mit 250.000 Besuchen pro Jahr auch zu den meistbesuchten. Eine gute Einstimmung auf dieses nasse Naturwunder bietet der Anmarsch von Adelboden, bei dem man neben dem Flüsschen den Felsabstürzen des Wildstrubelmassivs entgegenwandert.

Vom Parkplatz der **Sillerenbahn** 01 gehen Sie 30 m auf der Zufahrtsstrasse zurück und dann rechts auf einem unbeschilderten Kiespfad zur 100 m entfernten **Bodenstrasse** 02 (1264 m, Bushaltestelle). Nach der Überquerung auf einem Zebrastreifen folgen Sie dem Gehstreifen neben der Fahrbahn nach rechts (taleinwärts). Nach 180 m zweigen Sie links auf einen Weg ab, der zur Engstlige hinunterführt. Nun wandern Sie auf dem breiten Uferweg nach Süden – unter der Brücke Bir Müli durch und an der Bushaltestelle

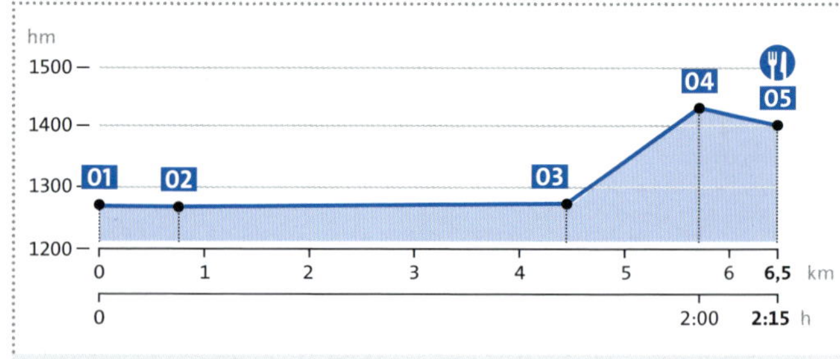

01 Adelboden-Oey, 1274 m; 02 Bodenstrasse, 1264 m; 03 „I der Schnitte", 1372 m; 04 Unterer Engstligenfall, 1427 m; 05 Unter dem Birg, 1400m

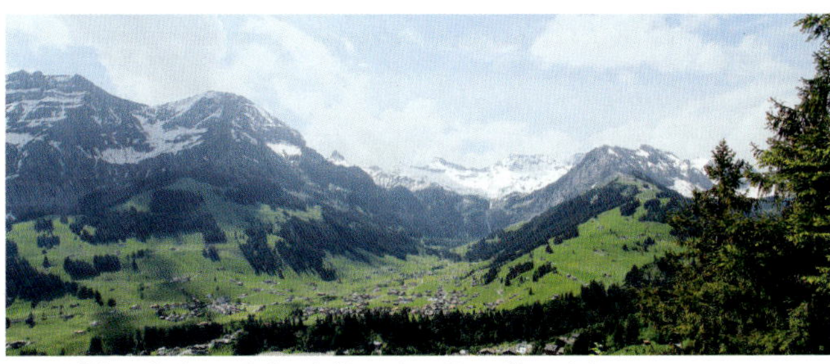

Das Wildstrubelmassiv hoch über dem Engstligental.

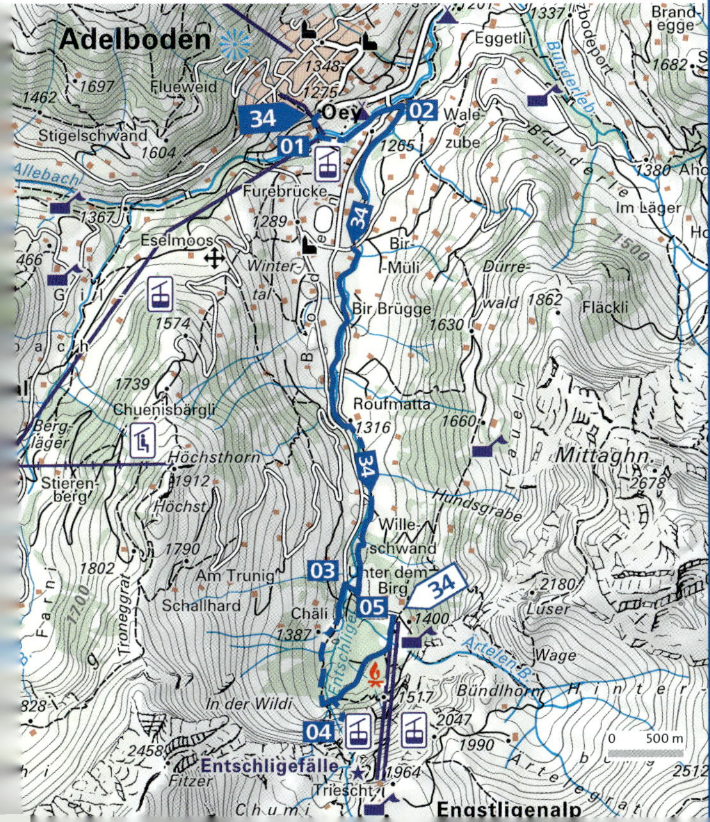

im Weiler Brügge (1294 m). Nach ungefähr 2 km gehen Sie über das zauberhafte Goldiwilbrüggli (eine 1989 nach alten Vorbildern errichtete und mit Schindeln gedeckte Holzbrücke). Vom nahen Hof Roufmatta folgen Sie dem Wanderweg Richtung „Unter dem Birg", der durch den Wald oberhalb des Bachs ansteigt und die Schuttbetten von Hunds- und Birggraben quert. Schliesslich erreichen Sie nach 1:30 h den ausgedehnten Parkplatz der Seilbahn Birg – Engstligenalp, von dem Sie rechts über die Brücke **„I der Schnitte"** 03 (1372 m, Bushaltestelle) gehen.

Jenseits biegen Sie gemäss der Beschilderung „Engstligenfall" links auf den Fahrweg zum Anwesen Chäli ab. Weiter geht's durch lichten Wald (vom Pfeil mit der Aufschrift „Chälistii" kann man einen steilen Abstecher zu einem grossen Felsblock einlegen) zur Bücke unter dem **Unteren Engstligenfall** 04 (1427 m). Jenseits führt rechts ein Stichpfad näher zum Wasserfall hinauf. 30 Minuten.

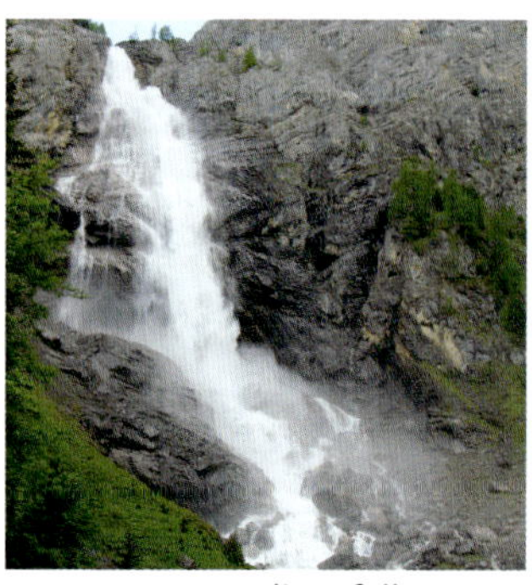

Der Untere Engstligenfall.

Zuletzt spazieren Sie auf einem Waldweg in 15 Minuten zur Talstation der Luftseilbahn Birg – Engstligenalp **Unter dem Birg (Underem Birg)** 05 (1400 m, Bushaltestelle).

Erlebnis Engstligenalp

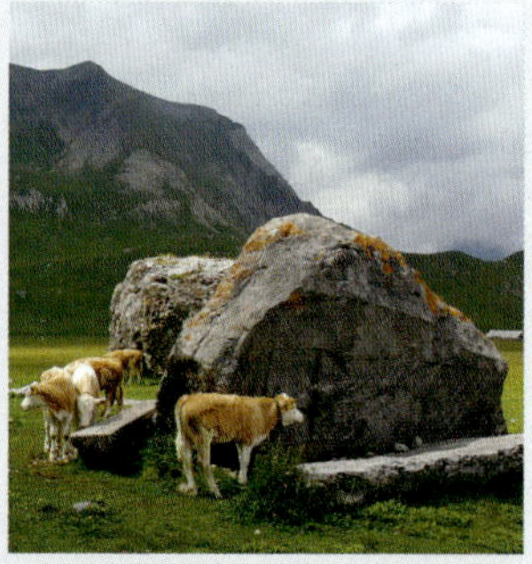

Am bequemsten gelangt man mit der Seilbahn zur 1964 Meter hoch gelegene Engstligenalp (www.engstligenalp.ch). Noch erlebnisreicher ist jedoch der Aufstieg auf dem historischen Alpweg, der sich durch schroffe Felsabstürze emporwindet und auch am Oberen Engstligenfall vorbeiführt (1:45 h). Die 14 Quadratkilometer grosse Hochfläche wird seit dem Mittelalter als Alpweide genutzt; noch heute verbringen etwa 500 Kühe und Rinder den Sommer hier oben. Auch sie ziehen im Juni auf dem alten Saumweg herauf – ein spektakuläres Ereignis! Wagemutigere wählen wohl eher den Klettersteig Chäligang (B/C, K2) als Aufstiegsroute; er verläuft rechts der Wasserfälle und verspricht grossartige Landschaftseindrücke. Auf dem Alpplateau lädt der fünf Kilometer lange und sogar rollstuhlgängige Läger-Rundwanderweg zu einem Besuch des sagenumwobenen Lägersteins ein (1:00 h); ausserdem gibt es einen Rundweg zum Oberen Wasserfall (1:10 h). Zwei Gasthäuser sorgen für das leibliche Wohl.

ZUM CHINDBETTIPASS • 2623 m

Ein Höhenflug über der Engstligenalp

  9,5 km 4:00 h 760 hm 760 hm  30

START | Under dem Birg, 1400 m, südlich von Adelboden, Talstation der Luftseilbahn zur Engstligenalp; gebührenpflichtiger Parkplatz, Postauto-Zufahrt vom Bahnhof Frutigen (Linie 230 bis Adelboden-Post, dort umsteigen zur Linie 232). Mit der Luftseilbahn zur Bergstation Engstligenalp, 1964 m; Talfahrt ebenfalls mit der Luftseilbahn.
[GPS: UTM Zone 32 x: 389.816 m y: 5.144.936 m]
CHARAKTER | Eindrückliche Bergwanderung auf schmalen, teils steinigen und felsigen Pfaden, die Trittsicherheit und Schwindelfreiheit erfordern (T3). Bei Nebel ist die Orientierung schwierig; bis in den Sommer hinein können steile Altschneefelder zur Umkehr zwingen.

Ärtele, Tschingellochtig, Chindbetti... Es sind schon seltsame Örtlichkeiten, die Sie im Verlauf dieser hochalpinen Rundtour über der berühmten Engstligenalp kennen lernen. Aber manche Namen sind erklärbar: Der Ärtelegrat schwingt sich über der gleichnamigen, etwas verborgenen Alp in die Höhe und könnte auf „Erde“ hindeuten, während das Tschingellochtighorn auf einen altromanischen Begriff für „Felsband“ zurückweist. Und auf dem Chindbettipass soll der Sage nach einst eine Walliserin ein Kind geboren haben. Dieses Kindbett ist jedoch äusserst entlegen und

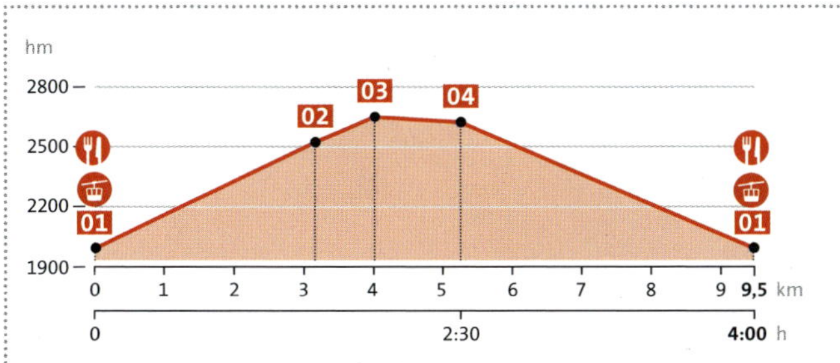

01 Engstligenalp, 1964 m; 02 Schedelsgrätli, 2512 m; 03 Engstligengrat, 2659 m; 04 Chindbettipass, 2623 m

felsig-hart, weswegen man es nur bei sicheren Wetterverhältnissen ansteuern sollte. Bei Nebel, Gewitter oder gar Schneesturm wäre es da oben sehr gefährlich – und von den zahlreichen Steinböcken, die sich dort gerne herumtreiben, würde man sicher keinen zu Gesicht bekommen.

▶ Bei der Seilbahnstation auf der **Engstligenalp** 01 starten Sie auf der Alpstrasse zum nahen Berghotel, zweigen jedoch schon nach 150 m links Richtung „Engstligengrat, Hinter Engstligen“ ab und wandern auf einem Fahrweg durch Wiesen auf einen Rücken (2025 m), hinter dem steile Felsflanken über dem Talschluss Under dem Birg abbrechen. Dort zweigen Sie rechts ab, steigen auf einem steilen Pfad zum Ärtelegrat an und folgen dieser anfangs noch grasigen, an einer Stelle jedoch recht scharfen Schneide rechts zur Holzhütte am flacheren Chüematti (2185 m) hinauf. Links dominiert der gewaltige Bergstock des Loners (3049 m), rechts zeigen sich Chindbettihore (2691 m), Tierhörnli (2894 m) und Steghorn (3146 m) in der Verlängerung des Wildstrubels (3243 m), dessen Ostgipfel auch Grosstrubel genannt wird. Der Grat wird breiter, aber bald felsig und führt hoch über der Engstlenalp und der Alp Ärtele der wilden Felsruine des Tschingellochtighorns (2735 m) entgegen.
Unterhalb davon zweigen Sie auf 2430 m links Richtung „Inner Ueschinen, Kandersteg“ ab und durchqueren dann den nordseitigen Schutthang gut 500 m bis zum **Schedelsgrätli** 02 (2512 m) – dies lohnt sich allein schon wegen des grossartigen Ausblicks zur Blüemlisalp (3661 m) und zum Balmhorn (3698 m) hoch über Kandersteg. 1:30 h.
Nun geht's scharf rechts weiter und durch die steile, felsige Ostflanke des Tschingellochtighorns zum **Engstligengrat** 03 hinauf (dort mündet jener Pfad ein, auf dem man die Tour westlich der Felszacken etwas abkürzen könnte). Seine Schneide führt auf eine namenlose Kuppe (2659 m) und dann – mit Tiefblick zum Tälliseeli – wieder etwas abwärts. Von einer Abzweigung folgen Sie dem rechten Pfad und wandern bald durch die Schutthänge unter dem Chindbettihore. Von der nächsten Abzweigung führt

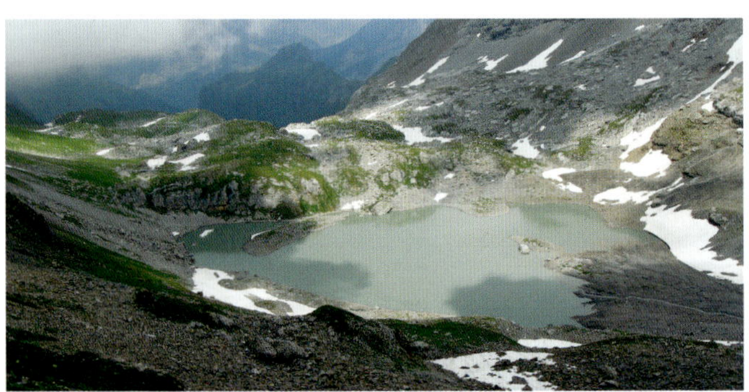
Tiefblick zum Tällisee.

der Abstiegspfad zur Engstligenalp hinunter – es lohnt sich jedoch, die paar Meter zum **Chindbettipass** 04 (2623 m) weiterzugehen, allein schon wegen dem Blick in die Schuttwüste des Tälli und zu seinem Seeli. 1:00 h.

Nach der Rückkehr zur Abzweigung geht's nun links Richtung „Engstligenalp" hinunter. Der Pfad schlängelt sich durch Schutthalden zum kleinen Dossenseeli (2355 m) und dann durch Hochweiden hinab. Bei einer Hütte erreicht er die Hochebene der **Engstligenalp** 01. Er überquert sie bis zum breiten Weg, auf dem Sie rechts – vorbei am Berghaus Bärtschi und am Berghotel – wieder zur Seilbahnstation gelangen. 1:20 h.

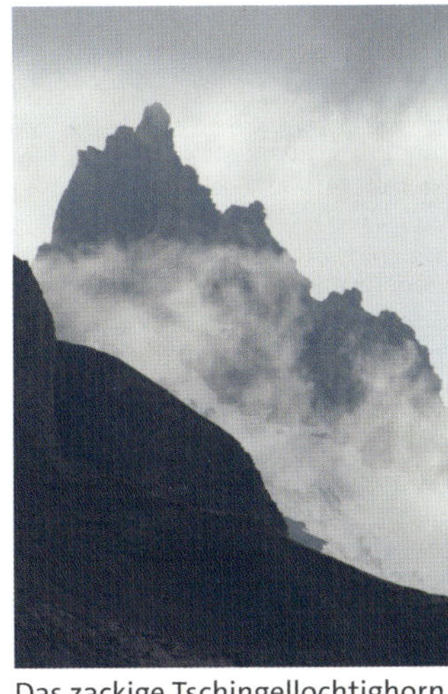

Das zackige Tschingellochtighorn.

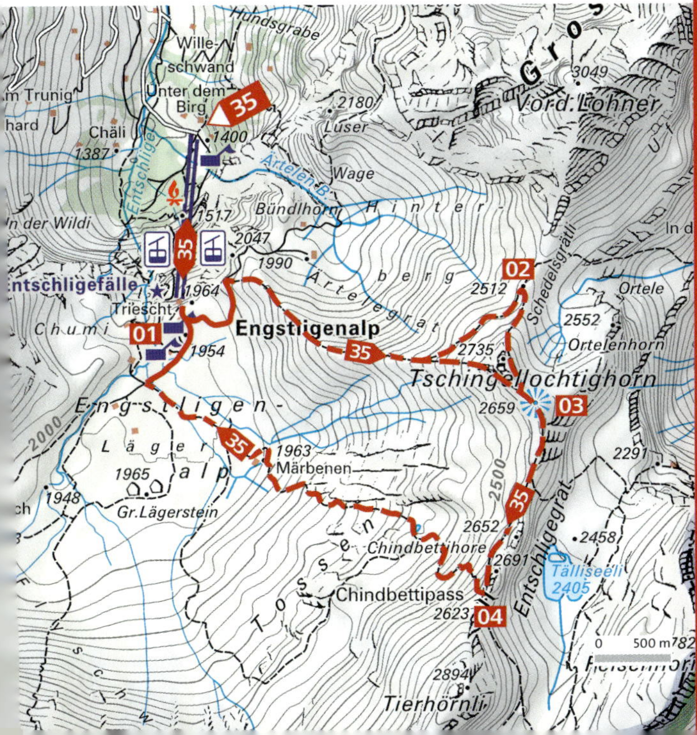

RUND UM DEN BLAUSEE

Vom Bergsturz zum Bahntrassee

 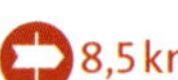 8,5 km  2:45 h 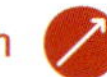 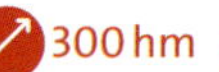 300 hm 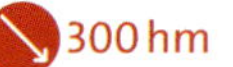 300 hm  30

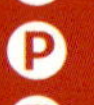

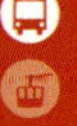

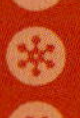

START | Kandergrund südlich von Frutigen, Parkplatz vor der Gemeindeverwaltung unterhalb der Kirche, 857 m; Bushaltestelle. [GPS: UTM Zone 32 x: 397.411 m y: 5.155.481 m]
CHARAKTER | Landschaftlich abwechslungsreiche und für Eisenbahnfreunde besonders interessante Tal- und Waldwanderung auf Nebenstrassen und schmalen Pfaden (T2); zuletzt muss man auf steilen, aber mit Geländern abgesicherten Metalltreppen durch schroffes Felsgelände absteigen. Die Wanderung lässt sich mit dem Bus (AFA-Linie 230 Frutigen – Kandersteg) abkürzen. Für den Besuch des Naturparks Blausee ist eine Eintrittsgebühr zu bezahlen (im Sommer sind darin eine Bootsfahrt und die Besichtigung der Bio-Forellenzucht inbegriffen); im Restaurant erhält man bei einer Konsumation ab CHF 30 pro Person ein Gratis-Eintrittsticket für den nächsten Blausee-Besuch.

Wer sich für die berühmte Lötschbergbahn interessiert, findet entlang des BLS-Bahnerlebnisweges an der Nordrampe zwischen Frutigen und Kandersteg viele Info-Stationen mit spannenden Details aus der Baugeschichte. Der wohl schönste Wegabschnitt führt von Mitholz zu den senkrechten Kalkwänden der Fürtfluh hoch über der Ortschaft Kandergrund, durch die der Schie-

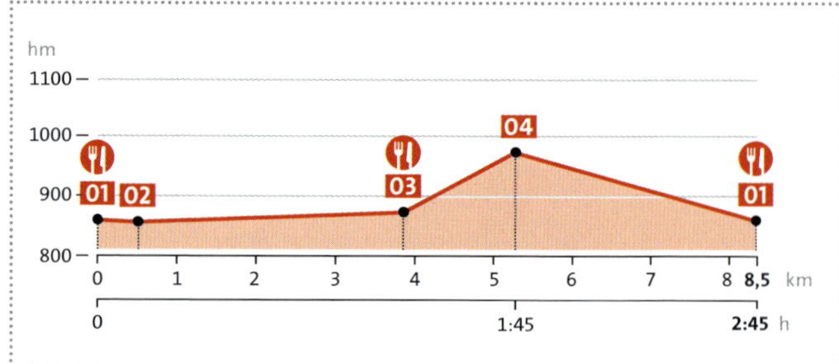

01 Kandergrund, 857 m; 02 Elektrizitätswerk Kandergrund, 850 m; 03 Blausee, 887 m; 04 Station Blausee-Mitholz, 974 m

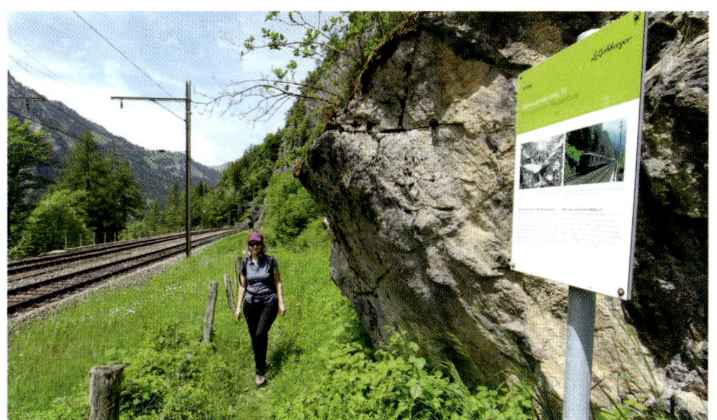

Der Bahnerlebnisweg führt da und dort nah an den Schienen entlang.

nenweg über eine doppelte Kehrschleife einen Höhenunterschied von fast 300 Metern überwindet. Das Kandertal am Fuss der Felsen wurde schon vor 15.000 Jahren von einem gewaltigen Bergsturz verschüttet; diese geologische Katastrophe hinterliess jedoch mit dem Blausee ein ganz besonderes Naturwunder.

Im Rahmen einer kurzen Rundwanderung lassen sich all diese Besonderheiten auf eindrückliche Weise erleben.

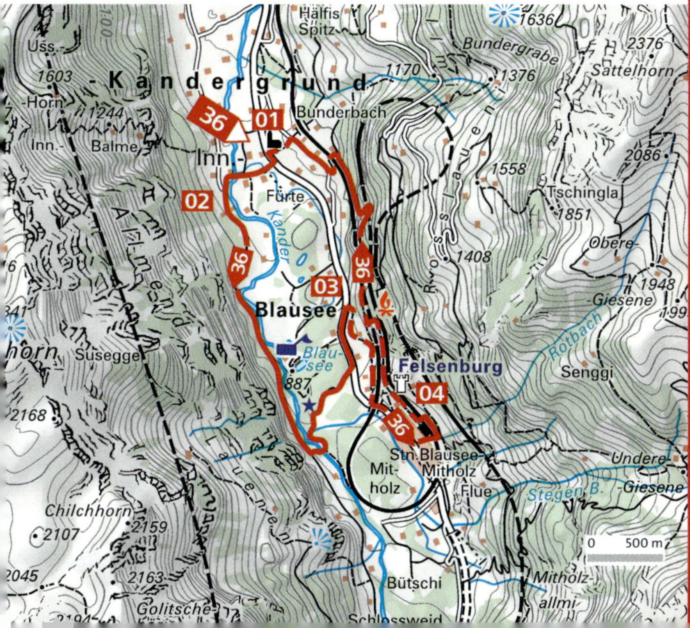

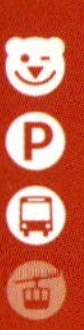
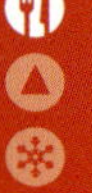

Vom Parkplatz vor der Gemeindeverwaltung in **Kandergrund** 01 gehen Sie auf dem Zebrastreifen zum Gasthof Altels und folgen der Hauptstrasse nach links (taleinwärts), bis Sie nach 70 m rechts abzweigen (Beschilderung „BKW"). Durch die Siedlung Innerkandergrund und über die nahe Kanderbrücke gelangen Sie zum 1911 eröffneten **Elektrizitätswerk Kandergrund** 02 (850 m) bei dem Sie links Richtung „Blausee, Kandersteg" abbiegen. Sie passieren die Druckrohrleitungen des Kraftwerks und wandern dann durch Wald und Wiesen neben der Kander nach Süden.

Nach 1,3 km sehen Sie jenseits des Flusses die Fischzucht und den Spielplatz am **Blausee** 03 (887 m), zu dem ein Metallsteg hinüberführt. Wer dieses glasklare Naturwunder besucht, wird gebeten, das Eintrittsbillett beim Haupteingang zu kaufen – vom Restaurant führen mehrere kurze Wege durch den romantischen Blockwald des Naturparks dorthin. 1:00 h.

Wer den Blausee nicht besucht, wandert auf der Kiesstrasse neben der Kander noch 500 m weiter taleinwärts und biegt dann links zu einer Brücke ab. Jenseits gelangt man zur Hauptstrasse, der man ca. 150 m auf dem Gehsteig nach links bis zum Parkplatz beim Blausee-Haupteingang (900 m) folgt – dieser Umweg nimmt etwa 20 Minuten in Anspruch.

Bei der dortigen Bushaltestelle befindet sich eine Infotafel des grün beschilderten Bahnwanderweges. Von dort folgen Sie dem Wegweiser „Mitholz, Hemlige, Kandersteg" kurz hinauf zu einer Teerstrasse, auf der Sie rechts weiterwandern. Nach den Felsenburgtunnels I und II der Lötschbergstrecke zweigen Sie links ab, gehen durch die Bahn-Unterführung und spazieren durch den Weiler Mitholz. Nahe der Hauptstrasse biegen Sie dann nochmals links ab (Beschilderung „Undere Giesene, Oeschinensee"). Durch zwei weitere Bahn-Unterführungen gelangen Sie zur **Station Blausee-Mitholz** 04 (974 m), in der allerdings keine Züge mehr anhalten. 25 Minuten.

Dort geht's durch die Unterführung zum vorderen Bahnsteig und auf diesem rechts zu einem Drehkreuz. Dahinter führt der schmale Bahnerlebnisweg links neben dem 110 m langen Tunnel III unter der Ruine Felsenburg vorbei, unterhalb der Bahn weiter und zweimal unter dem 76 m langen, für den zweispurigen Ausbau „verdoppelten" Felsenburg-Viadukt durch.

Bei der folgenden Wegkreuzung bleiben Sie dann geradeaus (Wegweiser „Mitholz, Blausee, Kandergrund") und wandern neben dem Bahntrassee zu einem Rastplatz weiter. Danach unterquert der Bahnerlebnisweg den Fürtenviadukt und steigt durch die steilen Waldhänge über den Wandabbrüchen der Fürtfluh an. Schliesslich geht's steil bergab, und zwar auf soliden, mit Geländern versehenen Metalltreppen, vorbei an einem hohen Stützbau zur Absicherung der Felsen.

So gelangen Sie hinab zum unteren Bahntrassee, neben dem Sie eine Strasse erreichen. Bald geht's links unter der Bahnlinie durch und dann gleich wieder rechts in den Weiler Bunderbach. Dort biegen Sie links zur Kirche ab und gelangen gleich darauf wieder zum Parkplatz vor der Gemeindeverwaltung in **Kandergrund** 01 zurück. 1:00 h.

ZUM OESCHINENSEE

Der schönste See der Alpen?

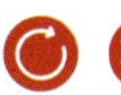 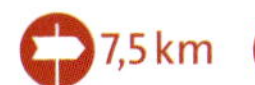 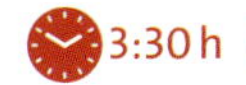 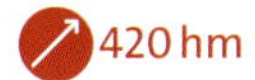 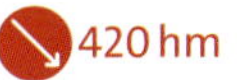 

7,5 km | 3:30 h | 420 hm | 420 hm | 30

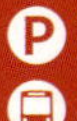
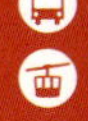
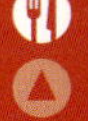

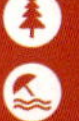

START | Kandersteg, Talstation der Gondelbahn zum Oeschinensee, 1192; Parkplatz, Ortsbus vom Bahnhof. Auffahrt zur Bergstation, 1683 m. Talfahrt ebenfalls mit der Gondelbahn (www.kandersteg.ch).
[GPS: UTM Zone 32 x: 400.039 m y: 5.150.661 m]
CHARAKTER | Landschaftlich ausserordentlich schöne Bergwanderung auf Alpstrassen und teils schmalen und ausgesetzten Pfaden (T3); bei Schneelage gefährlich. Einkehrmöglichkeiten: Hotels am See, Restaurant Zur Sennhütte, Alp Ober- und Underbärgli.

Mit einer Fläche von 1,1 Quadratkilometern und einer maximalen Tiefe von 56 Metern zählt der Oeschinensee zu den grössten Bergsen der Schweiz. Und ganz sicher auch zu den schönsten, denn sein türkiser, vom Gletscherwasser getrübter Spiegel liegt direkt unter hoch auffahrenden Bergen wie dem Dolden- und dem Fündenhorn, die auch für seine Entstehung verantwortlich sind: Der Oeschinensee wurde vom Gesteinsmaterial mehrerer Bergstürze aufgestaut. Besonders schön sind die wege von seinem Ufer zu den Alpweiden am Fuss der sagenumwobenen, 3661 Meter hohen Blüemlisalp.

Von der **Bergstation** 01 spazieren Sie auf der Alpstrasse Richtung „Oeschinensee“ 200 m zur Weg-Dreiteilung nahe dem so-

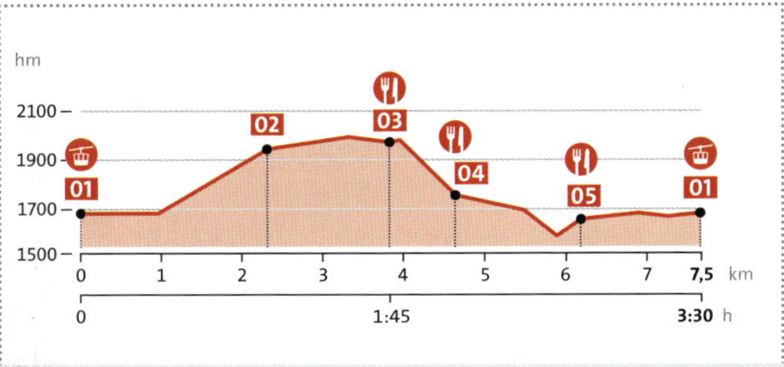

01 Bergstation, 1683 m; 02 Heuberg, 1940 m; 03 Alp Oberbärgli, 1973 m; 04 Bergbeizli Underbärgli, 1890 m; 05 Restaurant Zur Sennhütte, 1659 m

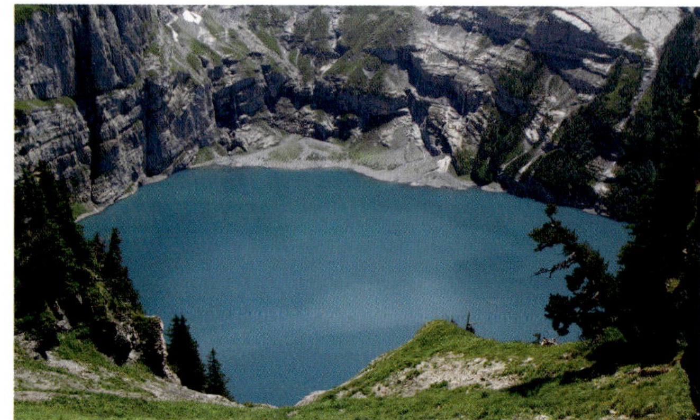

Ein See wie kein See!

genannten Schatthaus (1670 m). Dort folgen Sie der Beschilderung „Läger/Oeschinensee" links, bis Sie nach weiteren 600 m links auf den Pfad mit dem Wegweiser „Heuberg – Ober Bärgli, Hohtürli/Blümlisalphütte" abzweigen. Dieser steigt durch lichten Wald, eine Felsflanke und Schutt zu einer kleinen Hütte an. Dann geht's durch steile Grashänge und einen Graben zum kleinen Aussichtsplatz am **Heuberg** 02 (1940 m) hinauf. Der Blick zum 360 m weiter unten gelegenen Oeschinensee hat's in sich – doch der Flurname erinnert daran, dass selbst in diesem abschüssigen Gelände einst Gras gemäht und das Heu zu Tal gebracht wurde (ebenso wie gegenüber auf den Steilhängen am Fründschnuer und „I der Fründe"). 1:15 h.

Auch der weitere Weg durch die grasig-felsigen und von Rinnen zerfurchte Südabhänge des Dündehorns (2862 m) ist ziemlich ausgesetzt; angesichts der stetig wachsenden Steinschlaggefahr sollte man dort nicht verweilen. Nach etwa 30 Minuten erwartet Sie auf der **Alp Oberbärgli** 03 (1973 m) eine gemütliche Einkehrmöglichkeit – an einem fantastischen Platz vor der Kulisse des Blüemlisalphorns und der Wyssi Frau, mit Blick zum sagenumwobenen Blüemlisalpgletscher.

Für den Abstieg folgen Sie dem Wegweiser der Via Alpina (Nr. 1) Richtung „Oeschinensee, Kandersteg". Anstelle des steilen Pfades

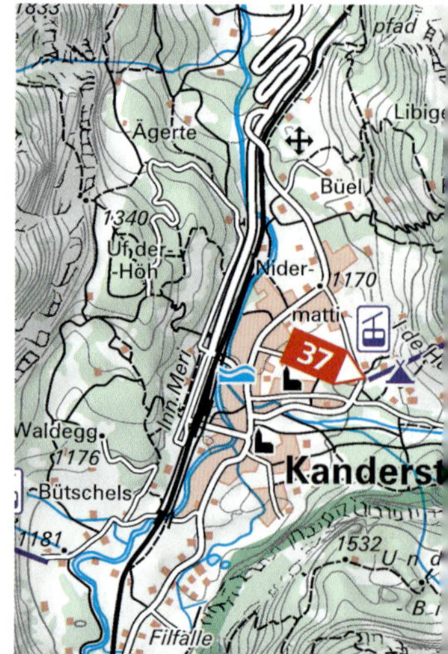

zum Underbärgli haben die Alpbewirtschafter im Sommer 2014 einen breiteren Weg durch die felsigen Steilabstürze zwischen Ober- und Underbärgli gesprengt und damit auch einen sicheren Zügelweg für das Weidevieh geschaffen.

Nach etwa 15 Minuten empfängt Sie mit dem **Bergbeizli Underbärgli** 04 (1890 m) die nächste Einkehrstation.

Mit Blick auf das Doldenhorn (3638 m) und das Blüemlisalphorn (3661 m) wandern Sie über Weiden und durch Wald hinab zum Oeschinensee (1522 m). Unterwegs gibt's wieder fantastische Blicke aufs Wasser, aber auch zu den Karstquellen und Wasserfällen über seinem Ufer. Nach den Felsüberhängen beim Holzbalme zweigen Sie rechts ab und wandern zum **Restaurant Zur Sennhütte** 05 (1659 m) am Läger hinauf. 45 Minuten.

Zuletzt kehren Sie auf dem Fahrweg in 25 Minuten zur **Bergstation** 01 der Gondelbahn (1683 m) zurück.

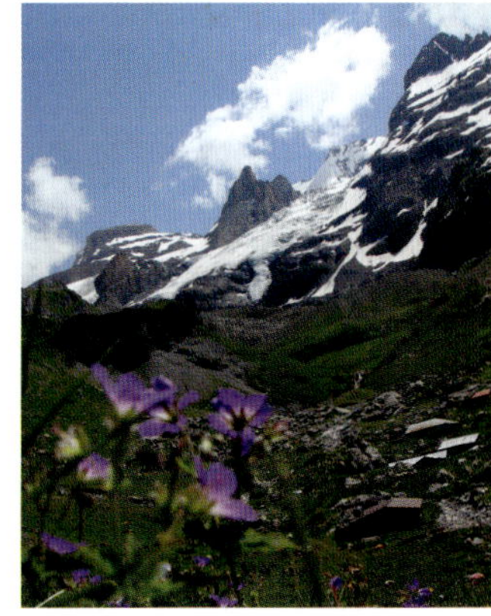

Blumen unter der Blüemlisalp.

Variante: Ungefähr 1:00 h nimmt die längere Wanderung von der Alp Underbärgli über dem Nordufer bis zum Berghotel Oeschinensee bzw. zum Berghaus im Westen des Oeschinensees (1593 m) in Anspruch.

Von dort gelangen Sie rechts in 30 Minuten auf einem Fahrweg zur Bergstation der Gondelbahn hinauf.

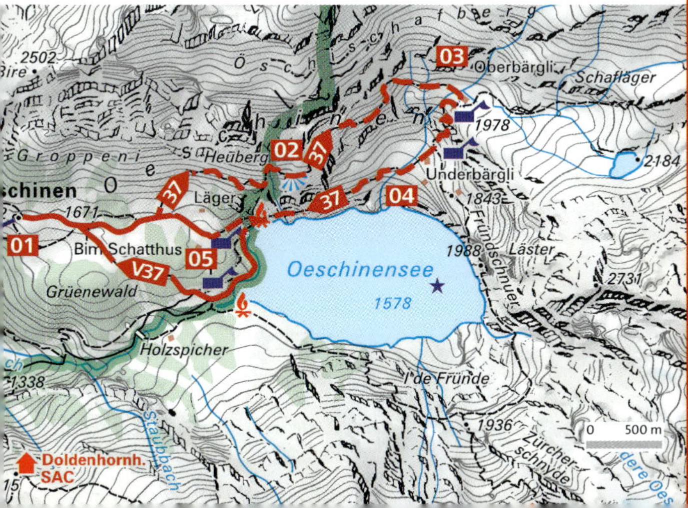

38

FIRST • 2548 m
STAND • 2321 m

Eine „Himmelsleiter" hoch über Kandersteg

 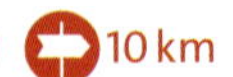  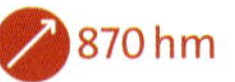  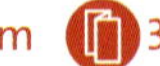

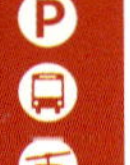
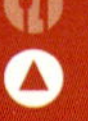

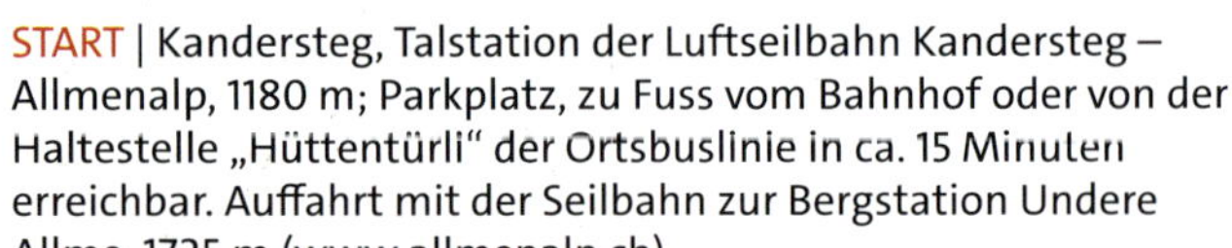

START | Kandersteg, Talstation der Luftseilbahn Kandersteg – Allmenalp, 1180 m; Parkplatz, zu Fuss vom Bahnhof oder von der Haltestelle „Hüttentürli" der Ortsbuslinie in ca. 15 Minuten erreichbar. Auffahrt mit der Seilbahn zur Bergstation Undere Allme, 1725 m (www.allmenalp.ch).
[GPS: UTM Zone 32 x: 396.355 m y: 5.149.644 m]
CHARAKTER | Anspruchsvolle, aber sehr aussichtsreiche Bergwanderung auf Alpstrassen und stellenweise felsigen bzw. ausgesetzten Pfaden, die Trittsicherheit und Schwindelfreiheit erfordern; eine Passage ist gesichert (T3). Vorsicht bei Nässe; insgesamt nur bei guten Wetterbedingungen ratsam! Der Abstieg ist nur möglich, wenn kein Schnee mehr auf den Steilhängen und in den Rinnen liegt. Auf der Alp Golitsche sind im Sommer Getränke erhältlich.

Zwischen den Tälern der Entschlige und der Kander erhebt sich ein zehn Kilometer langer Grat vom wildfelsigen Loner (3049 m) bis zum grasgrünen Elsighorn (2341 m), der mit dem First einen der schönsten Aussichtsgipfel des Berner Oberlands trägt. First – der Name ist Programm, doch wer mit luftigen Felspassagen, ext-

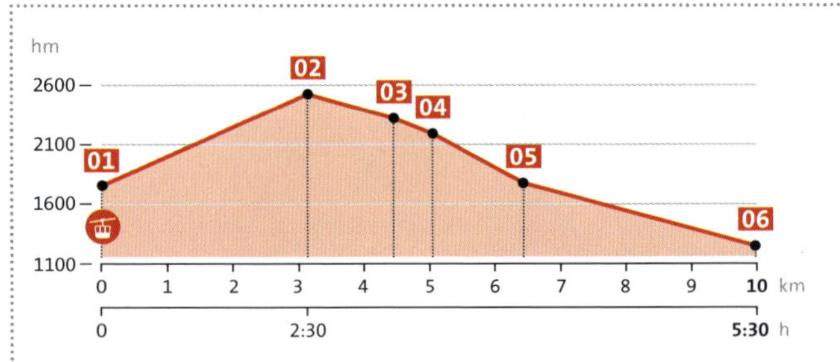

01 Undere Allme, 1725 m; 02 First, 2548 m; 03 Stand, 2321 m; 04 Golitschenpass, 2180 m; 05 Alp Golitsche, 1833 m; 06 Kandersteg, 1170 m

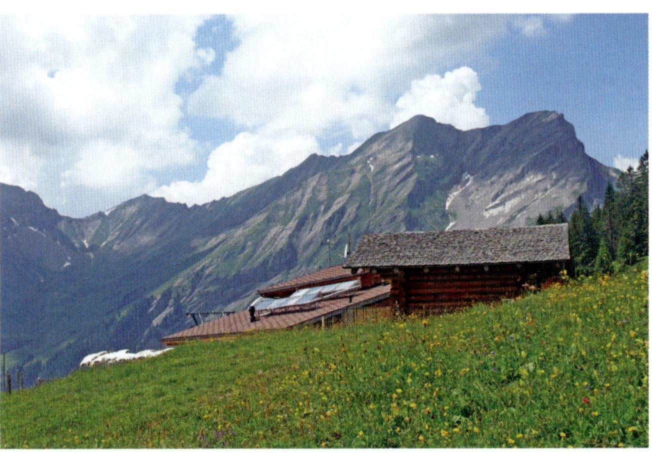

First (links) und Stand hoch über dem Kandertal.

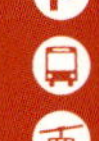
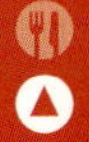
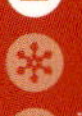
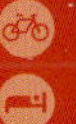
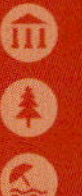

rasteilen Abhängen und jähen Tiefblicken kein Problem hat, wird die Aussicht bei der Überschreitung dieses Natur-Giebels wohl in vollen Zügen geniessen. Die Schwindelfreiheit kann man übrigens gleich am Beginn der Tour testen: Die Seilbahn von Kandersteg zur Allmenalp, mit der sich der Zustieg verkürzen lässt, überspannt eine schier senkrechte Felswand mit einem sehenswerten Wasserfall.

▶ Von der Seilbahnstation neben der gastlichen Allmenalp auf der **Undere Allme** 01 zeigt ein Wegweiser den Weg Richtung „First, Golitschenpass" an – und der Blick rechts hinauf zum Gipfel verspricht einen langen, steilen Anstieg dorthin. Zunächst führt der signalisierte Pfad links von der Alpstrasse weg und oberhalb des Stallgebäudes in den flachen Talgrund, über dem sich der Bunderspitz (2546 m) und der eindrücklichere Chlyne Loner (2584 m) erheben. Bald folgen Sie dem Fahrweg 50 m zu einer Gabelung, von der Sie rechts durch die Weidehänge gegen die Obere Allme ansteigen. Wer zurückblickt, erkennt schon den Oeschinensee am Fuss der vergletscherten Blüemlisalp (3661 m). In der letzten Kehre unterhalb der Hütte (1907 m) zweigen Sie rechts auf den Pfad zur First ab. Er führt durch steilere Grashänge zu einer einsam gelegenen Hütte empor und dann über 400 Höhenmeter im Zickzack neben den Schutthalden des Steintals bis zum Allmengrat hinauf. Sich rechts haltend erreicht man seine Schneide, die jenseits mit eigenartig gebänderten Felsflanken über der Elsigenalp abbricht. Am westlichen Horizont wird neben dem Gross Loner (3049 m) das Wildhorn (3248 m) sichtbar, während man wenige Minuten später auf dem Gipfel der **First** 02 (2548 m) über den geradezu unglaublichen Tiefblick nach Kandersteg staunt. Im Osten, über dem Oeschinensee, zeigen sich Eiger, Mönch und Jungfrau, natürlich die Blüemlisalp und das Doldenhorn. Im Süden bauen sich das Balmhorn, Altles und Rinderhorn auf, während die Walliser Alpen über den Gemmipass herüberlugen. Im Norden dominieren der Niesenkamm und das Stockhorn das Panorama. 2:30 h.

In diese Richtung erfolgt auch der Abstieg, und zwar mit Hilfe von Stahlseilen, die über die Felsstufen in der schroffen Westflanke hinweghelfen. Unterhalb der Howang zieht der schmale Pfad dann durch steile Schutthänge und an seltsamen Felsmauern vorbei. Oberhalb des kleinen Elsigsees geht's dann auf einem breiten Grasrücken auf den **Stand** 03 (2321 m). 45 Minuten.

Auf dem westseitigen Hang, durch den sich der Pfad nun hinabschlängelt, gedeiht im Sommer das Edelweiss. 100 Höhenmeter weiter unten wenden Sie sich nach rechts und wandern unter den Gipfelfelsen zum **Golitschenpass** 04 (2180 m) hinab. 15 Minuten.

Von dort zieht der stellenweise ausgewaschene Pfad rechts Richtung „Golitschenalp, Höh, Kandersteg" über weite Wiesen-

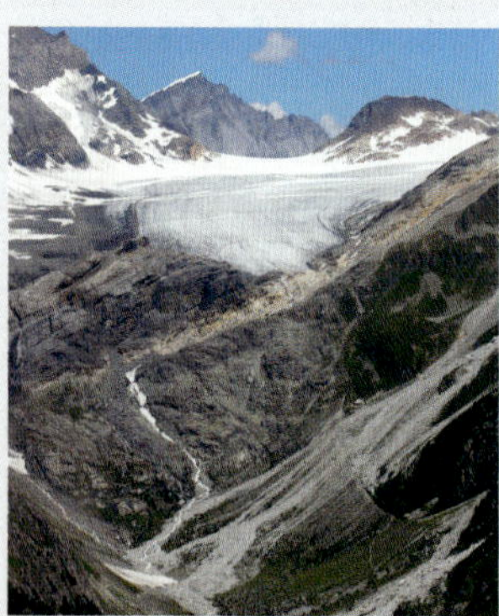

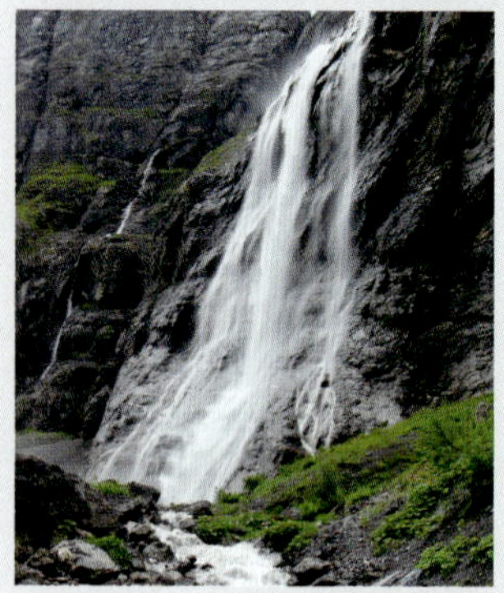

Ins wilde Gasterntal

Die 47 Kilometer lange Kander entspringt dem Kanderfirn zwischen der Blüemlisalp und dem Tschingelhorn. Sie stürzt ins 10 Kilometer lange, nur im Sommer bewohnte Gastern- oder Gasteretal, das zu den eindrücklichsten Landschaften der Schweiz zählt. Die schmale, mautpflichtige Schotterstrasse (zeitliche Einbahnregelung, Taxibus nur nach Reservation unter Tel. +41 33 671 11 71) führt von Eggeschwand südlich von Kandersteg durch die Schlucht der Chluese (Tunnels) in das entlegene Tal, über dem die riesigen Felsflanken von Dolden- und Fründenhorn, Altels, Balm- und Hockenhorn jäh emporfahren. Der teils flache Talboden bildet mit seinen Auwäldern einen unglaublichen Gegensatz zur Bergumrahmung. Ein wunderschöner Wanderweg lädt zur Erkundung des naturgeschützten Tals ein (von Kandersteg zum Hotel Waldhaus 1:30 h, weiter zu den drei gemütlichen Gasthäusern in Selden 1:30 h).

hänge abwärts. Nach der Hütte der **Alp Golitsche** 05 (1833 m), von der man noch einmal die Aussicht zur Blüemlisalp geniessen kann, gelangen Sie steil in die Waldzone und in den Graben am Fuss der Howang-Nordabstürze hinunter. Jenseits wandern Sie zur Holzhütte auf einer Geländeschulter, von der sich der Pfad über 300 Höhenmeter zwischen Felsabbrüchen und über einige Tobel zum Wandfuss (1336 m) „hinabschwindelt". Dort erreichen Sie eine Wegkreuzung, bei der Sie rechts abbiegen (Wegweiser „Kandersteg"). Nochmals sanft ansteigend wandern Sie durch das Bergsturzgelände „Uf der Höh" zu einigen Hütten (Hochspannungsleitung) hinüber. Von der nahen Strassenkreuzung gehen Sie geradeaus auf einem breiten Waldweg weiter, passieren eine weitere Hütte und gelangen auf einem Waldrücken hinab nach Bütschels, einen Ortsteil von **Kandersteg** 06 (1170 m). Wer zum nahen Bahnhof und ins Ortszentrum möchte, wendet sich dort nach links; rechts kommt man dagegen zur Talstation der Luftseilbahn. 2:00 h.

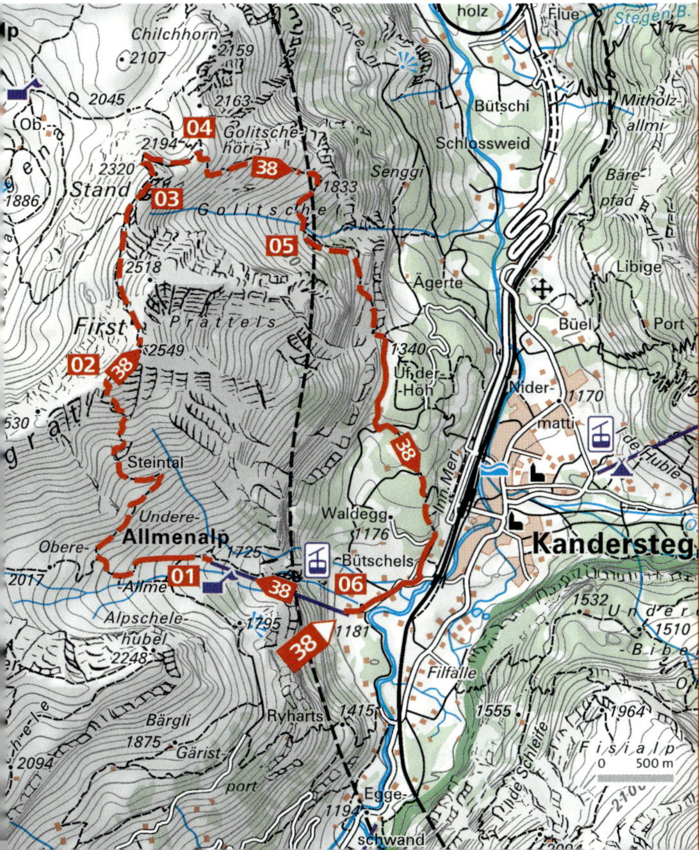

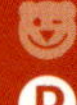

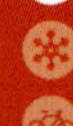
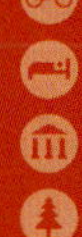

ZUM GEMMIPASS • 2270 m

Eine „klassische“ Passwanderung

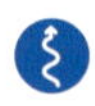 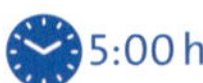 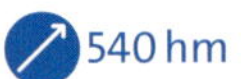  

18,3 km | 5:00 h | 540 hm | 540 hm | 30

START | Kandersteg, Ortsteil Eggeschwand (2 km südlich des Ortszentrums), Talstation der Luftsteilbahn Sunnbüel; gebührenpflichtiger Parkplatz, Endstation des Ortsbusses vom Bahnhof Kandersteg. Auffahrt zur Bergstation am Sunnbüel, 1938 m (www.sunnbuel.ch). Talfahrt ebenfalls mit der Luftseilbahn. [GPS: UTM Zone 32 x: 396.334 m y: 5.145.791 m]
CHARAKTER | Alpine und landschaftlich sehr schöne Wanderung auf einem breiten Schotterweg (T1). Man kann die Tour nach 2:40 h beenden und mit der Gemmibahn nach Leukerbad hinunterfahren (www.gemmi.ch) – allerdings ist die Rückfahrt von dort per Bus zum Bahnhof Leuk (LLB) und mit der Bahn über Brig (umsteigen) lang und etwas umständlich. Der Weg vom Sunnbüel zum Gemmipass wird in der kalten Jahreszeit als Winterwanderweg präpariert.

Vor dem Bau des 14,6 Kilometer langen Lötschberg-Eisenbahntunnels im Jahre 1913 bot der Weg über den Gemmipass den kürzesten Übergang zwischen dem Berner Oberland und dem Wallis. Im Gegensatz zu seinem spektakulären Südabschnitt über Leukerbad ist der nordseitige Zugang bei guten Wetterverhältnissen nicht besonders anspruchsvoll – mit der Luftseilbahn zum Sunnbüel steht sogar eine komfortable Aufstiegshilfe zur Verfügung und das

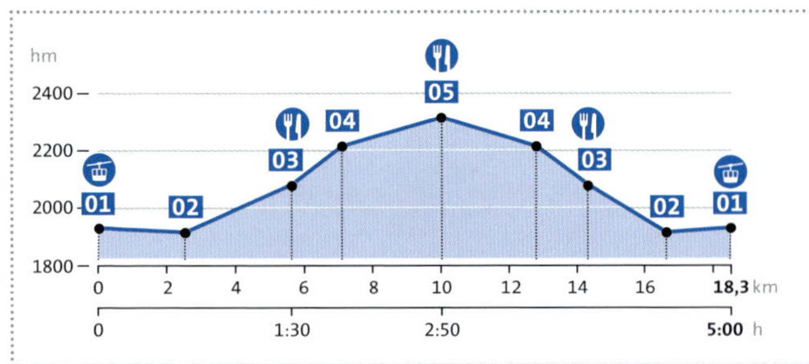

01 Sunnbüel, 1938 m; 02 Arvenseeli, 1889 m; 03 Berghotel Schwarenbach, 2060 m; 04 Daubensee, 2207 m; 05 Berghotel Wildstrubel, 2315 m

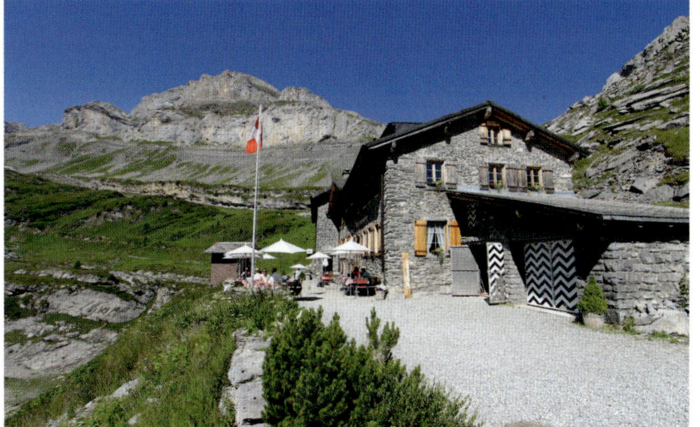

Das Berghotel Schwarenbach, ein traditionsreiches Zwischenziel.

traditionsreiche Berghotel Schwarenbach lädt zur „Halbzeit" der Wanderung zur Rast ein. Der Weg führt durch eine so schöne Hochalpenlandschaft unter bizarren Felszacken und hohen Gletschergipfeln, dass auch der Rückweg noch genügend neue Aus- und Einblicke garantiert.

▶ Von der Seilbahnstation am **Sunnbüel** 01 führt der Fahrweg mit der Beschilderung „Spittelmatte, Schwarenbach, Gemmipass" südwärts über einen licht bewaldeten Rücken und an der hölzernen Altelshütte vorbei. Bei der folgenden Gabelung zweigen Sie links ab, wandern etwas abwärts und passieren einen Skilift. Dann spazieren Sie mit Prachtsicht zur links auffahrenden Riesenfelsflanke des Altels (3629 m) und zu den Gletschern des Rinderhorns (3448 m) durch die flachen Hochweiden der Spittelmatte zu einer weiteren Abzweigung, von der Sie rechts weitergehen. Gleich nach der Alpwirtschaft Spittelmatte lohnt sich ein Abstecher nach rechts: Ein beschilderter Pfad führt zu einer flachen, oft ausgetrockneten Wasserfläche und kurz durch romantisch bewaldetes Blocksturzgelände weiter zum **Arvenseeli** 02 (1889 m), in dem sich die Wände des Üschenegrats spiegeln. 45 Minuten.

Die Route führt im Auf und Ab zu einer Abzweigung, von der Sie rechts Richtung „Arvenwald" weitergehen. Über eine Wiese und zwischen Bergsturzblöcken erreichen Sie einen breiteren, quer verlaufenden Weg am Fuss der Felsabstürze, dem Sie nach links folgen (Wegweiser „Sunnbüel 1h 10 min"). Im weiteren Anstieg geniessen sie einen guten Blick über den Arvenwald, durch den die Kantonsgrenze zwischen Bern und dem Wallis verläuft. Schliesslich treffen Sie wieder auf den geschotterten Fahrweg, auf dem Sie nun scharf rechts über die steinige Talstufe zwischen der Wyssi Flue (2470 m) und dem Chli Rinderhorn (3003 m) ansteigen. So erreichen Sie das Hochtal, in dem das traditionsreiche **Berghotel Schwarenbach** 03 (2060 m) zur Rast einlädt. 45 Minuten.

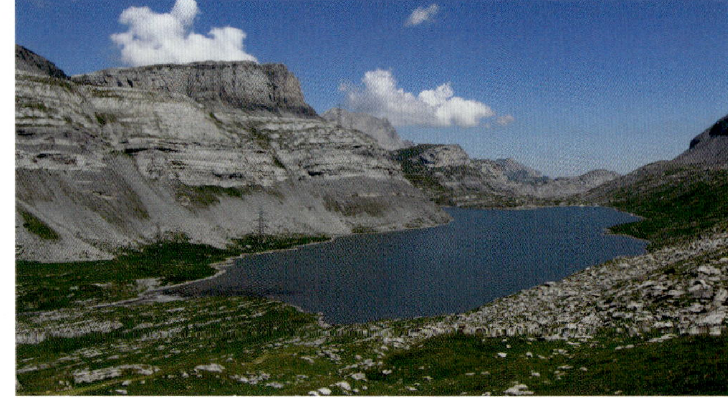
Der grosse Daubensee unter wilden Felswänden.

Der breite Weg führt weiter nach Süden – durch Grashänge, über kleine Geländestufen und vorbei an verkarsteten Felsplatten. Nach etwa 40 Minuten stehen Sie dann am Nordufer des **Daubensees** 04 (2207 m), dem sie links entlangwandern. Ein letzter, gemächlicher Anstieg über dem Ufer eröffnet Ausblicke zu den links aufragenden Plattenhörnern, die ihren Namen völlig zu Recht tragen, und zum immer noch ausgedehnten Gletscher unter dem Wildstrubel-Mittelgipfel (3244 m). Nach weiteren 30 Minuten erreichen Sie das **Berghotel Wildstrubel** 05 (2315 m) oberhalb des Gemmipasses (2268 m). Gleich daneben befindet sich die Bergstation der Gemmibahn. Der Tiefblick dorthin ist genauso eindrücklich wie die Sicht zum Dom (4545 m) und zum Weisshorn (4506 m) in den Walliser Alpen.
Der **Rückweg** erfolgt auf der Zugangsroute – nur am Arvenwald wandert man nun rechts auf dem Fahrweg vorbei. 2:20 h.

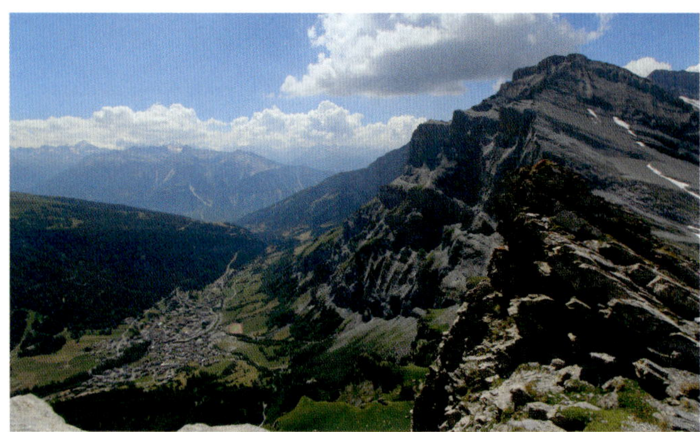
Blick vom Gemmipass auf Leukerbad und zu den Walliser Alpen.

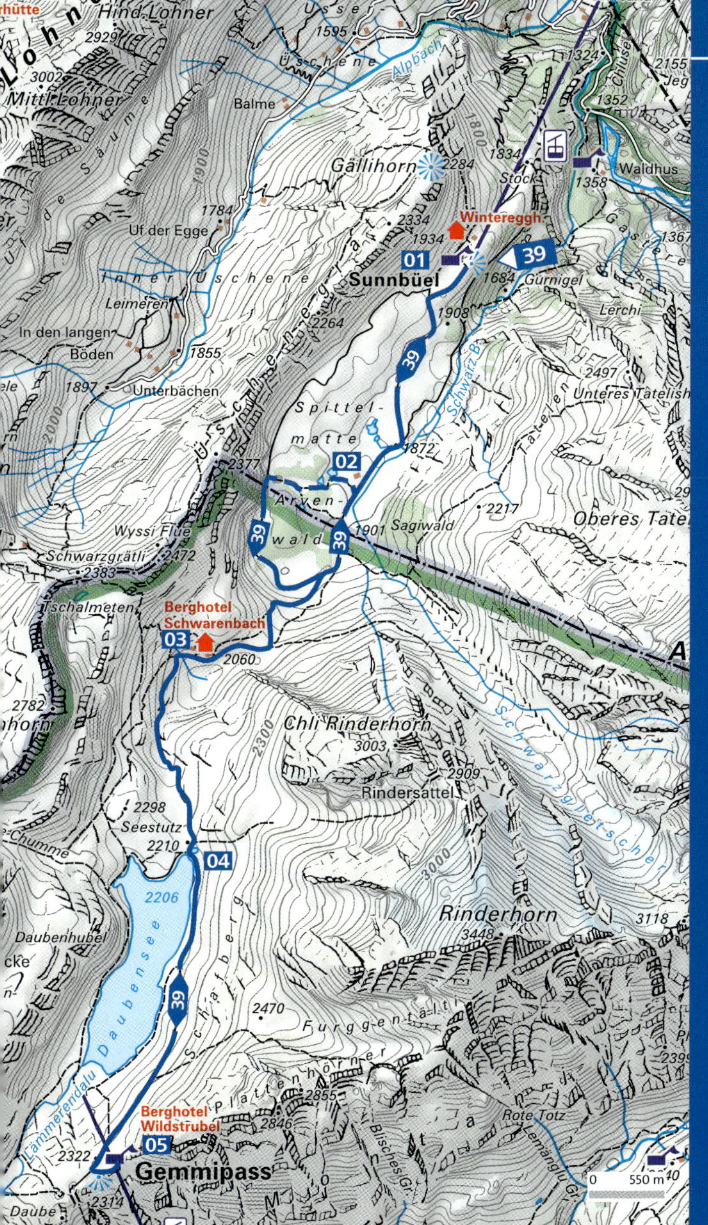
Winteregghi
01
39
Sunnbüel
Gällihorn
2284
Stock
Waldhus
Gurnigel
Lerchi
Unteres Tätelishorn
Spittelmatte
02
Arvenwald
1901
Sagiwald
Oberes Tatelishorn
Berghotel Schwarenbach
03
2060
Chli Rinderhorn
3003
Rindersattel
Schwarzgletscher
Seestutz
04
Daubensee
2206
Rinderhorn
3448
Furggentälti
Plattenhörner
Berghotel Wildstrubel
05
Gemmipass
2322
Rote Totz
Uf der Egge
Inner Üschene
Leimeren
In den langen Böden
Unterbächen
Wyssi Flue
Schwarzgrätli
Tschalmeten
Mitti Lohner
Hind.Lohner
Balme
Alpbach
Üschene
Daubenhubel
Lämmerendalu
Schafberg
0
550 m

ÜBER DEN LÖTSCHEPASS • 2690 m

Eine „Königstour" über die Berner Alpen

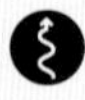 10,8 km  5:15 h  730 hm  1150 hm 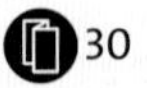 30

START | Kandersteg, Bahnhof, 1170 m, gebührenpflichtiger Parkplatz. Mit der Bahn durch den Lötschbergtunnel zum Bahnhof Goppenstein; von dort mit dem Bus (Linie 591) zur Haltestelle Wiler (Lötschen) bei der Talstation der Luftseilbahn Wiler-Lauchernalp, 1395 m. Mit der Seilbahn zur Station Lauchernalp, 1969 m (www.loetschental.ch/de/bergbahnen). Rückfahrt von Selde (Selden) im Gasteretal zum Bahnhof Kandersteg mit dem Taxibus (unbedingt vor der Tour reservieren unter Tel. +41 33 671 11 72, für Gruppen +41 33 671 11 71, http://kander-reisen.ch). [GPS: UTM Zone 32 x: 405.818 m y: 5.140.494 m]
CHARAKTER | Hochalpine Passüberquerung auf guten, aber stellenweise steilen und felsigen Pfaden (kurze Passagen sind ausgesetzt und gesichert), eine kurze und meist unproblematische Gletscherquerung (T3). Bis in den Sommer hinein können Altschneefelder Probleme bereiten.
Die Lötschenpasshütte empfiehlt sich nicht nur für eine Einkehr, sondern auch für eine Übernachtung!

Funde aus dem Lötschegletscher belegen, dass die Menschen den Lötschepass (oder Lötschenpass) schon in der Bronzezeit überschritten haben. Bis ins Mittelalter hatte der 2690 Meter hoch gelegene Einschnitt in einem besonders wilden Abschnitt der Berner

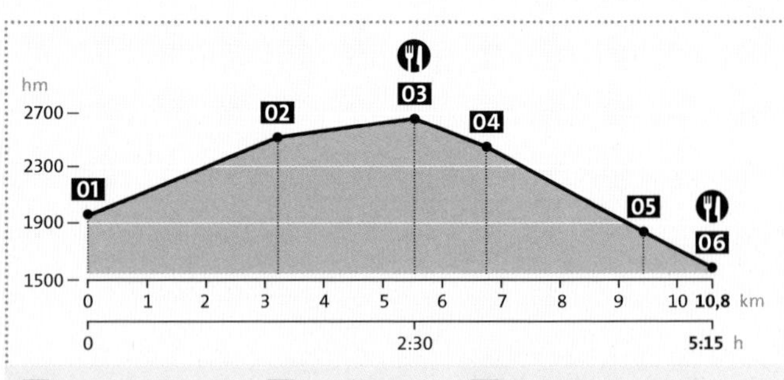

01 Lauchernalp, 1969 m; 02 Sattlegi, 2566 m; 03 Lötschenpass, 2690 m; 04 Seitenmoräne, 2405 m; 05 Gfelalp, 1847 m; 06 Selde, 1545 m

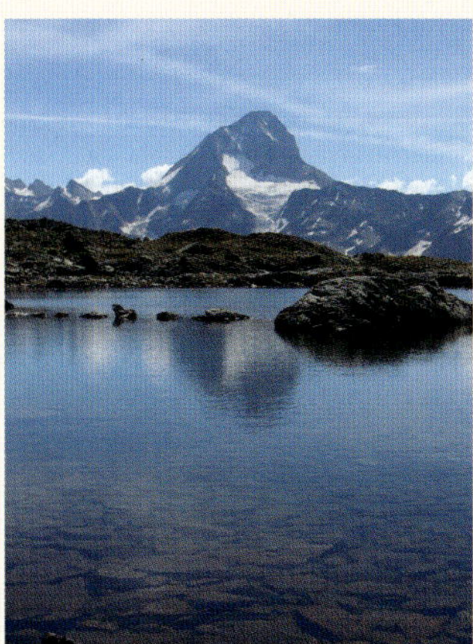
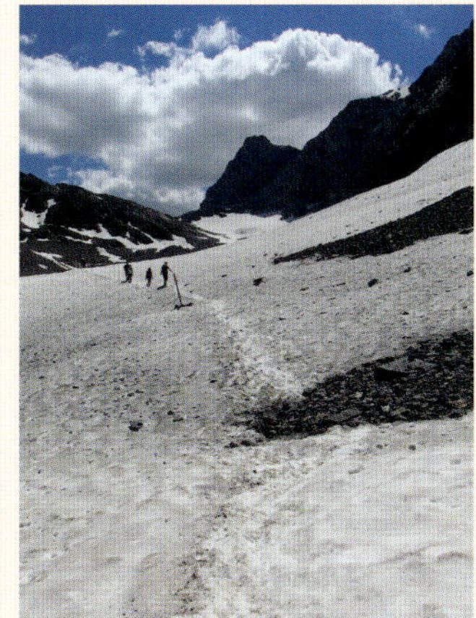

Süd- und Nordseite – Blick zum Bietschhorn und Gletscherquerung.

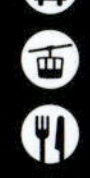
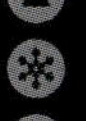
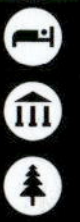

Alpen grosse Bedeutung für den Handel zwischen dem Wallis und der Zentralschweiz; wahrscheinlich sind auch die ersten Bewohner des Gasterntals aus dem Süden eingewandert. Ein Vorgänger des heutigen Passkreuzes wurde schon 1352 urkundlich erwähnt, doch schon wenig später war der Pass Schauplatz blutiger Auseinandersetzungen zwischen hüben und drüben. Noch im 17. Jahrhundert blieb der von den mittlerweile reformierten Bernern begonnene Bau eines breiteren Saumwegs im katholisch gebliebenen Süden keine Fortsetzung. Einige der damals in Trockensteintechnik aufgemauerten Wegpassagen sind oberhalb des Lötschegletschers erhalten geblieben (der Abschnitt durch die darunter abbrechende Felsflanke ist jedoch wegen anhaltender Steinschlaggefahr nicht mehr begehbar). 1519 entstand auf der Passhöhe eine erste bescheidene Unterkunft. Die heutige Lötschenpasshütte geht auf einen militärischen Wachposten aus dem 19. Jahrhundert zurück und wurde inzwischen zu einer komfortablen Unterkunft in einer hochalpinen Traumlandschaft ausgebaut. Heute gilt die Wanderroute über den Pass als einer der „klassischen" Gebirgsübergänge der Schweiz – berühmt für die fantastische Sicht zu den Walliser Bergriesen und spannend wegen der Querung des Gletschereises.

▶ Gegenüber der Seilbahnstation auf der **Lauchernalp** 01 führt ein Kiesweg mit der Beschilderung „Lötschenpass, Kandersteg" geradewegs hinauf zu den Hütten von Tilgi (2030 m). Dort verlassen Sie den Lötschentaler Höhenweg nach links und wandern neben einer Sesselbahn bergan. Von der nächsten Gabelung folgen Sie der Beschilderung „Lauchernalp/Stafel, Lötschenpass" rechts zu einer asphaltierten Strasse, auf der Sie rechts weitergehen. Nach etwa 50 m schwenken Sie links auf den Fahrweg Richtung „Berghaus Lauchernalp" ein und zweigen beim nahen Rastplatz neben der Kapelle nochmals scharf links ab. Nun wandern Sie auf dem Lötschberg Panoramaweg Nr. 56 am Berghaus vorbei, steigen durch die Alpmatten unter dem Arbächnubel an und unterqueren ein letztes Mal eine Bergbahn. Dann geht's zu den aussichtsreichen Mälcherbeden (2285 m) hinauf und geradeaus ins Kar unter dem felsigen Hockenhorn (3293 m) weiter. Steiler ansteigend erreichen Sie nach 1:30 h die Anhöhe **Sattlegi** 02 (2566 m), von der Sie den Talschluss mit dem Langgletscher, das mächtige Bietschhorn (3934 m) und auch die ersten Viertausender jenseits des Rhonetals (u. a. der Dom, 4545 m) erblicken.

Nun wird das Gelände alpiner und rauer; bei der weiteren Querung nach Westen müssen da und dort ein paar Felsstufen überwunden werden. Wo das mächtige Ferdenrothorn (3180 m) und das Balmhorn (3698 m) in Sicht kommen, führt der Pfad über flacheres Schuttgelände, glatt geschliffene Gesteinsplatten und an kleinen Seen vorbei. Nach 1:00 h stehen Sie schliesslich in der breiten Senke des **Lötschenpasses** 03 (2690 m) vor der gleichnamigen Hütte.

Der Wegweiser „Gfällalp, Gastern/Selden, Kandersteg" gibt die Richtung für den Abstieg vor. Der Pfad sinkt zunächst nur sanft nach Norden ab und gibt bald den Blick links zum schmalen Lötschegletscher unter dem riesenhaften Balmhorn frei. Dann geht's wesentlich steiler in Serpentinen bergab; einzelne Felspassagen des historischen Weges sind mit Stahlseilen gesichert. Von der rechten **Seitenmoräne** 04 (2405 m) zeigt ein Wegweiser links hinab zum „ewigen" Eis, das hier weitgehend von Schutt bedeckt ist. Metallene Markierungspfosten weisen die beste Route über den Gletscher, auf dem man kleine Schmelzwasserrinnen überschreiten muss. Während der etwa 300 m langen Überquerung wird rechts der Blick zum Kanderfirn unter der Blüemlisalp (3661 m) und ins wilde Gasteretal am Fuss des Doldenhorns (3638 m) frei. Danach überwindet der Pfad zwei ausgesetzte Schuttrinnen und schlängelt sich durch die steilen Grashänge neben der

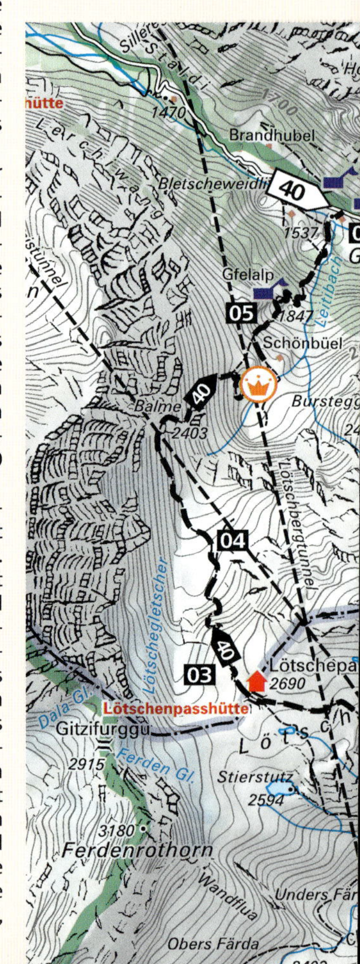

felsigen Talstufe unter dem Gletscher in die Schönbüel-Mulde (1993 m) hinunter. Von einer grasigen Anhöhe steigen Sie dann durch Waldhänge zur **Gfelalp** **05** (1847 m) ab. 2:00 h.
Zuletzt führt der Pfad in vielen Kehren durch steile Waldhänge im Hörbereich der Kaskaden des Leitibachs ins Gasteretal abwärts. Von der untersten Gabelung kommen Sie rechts zur Hängebrücke, die das breite Schuttbett der jungen Kander überspannt, zum Hotel Steinbock im Weiler **Selde (Selden)** **06** (1545 m). Auf der dort erreichten Asphaltstrasse gelangt man rechts zum 150 m entfernten Hotel Gasterntal – bei beiden Einkehrstationen hält der Taxibus, der zum Bahnhof Kandersteg hinausfährt. 45 Minuten.

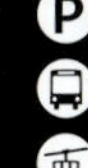

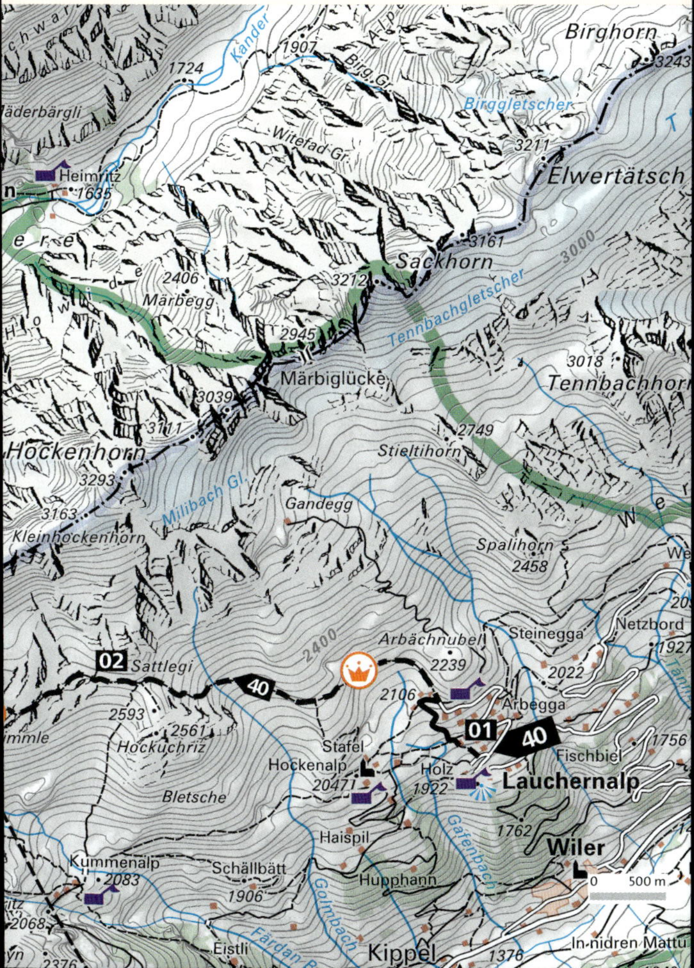

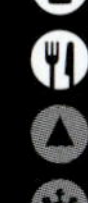

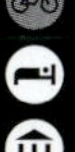

OBERBERGHORN • 2069 m
DAUBE • 2076 m

Eine Panoramarunde über der Schynigen Platte

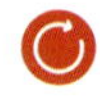   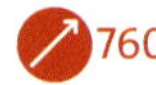  

10,5 km | 3:15 h | 760 hm | 760 hm | 31

START | Wilderswil, 598 m, Talstation der Zahnradbahn auf die Schynige Platte beim Bahnhof; Postauto-Haltestelle, gebührenpflichtiger Parkplatz. Auffahrt mit der Zahnradbahn zur Station Breitlauenen, 1542 m – wer dort aussteigen möchte, muss dies dem Kondukteur vorher melden (www.jungfrau.ch/de-ch/schynige-platte). Talfahrt von der Schynigen Platte, 1967 m, mit der Zahnradbahn nach Wilderswil. RP
[GPS: UTM Zone 32 x: 415.410 m y: 5.167.960 m]
CHARAKTER | Alp- und Bergwanderung auf guten, aber stellenweise ausgesetzten und gesicherten Pfaden (T3). Mit der Bahn-Auffahrt bis zur Bergstation auf der Schynigen Platte lässt sich die Tour um 1:30 h verkürzen.

Die Schynige Platte ist eines der beliebtesten Ausflugsziele im Berner Oberland. Ihr seltsamer Name bezieht sich auf eine „scheinende Platte“, deren Schiefergestein besonders nach Regen das Licht reflektiert. Die meisten Besucher, die mit der 1893 eröffneten Zahnradbahn dort hinauffahren, erfreuen sich jedoch am Blick zum Dreigestirn Eiger, Mönch, Jungfrau. Ferdinand Hodler, der wohl bekannteste Maler der Schweiz, hat es schon 1908 in einem seiner bekanntesten Bilder festgehalten. Auf den stellenweise luf-

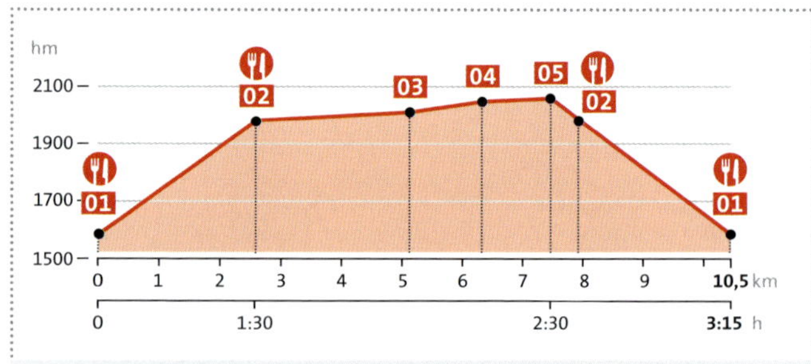

01 Breitlauenen, 1542 m; 02 Schynige Platte, 1969 m; 03 Grätli, 2011 m; 04 Oberberghorn, 2069 m; 05 Daube, 2076 m

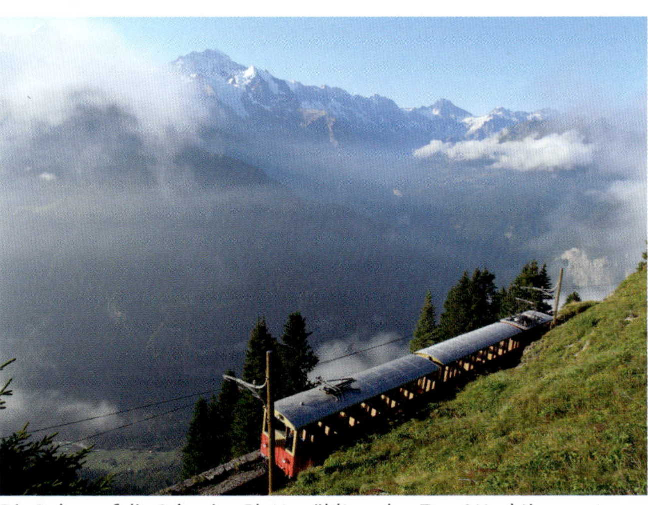

Die Bahn auf die Schynige Platte zählt zu den Top-Attraktionen.

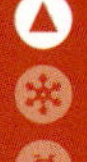

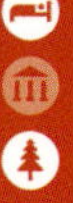

tigen Wanderwegen, die zu den schroffen Gipfeln über der Schynigen Platte führen, geniesst man auch einen Tiefblick zu den Seen um Interlaken. Weitaus weniger bekannt ist der alte Alpweg, der von Wilderswil über Breitlauenen emporzieht. Er bietet den idealen „Einstieg" für eine Panoramawanderung, die sicher zu den schönsten des Landes zählt.

Von der Bahnstation **Breitlauenen** 01 wandern Sie auf dem beschilderten Weg Richtung „Schynige Platte" am Berghaus Breitlauenen vorbei in den Wald. Der steinige, stellenweise feuchte und „wurzelreiche" Pfad führt über Stufen und zwischen moosbewachsenen Steinblöcken empor; da und dort sieht man zum Thuner- und zum Brienzersee. Hoch über der Schlucht „I volle Grabe" geht's nach rechts und an den bizarren Felsformationen des Grätli vorbei – ein Drahtgeländer gibt Sicherheit beim Tiefblick ins 1100 m tiefer gelegene Lütschinental. Hinter einer Felskante tritt schliesslich die Jungfrau in Erscheinung. Kurz vor der Alp Bigelti rattert die Zahnradbahn aus dem Grätlitunnel (der wegen der begeisterten Ausrufe der Reisenden, die nun ebenfalls zum ersten Mal die grossen Gletscherberge erblicken, auch „Ah-und-Oh-Tunnel" genannt wird). Nun gehen Sie unterhalb der Schienen weiter, überqueren diese und erreichen mit einem letzten, sanften Anstieg das Berghotel auf der **Schynige Platte** 02 (1969 m). Nach 1:30 h reihen sich neben dem Dreigestirn Jungfrau, Mönch und Eiger nun auch das Finsteraarhorn, das Schreck- und das Wetterhorn ins Panorama.

Vor der nahen Bergstation der Zahnradbahn überqueren Sie, der Beschilderung „Lauchera Grätli, Faulhorn" folgend, scharf nach rechts den Bahnübergang. Ein breiter Kiesweg führt unterhalb des Bahnhofs zu einer Gabelung,

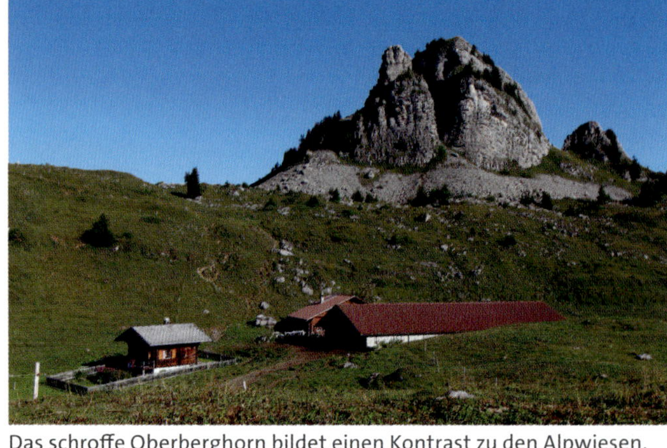

Das schroffe Oberberghorn bildet einen Kontrast zu den Alpwiesen.

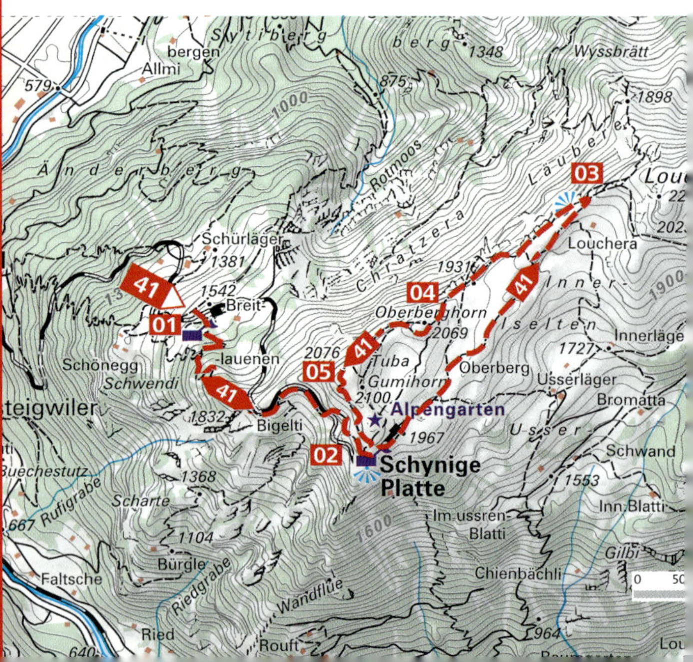

von der Sie rechts in die Mulde der Alp Oberberg hinabgehen. Auch die folgende Abzweigung Richtung Iselten bleibt unbeachtet. Hinter den Hütten sind die Felsen des Gumihorns und das zweigipfelige Oberberghorn zu sehen – sie verschwinden beim Weiterwandern bald hinter einem Rücken, neben dem der Weg sanft ansteigt. Rechts zeigt sich die Hochgebirgsszenerie der Berner Alpen über den Weidehängen am Fuss des 2231 m hohen Loucherhorns. Nach etwa 45 Minuten erreichen Sie eine Gabelung, bei der Sie scharf links Richtung „Oberberghorn, Daube“ abzweigen. Gleich danach erklimmen Sie über eine Metalltreppe das **Grätli** 03 (2011 m). Von dieser Kammschneide blicken Sie nach Nordwesten über den Felsabbruch zum Thuner- und zum Brienzersee, nach Interlaken und zu den darüber aufragenden Voralpenbergen (Harder, Hohgant, Niederhorn, Stockhorn, Niesen). Im Südwesten zeigen sich das Schreck- und das Finsteraarhorn; Eiger, Mönch und Jungfrau ragen über dem Männlichen empor und über dem tief eingeschnittenen Lauterbrunnental sind auch das Breit- und das Tschingelhorn zu sehen.

Dieses Panorama geniesst man auch, wenn man über den grasigen Grat zum schroffen Oberberghorn weitergeht. Nach der Abzweigung unter seinem felsigen Aufbau, bei der Sie rechts bleiben, umgehen Sie den Berg und seinen vorgelagerten Turm südseitig durch eine Schutthalde. Kurz bevor Sie den Grat wieder erreichen, zieht der Gipfelzustieg rechts empor – über steile Holztreppen, einen mit Stahlseil und Drahtzaun gesicherten Steg und vorbei an einem Felsloch gelangt man auf den umzäunten Gipfel des **Oberberghorns** 04 (2069 m). Von dort aus überblickt man fast den ganzen Brienzersee bis zum Brienzer Rothorn; neben dem Faulhorn zeigt sich wieder das Wetterhorn.

Unten am Fuss des Berges gabelt sich die Route neuerlich.

Blütenpracht mit Eigerblick

Ganz in der Nähe der Bergstation der Zahnradbahn liegt der 1929 eröffnete Alpengarten auf der Schynigen Platte. Dort gedeihen fast 700 Arten, die in der Schweiz oberhalb der Waldgrenze vorkommen, in ihren natürlichen Pflanzengesellschaften – von der Alpenrose bis zum Zwergwacholder. Die etwa 8000 Quadratmeter grosse Anlage ist von Anfang Juni bis Ende Oktober geöffnet; der Eintritt ist im Bahnbillett inbegriffen. Es werden auch Führungen und eigene Kinderprogramme angeboten. www.alpengarten.ch

Der Panoramaweg führt rechts über den Grat weiter. Beim Aufstieg passiert man zwischen felsigen Kuppen und einzelnen Bäumen auch einige luftige Passagen (Drahtzaun). Bald stehen Sie auf dem Gipfel der **Daube** 05 (2076 m) und damit auf dem höchsten Punkt der Tour. In Wanderkarten wird diese Erhebung als „Tuba“ bezeichnet. Neben einer kleinen Holzhütte können Sie dort nochmals über einen 360-Grad-Radius Gipfel bestimmen – nur Eiger und Mönch verdeckt der benachbarte, um 24 m höhere Felskopf des Gumihorns ein wenig.

Zuletzt schlängelt sich der Weg recht steil nach Süden hinab, quert den Hang unter dem Gumihorn und führt unter einem Grashügel namens Geiss zur **Schynigen Platte** 02 zurück. 1:00 h vom Grätli.

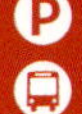
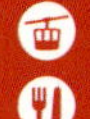
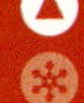

42

ÜBER DAS FAULHORN • 2681 m

Der „klassische“ Höhenweg zur First

 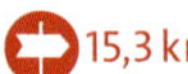  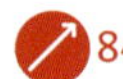 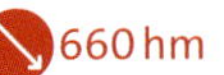 

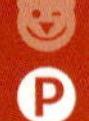
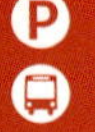
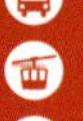
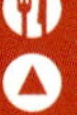
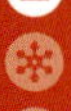

START | Wilderswil, 598 m, Talstation der Zahnradbahn auf die Schynige Platte beim Bahnhof; gebührenpflichtiger Parkplatz. Auffahrt mit der Zahnradbahn zur Bergstation Schynige Platte, 1967 m (www.jungfrau.ch/de-ch/schynige-platte). Talfahrt mit der Luftseilbahn von der First, 2167 m, nach Grindelwald, 1061 m (www.jungfrau.ch/de-ch/grindelwaldfirst); von dort mit der Bahn zurück nach Wilderswil. RP
[GPS: UTM Zone 32 x: 416.571 m y: 5.166.977 m]
CHARAKTER | Lange, aber landschaftlich grossartige Bergwanderung auf stellenweise steinigen und felsigen Bergwanderwegen (T2). Bei Nebel wird die Orientierung im Bereich des Faulhorns schwierig. Einkehren und übernachten kann man unterwegs im Berghaus Männdlenen und im Berghotel auf dem Gipfel des Faulhorns.

Diesen „Wanderklassiker“ muss man einfach einmal gemacht haben. Der berühmte und dementsprechend vielbegangene Höhenweg von der Schynigen Platte bis zur First durchquert eine sehr abwechslungsreiche Alp- und Gebirgslandschaft, die allein schon für sich jeden vergossenen Schweisstropfen wert ist. Doch dann noch diese Aussicht – im Süden zur Viertausenderparade von der Jungfrau bis zum Schreckhorn, im Norden der Tief-

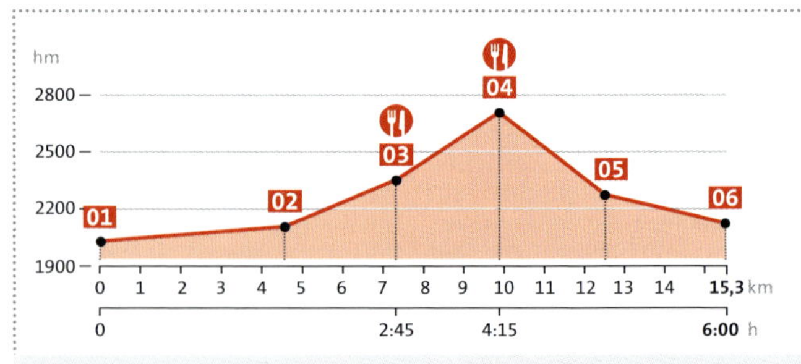

01 Schynige Platte, 1967 m; 02 Egg, 2067 m; 03 Berghaus Männdlenen, 2344 m; 04 Faulhorn, 2681 m; 05 Bachsee, 2271 m; 06 First, 2167 m

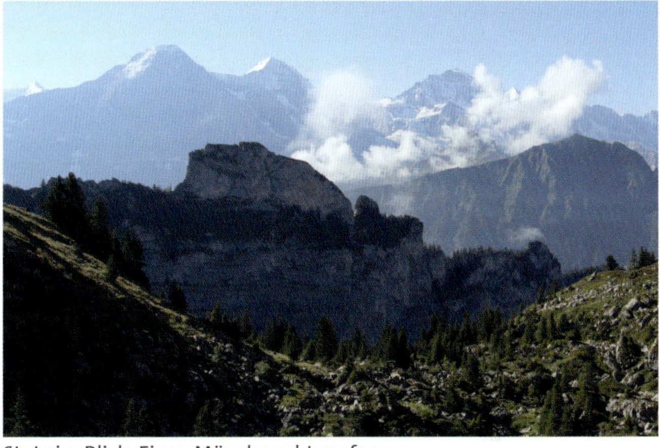

Stets im Blick: Eiger, Mönch und Jungfrau.

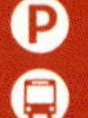
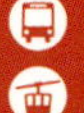

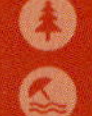

blick zum Brienzersee. Und wenn man das 2681 Meter hohe Faulhorn an einem Tag mit ganz klarer Luft erklimmt, wird man hinter den Voralpen sogar die Höhen des Jura und den Schwarzwald erkennen. Da sollte man auf jeden Fall eine Übernachtung im altehrwürdigen Gipfelhaus (Baujahr 1830) einplanen – so eine Abendstimmung erlebt man nicht alle Tage, vom Sonnenaufgang ganz zu schweigen ...

▶ Von der Bergstation der Zahnradbahn auf der **Schynigen Platte** 01 gehen Sie einige Schritte Richtung Berghotel, zweigen links auf den Weg mit der Beschilderung „Lauchera Grätli, Faulhorn, First" ab und überqueren den Bahnübergang. Dann wandern Sie wie bei Tour 9 an der Alp Oberberg vorbei zur Abzweigung unter dem Loucherhorn. Von dort steigen Sie geradeaus zur nächsten Gabelung an, wo Sie dem Wegweiser „Männdlenen, Faulhorn, First" folgen. Der Pfad führt rechts durch das Kar unter dem Loucherhorn (2230 m) zu einer Geländerippe und dann sanft abwärts. Immer wieder schweift der Blick rechts zu den „Grossen Drei" der Berner Alpen. Hinter dem Güwtürli (2027 m) wandern Sie flach durch die mit Schutt erfüllte Mulde des Güw und steigen zum breiten Grassattel am **Egg** 02 (2067 m) an.

Links begrenzen zerklüftete Karsthänge das einsame Sägistal, in dem sich der gleichnamige See verbirgt. Rechts schiessen die Felswände der Ussri und der Indri Sägissa (Sägishörner) in die Höhe. An ihrem Fuss steigt der Pfad weiterhin sanft durch Schutt an, bis er sich unter einer Felskante nach rechts wendet. Über dem Sägistalsee ist auch ein kleiner Ausschnitt des Brienzersees mit dem Brienzer Rothorn zu sehen. Dann marschieren Sie durch eine urweltliche Felsmulde, in der bis in den Hochsommer hinein Schneefelder liegen, zum nahen **Berghaus Männdlenen** 03 (2344 m) hinauf. Nach 2:45 h erreichen Sie die mit Holzschindeln verkleidete Hütte, die im Sattel unter dem dunklen Massiv der

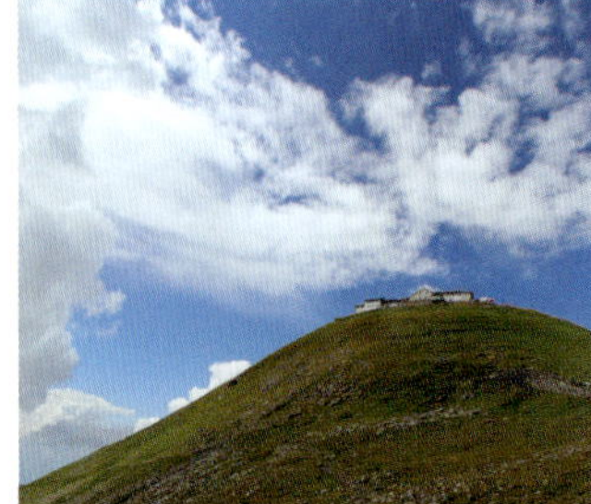

Das Faulhorn mit seinem Hotel.

Winteregg steht. Wer früh gestartet ist, geniesst dort vielleicht ein (zweites) Frühstück mit selbstgemachten Köstlichkeiten; Übernachtungsgästen sei das Raclette empfohlen.

Der Weiterweg führt zunächst recht steil und über ein paar Holzstufen durch eine Felsflanke empor. Bald geht's nach links und über eine breite, nur sanft ansteigende Schuttrampe auf einen breiten Rücken, von dem man wieder den Sägistal- und den Brienzersee erblickt. Markierungsstangen erleichtern die Orientierung beim Anstieg zum Punkt 2546 m, wo ein Pfad von Iseltwald her einmündet. Hoch über dem Kar Lochweeri wandern Sie nun zur Kuppe des Faulhorns, unter der sich die Route teilt: Links zieht der schmale Gratweg direkt durch den Steilhang auf den Gipfel, rechts durchquert der breitere Weg den Südhang, bis man links zum alten Berghotel ansteigen kann. Wenige Meter oberhalb davon geniessen Sie vom höchsten Punkt des **Faulhorns** 04 (2681 m) eine allumfassende Rundsicht – aber nur, wenn die Voralpen jenseits des Brienzersees und die Viertausender im Süden nicht von Wolken verschleiert werden. 1:30 h.

Der Wegweiser „First" zeigt den Abstieg nach Süden an. Der breite Weg schlängelt sich zum Sattel des Gassenbodens (2553 m) hinab. Von dort geht's links unter der dunklen Felsburg des Reeti (2757 m) bergab. Vorbei an zwei kleinen, offenen Steinhütten gelangen Sie nach knapp 1:00 h zum **Bachsee** 05 (2271 m), der auch als Bachalpsee bekannt ist. Dabei handelt es sich um

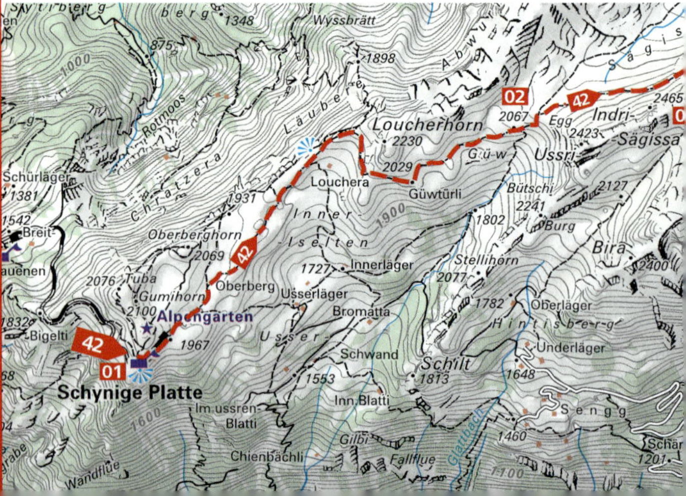

zwei vielbesuchte Gewässer, in denen sich das Wetter- und das Schreckhorn, das Finsteraarhorn sowie das Kleine und das Grosse Fiescherhorn spiegeln. Dazu braucht's aber sonniges und vor allem windstilles Wetter – sollte es regnen, dann gewährt dort eine weitere Hütte Unterschlupf.
Nun zeigt ein Schild noch 40 Minuten Gehzeit bis zur First an. Der breite Weg – oft eine stark frequentierte Wanderautobahn – zieht nach links und durch die Hänge unter dem Ritzengrätli zum Chämmmlisegg und zuletzt auf einer Alpstrasse zur Bergstation der Luftseilbahn auf der **First** 06 (2167 m). Ein luftiges Tourenfinale bietet der „First Cliff Walk": Der rechts abzweigende Felssteig durchquert die Wandabbrüche; ein weit hinausragender Aussichtssteg bietet einen spektakulären Blick auf das Grindelwalder Alpinpanorama mit der Eigernordwand als unumstrittenem Star. Dann schweben Sie in der Gondel (vier Sektionen) nach Grindelwald (1061 m) hinunter.

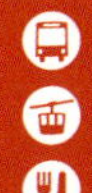
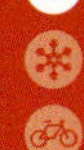
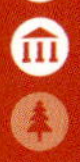

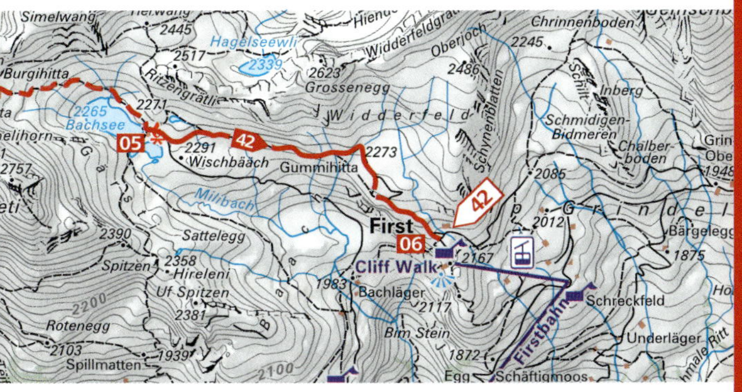

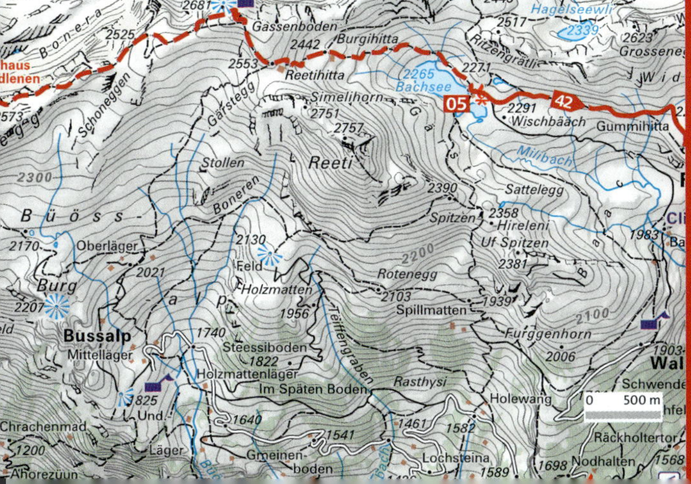

43

SULSSEEWLI – BÄLLEHÖCHST • 2095 m

Das sagenhafte Tor zur Jungfrauregion

  10,5 km 4:35 h 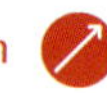 740 hm 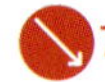 740 hm  31

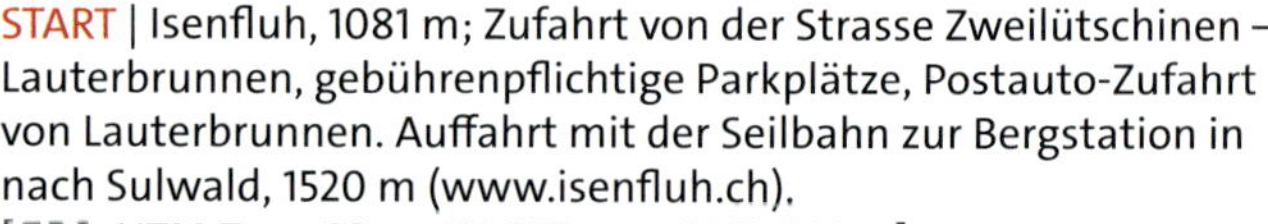

START | Isenfluh, 1081 m; Zufahrt von der Strasse Zweilütschinen – Lauterbrunnen, gebührenpflichtige Parkplätze, Postauto-Zufahrt von Lauterbrunnen. Auffahrt mit der Seilbahn zur Bergstation in nach Sulwald, 1520 m (www.isenfluh.ch).
[GPS: UTM Zone 32 x: 414.855 m y: 5.163.892 m]

CHARAKTER | Sehr lohnende Alp- und Bergwanderung auf stellenweise schmalen, an einer Stelle auch ausgesetzten Pfaden (T2). Einkehren und übernachten kann man in der Lobhornhütte.

Beinahe wäre der Bällehöchst, der westliche „Eckpfeiler" über dem Tal der Lütschine, am Ende des 19. Jahrhunderts mit einer Zahnradbahn erschlossen worden. Doch am Tag der Entscheidung lag der Aussichtsgipfel im Nebel, während die gegenüber aufragende Schynige Platte im Sonnenlicht glänzte. Nur aus diesem Gund blieb er bis heute so einsam wie das Gebiet um das Bergdorf Isenfluh und die sagenumwobene Sulsalp unter den Lobhörnern.

Von der Bergstation der Seilbahn in **Sulwald** 01 gehen Sie, der Beschilderung des Themenweges Isenfluh/Sulwald bzw. dem Wegweiser „Sulsalp, Bällenhöchst, Suls/Lobhornhütte" nach links folgend, auf der flachen Asphaltstrasse 200 m durch aussichtsreiche Wiesen zu einer Abzweigung. Von dort führt der Themenweg rechts hinauf. Bald wandern Sie auf einem Kiesweg in den Wald, wo Sie an der Gabelung „Beim Wässerli" (1570 m) geradeaus blei-

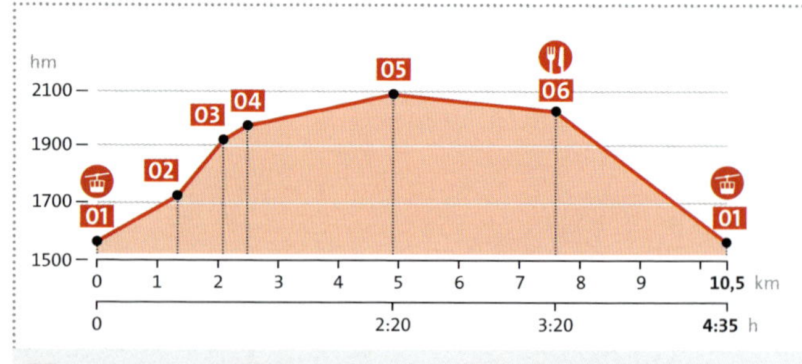

01 Sulwald, 1520 m; 02 Chüebodmi, 1712 m; 03 Sulsalp, 1910 m; 04 Sulsseewli, 1920 m; 05 Bällehöchst, 2095 m; 06 Lobhornhütte, 1955 m

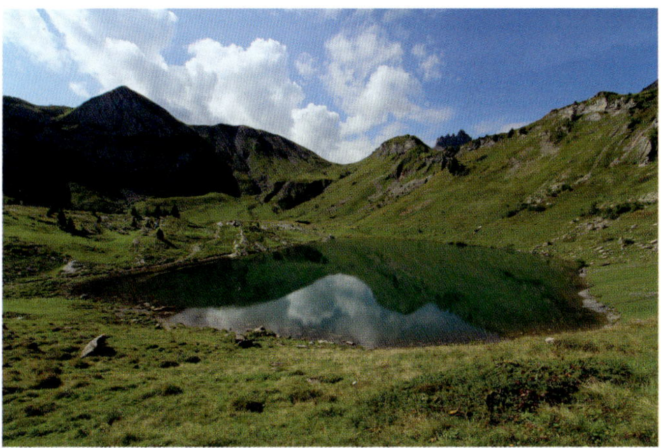

Das Sulsseewli, eine der stilleren Sehenswürdigkeiten der Region.

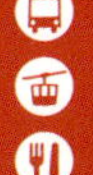
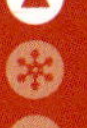
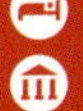
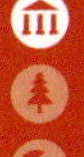

ben. Nach der Überquerung einer Forststrasse wird der Weg steiniger; viele Holzstufen erleichtern jedoch den Anstieg durch ein wildromantisches Blocksturzgelände. Oberhalb einer Felskluft erreichen Sie die Abzweigung am **Chüebodmi** 02 (1712 m), wo Sie links einen kurzen Abstecher zu einem 3 m hohen, sagenumwobenen Gesteinsblock neben einigen Alphütten einlegen können. Der Themenweg Richtung „Suls, Bällehöchst" steigt weiter geradeaus an und erreicht vor der Sulsalp den Sulsbach mit dem Fritzenbrüggli, an dem Sie jedoch geradeaus vorbeigehen. Links erhebt sich der Ars (2195 m) – die ausgewitterten Felsplatten seiner Nordwestflanke zeigen ein riesiges Herz, das auf dem Kopf steht, das manche auch als Sonne oder Mond deuten. Nach 1:15 h erreichen Sie die Hütte

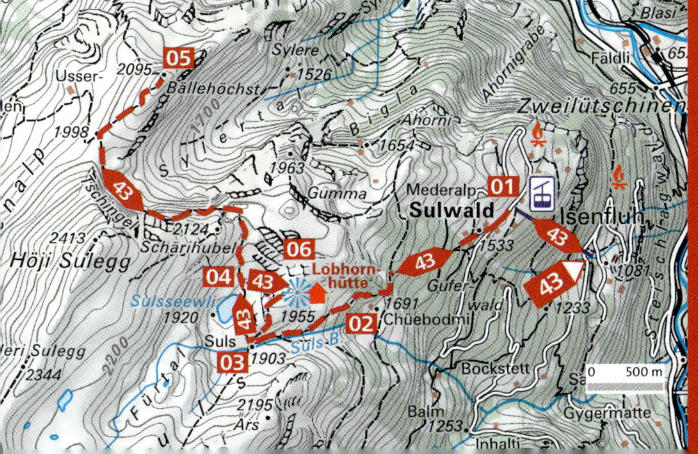

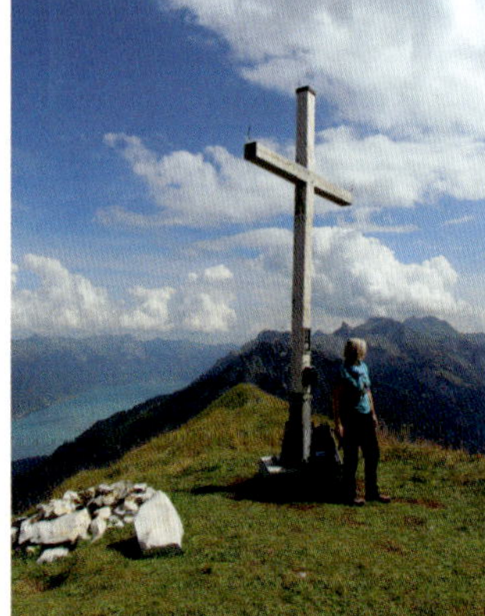
See- und Bergblick vom Kreuz.

der **Sulsalp** 03 (1910 m), vor der Sie rechts Richtung „Sulssee, Bällehöchst" abbiegen.
Nach 15 Minuten erblicken Sie das 200 m lange und bis zu 9 m tiefe **Sulsseewli** 04 (1920 m), das in einer Grasmulde unter dem Kamm der Sulegg (2413 m) liegt. Über einem nahen Wasserfall lugen die fünf Felszacken der Lobhörner herüber – und links neben dem Ars zeigt sich auch das Dreigestirn Jungfau (4158 m), Mönch (4107 m) und Eiger (3970 m).
Die Beschilderung „Bällehöchst, Saxeten" und weiss-rot-weiss bemalte Pfosten geben den Weiterweg auf eine grasige Anhöhe (2015 m) unter dem Schäriubel vor. Von dort erblicken Sie schon Ihr felsiges Bergziel, das allerdings jenseits eines tiefen Tals aufragt. Dieses wird links durch die etwa 1 km breite, steile und dunkelfelsige Nordostflanke der Höji Sulegg (2413 m) umgangen. Der schmale und stellenweise recht ausgesetzte Pfad führt zunächst durch Schutthalden zwischen zwei Steilabbrüchen bergab und durchquert dann mehrere brüchige Rinnen, die sich nach jedem Unwetter verändern und einen sicheren Tritt verlangen. Nach 30 Minuten geht der Schutt- in einen Grashang über und ein kurzer Anstieg bringt Sie auf den Sattel der Bällefurgge (1998 m). Dort tut sich ein Blick über die Bällenalp und das Tal von Saxeten bis zum Morgenberghorn (2249 m) und zur Schwalmere (2777 m) auf. Beim 20 Minuten dauernden Anstieg rechts über den breiten Grasrücken des **Bällehöchst** 05 (2095 m) erweitert sich die Aussicht noch beträchtlich: Von seinem Gipfelkreuz geniessen Sie einen fantastischen Tiefblick auf Interlaken, zum Brienzersee und ins Tal der Schwarzen Lütschine, aber auch ein Stück vom Thunersee erscheint zwischen dem Niesen und dem Niederhorn. Die Glanzpunkte im Panorma bilden aber die „Grossen Drei" der Berner Hochalpen, die links vom Wetter- und vom Schreckhorn (3692 m, 4078 m) sowie rechts vom Breithorn (3780 m) flankiert werden.
Nun wandern Sie auf der Zugangsroute über die Bällefurgge wieder zurück. Vor dem **Sulsseewli** 04 zweigen Sie jedoch links zur **Lobhornhütte** 06 (1955 m) ab. Von der Terrasse dieser kleinen Herberge sehen Sie direkt zu den „Grossen Drei" der Berner Alpen hinüber, überblicken aber auch die Bergumrahmung der Sulsalp. 1:00 h.
Nach Rast und Einkehr wandern Sie, dem Wegweiser „Sulsalp, Isenfluh" folgend, durch sehr verkarstetes Gelände hinab.
Von der **Sulsalp** 03 geht's schliesslich links auf der Zugangsroute wieder nach **Sulwald** 01 hinunter. 1:15 h.

DER MOUNTAIN VIEW TRAIL

Ein Panoramaweg der Extraklasse über Mürren

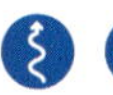  7,7 km 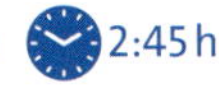 2:45 h 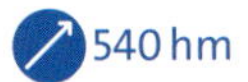 540 hm 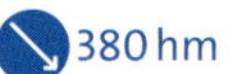 380 hm  31

START | Lauterbrunnen, 796 m; Talstation der Mürrenbahn; Bahnhof, Parkplätze im Ort. Mit der Luftseilbahn zur Bergstation Grütschalp, 1486 m. Rückfahrt von Mürren mit der Schmalspurbahn zur Grütschalp und mit der Luftseilbahn hinunter nach Lauterbrunnen.
[GPS: UTM Zone 32 x: 415.010 m y: 5.160.964 m]
CHARAKTER | Sehr aussichtsreicher, aber auch dementsprechend beliebter Höhenweg durch Wald- und Alpgelände; Abstieg teils auf Schotterstrassen (T2).

Der englische Name dieses prachtvollen Höhenweges ist vielleicht der Tourismuswerbung geschuldet, er verweist aber auch auf die Wintersportgeschichte der Jungfrauregion: Während des Ersten Weltkriegs befanden sich britische Offiziere in Mürren, die ihre nächtlichen Skiausflüge auf einen 1955 Meter hohen Hügel unter dem Bietenhorn gern mit einem Schluck Vin Mousseux von Mauler gekrönt haben – seither soll der Hubel den Namen des neuenburgischen Weinguts tragen. In dieser Tradition gedachte 2014 der englische Kandahar Ski Club seines 90-jährigen Bestehens, natürlich auf dem Maulerhubel und mit Mauler-Sekt. Vielleicht hat die anwesende Prominenz dabei auch die Sicht zum gegenüber aufragenden Dreigestirn Eiger, Mönch und Jungfrau als prickelnd empfunden. Dieses Panorama-Privileg geniessen Wandernde jedoch auf

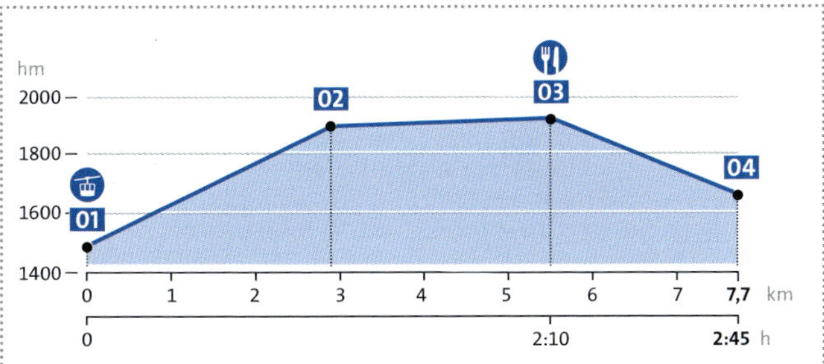

01 Grütschalp, 1486 m; 02 Dorenhubel, 1896 m; 03 Allmendhubel, 1932 m; 04 Mürren, 1638 m

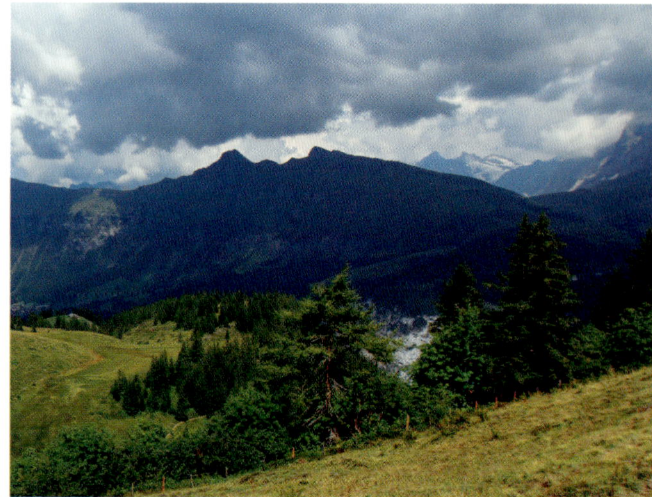

Tschuggen und Lauberhorn als Scherenschnitt vor einem Gewitter.

der gesamten Wegstrecke von der Grütschalp über den Allmendhubel bis nach Mürren, die trotz einiger Lifterschliessungen zu den schönsten der ganzen Schweiz zählt.

Bei der Seil- und Eisenbahnstation **Grütschalp** 01 überschreiten Sie die Schienen, steigen ein paar Schritte zu den ersten Tafeln des Mountain View Trails an und folgen dem Wegweiser „Zum Höhenweg: Pletschenalp, Allmendhubel" nach links, Richtung Mürren. Schon nach 60 m zweigen Sie jedoch rechts auf einen Pfad ab und steigen durch steilen Wald an. Durch Wiesenhänge mit grossen Bergsturzfelsen gelangen Sie nach 50 Minuten ins licht bewaldete Gelände der Bletschenalp (1767 m), wo eine Route aus dem Soustal einmündet. Auf dieser wandern Sie links Richtung „Allmendhubel, Mürren" weiter. Dieser prachtvolle Höhenweg führt nun in viel geringerer Steigung und erst ganz zuletzt wieder etwas steiler in den Sattel links neben dem Grasrücken des **Dorenhubels** 02 (1896 m), der sich kurz „mitnehmen" lässt: Eine kaum sichtbare Spur zieht hinüber zum „Gipfelausblick" auf einer kleinen Felskanzel, die sich hinter einigen Bäumen verbirgt. 35 Minuten.

Vom Sattel geht's auf dem Mountain View Trail durch die Weidehänge der Winteregg und der Alp Oberberg am Fuss des Bietenhorns (2755 m) weiter.

In der Folge werden auf den westseitigen Skihängen des Maulerhubels zwei Sesselbahnen unterquert; dazwischen passieren Sie einen kleinen, verlandeten See und die Einmündung eines Fahrwegs (Rastbank), bei der Sie geradeaus bleiben. Jenseits der Mulde des Allmibodens am Ägertenbach ersteigen Sie kurz, aber steil den Sattel der Höhlücke (1899 m). Von dort führt der

Mountain View Trail links zum nahen **Allmendhubel** 03 (1932 m), den ein Blumenlehrweg umrundet, bis er beim Restaurant neben der Bergstation der Allmendhubelbahn (1907 m) endet. 45 Minuten.
Zuletzt wandern Sie gemäss der Beschilderung „Blumental, Mürren“ auf einer Schotterstrasse durch den bewaldeten Südhang des Allmendhubels abwärts, bis Sie nach etwa 300 m scharf links auf einen Pfad abzweigen. Dieser schlängelt sich über südseitige Wiesenhänge zur Undri Allmi hinab. Auf einer Alpstrasse gelangen Sie schliesslich nach **Mürren** 04 (1638 m). Die Bahnstation befindet sich am nördlichen Ortsrand. 45 Minuten.

Varianten: Auch der Maulerhubel (1955 m) lässt sich erklimmen. Pfadspuren führen vor der ersten Sesselbahn rechts empor; der höchste Punkt liegt oberhalb der beiden Liftstationen. Jenseits steigt man durch Alpgelände wieder zum Mountain View Trail ab. Mehraufwand ca. 30 Minuten. Und man kann von Mürren zu Fuss zur Grütschalp zurückkehren; der breite und beliebte Höhenweg führt über die Station Winteregg (1582 m) hinüber; 1:10 h.

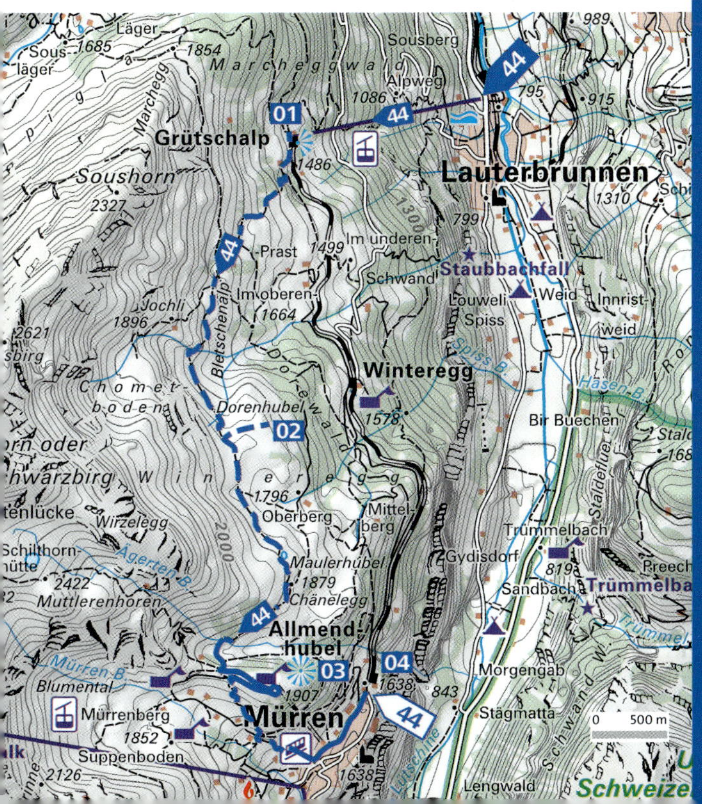

BIRG – ROTSTOCKHÜTTE – MÜRREN

Erlebnisse zwischen Gspaltenhorn und Piz Gloria

 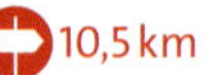 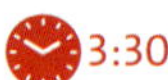 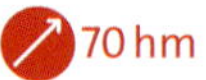 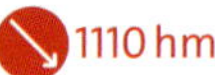 

10,5 km | 3:30 h | 70 hm | 1110 hm | 31

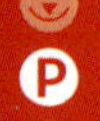
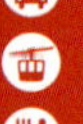

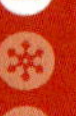

START | Stechelberg im Lauterbrunnental, Talstation der Schilthornbahn; gebührenpflichtiger Parkplatz, Postauto-Zufahrt vom Bahnhof Lauterbrunnen (Linie 141). Mit der Luftseilbahn über die Stationen Gimmelwald und Mürren zur Station Birg, 2684 m. Talfahrt von Mürren mit der Luftseilbahn nach Stechelberg. [GPS: UTM Zone 32 x: 412.453 m y: 5.157.122 m]
CHARAKTER | Alpine und aussichtsreiche Bergab-Wanderung mit Hütten-Abstecher auf stellenweise steilen und felsigen Pfaden, die Trittsicherheit und Schwindelfreiheit erfordern (T3).

Das 2970 Meter hohe Schilthorn oberhalb von Mürren ist einer der bekanntesten und meistbesuchten „Seilbahnberge“ der Schweiz, nicht nur wegen der fantastischen Sicht vom Drehrestaurant auf seinem Gipfel zu den Gletscherriesen und den Voralpen des Berner Oberlandes und seiner legendären Skiabfahrt, sondern auch wegen des Einsatzes von James Bond, der 1968 im Film „Im Geheimdienst Ihrer Majestät“ auf dem kurzerhand in „Piz Gloria“ umgetauften Berg gegen das Böse kämpfte. Spektakulär ist aber auch die Zwischenstation Birg der Schilthornbahn, die 1000 Meter über Mürren auf einer schroffen Felsbastion thront. Sie bildet einen hochgelegenen Ausgangspunkt für einen erlebnisreichen Besuch der Rotstockhütte, die in einem weiten, bis heute durch keine Strasse erschlossenen Alpgelände unter bizarren Felszacken steht.

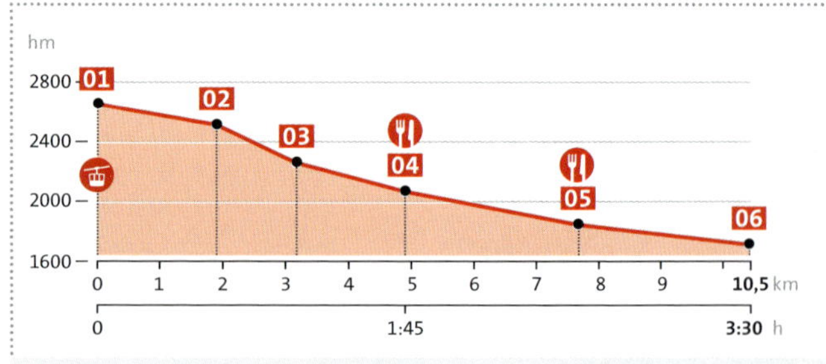

01 Station Birg, 2684 m; 02 Grauseeli, 2514 m; 03 Wasenegg, 2288 m; 04 Rotstockhütte, 2039 m; 05 Spielbodenalp, 1793 m; 06 Mürren, 1638 m

▶ Die Terrasse bei der **Seilbahnstation Birg** 01 bietet eine wunderbare Aussicht zur Jungfrau und ihren berühmten Nachbarbergen; fast gegenüber davon ragt das nahe Schilthorn (2970 m) empor. An seinem Fuss ist Ihr erstes Etappenziel, das Grauseeli, zu sehen. Links davon zeigen sich die Blüemlisalp (3661 m), der Passeinschnitt der Sefinenfurgga und das Gspaltenhorn (3436 m) über dem wildfelsigen Schluss des Sefinentals, über dem Sie nach Mürren absteigen werden. Wer will, kann das Panorama auch vom spektakulären, 200 m langen Felsensteig „Thrill Walk" aus geniessen.
Dann folgen Sie dem Wegweiser „Rotstockhütte, Grauseeli" nach Osten und wandern über den dunkelfelsigen Kamm zur etwa 700 m entfernten Senke der Seelifuhre (2598 m) – auf der breiten Piste oder auf dem Pfad links oberhalb davon. Von dort

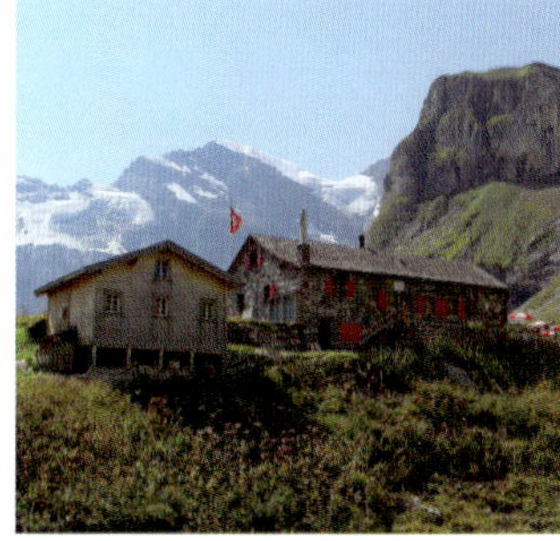

Die Rotstockhütte vor der Gletscherkulisse der Jungfrau.

steigen Sie links zum **Grauseeli** 02 (2514 m) ab, das in einer Mulde unter dem Schilthorn liegt. Gemäss der Beschilderung „Rotstockhütte, Gimmelwald" geht's auf einem steilen Gras- und Felspfad weiter abwärts: Nach einer plattigen und etwas ausgesetzten Passage, die mit einem Drahtseil gesichert ist, bleiben Sie bei einer Gabelung

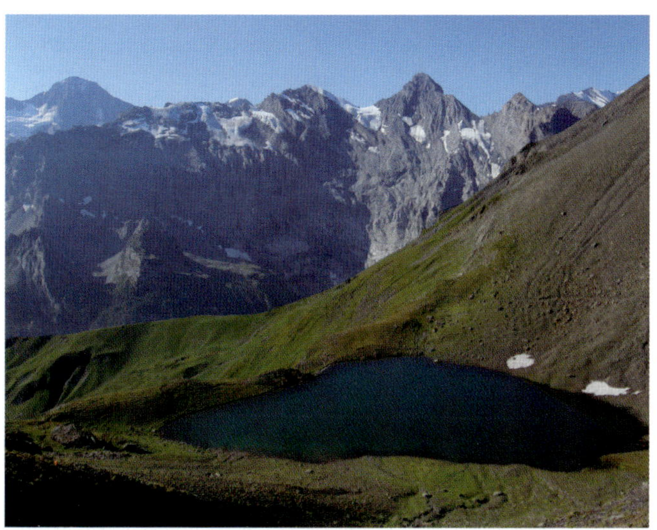

Was für ein Traumplatz! Grauseeli mit Breit- und Tschingelhorn.

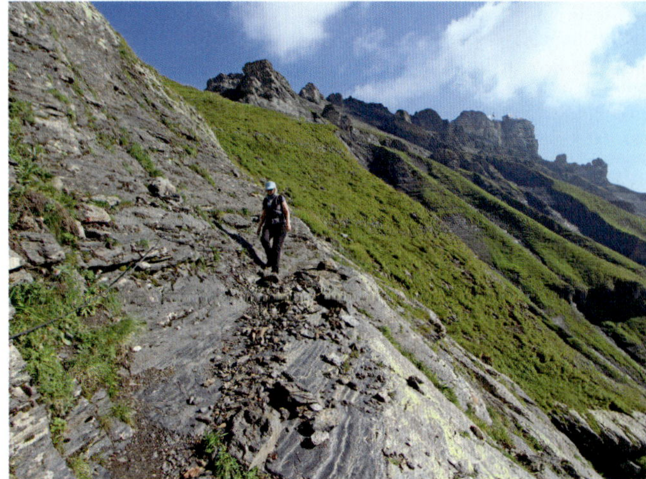

Raues Gelände beim Abstieg vom Birg...

geradeaus Richtung „Rotstockhütte". Zwei steinige Gräben müssen noch überquert werden, dann gelangen Sie durch Wiesenhänge zur Abzweigung auf dem aussichtsreichen Graskamm der **Wasenegg** 03 (2288 m).

Jenseits folgt der Abstieg durch die ausgedehnten Hochweiden am Oberläger, bis Sie auf 2051 m rechts auf einen quer verlaufenden Wanderweg einschwenken. Der ist ein Abschnitt der Via Alpina (Nr. 1), der flach in die grüne Gebirgsarena der Boganggenalp am Fuss des Schilthorns führt. Dort bildet die gastliche **Rotstockhütte** 04 (2039 m) nach 1:45 h Rastplatz, Einkehrziel und Umkehrpunkt in einem.

Beim Abstieg gehen Sie zunächst auf dem Zugangsweg Richtung „Mürren" zurück. Grandios sind nun die Sicht zur Jungfrau und der Tiefblick zur Felswildnis des hinteren Sefinentals unter dem Gspaltenhorn und dem Tschingelgrat – wer genau schaut, erblickt auch die dortigen Karstquellen und Wasserfälle. Von der Gabelung am Oberläger gehen Sie geradeaus auf der Via Alpina weiter und folgen auch bei der nächsten Abzweigung stets dem Wegweiser „Spielbodenalp, Mürren". Unter dem Bryndli (2132 m) wird der Hang, den Sie queren, steiler und steiniger. An einer schütter bewaldeten Geländekante erwartet Sie ein überraschender Tiefblick auf die Walsersiedlung Gimmelwald, über dem sich – jenseits des Lauterbrunnentals – die Jungfrau und die Felspfeiler des Schwarzmönchs in voller Pracht erheben. Beim weiteren Abstieg sollte man der Aussicht jedoch keine Beachtung schenken, denn nun schlängelt sich der Pfad über 200 Höhenmeter durch sehr abschüssiges Gelände und über einige Felsstufen abwärts. Links scheint die **Spielbodenalp** 05 (1793 m) senkrecht in der Tiefe zu liegen. 1:00 h nach dem Abmarsch von der Rotstockhütte haben Sie die Alphütten im weiten Schilttal erreicht.

Zuletzt geht's weiterhin auf der Via Alpina (und ab nun auch auf dem Northface-Trail) nach Mürren – über den Bach und dann rechts auf einem schmalen Pfad, der über die Gimmelenweid, durch Waldhänge und an einigen Alphütten vorbei zu einer Asphaltstrasse führt. Auf dieser gelangen Sie rechts hinab zum südlichen Ortsrand von **Mürren** 06 (1638 m), wo sich rechts die Station der Schilthornbahn befindet. 45 Minuten.

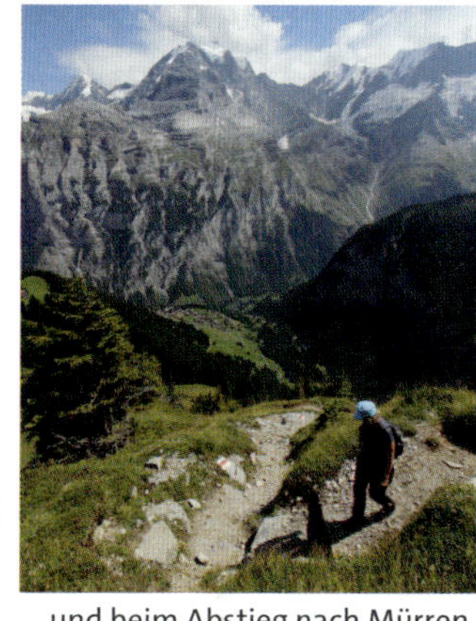

... und beim Abstieg nach Mürren.

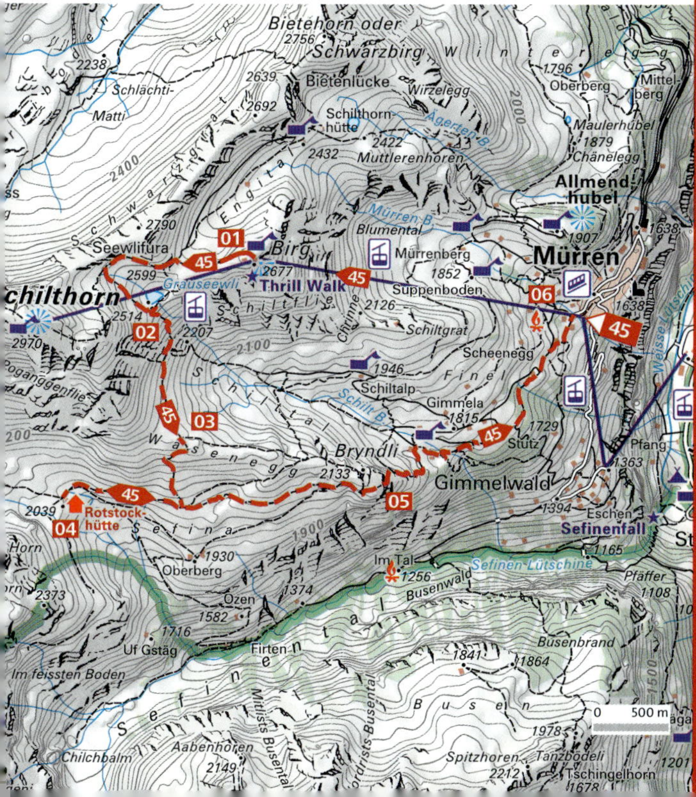

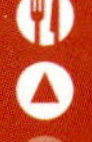

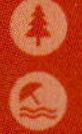

INS HINTERE LAUTERBRUNNENTAL

Alpingeschichte im Reich der Wasserfälle

 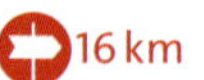 16 km 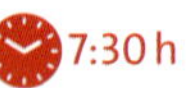 7:30 h 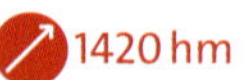 1420 hm 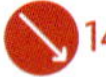 1420 hm  31

START | Stechelberg, Ortsteil Rütti im hinteren Lauterbrunnental, 910 m; gebührenpflichtiger Parkplatz, Haltestelle der Postauto-Linie 141 vom Bahnhof Lauterbrunnen.
[GPS: UTM Zone 32 x: 415.798 m y: 5.155.066 m]
CHARAKTER | Eindrückliche Bergwanderung auf Alpstrassen und alpinen Pfaden, einige Abschnitte erfordern Trittsicherheit und Schwindelfreiheit (T3). Achtung! Lawinenreste bis weit in den Sommer hinein, Gefahr von Eisschlag am Weg zur Schmadrihütte; einige Gletscherbäche müssen ohne Brücke überquert werden. Einkehr- und Übernachtungsmöglichkeit in Trachselauen, im Berghotel Obersteinberg und im Berggasthaus Tschingelhorn.

Das Lauterbrunnental, ein geradezu „klassisch" von den Eiszeitgletschern modelliertes Trogtal mit 72 Wasserfällen, ist eine der schönsten Landschaften der Alpen. In seinem hinteren Bereich, im Gletscherrund unter dem 3780 Meter hohen Breithorn, begann auch die Geschichte des alpinen Tourismus, und zwar mit dem Tiroler Maler Joseph Anton Koch (1768 – 1839). Sein Gemälde *Der Schmadribachfall* gilt als die erste Darstellung einer Gebirgslandschaft, die viel Interesse für die Alpen hervorrief (seine zweite Fassung ist in der Neuen Pinakothek in München zu sehen). In der Folge entstanden im Lauterbrunnental die ersten Unterkünfte für auswärtige Gäste

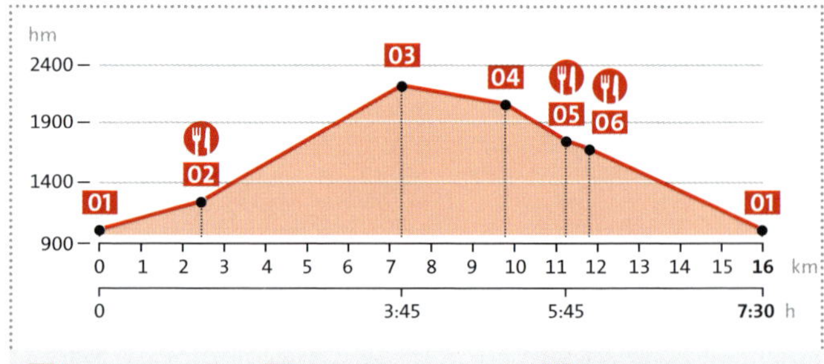

01 Stechelberg, 910 m; 02 Trachellauenen, 1202 m; 03 Schmadrihütte, 2262 m; 04 Oberhornsee, 2065 m; 05 Obersteinberg, 1778 m; 06 Berggasthaus Tschingelhorn, 1678 m

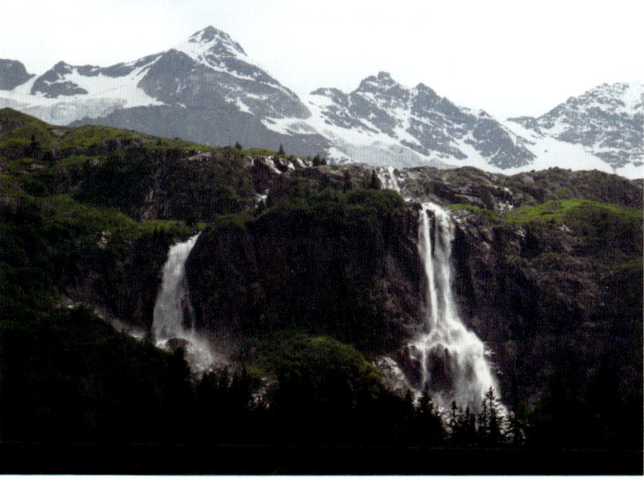

Die Schmadrifälle über der Alp Understeinberg im Lauterbrunnental.

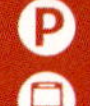

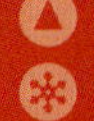

– etwa in Trachsellauenen oder am Obersteinberg. Dort übernachtet man auch heute noch wie anno dazumal bei Kerzenlicht und Petroleumschein, geniesst Lebensmittel und Getränke, die mit dem Maultier heraufgebracht werden, und lässt sich Köstlichkeiten aus der eigenen Alpkäserei schmecken. Oder man verbringt eine Nacht ganz oben im Reich der Gletscher, in der kleinen Schmadrihütte, zu der man allerdings alles Notwendige selbst hinauftragen muss. Wie auch immer: Eine Wanderung in dieses bis heute ruhig gebliebene Gebiet wird unvergesslich bleiben.

▶ Vom Parkplatz in **Stechelberg** 01 gehen Sie am Hotel vorbei zu einer Kreuzung und geradeaus Richtung „Trachsellauenen" weiter. Nach 100 m zweigen Sie vor der Brücke links auf die geschotterte Alpstrasse ab, die zwischen der Lütschine und einer alten Steinmauer taleinwärts führt. Im Rückblick erkennen Sie den „Stichel", den Felsturm am Schwarzmönch, dem Stechelberg wahrscheinlich seinen Namen verdankt. In Sichellauenen (1002 m) überschreiten Sie den Fluss, kürzen eine Strassenkehre ab und gelangen auf dem alten Saumweg nach etwa 1:00 h zum **Berggasthaus Trachsellauenen** 02 (1202 m). Herrlich ist der Blick zu den 200 m hohen Schmadribachfällen, die unter den Gletschern des Mittag- und des Breithorns (3892 m, 3780 m) herabstürzen.
Richtung „Bergwerk, Schmadrihütte" wandern Sie weiter taleinwärts zu den Mauerresten eines Eisenschmelzofens, die an die einstigen Zink- und Bleiglanzbergwerke erinnern. Nun steigen Sie auf einem Waldpfad an; die Abzweigung zum Berggasthaus Tschingelhorn bleibt unbeachtet. Von der nächsten Gabelung gehen Sie links Richtung „Schwand, Schmadrihütte" zum Lütschinesteg hinab, jenseits zweigen Sie nochmals links ab. Nun

geht's neben den Lawinenbahnen der „Breitlowena" zu den wettergebeizten Alpspeichern und in vielen Kehren zur Schwand-Hütte (1648 m) empor – dort kann man im Sommer hervorragenden Ziegenkäse kaufen. Nach der Überquerung der Lawinenrinnen steigen Sie durch steile Grashänge an und gelangen rechts zu den sagenhaften Felsformationen am Tanzhubel. Bei den Resten einer Alphütte erreichen Sie die Schuttmoränen unter dem Vordre Schmadriglet-

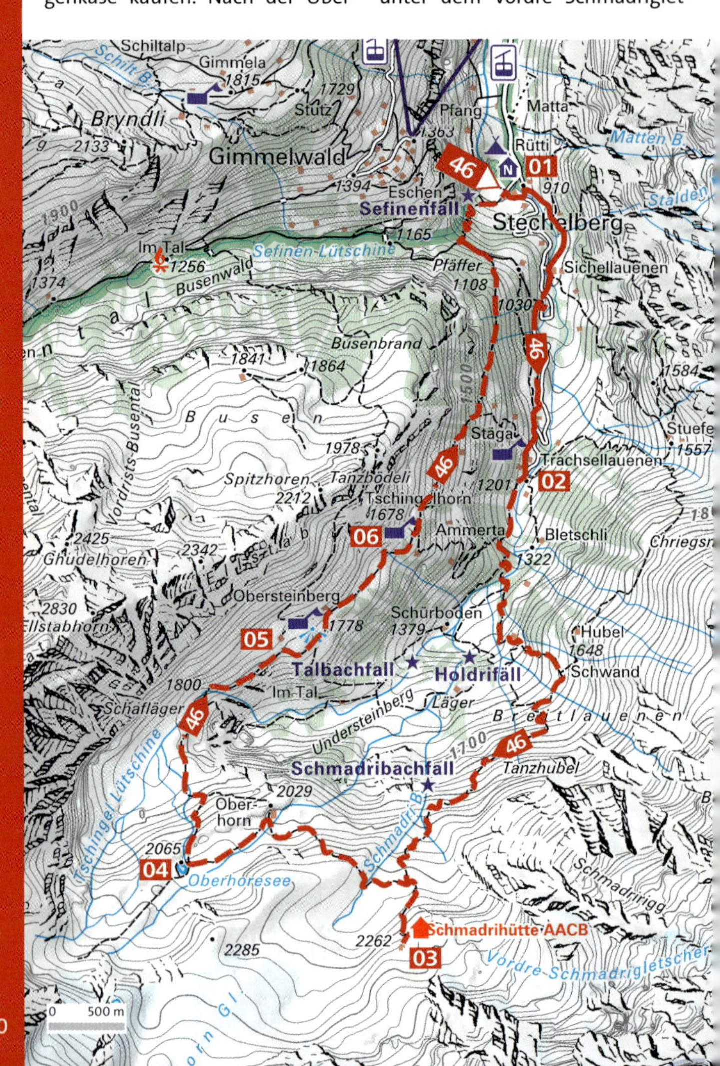

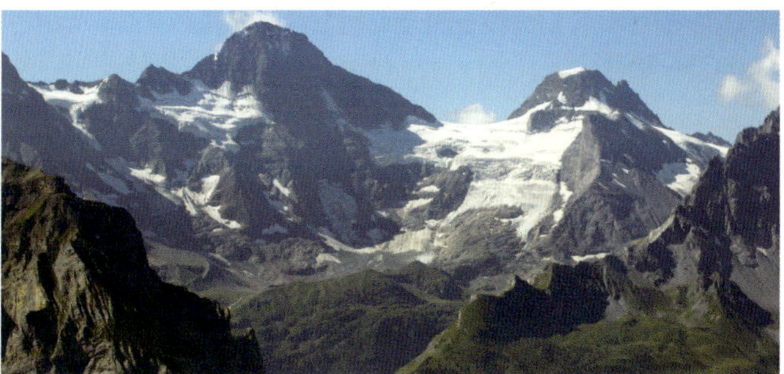

Breithorn und Tschingelhorn über dem hinteren Lauterbrunnental.

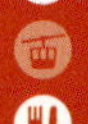
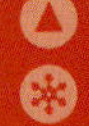
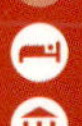

scher, bald danach übersetzen Sie seinen Abfluss. Nach einem kurzen, steinigen Anstieg stehen Sie an einer Abzweigung (2111 m), von der Sie links zur 150 m weiter oben gelegenen **Schmadrihütte** 03 kommen. Diese Selbstversorgerunterkunft gehört dem Akademischen Alpenclubs Bern und steht in einer 2262 m hoch gelegenen, verborgenen Mulde mit traumhafter Sicht ins Lauterbrunnental sowie über den Breithorngletscher zum Breithorn. 2:45 h.

Nach dem Abstieg zur Abzweigung geht's links weiter, über den nahen Schmadribach und auf den Schuttrücken der Oberhornmoräne (2150 m). Von dort wandern Sie zum Chrummbach hinab – dieser führt klares Wasser, denn er sprudelt nicht aus Gletschereis. Gleich nach dem Steg vor dem Stafel Oberhoren (2029 m) zweigen Sie links ab. Der Pfad führt durch eine flache Grasmulde zum kleinen **Oberhornsee** 04 (2065 m), der unter dem eisigen Tschingelhorn (3562 m), dem Wetterhorn und dem markanten Felsturm der Chanzel liegt – leider trocknet er im Sommer oft fast aus. 1:00 h.

Von dort wandern Sie rechts zum Schafläger im Hochtal der Tschingel-Lütschine hinunter. Dies war die Route jener Menschen, die in früheren Jahrhunderten aus dem Walliser Lötschental über die Wetterlücke (3174 m) herübergekommen sind. Den direkten Talabstieg ignorierend, gelangen Sie zu einem Steg, neben dem der Gletscherbach rechts in eine Felsschlucht stürzt. Durch die steilen Weidehänge unter dem Tschingelgrat erreichen Sie nach 1:00 h das aussichtsreich gelegene **Berghotel Obersteinberg** 05 (1778 m).

Der Pfad führt weiter durch den Steilhang abwärts, passiert den Schluchgraben und erreicht schon nach 15 Minuten das **Berggasthaus Tschingelhorn** 06 (Folla, 1678 m).

Auch dort gäbe es einen Pfad in den Talgrund – Sie bleiben jedoch besser auf der oberen Route mit der Beschilderung „Schwendiwald, Stechelberg“, die in der Folge über einige seilgesicherte Felsbänder führt. Die Sicht ins sagenumwobene Rottal am Fuss der Jungfrau ist fantastisch!

Nach der steilen Passage am Stägeschopf zieht der Pfad durch Bergwald talwärts und schliesslich links in den Auslauf des Sefinentals hinüber. Dort zweigen Sie rechts ab und steigen in vielen Serpentinen zum Talboden von **Stechelberg** 01 ab. 1:30 h.

47

VON DER KLEINEN SCHEIDEGG NACH WENGEN

Im Bann der Jungfrau

 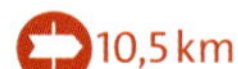 10,5 km  3:20 h  100 hm 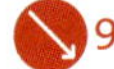 900 hm 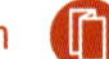 31

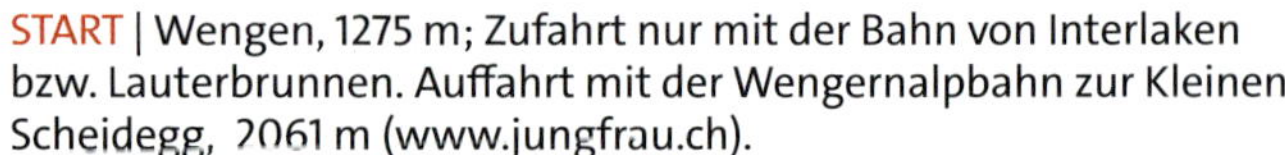

START | Wengen, 1275 m; Zufahrt nur mit der Bahn von Interlaken bzw. Lauterbrunnen. Auffahrt mit der Wengernalpbahn zur Kleinen Scheidegg, 2061 m (www.jungfrau.ch).
[GPS: UTM Zone 32 x: 420.457 m y: 5.159.582 m]
CHARAKTER | Lange und landschaftlich sehr abwechslungsreiche (Fast-)Bergabwanderung auf Pfaden und Alpstrassen (T2). Einkehrmöglichkeit: Kleine Scheidegg, Wengernalp (Alpstübli).

Warum heisst die Jungfrau „Jungfrau“? Einer Theorie zufiolge leitet sich der Name des 4158 Meter hohen Berges von den Besitzerinnen der nördlich davon gelegenen Wengernalp her – und das waren die Nonnen des Klosters Interlaken. Wie auch immer: Das Massiv ist einzigartig schön und auch geologisch hochinteressant, denn sein Gipfel aus Kristallgestein lagert auf einem mächtigen Vorbau aus wesentlich jüngerem Kalk. Dieses Paradoxon ist der Alpenauffaltung vor 100 Millionen Jahren zu verdanken. Wesentlich jünger sind die Eisfelder, die die Jungfrau bedecken. Der auffälligste davon ist der Giessengletscher mit dem seltsamen „Kriegsloch“: Wenn es sich schliesst, so heisst es, dann bricht ein grosser Krieg aus – und genauso soll es vor dem Ausbruch des Ersten und des Zweiten Weltkriegs auch gewesen sein. Eine geradezu grandiose Sicht auf den Berg und seine Gletschergeheimnisse bietet der hier vorgestellte Höhenweg.

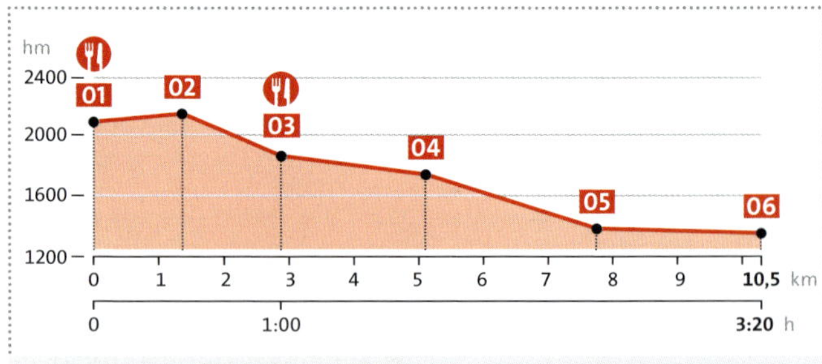

01 Kleine Scheidegg, 2061 m; 02 Rinderhütte, 2137 m; 03 Wengernalp, 1874 m; 04 Alp Mettla, 1700 m; 05 Schiltwald, 1310 m; 06 Wengen, 1275 m

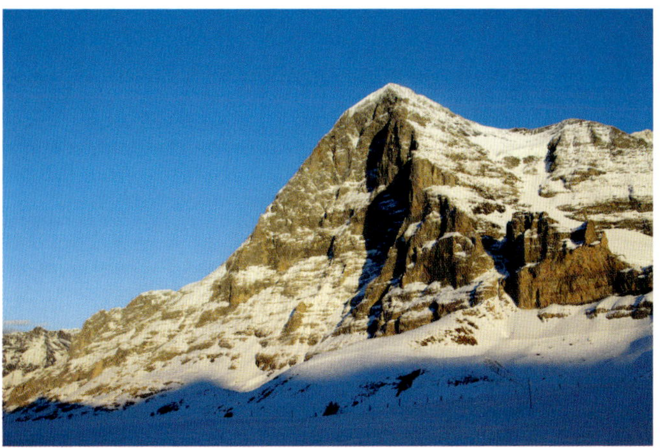

Die 1800 Meter hohe Eigernordwand über der Kleinen Scheidegg.

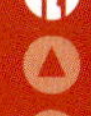

▶ Am Bahnhof auf der **Kleinen Scheidegg** 01 folgen Sie der Beschilderung „Lauberhorn, Männlichen“ (Via Alpina) und zweigen nach 40 m (gegenüber der Villa Maria) links Richtung „Lauberhorn, Rinderhütte, Wengernalp“ ab. Etwas weiter oben schwenken Sie links auf einen Pfad ein, der über die flachen Weiden oberhalb der Gleisanlagen führt und dann sanft durch die Südwestabhänge des Lauberhorns ansteigt. Rückblick zum Bahnhof und zum Wetterhorn, herrliche Sicht zum vergletscherten „Dreigestirn“ gegenüber! Kurz vor der **Rinderhütte** 02 (2137 m) wird eine Seilbahn unterquert, dann geht's bald links im Bereich der berühmten Lauberhorn-Abfahrtsstrecke bergab. Unter dem felsigen Hundschopf steigen Sie in Kehren bis zum Trassee der Wengernalpbahn ab. Daneben kommen Sie links zur nahen **Station Wengernalp** 03 (1874 m); gleich oberhalb davon steht das Hotel Jungfrau Wengernalp. 1:00 h.

Noch ein paar Schritte weiter gelangen Sie zu einer Bahnunterführung, hinter der Sie rechts auf den Pfad Richtung „Mettlenalp, Stalden, Wengen“ abbiegen. Dieser schlängelt sich über Wiesen und durch Wald zu einer Alpstrasse hinab und kürzt ihre Kehren bis zur **Alp Mettla** 04 (1700 m) ab. Sie liegt hoch über der Trimmleten-Schlucht, direkt gegenüber der Jungfrau und dem zerklüfteten Giessengletscher mit seinem „Kriegsloch“ – was für ein Anblick! 20 Minuten.

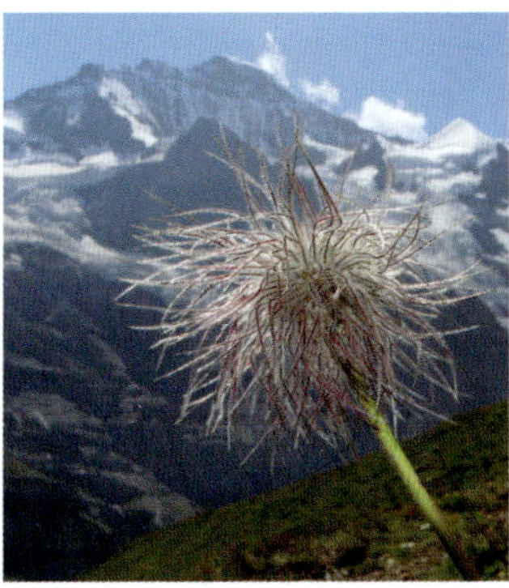

Berganemone vor der Jungfrau.

Auf dem Fahrweg wandern Sie durch den Wald zur nahen Wiese von Stalden (1681 m) weiter. Dort zweigen Sie links auf den Wanderweg nach Wengen ab und bleiben bei der nahen Wegkreuzung geradeaus. Über der Staldenfluh (1600 m) geniessen Sie einen atemberaubenden Tiefblick auf Lauterbrunnen und erblicken auch schon Ihr Ziel.
Durch steile Waldhänge (Holzstufen) steigen Sie zum Hasenbachsteg ab. Im weiteren Wegverlauf überqueren Sie noch zwei Bäche, die links unten als Wasserfälle ins Tal stürzen. Schliesslich erreichen Sie die Wiesen um die kleine Ansiedlung **Schiltwald** 05 (1310 m).
Dort beginnt links eine Kiesstrasse, auf der Sie zum Staubbachbänkli hinabgehen – der kleine Abstecher zum Rastplatz mit Blick zum berühmtesten Wasserfall auf der anderen Seite des Lauterbrunnentals und zu den Gletscherbergen im Talschluss lohnt sich auf jeden Fall. Der Fahrweg führt an schönen Chalets vorbei nach Innerwengen.
Auf Asphalt marschieren Sie zuletzt in den noch 1,8 km entfernten Ort **Wengen** 06 (1275 m) mit seinem Bahnhof. 2:00 h.

Die Trümmelbachfälle

Die Sommersonne setzt den meisten der 72 Wasserfällen im Lauterbrunnental zu – nur den Trümmelbachfällen nicht, ganz im Gegenteil: Der Trümmelbach entwässert nämlich die riesigen Gletscherflanken von Eiger, Mönch und Jungfrau. Das Schmelzwasser – bis zu 20.000 Liter pro Sekunde – transportiert Jahr für Jahr über 20.000 Tonnen Schutt und Sand zu Tal. Dabei entstanden zehn Wasserfälle, die so tief im Gestein verborgen sind, dass sie kaum ein Lichtstrahl trifft. Ein kühn angelegter Weg und ein unterirdischer Schrägaufzug erschliessen dieses wilde Wunder der Natur.

www.truemmelbachfaelle.ch

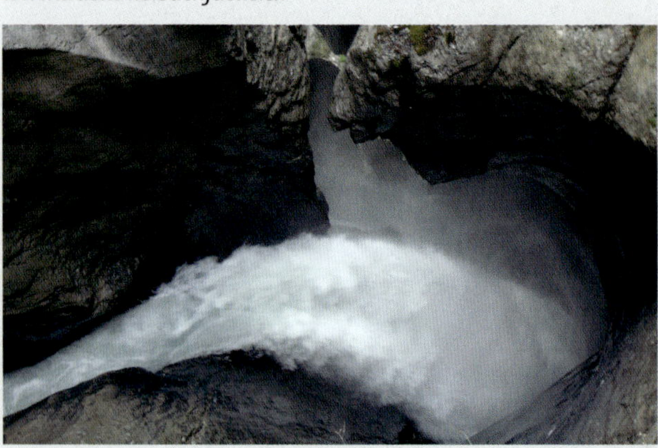

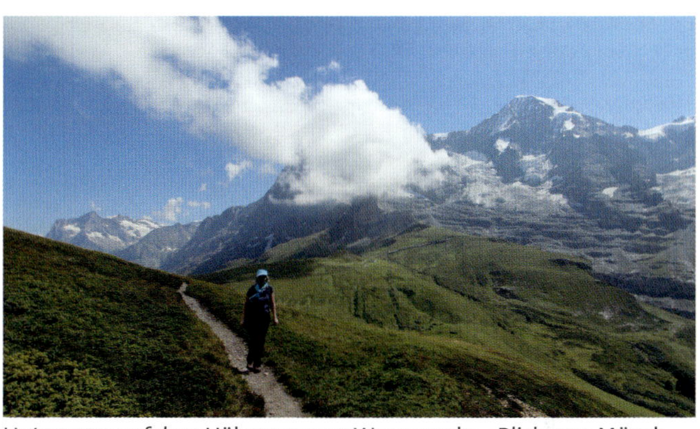

Unterwegs auf dem Höhenweg zur Wengernalp – Blick zum Mönch.

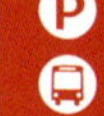

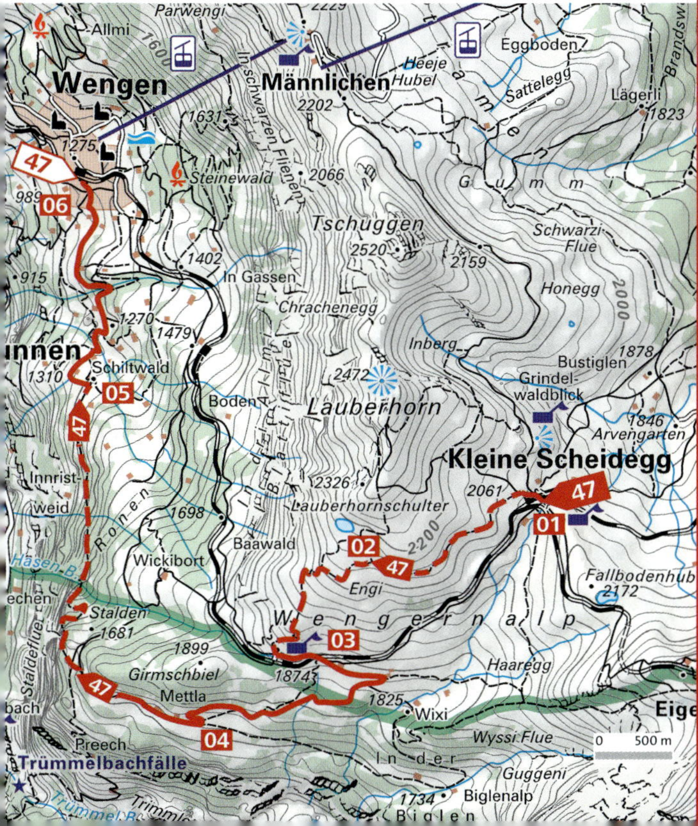

MÄNNLICHEN – KLEINE SCHEIDEGG – BRANDEGG

Top-Höhenweg und stille Waldpfade unter dem Eiger

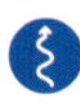  12,5 km  3:00 h  200 hm 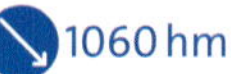 1060 hm  31

START | Grindelwald, Ortsteil Grund, 943 m, Talstation der Gondelbahn Grindelwald – Männlichen; Bahnstation, gebührenpflichtiger Parkplatz. Auffahrt zur Bergstation Männlichen, 2224 m (www.maennlichen.ch). Rückfahrt von Brandegg nach Grindelwald-Grund mit der Wengernalpbahn (www.jungfrau.ch).
[GPS: UTM Zone 32 x: 419.068 m y: 5.162.511 m]
CHARAKTER | Flache und bergab führende Wanderung auf Alpstrassen und Wegen (T1). Einkehren kann man unterwegs auf der Kleinen Scheidegg. Wer will, kann schon von dort mit der Bahn talwärts fahren – oder die Wanderung von Brandegg bis Grindelwald-Grund verlängern (plus 45 Minuten).

Die Kleine Scheidegg, der 2061 Meter hoch gelegene und seit 1893 mit einer schmalspurigen Zahnradbahn erschlossene Pass zwischen Lauterbrunnen und Grindelwald, ist einer der Tourismus-Hot-Spots der Alpen. Viel besucht wird auch der per Gondelbahn erreichbare Männlichen, der berühmte Aussichtsberg im Norden des Tschuggen-Kamms, von dem ein zu Recht berühmter Höhenweg zur Kleinen Scheidegg führt. In diesen Bereichen werden Sie sich also kaum einsam fühlen, denn die grandiose Aussicht zu den Eisriesen der Berner Alpen lockt unzählige Ausflugsgäste und

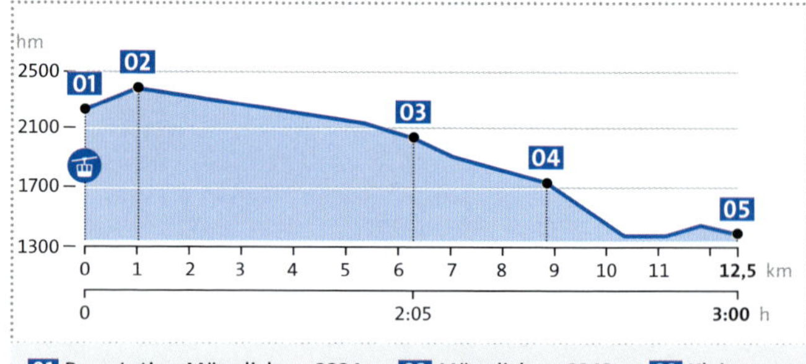

01 Bergstation Männlichen, 2224 m; 02 Männlichen, 2342 m; 03 Kleine Scheidegg, 2061 m; 04 Tschuggen, 1702 m; 05 Brandegg, 1332 m

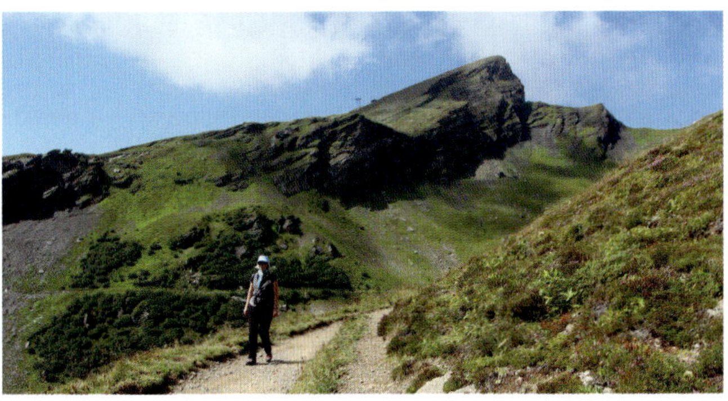

Das Lauberhorn über dem Höhenweg zur Kleinen Scheidegg.

Wandernde an. Wesentlich stiller ist es auf jenen Wegen und Pfaden, die durch ausgedehnte Wälder ins Tal hinabziehen. Sie folgen alten Routen, auf denen die Menschen schon vor Jahrtausenden übers Gebirge zogen. Welch einen Gegensatz bilden die verborgenen Lichtungen, auf denen sich die Bergriesen in der Stille betrachten lassen, zum bunten Trubel am Bahnhof unter der Eigernordwand – erlebt muss man beides haben!

▶ Von der **Bergstation Männlichen** 01 stattet man natürlich zunächst dem **Männlichen-Gipfel** 02 (2342 m) einen Besuch ab – der „Royal Walk" führt in 20 Minuten zur Aussichtsplattform neben dem Sender hinauf und in 15 Minuten wieder herunter.

Dann geht's von der **Bergstation Männlichen** 01 auf dem breiten Panoramaweg mit der Beschilderung „Kleine Scheidegg" in einen nahen Wiesensattel hinab, unter einer Bergbahn durch und geradeaus an einer Abzweigung vorbei. Nun wandern Sie quer durch die grasige Nordostflanke des Tupphorns, oberhalb von zwei kleinen, verlandenden Seen und weiten Alpmatten; dahinter erblicken Sie Grindelwald, das Wetter- und das Schreckhorn. Unter dem 2520 m hohen Tschuggen geht's durch steile, schwarzfelsige Flanken (Geländer) zur Liftstation am Honegg und im Bogen durch die Inberg-Mulde (2121 m) am Fuss des Lauberhorns. Inzwischen haben sich neben dem Eiger auch Mönch und Jungfrau ins Panorama gereiht. Vorbei an den Restaurants Grindelwaldblick und Eigernordwand gelangen Sie nach 1:30 h zum Bahnhof auf der **Kleinen Scheidegg** 03 (2061 m) hinab.

Direkt vor dem Bahnsteig zweigt links die Route Richtung „Holenstein" ab. Auf der Schotterstrasse gehen Sie durch einen Torbogen mit der Aufschrift „Brandegg, Grindelwald" und biegen danach links ab. Nach der Unterquerung einer Sesselbahn gelangen Sie zwischen vereinzelten Arven ins Wärgistal hinab – dies ist auch der Name der grossen Alp, die sich am Fuss der Eigernordwand bis nach Brandegg ausdehnt. Die Hütten von Bustligen (1878 m), bei denen Sie links Richtung „Holenstein" abzweigen, gehören ebenfalls dazu. Hier bestand eine uralte Siedlung, durch die vermutlich auch der alte Passweg durch die „Hintere Gasse“ führte. Nun wandern Sie – bei der folgenden Gabelung rechts bleibend – durch die wunderschönen Arven- und Fichtenbestände des Itramenwalds bergab.

Auf der Lichtung am Obren Brand biegen Sie rechts ab. Die Wiesen von **Tschuggen** **04** (1702 m) bilden einen schönen Vordergrund zum mächtig aufragenden Eiger; im Südwesten wird der Horizont vom Tschuggen-Gipfel begrenzt und im Nordosten vom Wetterhorn. In diese Richtung führt der Pfad weiter bergab nach Unterbrand und dann über einen kleinen Waldrücken zum Öpfelchüechliweg.

Auf diesem Lehrpfad zum Thema „Äpfel“ gelangen Sie rechts im Auf und Ab wieder ins Wärgistal und kurz weiter zu den Wiesen der **Brandegg** **05** (1332 m), wo Sie unter der Eiger-Express-Seilbahn durchgehen. Auf den weiten, mit

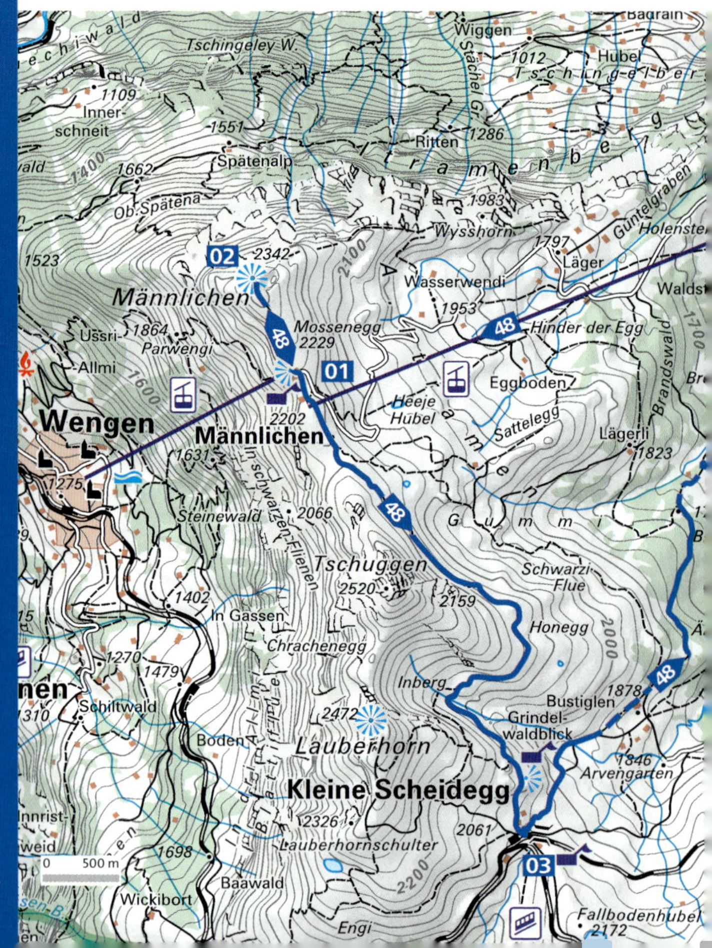

einzelnen Ahornbäumen bewachsenen Wiesen am Fuss der Mittellegi befindet sich nicht nur eine Station der Wengernalpbahn, mit der Sie nach Grindelwald-Grund hinunterfahren, sondern auch ein Restaurant. Dort sollten Sie unbedingt die „Namensgeber" des Öpfelchüechliwegs kosten: die weitum berühmten und täglich frisch gebackenen Apfelküchlein mit Vanillesauce!

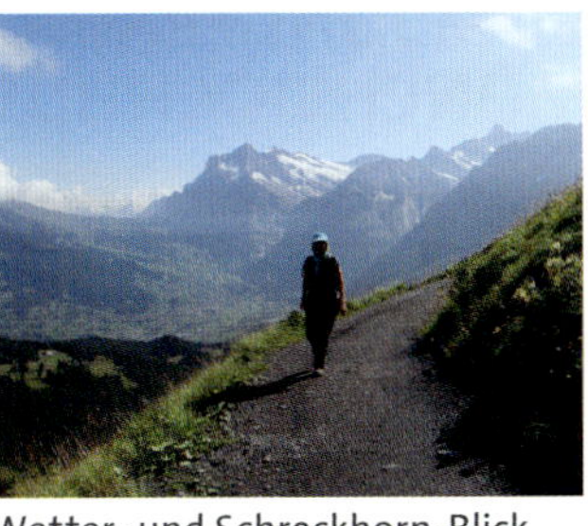

Wetter- und Schreckhorn-Blick.

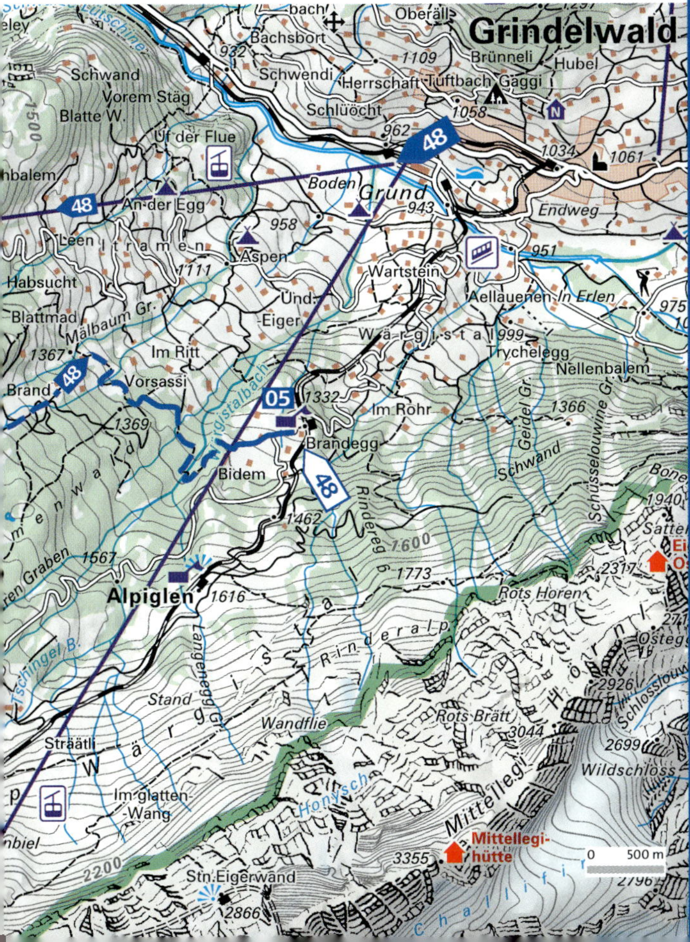

VOM JUNGFRAUJOCH ZUR MÖNCHSJOCHHÜTTE • 3657 m

Eine Wanderung im „ewigen Eis“

 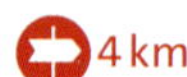   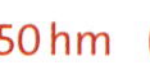 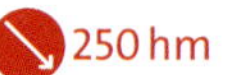 

4 km | 2:00 h | 250 hm | 250 hm | 31

START | Grindelwald, 1034 m, Bahnhof. Mit der Wengernalpbahn zur Kleinen Scheidegg, 2061 m (alternativ kann man auch von Lauterbrunnen über Wengen hinauffahren); weiter mit der Jungfraubahn zur Bergstation Jungfraujoch, 3454 m. Talfahrt auf derselben Strecke (www.jungfrau.ch/de-ch/jungfraujoch-top-of-europe). [GPS: UTM Zone 32 x: 422.133 m y: 5.155.356 m]
CHARAKTER | Hochalpine, bei guten Wetterverhältnissen jedoch unschwierige Gletscherwanderung auf einem breiten Weg, der wegen der Spaltensturzgefahr keinesfalls verlassen werden darf (T4, entspricht aber eher T2). Auf rund 3500 Metern Seehöhe ist die Luft schon dünn. Selbst an schönen Hochsommertagen kann es rasch sehr kalt und stürmisch werden, daher braucht man warme, winddichte Kleidung und eine Mütze. Gehen Sie nur in festen Wanderschuhen los, denn der Schnee ist mitunter vereist oder aufgeweicht und nass. Weiters sehr wichtig: Sonnencreme mit hohem Schutzfaktor und Sonnenbrille. Bei Nebel oder Schneetreiben ist die Tour gefährlich.

So eindrucksvoll wie mit der 1912 eröffneten Jungfraubahn gelangt man nirgends ins vergletscherte Hochgebirge. Ihre 9,34 Kilometer lange Strecke beginnt auf der Kleinen Scheidegg und führt durch

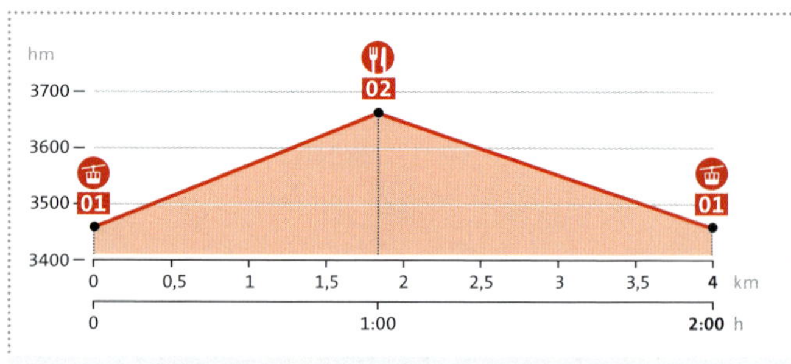

01 Jungfraujoch, 3454 m; 02 Möchsjochhütte, 3657 m

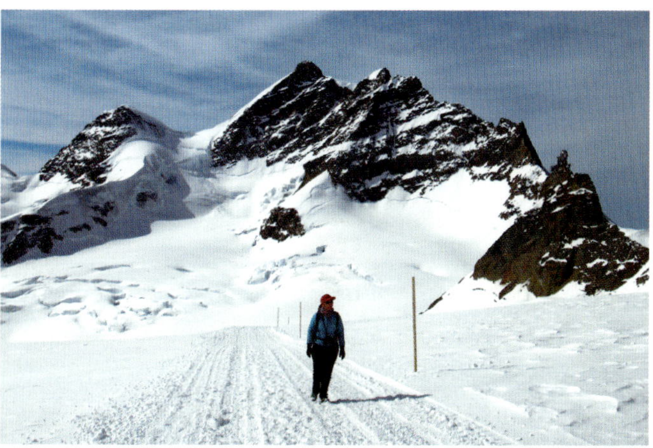

Bei guten Verhältnissen ein Schneespaziergang – unter der Jungfrau.

einen mehr als sieben Kilometer langen Tunnel aufs 3454 Meter hoch gelegene Jungfraujoch. Ein Ausflug der Superlative – zum höchstgelegenen Bahnhof Europas und zum grössten Gletscher der Alpen, aber auch mit den teuersten Bahntickets und, wenn man Pech hat, den längsten Wartezeiten... Immerhin hat man mit den meisten Jahres- oder Netzkarten (z. B. Halbtax, Berner Oberland Regional Pass) Anspruch auf verbilligte Fahrkarten. Und dem Trubel entgeht man, indem man frühmorgens die erste Bahn nimmt oder im Winter kommt. Die Wanderung über den obersten Bereich des Aletschgletschers zur Mönchsjochhütte ist zu jeder Jahreszeit ein unvergessliches Erlebnis. Der Weg wird täglich mit einem Pistenfahrzeug gewalzt – ausser bei Gefahr durch Lawinen, Felssturz oder Eisschlag (aktuelle Informationen unter Tel. +41 33 828 72 33 oder www.moenchsjoch.ch). Die Mönchsjochhütte „klebt“ förmlich in den Felsen unter dem 4107 Meter hohen Mönch. Das höchstgelegene bewartete Schutzhaus der Schweiz lädt zwischen März und Mitte Oktober zu einer gemütlichen Einkehr oder auch zu einer eindrücklichen Übernachtung im vergletscherten Hochgebirge ein (in diesem Fall muss man das Rückfahrtticket für den folgenden Tag reservieren). Doch auch im Winter lohnt es sich, zum Oberen Mönchsjoch aufzubrechen – dann ist es dort, inmitten einer eisigen Urlandschaft, ganz still.

▶ Von der unterirdischen Bahnstation am **Jungfraujoch** 01 fahren Sie am besten zunächst mit dem Lift zum Observatorium, das seit 1936 auf dem Felsturm der „Sphinx“ steht. Von seiner Aussichtsplattform fällt der Blick nach Nordwesten über den Guggigletscher zur Kleinen Scheidegg und zum tief eingeschnittenen Tal von Lauterbrunnen, über dem die Berner Voralpen mit dem Niesen, dem Niederhorn und der Schrattenflue aufragen. Bei ganz klarer Luft zeigt sich hinter dem Mittel-

land um Bern der Jura. Im Südosten breitet sich der Jungfraufirn aus. Das ist einer der drei grossen Eisströme, die den Aletschgletscher bilden. Seine 22 Kilometer lange Zunge biegt unter dem Eggishorn (2926 m) nach Westen um – dahinter, schon jenseits des Rhonetals im Wallis, zeigen sich die Berge zwischen dem Simplonpass und dem Binntal. Rechts davon ist das Aletschhorn (4193 m) zu sehen; daneben lugt mit dem 4545 m hohen Dom sogar einer der Walliser Eisriesen herüber. Direkt über dem Jungfraujoch erhebt sich die Jungfrau (4158 m). Mit einem Fernglas kann man auf dem üppig vergletscherten Rottalsattel links der felsigen Spitze oft Seilschaften beobachten. Noch näher bauen sich der Mönch und die südlich anschliessende Felsscheide des Trugbergs (3933 m) auf. Dazwischen liegt das Obere Mönchsjoch, dem Sie nun entgegenwandern.

Der Sphinxstollen entlässt Sie in die Gletschermulde des Jungfraufirns, wo Sie der breiten, sanft ansteigenden Wanderspur folgen. Sie ist in unregelmässigen Abständen mit Stangen gekennzeichnet, denn da und dort klaffen grosse Spalten im Eis. Unter dem Mönch fasziniert ein Gletscherbruch; deutlich erkennt man die „Jahresschichten“ der Eiswände, von denen immer wieder Blöcke abbrechen. Auf der Firnschneide des Gipfels sind ebenfalls manchmal Bergsteiger zu sehen. Zuletzt wandern Sie etwas steiler ins Untere Mönchsjoch (3627 m) unter dem Südsporn des Mönchs. Nach knapp 1:00 h Gehzeit erreichen Sie dort die **Möchsjochhütte** 02 (3657 m) und blicken über das Ewigscheefäld zum Grossen Fiescherhorn (4049 m). Über der breiten Senke des Unteren Mönchsjochs (3529 m) erscheinen das Wetterhorn (3692 m) und einige Voralpengipfel bis hinaus zur Rigi. Rechts daneben zeigen sich die Felsabstürze des Schreckhorns (4078 m) und des Lauteraarhorns (4042 m).

Der **Rückweg** erfolgt auf denselben Routen – nun marschieren Sie etwa 50 Minuten lang auf die Jungfrau und die Sphinx zu.

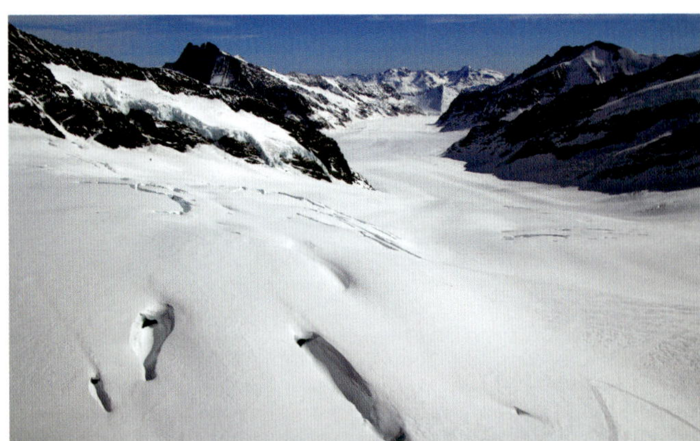

Über dem riesigen Aletschgletscher zeigen sich die Walliser Alpen.

Die Mönchsjochhütte, im Hintergrund das Aletschhorn (4193 m).

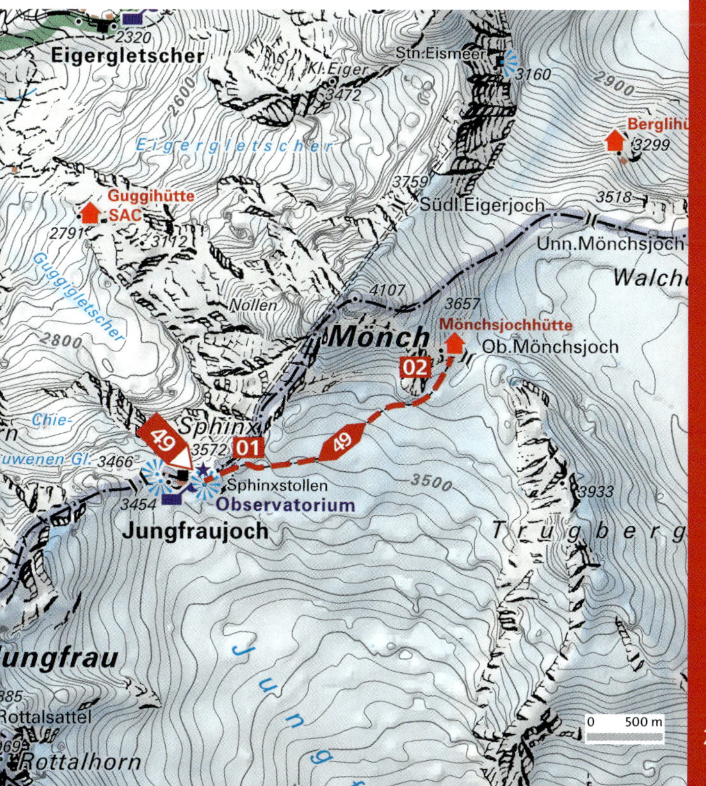

50

DER EIGER TRAIL

Der Wand ganz nah

  8 km 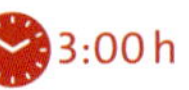 3:00 h 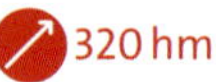 320 hm 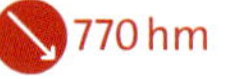 770 hm  31

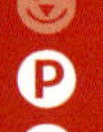
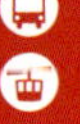

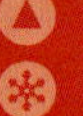
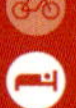

START | Grindelwald, 1034, Bahnhof. Mit der Wengernalpbahn hinunter nach Grund und Auffahrt zur Kleinen Scheidegg, 2061 m. Talfahrt von Alpiglen nach Grindelwald ebenfalls mit der Wengernalpbahn (www.jungfrau.ch). RP
[GPS: UTM Zone 32 x: 420.457 m y: 5.159.582 m]
CHARAKTER | Spannende Bergwanderung auf gut angelegten Wegen und Pfaden ohne exponierte Passagen, lediglich eine kurze felsige Stelle erfordert Trittsicherheit (T2). Der Eiger Trail kann kurzfristig wegen Steinschlag- und Lawinengefahr gesperrt werden. Die Tour lässt sich mit der Bahnfahrt zur Station Eigergletscher um 50 Minuten abkürzen.

Dem Eiger fehlen genau 30 Meter zur „Viertausenderwürde“ – trotzdem ist er neben dem Matterhorn der bekannteste Berg der Schweiz. Seine 1800 Meter hohe Nordwand – genau genommen handelt es sich dabei um eine Nordost- und eine Nordwestwand, zwischen denen der Nordpfeiler emporstrebt – war seit den 1930er-Jahren Schauplatz unzähliger Ersteigungsversuche, von denen nicht wenige tödlich endeten, aber auch von spektakulären „alpinen Heldentaten“. 1938 kämpften sich die Erstersteiger Anderl Heckmair, Ludwig Vörg, Fritz Kasparek und Heinrich Harrer drei Tage lang zum Gipfel empor; 2015 schaffte Ueli Steck eine Al-

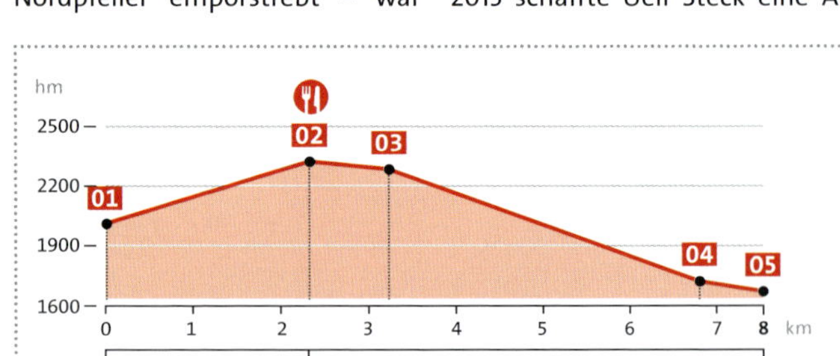

01 Kleine Scheidegg, 2061 m; 02 Bahnstation Eigergletscher, 2320 m; 03 Wart, 2285 m; 04 Gabelung, 1725 m; 05 Berghaus Alpiglen, 1616 m

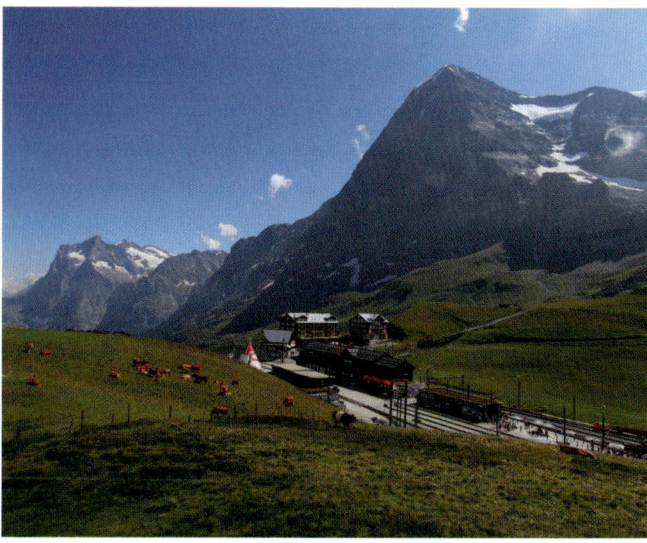

Die Eigernordwand bleibt auch am schönsten Sommertag schattig.

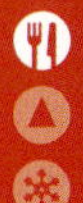

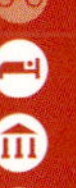

leinbegehung in 2 Stunden und 22 Minuten. Das ist nur geringfügig länger als die Gehzeit für den Eiger Trail, der von der Station Eigergletscher am Fuss der Riesenwand zu den Bergwiesen von Alpiglen hinabführt. Idealerweise beginnt man diese interessante Bergwanderung mit dem Aufstieg von der Kleinen Scheidegg, denn dann gibt's vor den Einblicken in die Alpingeschichte auch eine faszinierende Aussicht zu den Gletschern unter der Jungfrau.

▶ Am Bahnhof auf der **Kleinen Scheidegg** 01 zeigen die Wegweiser „Fallboden, Eigergletscher" die Richtung an. Ein breiter Kiesweg (Jungfrau Eiger Walk) führt am Hotel Bellevue des Alpes vorbei und hinauf zum Rastplatz beim künstlich angelegten Fallbodensee. Das unter Denkmalschutz stehende „Chilchli" daneben war eine Trafostation der Jungfraubahn; heute birgt es eine Ausstellung über die Eigernordwand. Nach der Unterquerung der Bahnlinie geht's zu einem kleinen Häuschen hinauf. Dabei handelt es sich um die alte Mittellegi-Hütte, die 1924 auf dem Nordostgrat des Eigers errichtet wurde – als 2001 ein Neubau notwendig wurde, hat man sie per Hubschrauber hierher versetzt. Links über den Kamm der Loucherflue ansteigend (toller Blick zum Eigergletscher und zur Jungfrau) gelangen Sie nach 50 Minuten zur **Bahnstation Eigergletscher** 02 (2320 m, Restaurant). Jenseits der Gleise gehen Sie rechts zu den Bergstationen des Eigernordwand-Lifts und des neuen Eiger-Express hinauf. Von dort führt der Eiger Trail unter Felsabbrüchen vorbei und neben der neuen Seilbahn durch die Schutthalden unterhalb des Rotstocks (2663 m) abwärts und kurz zur Anhöhe des **Wart** 03 (2285 m) hin-

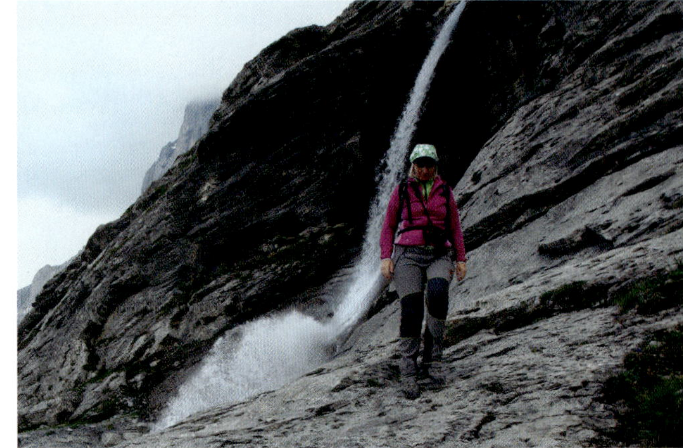

Schmelzwasser donnert aus dem Felsfundament des Eigers.

auf. Dort wird die Eigernordwand in ihrer vollen Grösse sichtbar (Infotafel über die Nordwandrouten, Abzweigung zum Rotstock-Klettersteig). Der Pfad schlängelt sich im Respektabstand zu den Felsabstürzen durch eine Mulde und über Schutthänge zu den blumenreichen Alpmatten „Im Glatten Wang“ hinab. Am Fuss der Wand – direkt unter dem Eigergipfel – liegen bis weit in den Sommer hinein Schneefelder, ausserdem müssen einige Rinnen überquert werden. Nach einer etwas felsigen Passage erreichen Sie den eindrücklichen Wasserfall des Sandbachs, der weiter unten durch eine kleine Felsschlucht tost. Dort geht‘s nun steiler im Zickzack hinunter. Auf 1725 m treffen Sie auf eine **Gabelung** 04, von der Sie links absteigen.

Nach einer kurzen, harmlosen Passage, die mit einem Stahlseil gesichert ist, gelangen Sie über schöne Alpwiesen zum **Berghaus Alpiglen** 05 (1616 m) und kurz weiter zur Bahnstation. 2:10 h.

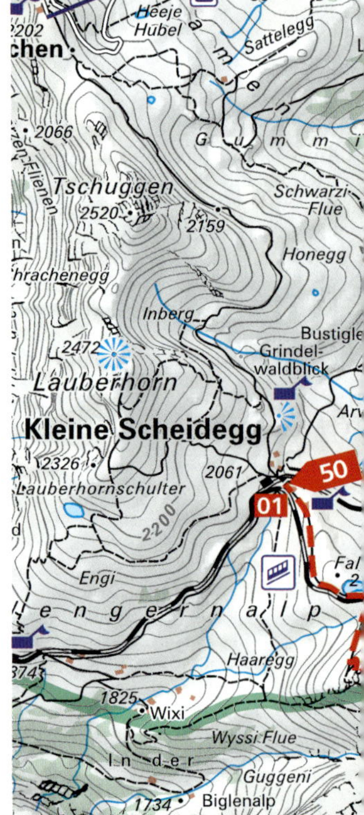

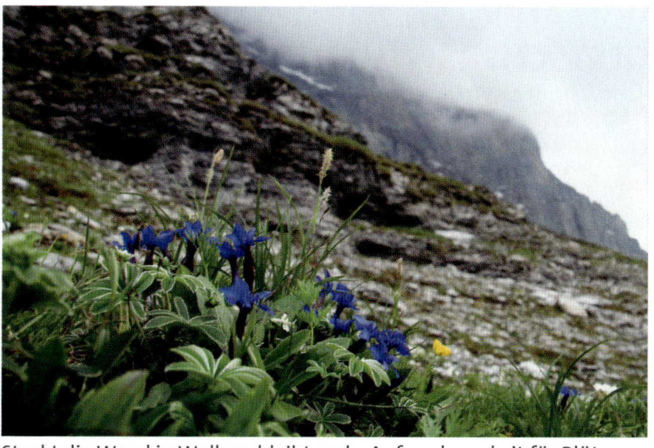

Steckt die Wand in Wolken, bleibt mehr Aufmerksamkeit für Blüten.

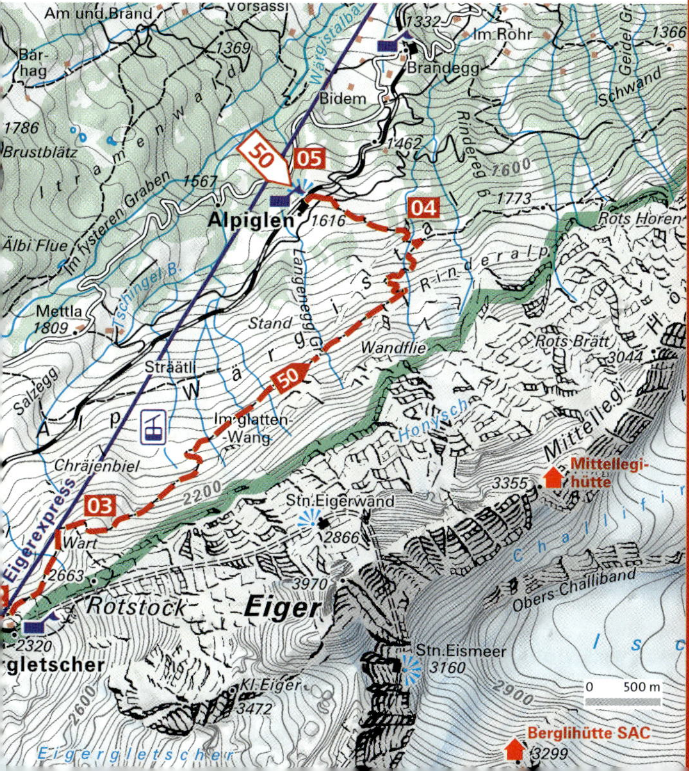

VON ALPIGLEN ZUR GLETSCHERSCHLUCHT

Der untere Abschnitt des Eiger Trails

 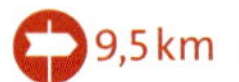 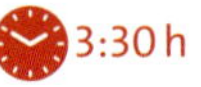 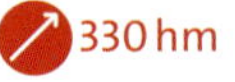 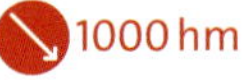 

START | Grindelwald, Ortsteil Grund, 943 m, Bahnhof; Haltestelle des Grindelwald Bus, gebührenpflichtiger Parkplatz. Auffahrt mit der Wengernalpbahn zur Station Alpiglen, 1614 m (www.jungfrau.ch). RP
[GPS: UTM Zone 32 x: 423.576 m y: 5.161.216 m]
CHARAKTER | Eindrückliche Bergwanderung auf guten Pfaden, die stellenweise durch steiles, steiniges und felsiges Gelände führen und daher Trittsicherheit sowie Schwindelfreiheit erfordern; eine kurze gesicherte Passage (T3).

Nach Nordosten entsendet der Eiger den fast drei Kilometer langen Mittellegigrat zum „Hireli“ (Hörnli). Obwohl seine Schneide stellenweise messerscharf ist, trägt sie eine Schutzhütte. Ein zweites, unbewartetes Bergsteigerrefugium verbirgt sich unter der Felsburg der Ostegg, die zum Unteren Grindelwaldgletscher hin abstürzt. Am Fuss dieser Riesenwand verläuft ein wenig bekannter Wanderpfad – gewissermassen als Verlängerung des Eiger Trails – bis ins Tal der Weissen Lütschine hinunter. Man durchschreitet dabei eine stille Berglandschaft, die so manche Überraschung und viele interessante Ausblicke bietet.

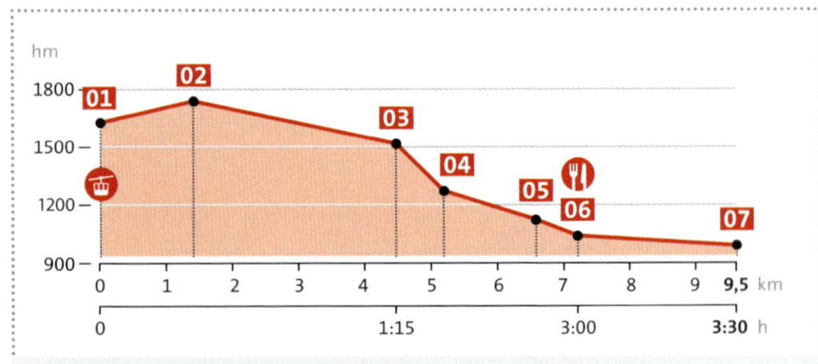

01 Berghaus Alpiglen, 1614 m; 02 Gabelung, 1757 m; 03 Lägerli, 1508 m; 04 Anhöhe, 1270 m; 05 Marmorbruch, 1120 m; 06 Hotel Gletscherschlucht, 1014 m; 07 Grindelwald-Grund, 943 m

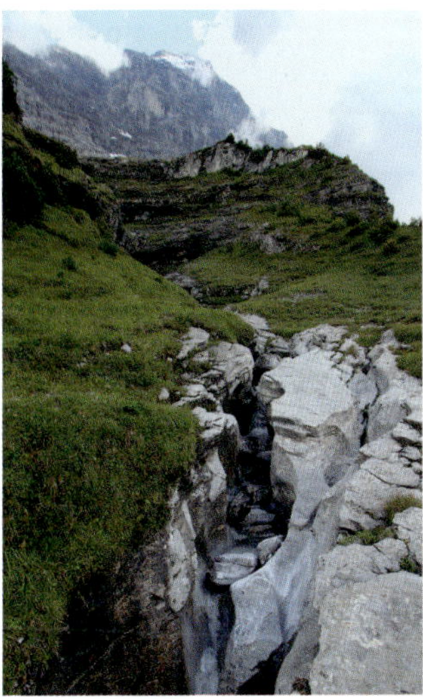

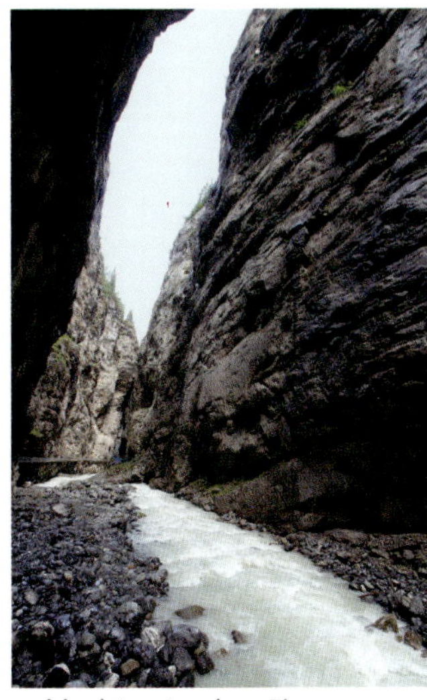

Kleine Felskluft und grosse Gletscherschlucht unter dem Eiger.

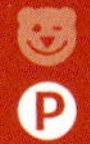
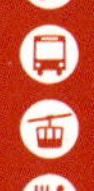
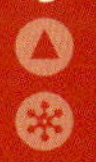
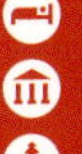

▶ Von der Bahnstation beim **Berghaus Alpiglen** 01 wandern Sie zunächst auf dem beschilderten Eiger Trail etwa 25 Minuten gegen die Riesenwand des Eigers und der östlich anschliessenden Mittellegi hinauf. Eine kurze, harmlose Passage ist mit einem Stahlseil gesichert. Nach der Brücke über eine kleine Schlucht erreichen Sie eine **Gabelung** 02 (1757 m).
Dort zweigen Sie links Richtung „Bonera, Gletscherschlucht, Grindelwald" ab. Der Pfad führt bald über eine weitere Mini-Schlucht, dann geht's im Auf und Ab durch ein kurzes Waldstück an der Rinderegg und über freie, nur mit einzelnen Bäumen, Gebüsch und Alpenrosen bewachsene Hänge unterhalb der Wandabstürze. Hier hält sich lange Lawinenschnee, in dem sich mitunter Portale bilden. Nach einer kleinen Hütte und dem zweiten felsige Graben gehen Sie an der Abzweigung zur Ostegghütte (Klettersteig) vorbei. Weiter absteigend kommen Sie wieder in bewaldetes Gelände, bleiben bei der Abzweigung zum Brandegg (1700 m) geradeaus und durchqueren den plattigen Schüssellaui-Kessel (1545 m). Durch steile, mit Felsen durchsetzte Waldhänge erreichen Sie die Lichtung auf Bonera mit der Schutzhütte **Lägerli** 03 (1508 m, Brunnen). 45 Minuten.
Von dort führt der Pfad steil nach links hinab – hoch über der Gletscherschlucht. Ein Wandabbruch wird mit Hilfe einer Metalltreppe überwunden; dann geht's auf einem mit Seilgeländern gesicherten Felsband quer durch schräge, einst vom Gletscher abgeschliffene Gesteinsplatten und über einige natürliche Stufen zu einer kuppigen **Anhöhe** 04 (1270 m) hinab. Dort lagern zwischen kleinen Fichten und Kiefern grosse Steinblöcke, die vom fliessenden Gletschereis mitgeführt und nach

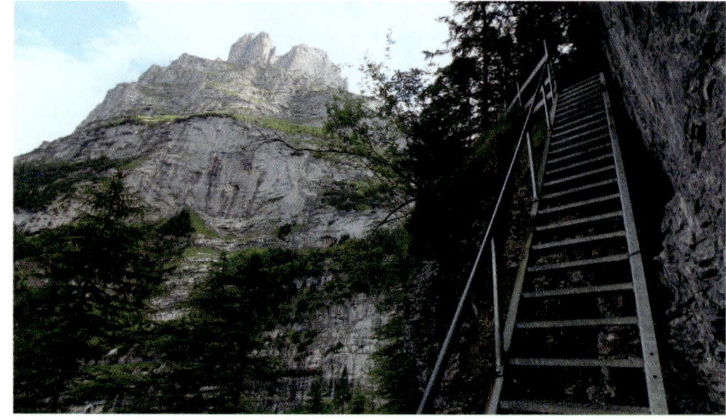

Die Leiter unterm Lägerli, dahinter der mächtige Mättenberg.

dem Abschmelzen hier zurückgelassen wurden. Links blickt man wieder über den Talkessel von Grindelwald, rechts tut sich die Sicht zum Unteren Grindelwaldgletscher auf – und in der Tiefe ist die Gletscherschlucht zu erahnen.

Ein paar Schritte weiter unten lädt rechts eine Holzhütte (Grillplatz) zur Rast ein. Unterhalb davon gelangen Sie durch märchenhaft anmutenden Wald zur nächsten Gabelung (1138 m), von der Sie dem Wegweiser „Gletscherschlucht, Grindelwald" nach rechts folgen.

Kurz darauf zweigt der Weg ins Tal links ab – es lohnt sich jedoch, rechts Richtung „Marmorbruch, Pfingstegg" weiterzugehen. Nach einem kurzen Anstieg queren Sie den Damm einer „Drahtseilriese", mit der am Ende des 19. Jahrhunderts Eisbrocken von der damals noch viel längeren Zunge des Unteren Grindelwaldgletscher ins Tal transportiert wurden (man lieferte das begehrte Kühlgut mit der Bahn bis nach Paris). Dann geht's ein paar Meter bergab, auf

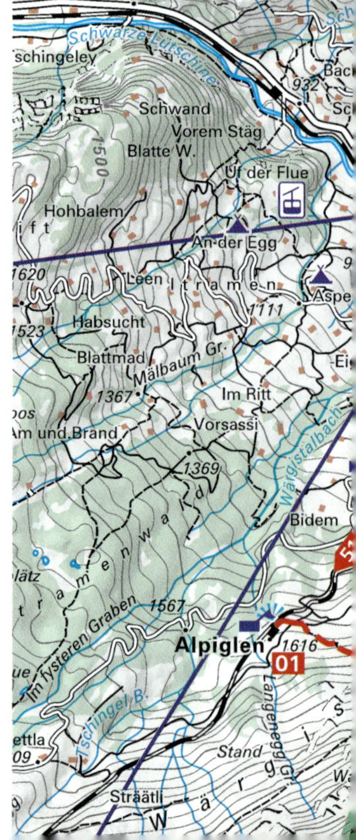

einem schmalen Steg über die Gletscherschlucht (Tiefblick!) und zum Restaurant beim alten **Marmorbruch** 05 (1120 m).
Dort ist noch gut zu sehen, wie die Steinblöcke einst abgebaut wurden; davor führt ein kurzer Stichweg zu einem Bergwerksstollen. 1:15 h.
Hinter dem Restaurant steigen Sie links auf einem Waldweg zur Zufahrtsstrasse ab und auf dieser links zur Brücke über die Weisse Lütschine. Jenseits davon erreichen Sie nach ca. 35 Minuten das **Hotel Gletscherschlucht** 06 (1014 m).

Nun wandern Sie auf der Asphaltstrasse Richtung „Grindelwald/Grund". Nach 130 m biegen Sie rechts auf den Wanderweg ab, der zur Weissen Lütschine führt. Neben dem Ufer geht's zu einer Strasse, die überquert wird, und dann weiter talauswärts. Im Auwald wird ein Schotterwerk links umgangen, dann wandern Sie zur Brücke in Sand (951 m) weiter. Auf dieser überqueren Sie den Fluss und marschieren jenseits links auf dem Fussweg neben der Strasse zum Bahnhof in **Grindelwald-Grund** 07 (943 m). 30 Minuten.

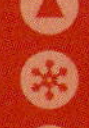

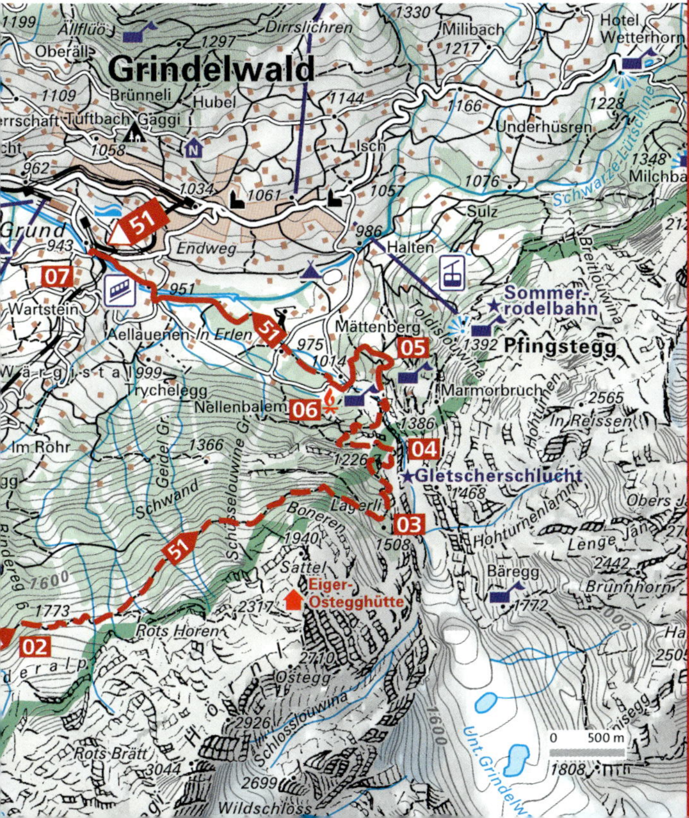

ZUM BERGHAUS BÄREGG • 1772 m

Im Gletscherreich hinter dem Eiger

 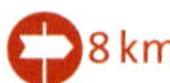 8 km 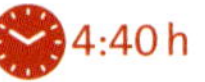 4:40 h 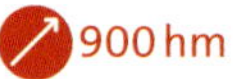 900 hm 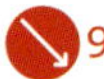 900 hm 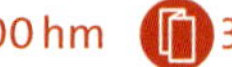 31

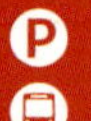
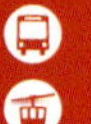

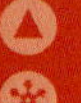

START | Hotel Gletscherschlucht, 1014 m, im Tal der Schwarzen Lütschine unterhalb von Grindelwald; Haltestelle des Grindelwald Bus (Linie 122 vom Bahnhof), gebührenpflichtiger Parkplatz. [GPS: UTM Zone 32 x: 427.181 m y: 5.162.535 m]
CHARAKTER | Erlebnisreiche Bergwanderung auf gut angelegten Pfaden, die stellenweise durch steile Hänge führen und daher Schwindelfreiheit erfordern (T3). Durch die Nutzung der Seilbahn auf die Pfingstegg (1392 m) lässt sich die Aufstiegszeit auf 1:30 h und der Abstieg auf 1:00 h verkürzen (www.pfingstegg.ch).

Bilder aus dem 18. oder 19. Jahrhundert zeigen, dass die Zunge des Unteren Grindelwaldgletschers damals zwischen dem Eiger und dem Mättenberg bis auf den Talboden von Grindelwald quoll. Heute befindet sich dort der Eingang zur längst eisfreien Gletscherschlucht – und man muss schon ganz schön weit und hoch hinaufwandern, um dem „ewigen Eis" nahe zu kommen. Dabei erlebt man die Auswirkungen der Gletscherschmelze ganz hautnah. Mit dem Verschwinden des Eises verliert der Moränenschutt in den Seitenhängen seine Stabilität. So musste die Stieregghütte im Frühjahr 2005 aufgegeben werden, nachdem der Untergrund direkt vor ihrem Fundament in die Tiefe gestürzt war. Heute empfängt das Berghaus Bäregg etwas weiter oben die mü-

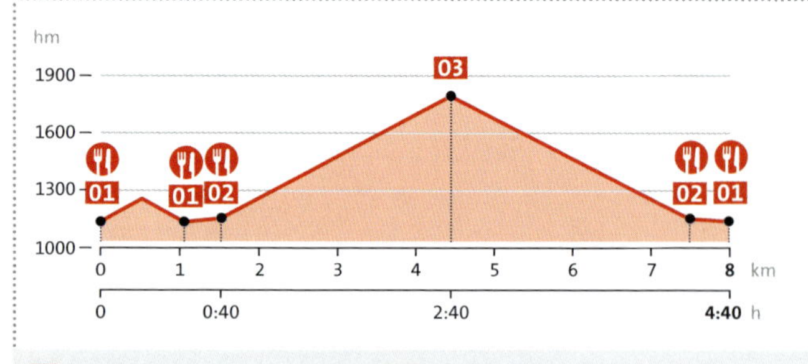

01 Hotel Gletscherschlucht, 1014 m; 02 Marmorbruch, 1120 m; 03 Berghaus Bäregg, 1772 m

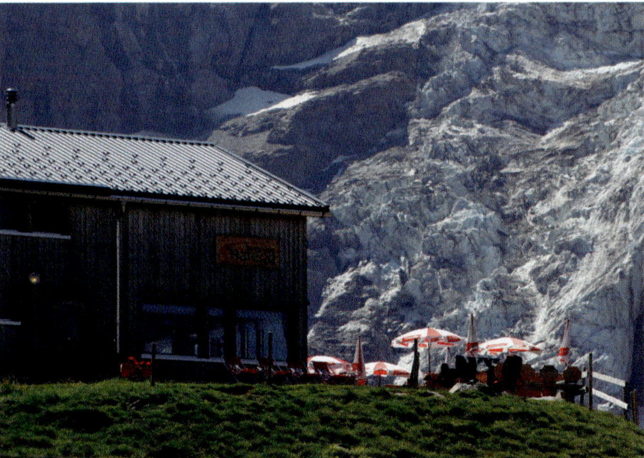

Gemütliche Einkehr mit Sicht zum Eisbruch an den „Heissi Blatti".

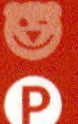

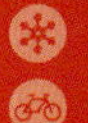
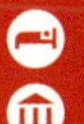
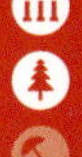

den Wanderer, die bei kühlen Getränken und frischer Rösti weitere glaziale Phänomene beobachten können – etwa die Eislawinen vom Ischmeer, der gewaltigen Gletscherarena unter dem Grossen Fiescherhorn (4049 m), oder den braungrauen See im schuttbedeckten „Toteis" im Talgrund (das keine Verbindung mit dem eigentlichen Gletscher mehr hat). Um einen Ausbruch der unberechenbaren Wassermassen zu verhindern, baute man einen eigenen Felsstollen, der eine kontrollierte Ableitung in die Gletscherschlucht gewährleistet. Eindrücklich ist auch die Absturzstelle eines ganzen Felsturms, der – seines eisigen Widerlagers beraubt – im Juli 2006 aus der Felsflanke der Ostegg im Eigermassiv in die Tiefe krachte. Weiter oben entdeckt ein scharfes Auge in dieser Riesenwand auch das „Martinsloch", durch das die Sonne an nur zwei Wintertagen die Kirche von Grindelwald anstrahlt. Doch schon der Zugang zur Bäregg bietet Aussergewöhnliches – etwa den magenkribbelnden Tiefblick in die Gletscherschlucht oder den Besuch eines historischen Marmorbruchs.

▶ Neben dem **Hotel Gletscherschlucht** 01 folgen Sie den Wegweisern „Pfingstegg, Marmorbuch" in die felsigen Waldhänge oberhalb der Gletscherschlucht hinauf. Der breite, mit Stufen versehene Weg schlängelt sich zu einer Gabelung empor, von der Sie links Richtung „Marmorbruch, Pfings-

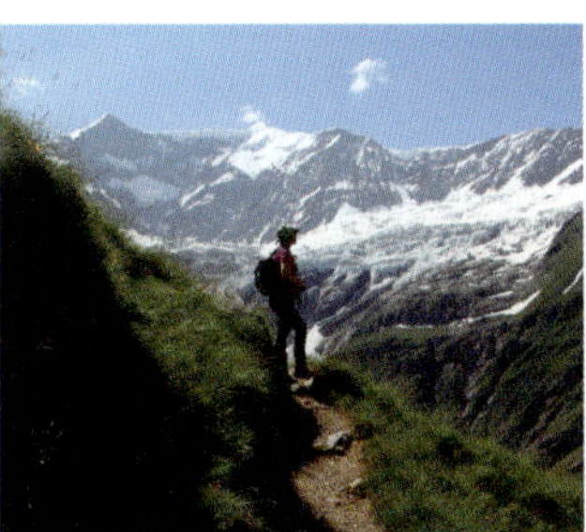

Blick zur Fiescherwand.

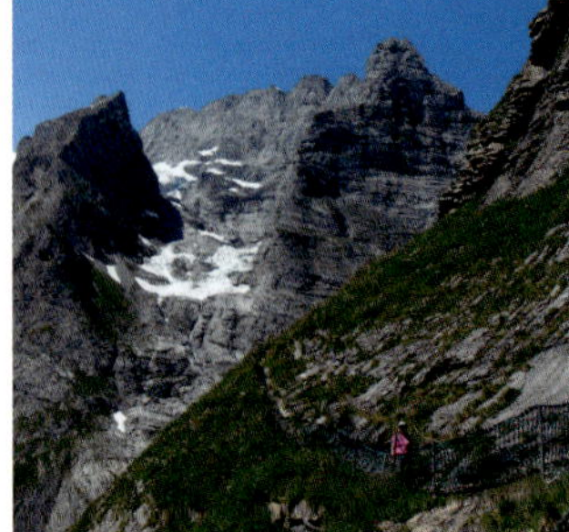
Blick zum Mittellegigrat.

tegg, Băregg" weitergehen. Nach einem kurzen Anstieg queren Sie den Steindamm einer „Drahtseilriese", mit der am Ende des 19. Jahrhunderts Eisbrocken von der damals noch viel längeren Zunge des Unteren Grindelwaldgletschers ins Tal transportiert wurden (man lieferte das begehrte Kühlgut mit der Bahn bis nach Paris). Dann geht's ein paar Meter bergab, auf einem schmalen Steg über die Gletscherschlucht (faszinierender Tiefblick) und zum Restaurant beim alten **Marmorbruch** 02 (1120 m). Dort ist noch zu sehen, wie die Steinblöcke abgebaut wurden (kurzer Stichweg zu einem Stollen). 40 Minuten.

Nun steigen Sie gemäss dem Wegweiser „Pfingstegg, Bäregg" durch die steilen, felsdurchsetzten Hänge über der Schlucht an. Über den Raiftboden und vorbei an einer Abzweigung erreichen Sie unter der Wysseflue (1386 m) jenen Weg, der die Pfingstegg mit der Bärnegg verbindet. Auf diesem wandern Sie rechts bergauf. Bald lichtet sich der Wald und der Untere Grindelwaldgletscher zeigt sich am Fuss des Grossen Fiescherhorns (4049 m). Der mit Geländern und Stufen versehene Pfad steigt durch sehr steile Gras- und Felshänge an (Wasserfall). Etwa 2:00 h nach dem Abmarsch vom Marmorbruch stehen Sie vor dem **Berghaus Bäregg** 03 (1772 m).

Der **Rückweg** erfolgt auf derselben Route in ca. 2:00 h.

Zur Schreckhornhütte

Der Weiterweg von der Bäregg zur 2529 m hoch gelegenen Schreckhornhütte des Schweizer Alpen-Clubs ist eine anspruchsvolle, aber sehr gut mit Stahlseilen, Ketten, Eisentritten und Leitern gesicherte alpine Route (T4). Der erste Abschnitt des Pfades musste wegen der Folgen des Klimawandels – Steinschlag, Muren, ganze Geländeteile, die wegbrechen – bereits mehrfach verlegt werden. Vom ersten Etappenziel, dem Kamm des Bänisegg, erblickt man schon die Eisbrüche des Unders Ischmeer und den weiteren Wegverlauf zum Roten Gufer. Dort beginnt die eindrückliche gesicherte Felspassage im Nahnereich eines wahren „Eiswasserfalls", über dem sich das Finsteraarhorn zeigt. Nach einer Steilstufe muss man einen Bach überspringen und einen zweiten meist durchwaten. Nach einem weiteren gesicherten Abschnitt erreicht man schliesslich die im Sommer gut bewartete Hütte, in der man natürlich übernachten sollte. Ihre Lage über dem Gletscherstrom des Obers Ischmeer ist einzigartig schön; im Panorama prunken nun auch das Schreckhorn, das Kleine Fiescherhorn, Eiger und Mönch. Aufstieg 3:15 h, Abstieg 2:30 h.

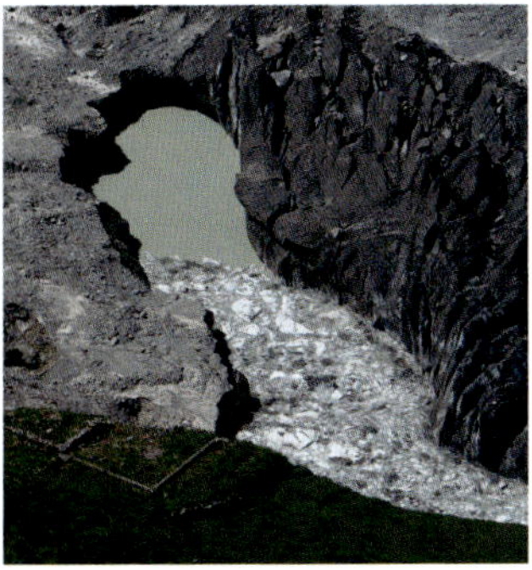

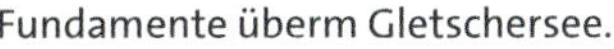

Fundamente überm Gletschersee.

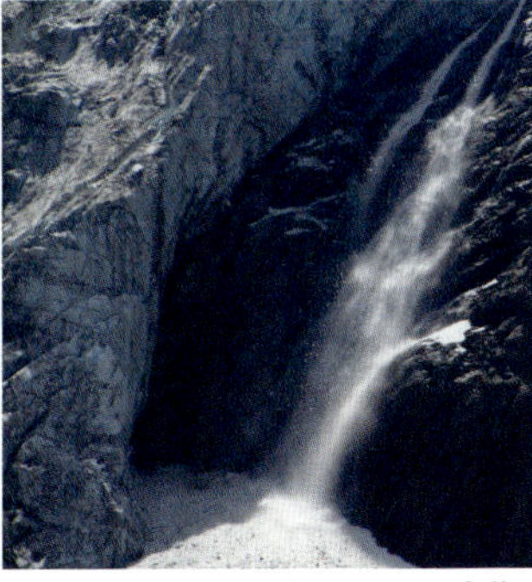

Kein Wasser-, sondern ein Eisfall.

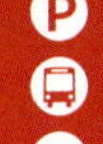

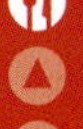

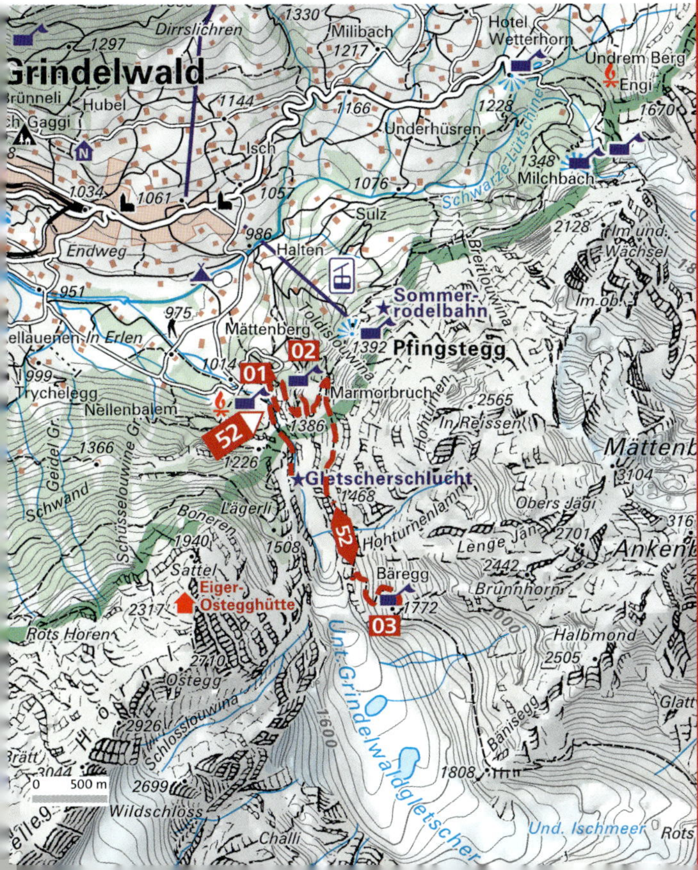

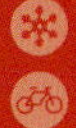

53

ZUR GLECKSTEINHÜTTE • 2317 m

Dem Oberen Grindelwaldgletscher entgegen

 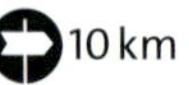 10 km 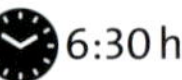 6:30 h 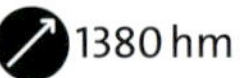 1380 hm  1380 hm 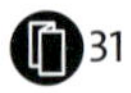 31

START | Hotel Wetterhorn, 1228 m, nordöstlich oberhalb von Grindelwald; gebührenpflichtiger Parkplatz: Zufahrt mit dem Grindelwald Bus vom Bahnhof Richtung Grosse Scheidegg (Linien 121 und 128, Haltestelle „Oberer Gletscher"). RP
[GPS: UTM Zone 32 x: 428.861 m y: 5.164.699 m]
CHARAKTER | Sehr anspruchsvoller Hüttenzustieg auf einem gut angelegten, aber stellenweise überaus exponierten und nur stellenweise mit Stahlseilen gesicherten Pfad durch hochalpines Gelände (T3). Absolute Trittsicherheit und Schwindelfreiheit sind unabdingbare Voraussetzungen. Keinesfalls bei starken Regenfällen, Gewittern und Vereisung gehen! Die Übernachtung in der Glecksteinhütte empfiehlt sich sehr.

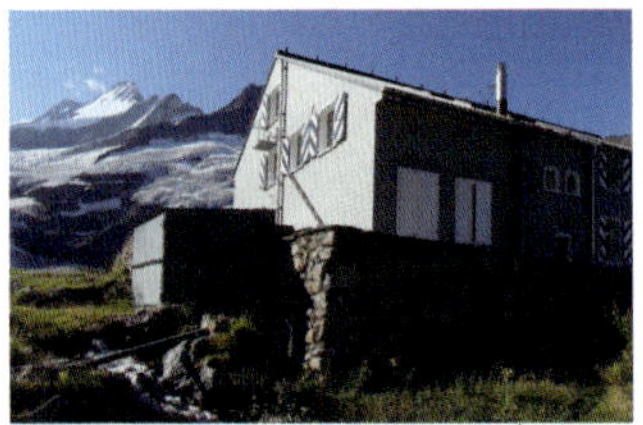

Ein bestens bewartetes Schutzhaus im Angesicht wild zerrissener Gletscher und eines elegant zugespitzten Viertausenders, ein überraschungsreicher Hüttenzustieg mit höchst prickelnder Sicht nach unten – und als Draufgabe der abendliche Besuch einer Steinbockkolonie.

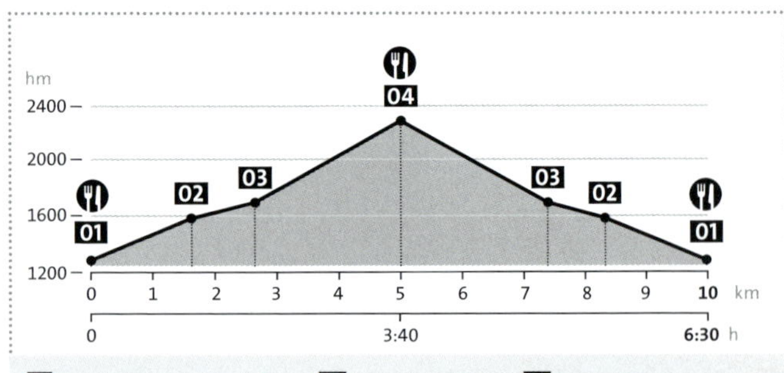

01 Hotel Wetterhorn, 1228 m; 02 Ischpfad, 1590 m; 03 Engi, 1670 m; 04 Glecksteinhütte, 2317 m

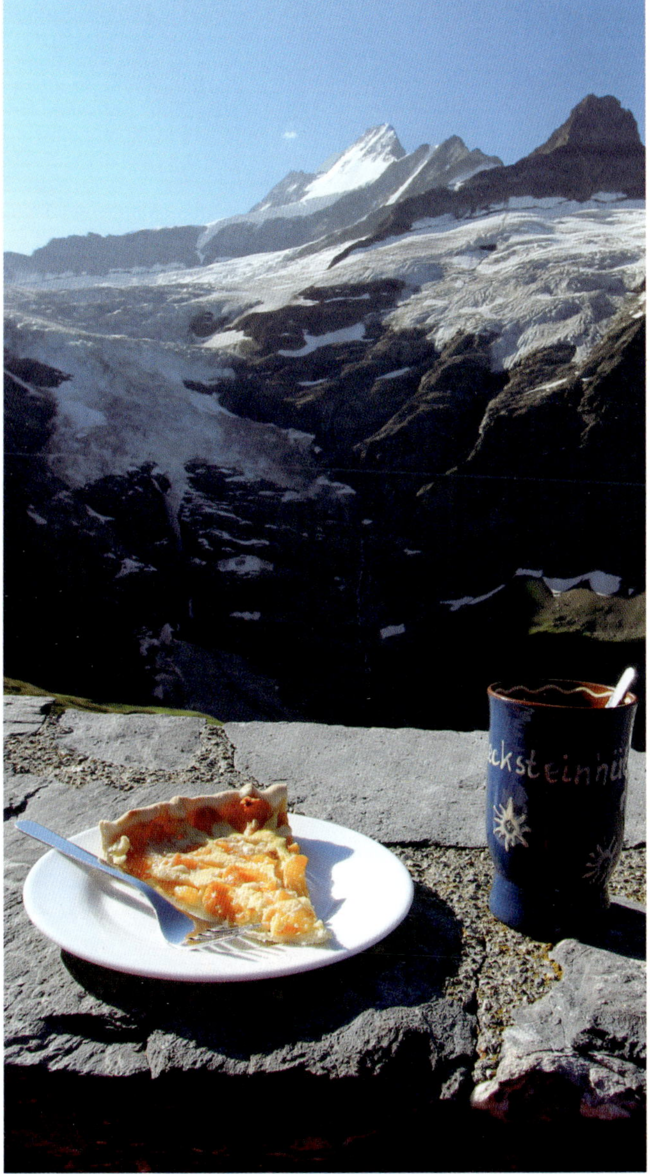

Nichts geht über ein köstliches Frühstück mit Blick zum Schreckhorn.

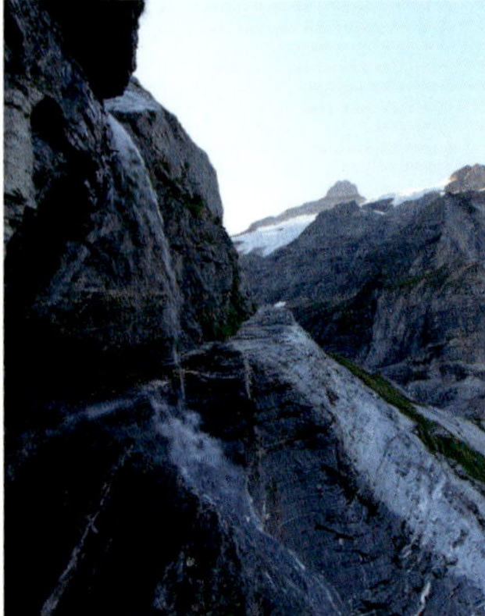

Wasserfall-Dusche am Abgrund.

Die Glecksteinhütte steht im Ranking der lohnendsten Berner-Oberland-Touren mit Sicherheit ganz oben – allerdings nur für völlig schwindelfreie Menschen, die luftige Tiefblicke lieben und auch auf schmalen Felsabsätzen direkt über dem Abgrund cool bleiben.

▶ Vom Parkplatz beim **Hotel Wetterhorn** 01 („Beim Obern Gletscher") gehen Sie einige Schritte auf der Asphaltstrasse Richtung Grosse Scheidegg aufwärts. Neben der Gondel-Nachbildung des Wetterhorn-Aufzugs geht's links auf einem Wanderweg zu einem Weiher und zur Strassenkehre. Jenseits führt der beschilderte Pfad zur Glecksteinhütte in den Wald hinauf und über zwei Gräben ins Alpgebiet Undrem Berg. Neben einem Bachlauf, über die Wiesen am Ischboden und auf einem teils bewaldeten Rücken erreichen Sie nach 1:00 h eine Gabelung (1590 m) direkt unter dem jäh aufragenden Wetterhorn.

Dort führt der **Ischpfad** 02 nach rechts Richtung „Glecksteinhütte". Über Schutt und ein bis weit in den Sommer hinein bestehendes Schneefeld gelangen Sie zu Felsen, die von Lawinen und Steinschlag glattgeschliffen wurden. Danach steigen Sie auf schmalen Felsbändern und in gut gestuftem Gestein quer durch die Nordwestflanke des Chrinnenhorns an. Das steile Gelände ist zwar mit Legföhren bewachsen, kurze ungesicherte Passagen über dem Abgrund erfordern aber absolute Schwindelfreiheit. Der Blick in den Talkessel von Grindelwald, zu Eiger und Mönch wird wohl unvergesslich bleiben! Nach etwa 700 m erreichen Sie ein kleines Tor unter der Felskante an der **Engi** 03 (1670 m), hinter der sich der wilde Talkessel um den Oberen Grindelwaldgletscher öffnet.

Durch die steilen, grasigen Südwesthänge oberhalb der alten Station des Wetterhorn-Aufzugs führt der Pfad etwas abwärts und dann hoch über der Gletscherschlucht (die einst vom Eis bedeckt war) wieder in felsiges Gelände. Der kleine Wasserfall des Wyssbachs verhilft manchmal zu einer Dusche, doch ein paar rutschfeste Bodenmatten und ein durchgehendes Halteseil entschärfen die Stelle. Nach weiteren Grashängen erfordern dann die sehr schmalen Felsbänder durch „Zybachs Platten" noch einmal besondere Vorsicht. Dann wird der Weg etwas breiter und man kann auf einem aussichtsreichen Grashügel verschnaufen. Über eine letzte, gut mit Stahlseilen gesicherte Passage gelangt man auf den Rücken des Schneebiel, von dem man endgültig den weit zurückgeschmolzenen Oberen Grindelwaldgletscher unter dem Schreckhorn (4078 m) überblickt. 100 m weiter oben steht die **Glecksteinhütte** 04 (2317 m).

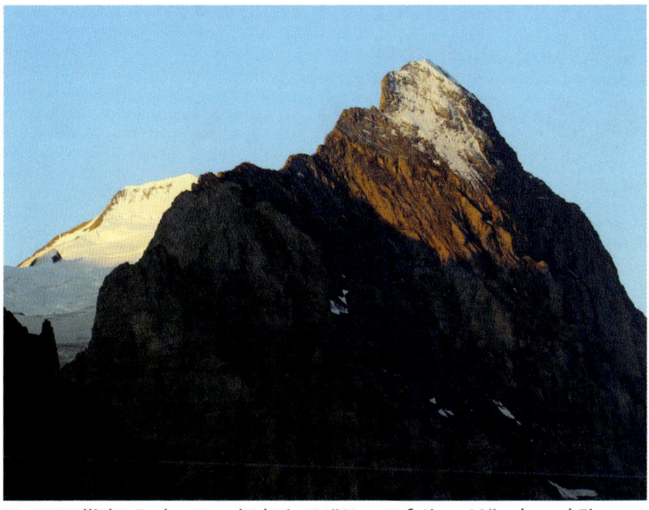

Morgendliche Farbenpracht beim Hüttenaufstieg: Mönch und Eiger.

Der Abstieg erfolgt auf der gleichen Route in 2:50 h.

Variante: Die Tour lässt sich um 1:30 h verkürzen, indem man vom Hotel Wetterhorn mit dem Bus bis zur Haltestelle „Abzw. Gleckstein“ weiterfährt, von dort bis zum Ischpfad wandert und auf dieser Route auch wieder zurückkehrt.

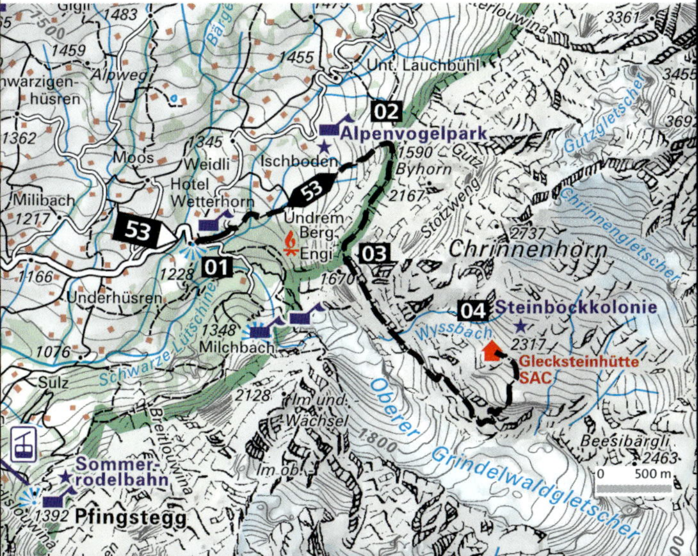

FIRST – BACHSEEN – BUSSALP

Spiegelung und Spitzen

  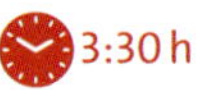 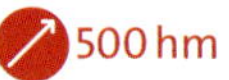  

8 km | 3:30 h | 500 hm | 620 hm | 31

START | Grindelwald, 1034 m; Bahnhof, gebührenpflichtige Parkplätze im Ort. Mit dem Grindelwald Bus (Linie 127) zum Berggasthaus Waldspitz, 1918 m. Rückfahrt von der Bussalp zum Bahnhof mit der Linie 126.
[GPS: UTM Zone 32 x: 426.767 m y: 5.166.800 m]
CHARAKTER | Erlebnisreiche Alp- und Bergwanderung auf guten Pfaden (T2). Unterwegs keine Einkehrmöglichkeit.

Höhenwege oberhalb der Baumgrenze gibt es einige rund um Grindelwald – einer der schönsten ist jedoch jener, der hoch über dem Ort durch die Südhänge der Reeti führt. Die meisten beginnen diese Wanderung bei der Gondelbahnstation auf der First; weniger begangen ist jedoch die Zugangsroute vom Berggasthaus Waldspitz. Jeder dieser Wege führt zu den beiden übereinander gelegenen Bachseen, die im Ranking der meistgeklickten Schweizer Fotomotive ganz weit vorne liegen. Die vielgerühmte Sicht zu den Gletscherbergen erweitert sich jedoch nach dem folgenden Anstieg zum Südostgrat der Reeti wie mit einem Paukenschlag. Da bleibt man vielleicht länger als geplant vor der kleinen Fernandeshitta sitzen, um all die landschaftliche Pracht zu geniessen, bevor man sich in Vorfreude auf Genüsse kulinarischer Art an den Abstieg macht.

▶ Bei der Bushaltestelle vor dem **Berggasthaus Waldspitz** 01 zeigt der Wegweiser „Bachalpsee" den Beginn des Blumenpfades an. Er verläuft zunächst auf der Schot-

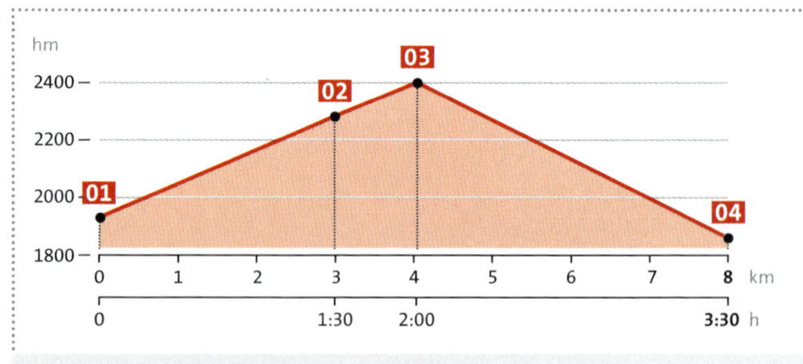

01 Berggasthaus Waldspitz, 1918 m; 02 Bachseen, 2265 m; 03 Fernandeshitta, 2401 m; 04 Bussalp, 1825 m

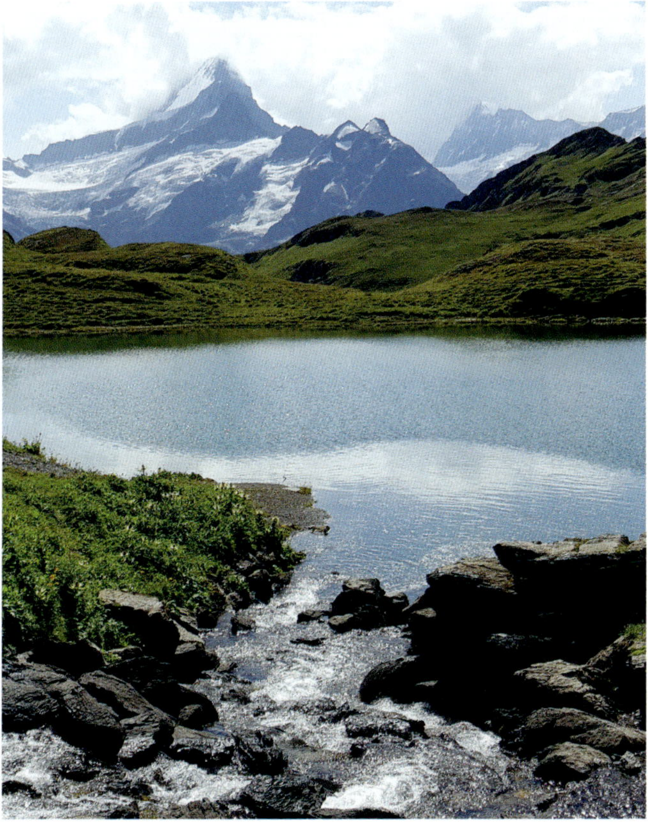

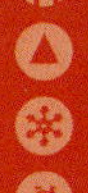

Ohne Spiegel, dafür mit Wolken und Wildwasser – der Bachseeblick.

terstrasse zu den Hütten im Bachläger. Vor der Brücke über den Milibach, der weiter unten Mühlen antrieb, biegen Sie links ab und gehen zu zwei Hütten hinauf. Von dort steigt ein Pfad unter der Sattelegg (2226 m) ins weite Hochtal des Milibachs an, wo das flache Gewässer schöne Mäander bildet. Nach ungefähr 1:30 h erreichen Sie den unteren der beiden **Bachseen** 02 (2265 m), in denen sich – wenn es windstill ist – das Wetter- und das Schreckhorn spiegeln.

Vor dem See zweigen Sie links auf einen Pfad mit der Beschilderung „Spitzen, Feld, Bussalp" ab. Er führt hoch über dem Tal durch die Abhänge der Reeti (2756 m) zu einer unmarkierten Gabelung, von der Sie gerade zu den kleinen Felstürmen auf dem Kamm gehen („Spitzen"). Rechts davon steigen Sie zur nahen **Fernandeshitta** 03 (2401 m) an – bei dem kleinen hölzernen Unterstand bereichern auch der Eiger und die Jungfrau das Panorama.

Dann geht's durch die Schutt- und Grashänge der Reeti bergab, bis hinter einer Anhöhe (2164 m) das „Feld" auf der Alp Holzmatten auftaucht. Gemäss dem Wegweiser „Bussalp Oberläger" wandern Sie über einen tief eingeschnittenen Schuttgraben (Holzstufen) und über Weiden zur nächsten Abzweigung.
Der linke Graspfad führt Richtung „Bussalp Höhenwege 2000/2200" abwärts, an einem Alpweg vorbei und hinab zum Restaurant auf der **Bussalp** 04 (1825 m). 2:00 h.

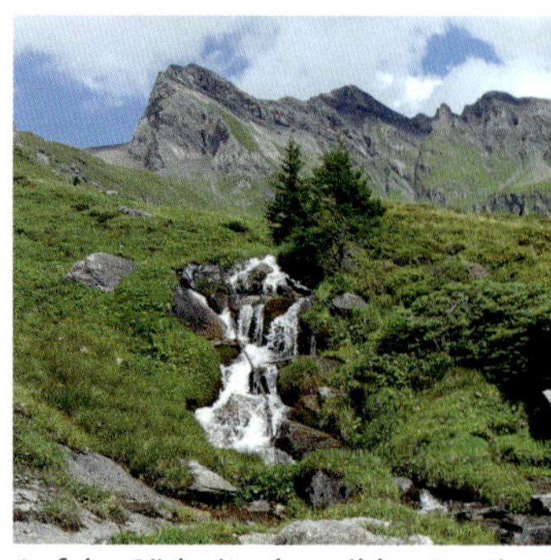

Auf der Südseite der wilden Reeti

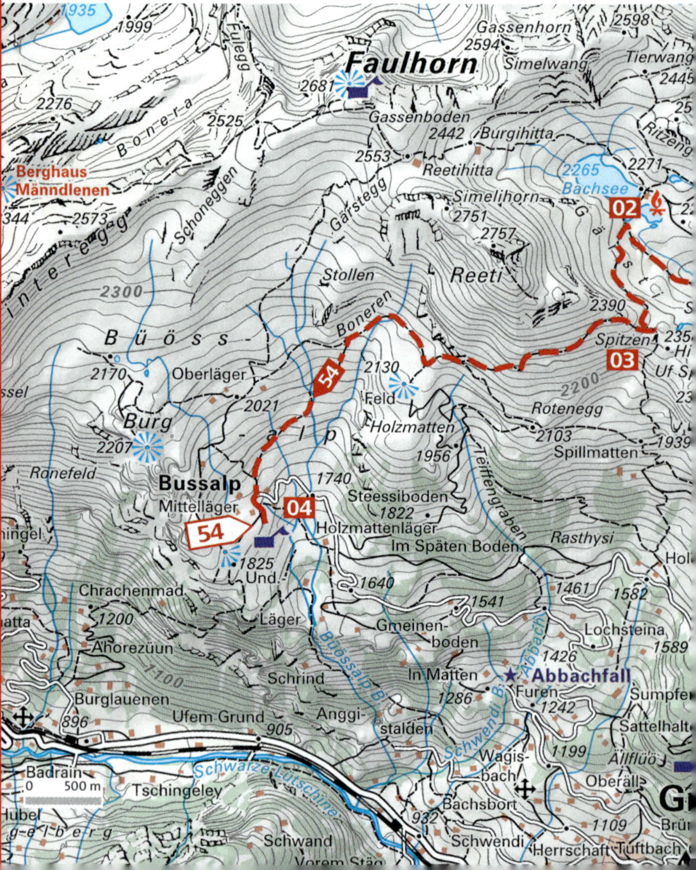

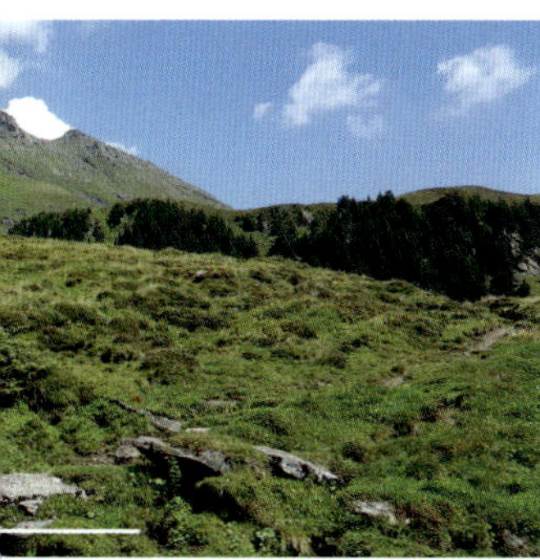

führt der Weg zur Bussalp hinab.

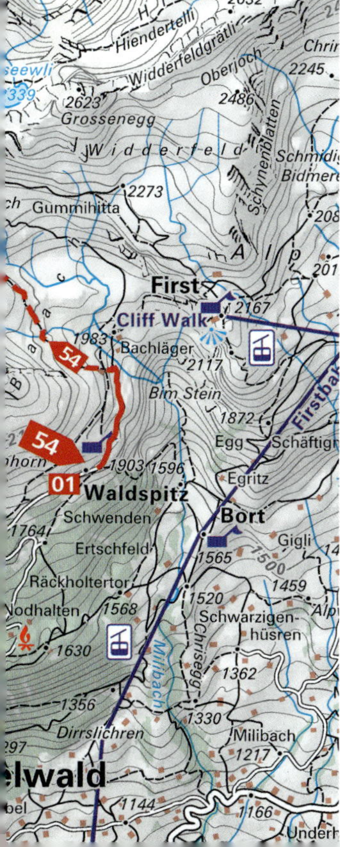

Genuss mit Eisblick

Rund um die Kirche ist Grindelwald noch ruhig und authentisch. Dort führt die Familie Michel in vierter Generation das Hotel Gletschergarten. Das 120 Jahre alte Holzgebäude birgt grosszügige, gemütlich eingerichtete Zimmer. Jedes davon verfügt über einen Balkon mit traumhafter Sicht zum Wetterhorn, auf das Eismeer unter dem 4049 Meter hohen Fiescher-

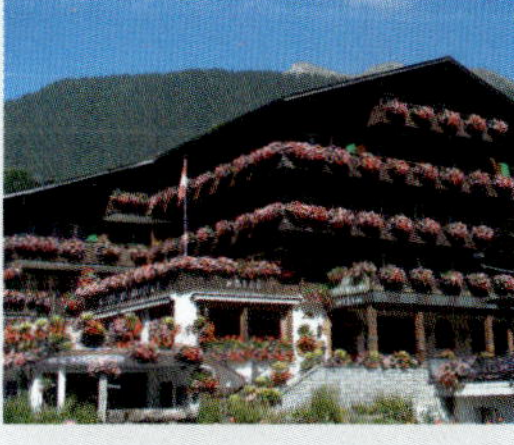

horn und zum Eiger. Ausserdem laden geräumige Ferienwohnungen zum Urlaub mit der ganzen Familie ein. Vor dem Hotel wetteifern die Rosen des namensgebenden Gletschergartens mit der üppigen Blütenpracht vor den Fenstern. Durch diese lugen die Gletscherberge sogar in die drei heimeligen Hotelstuben hinein – dort geniessen die Gäste jeden Abend die feinen und abwechslungsreichen Viergangmenüs von Küchenchef François Rollot.

Chalet-Hotel Gletschergarten
Obere Gletscherstrasse 1,
CH-3818 Grindelwald,
Tel. +41 33 853 17 21,
www.hotel-gletschergarten.ch

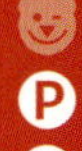
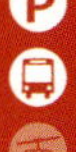

SCHWARZHORN • 2928 m

Ein finsteres Felsbollwerk vor weisser Gletscherkulisse

 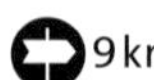 9 km  5:30 h 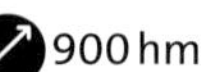 900 hm  900 hm 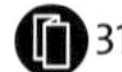 31

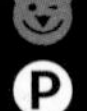
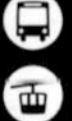

START | Grindelwald, 1034 m; Bahnhof, gebührenpflichtiger Parkplatz bei der Talstation der Firstbahn. Auffahrt mit der Gondelbahn über Bort zur Bergstation First, 2167 m; Rückfahrt ebenalls mit der Firstbahn (www.jungfrau.ch).
[GPS: UTM Zone 32 x: 427.621 m y: 5.167.794 m]
CHARAKTER | Sehr anspruchsvolle Gipfeltour auf schmalen Pfaden durch abschüssiges Felsgelände, das alpine Erfahrung, Trittsicherheit, Schwindelfreiheit und alpine Erfahrung erfordert (T4).
Bei Schneelage oder Vereisung sehr gefährlich.

Das Schwarzhorn ist der höchste Gipfel zwischen Grindelwald und dem Brienzersee – und die alpinste Aussichtswarte, von der man die Viertausenderparade der Berner Alpen bewundern kann. Allerdings sollten sich nur sehr geübte Bergwanderer an den schroffen Felsdreikant über der Grossen Scheidegg wagen.

▶ Von der Seilbahnstation auf der **First** 01 wandern Sie auf der Schotterstrasse Richtung „Grosse Scheidegg, Schwarzhorn“ zum Distelboden (2083 m) hinab. Dort zweigt der beschilderte Pfad auf das Schwarzhorn links ab, er führt durch die Mulde unter den Schynenblatten (Skigebiet) hinauf. Auf dem Sattel am **Chrinnenboden** 02 (2241 m) zweigen Sie nochmals links ab und wandern nun steiler ins Geröllkar unter der Grossen Chrinne. Der blau-weiss signalisierte Klettersteig zweigt links ab – der Normalweg steigt dagegen rechts durch plattigen Schutt und

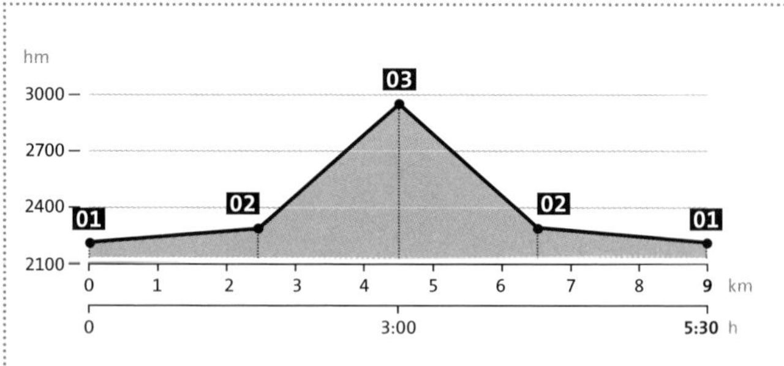

01 First, 2167 m; 02 Chrinnenboden, 2241 m; 03 Schwarzhorn, 2928 m

über eine felsige Rampe zum Südgrat des Schwarzhorns an. Seine scharfe Schneide weist links empor. Der Pfad führt meist etwas unterhalb davon gipfelwärts; ein schmales Band erfordert Kaltblütigkeit, eine kurze Felsstufe ist mit einer Kette gesichert. Kurz nach der Einmündung des Klettersteigs erreichen Sie nach knapp 3:00 h den höchsten Punkt des **Schwarzhorns** 03 (2928 m).
Abstieg auf derselben Route in 2:30 h.

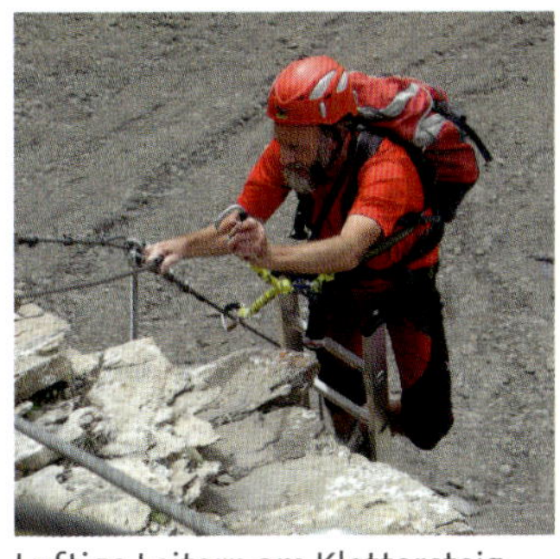
Luftige Leitern am Klettersteig.

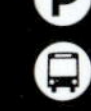

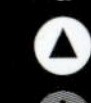

Der Schwarzhorn-Klettersteig

Mit Helm und Klettersteigset kann man sogar eine Rundtour über den Sattel nordöstlich der Schwarzen Chrinne und den Südwestgrat durchführen. Die Schlüsselstellen des nur mässig schwierigen, aber sehr luftigen und 2017 total sanierten Klettersteigs (B/C, KS 2-3) bilden zwei fast senkrechte Felsaufschwünge, die auf insgesamt fünf seitlich versetzten Leitern überwunden werden.

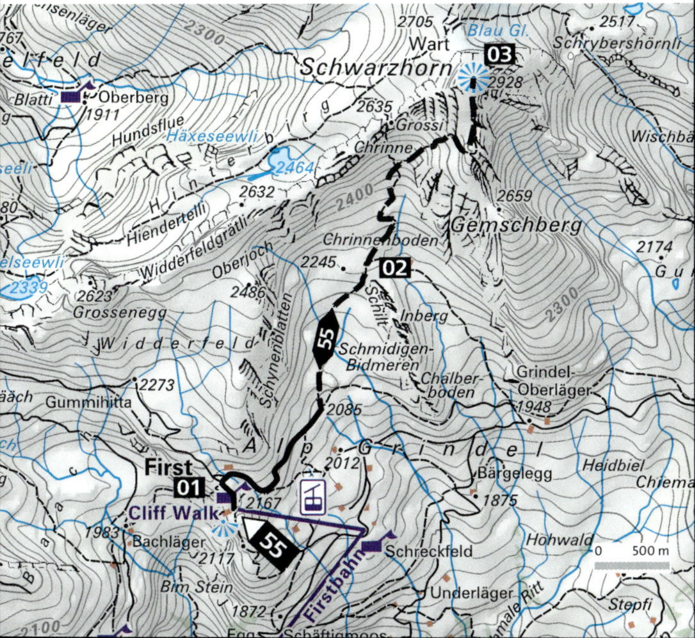

REICHENBACHFALL – AARESCHLUCHT

„Wasserspiele" und Kriminalgeschichte

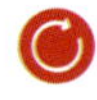 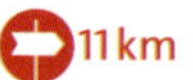 11 km 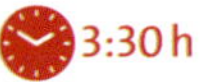 3:30 h 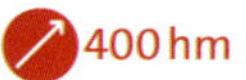 400 hm 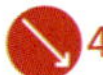 400 hm 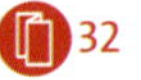 32

START | Meiringen, Bahnhof, 595 m; gebührenpflichtige Parkplätze im Ort. [GPS: UTM Zone 32 x: 437.627 m y: 5.175.239 m]
CHARAKTER | Wanderung im Talbereich auf teils geteerten Nebenstrassen sowie stellenweise steilen und steinigen Pfaden (bei Nässe rutschig, T2). Mit der Reichenbach-Standseilbahn (www.grimselwelt.ch), per Postauto und mit der Bahn lässt sich die Tour verkürzen oder variieren. Einkehren kann man unterwegs im Gasthaus Zwirgi und an den beiden Eingängen zur Aareschlucht. Diese ist zwischen April und Oktober geöffnet (www.aareschlucht.ch).

Das Haslital um Meiringen ist wie kaum eine andere Landschaft vom Wasser geprägt. Die beiden bekanntesten „Wasser-Wanderziele" sind der Reichenbachfall und die Aareschlucht, die sich im Verlauf einer Rundwanderung besuchen lassen. Die ist im Mai und im Juni, zur Zeit der Schneeschmelze, besonders lohnend. Der 110 Meter hohe Reichenbachfall – er ist eigentlich nur eine von sieben Kaskaden am Ende des Reichenbachtals – gilt zudem als ein „Pilgerort" für Freunde des gepflegten Grauens: 1893 liess der britische Erfolgsautor Arthur Conan Doyle in seiner Geschichte „Das letzte Problem" genau dort seinen Romanhelden Sherlock Holmes nach einem Zweikampf in die Tiefe stürzen. Damit wollte er die Reihe seiner Kriminalromane eigentlich beenden, die Empörung der Leserschaft erz-

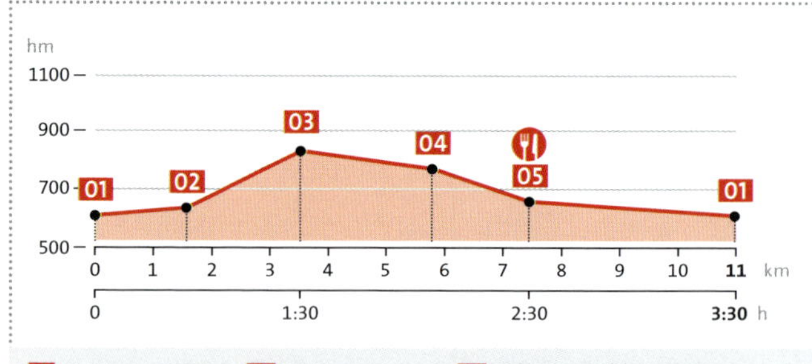

01 Meiringen, 595 m; 02 Willingen, 621 m; 03 Reichenbachfall, 843 m; 04 Geissholz, 786 m; 05 Aareschlucht Ost, 650 m

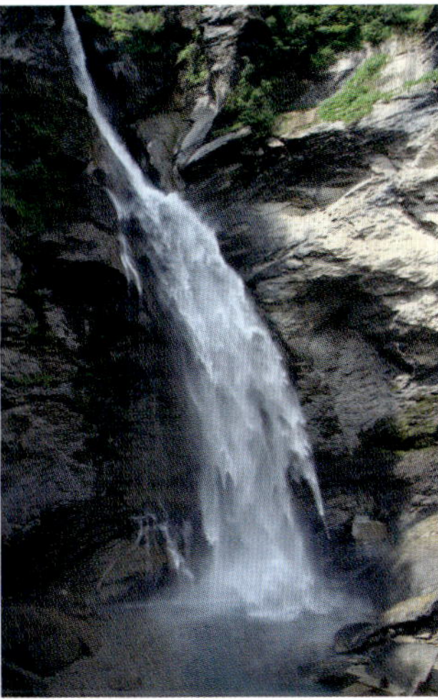

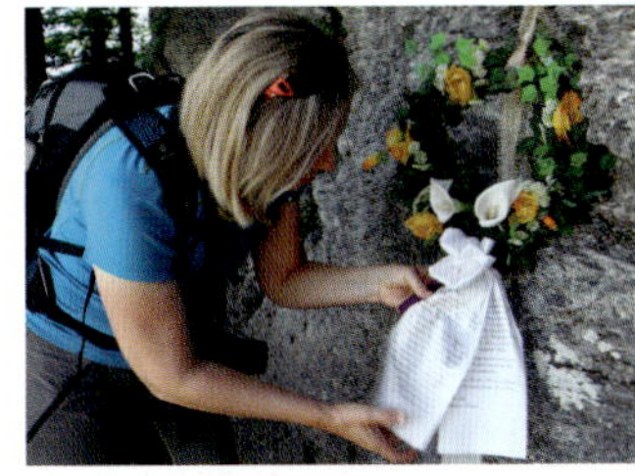

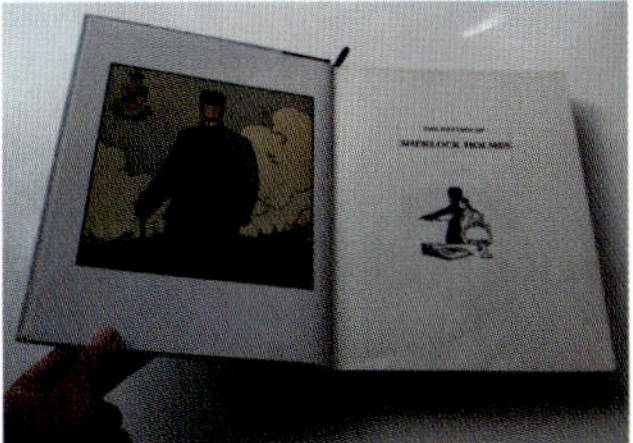

Naturwunder und Sherlock-Holmes-Pilgerstätte am Reichenbach.

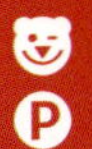

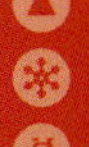

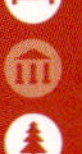

wang allerdings eine baldige „Wiederauferstehung“ des Meisterdetektiven. Im Herbst, im Winter und bei Nacht ist der Reichenbachfall übrigens trocken, da sein Wasser ein Kraftwerk antreibt. Genug vom nassen Element gibt's dagegen fast immer in der langen Aareschlucht, die der Fluss aus einem Felsriegel östlich von Meiringen herausgefräst hat – 1,4 Kilometer lang, bis zu 200 Meter tief und an manchen Stellen bloss einen Meter breit. Im Sommer lohnt sich der Spaziergang durch die Aareschlucht übrigens auch nach Sonnenuntergang – da wird sie beleuchtet (nur von Westen).

▶ Gegenüber dem Bahnhof in **Meiringen** 01 zeigt der Wegweiser „Rosenlaui, Grosse Scheidegg“ nach rechts über den Bahnhofsplatz. Beim Hotel Victoria biegen Sie links ins nahe Ortszentrum ab. Von dort ist die gesamte Route mit den blau-grünen Schildern der Via Alpina (Nr. 1) gekennzeichnet. Sie folgt der Hauptstrasse nach rechts, vorbei am Sherlock-Holmes-Denkmal und nach 400 m rechts neben dem Alpbach zur Brücke über die Aare. Jenseits führt links ein Fussweg neben dem Lugibach in den Ortsteil **Willingen** 02 (621 m), über dem der Reichenbachfall zu sehen ist (rechts Zugang zur Talstation der nostalgischen Reichenbachfall-Bahn). Die Route Richtung „Rosenlaui“ führt noch 300 m neben dem Bach weiter und dann rechts über eine Holzbrücke. Nach der Überquerung der Hauptstrasse wandern Sie nun teils auf Fahrwegen und teils auf einem alten Saumweg in den Weiler Schwendi hinauf. Von dort führt der Pfad durch steile, teils felsige Waldhänge (Holzstufen) hinauf zu zwei mit Geländern gesicherten Aussichtspunkten über dem **Reichenbachfall** 03 (843 m, kurzer Stichpfad zur „Absturzstelle“ von Sherlock Holmes). 1:30 h.

Weiter oben erreichen Sie eine Gabelung, von der Sie rechts einen

Abstecher zum Gasthaus Zwirgi (971 m, Postauto-Haltestelle) und auf einer Brücke über den Reichenbach zu einem Aussichtsplatz über der Bergstation der Standseilbahn „anhängen" können – dort können Sie den Wasserfall von der Westseite bewundern (ca. 20 Minuten Mehraufwand).

Die beschilderte Route zur Aareschlucht führt dagegen nach links hinab, quert die Schwendistrasse und jenseits des Lugibachs zu einer Strasse (Postauto-Haltestelle Hori). Links geht's in den nahen Weiler **Geissholz** 04 (786 m), in dem Sie links Richtung „Lammi, Aareschlucht" abbiegen.

Die Wegweiser leiten Sie teils auf Asphalt, teils auf einem Pfad durch Wiesen und Wald hinunter zu einer Tankstelle in Lammi (694 m, Postauto-Haltestelle) an der Hauptstrasse. Dieser folgen Sie rechts auf einem parallel verlaufenden Kiesweg über einen Sattel (710 m), bis er nach 350 m rechts absinkt und zwei Strassenkehren abkürzt – Vorsicht bei der Überquerung der Fahrbahn! Schliesslich errreichen Sie den Parkplatz vor dem Osteingang (Kasse) zur **Aareschlucht** 05 (650 m, Postauto-Haltestelle, jenseits der Aare befindet sich die unterirdische Bahnstation Aareschlucht Ost). 1:00 h.

Nun durchqueren Sie die 1,4 km lange Schlucht auf soliden, gut mit Geländern gesicherten Stegen und durch Tunnels. Vom Westeingang führt eine geteerte Strasse talauswärts. Nach 450 m gehen Sie rechts über den Aaresteg zur Bahnstation Aareschlucht West (Restaurant du Pont) und auf der Sandstrasse ins noch knapp 1 km entfernte Ortszentrum von **Meiringen** 01 zurück. 1:00 h.

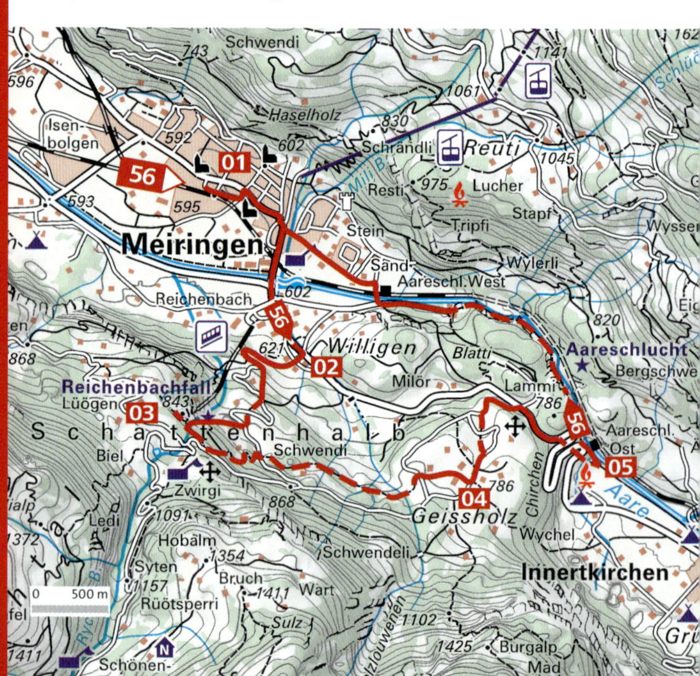

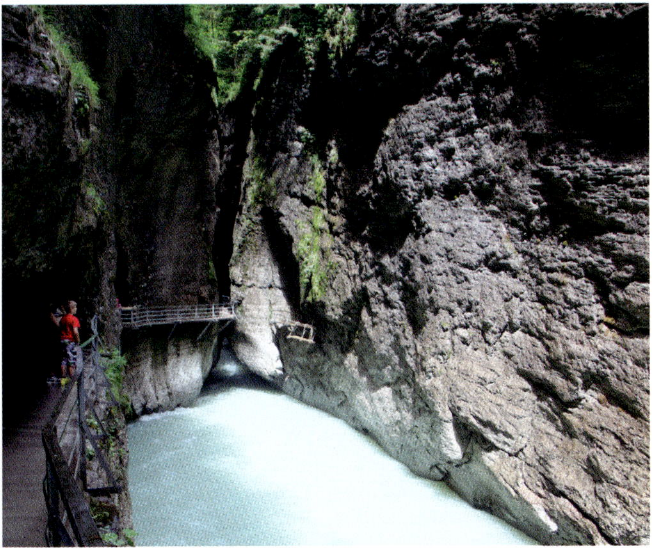

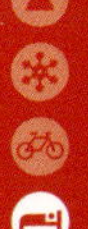

Der „Grand Canyon“ von Meiringen – die gewaltige Schlucht der Aare.

B&B mit Herz und Stil

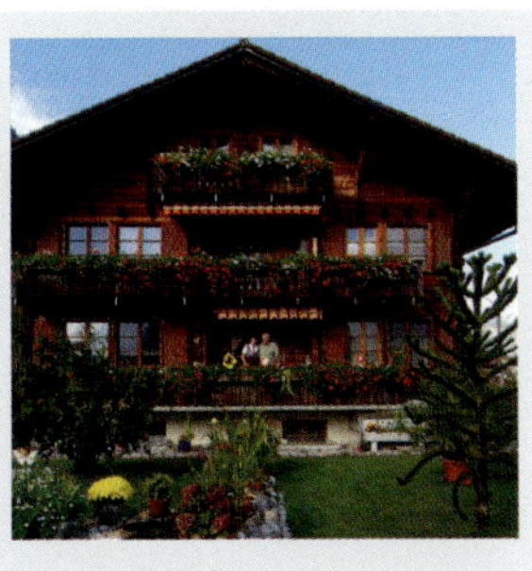

Das weltbeste Müesli – da sind sich alle Gäste einig – gibt's bei Katrin Hagmann zum Frühstück. Ihr Bed&Breakfast befindet sich in ruhiger Lage am Ortsrand von Meiringen, und zwar in einem ganz besonderen Gebäude: Das „Chalet zum Steg“ stammt nämlich aus Zermatt. 1985 wurde das historische Holzgebäude hier im Haslital originalgetreu wieder aufgebaut. Heute birgt es ein gemütliches Appartement, zwei Doppel- und ein Einerzimmer, die allesamt individuell eingerichtet sind. Jedes Zimmer verfügt über eine private Dusche mit WC. Erholung garantiert natürlich auch der wunderschöne Garten rund um das Haus. Die charmante Gastgeberin überrascht ihre Gäste gleich beim Empfang mit hausgemachten Nussgipfeln – und später sogar mit einer fröhlichen Line-Dance-Einlage.

Chalet zum Steg
Balmstrasse 69, CH-3860 Meiringen, Tel. +41 33 5578999,
www.chaletzumsteg.ch

AUF DEN GIBEL • 2035 m

Ein Paroramaziel der Extraklasse über dem Hasliberg

  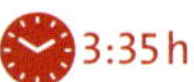 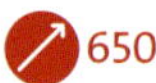  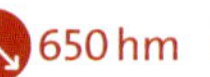 

12 km | 3:35 h | 650 hm | 650 hm | 32

START | Meiringen, 595 m, Talstation der Bergbahn Meiringen – Hasliberg; gebührenpflichtiger Parkplatz (vom Bahnhof zu Fuss in 15 Minuten). Mit der Gondelbahn zur Station Bidmi, 1428 m. Talfahrt ebenfalls mit der Gondelbahn (www.meiringen-hasliberg.ch). [GPS: UTM Zone 32 x: 440.413 m y: 5.176.998 m]
CHARAKTER | Aussichtsreiche Bergwanderung auf Alpstrassen und guten Pfaden (T2). Mit der Gondelbahn Wasserwendi – Käserstatt lässt sich die Tour abkürzen. Einkehren kann man in Bidmi und in der Bergstation Käserstatt.

Kleiner Berg, grosse Aussicht: Der Gibel über dem Brünigpass und dem Alpgebiet über dem Hasliberg ist zwar nur etwas über 2000 Meter hoch, verspricht jedoch durch seine freie Lage eine grandiose Aussicht – etwa zum Brienzersee und zum Brienzer Rothorn, ins Kleine Melchtal und zum Hochstollen, vor allem aber zur Berner-Alpen-Gipfelparade vom Bärglistock über den Rosenlauigletscher, über das Wetterhorn und den Mönch bis zum Eiger.

Das erste Ziel nahe der **Station Bidmi** 01 ist das Bidmi-Seeli, vor dem Sie rechts Richtung „Lischen, Käserstatt“ abzweigen. Nun wandern Sie 500 m auf der Teerstrasse zur Kreuzung auf der Halmersmad (1453 m), von der Sie rechts ansteigen. Nach weiteren 150 m beginnt links der Wanderpfad zur Käserstatt. Er trifft etwas weiter oben nochmals auf die Fahrbahn und schlängelt sich dann über die Wiese der Skipiste empor. Nach der Unterquerung der Gondelbahn

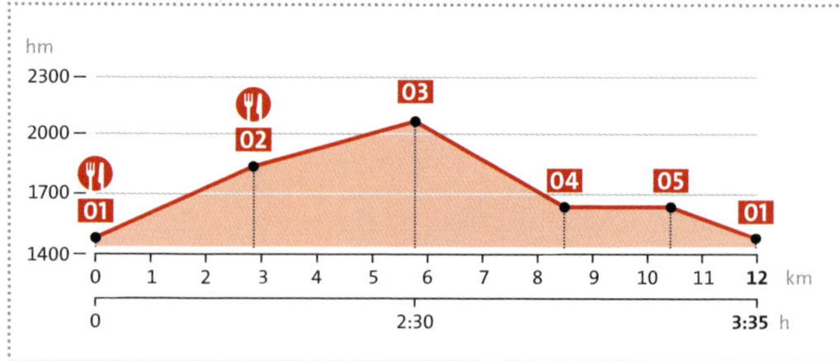

01 Station Bidmi, 1428 m; 02 Bergstation Käserstatt, 1831 m;
03 Gibel, 2035 m; 04 Balisalp, 1681 m; 05 Mittelstation Lischen, 1681 m

von Wasserwendi zur Käserstatt gelangen Sie zu einer Alpstrasse, die rechts zur nahen **Bergstation Käserstatt** 02 (1831 m) führt – parallel dazu verläuft der Erlebnisweg Muggestutz. 1:15 h.
Die Beschilderung „Gibel, Lungern" gibt den Weiterweg vor, und zwar durch das Stationsgebäude (wenn die Seilbahn nicht fährt, aussen herum). Nach einem kurzen Anstieg wandern Sie auf einem flachen Höhenweg durch die Südhänge unter dem Hohbiel (2037 m) und

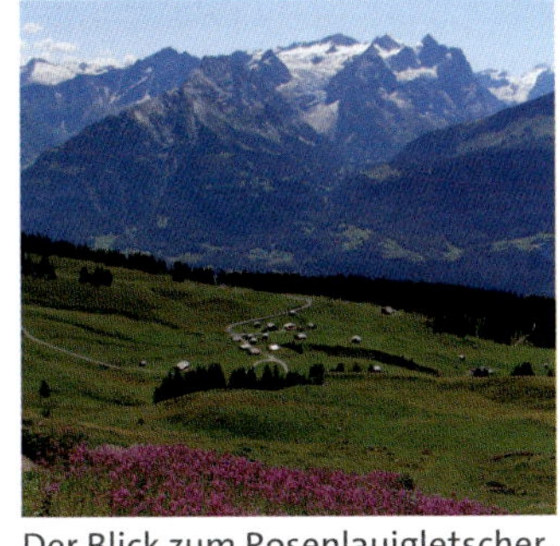
Der Blick zum Rosenlauigletscher.

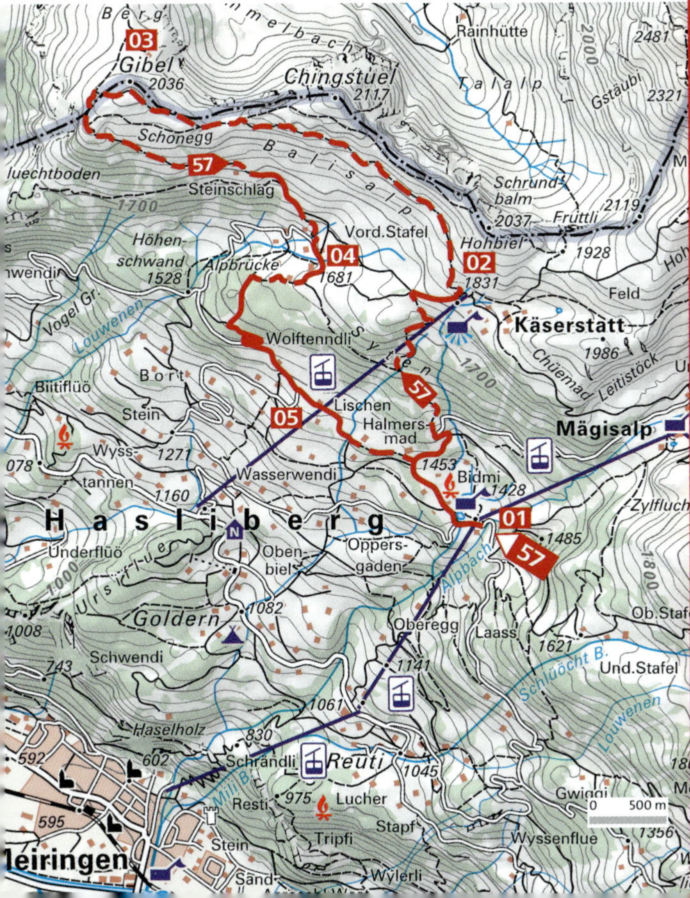

dem Chingstuel (2118 m) zu einem Wiesensattel (1953 m). Links erblicken Sie über den Alphütten am Vorderen Stafel die Gletscherberge der Berner Alpen. Rechts dem Wegweiser „Gibel Pt. 2035" folgend gelangen Sie hinter einem kleinen Hügel und über den Südostrücken zum grossen Gipfelkreuz auf dem **Gibel** 03 (2035 m) hinauf. 1:15 h.
Nach der Rast wandern Sie auf dem breiten Südwestrücken (Beschilderung „Berg, Herbrig") zu einer flachen Kuppe und von dort kurz rechts zu einem quer verlaufenden Pfad hinunter. Auf diesem geht's nach links, wobei über einem Felsabbruch der Tiefblick zum Lungerersee überrascht. Gleich danach erreichen Sie eine Gabelung (Aussichtsbank, 1974 m), von der Sie links Richtung „Balisalp Vordere Stafel" absteigen. Der Pfad schlängelt sich durch den Wald zu einem auf einem Fahrweg hinab. Bald erreichen Sie eine Teerstrasse, der Sie 70 m folgen – dann wandern Sie rechts auf einem Wiesenpfad zu einer Asphaltstrasse hinab. Diese führt links zur **Balisalp/Vordere Stafel** 04 (1681 m). 45 Minuten.
Dort biegen Sie rechts auf eine Kiesstrasse ab und bleiben bei der nahen Einmündung des Erlebniswegs Muggestrutz rechts. Unterhalb der Ski-Club-Hütte Hasliberg wandern Sie durch schönen Moorwald zu einer weiteren Teerstrasse hinunter. Auf dieser geht's scharf nach links weiter, bis Sie nach 500 m links zur **Mittelstation Lischen** 05 (1482 m) der Käserstatt-Gondelbahn abbiegen. 30 Minuten.
Dahinter folgen Sie der Teerstrasse noch 150 m und gehen dann links auf dem Wanderweg weiter. Er führt zur Aufstiegsroute, auf der Sie rechts zum Bidmi-See und zur nahen **Station Bidmi** 01 zurückkehren. 20 Minuten.

Die wilde Alpbachschlucht

Die Schlucht des Alpbachs ist das kleinste, aber wildeste „Wasserwunder" von Meiringen. Oberhalb der Kirche von Meiringen tost das Wildwasser durch eine 200 Meter tiefe Felskluft – aufgrund einer Kraftwerks-Ableitung allerdings nur zeitweise. Doch selbst im trockenen Zustand ist die Alpbachschlucht sehenswert. Der Schluchtpfad, der Trittsicherheit und Schwindelfreiheit erfordert, wurde 1891 eröffnet und verfiel in den 1930er-Jahren wieder; erst ab 2006 wurden die schön aufgemauerten Treppen, die Brücke und die durchgehenden Stahlseile zur Sicherung wieder erneuert (ggf. kann man sich in einigen Sportgeschäften in Meiringen Klettersteigsets ausleihen). Man darf die Schlucht nur von unten nach oben durchqueren. Man startet bei der Seilbahn-Talstation; Abstieg vom Schluchtausgang auf einem Wanderweg (Via Alpina), insgesamt 1:15 h.

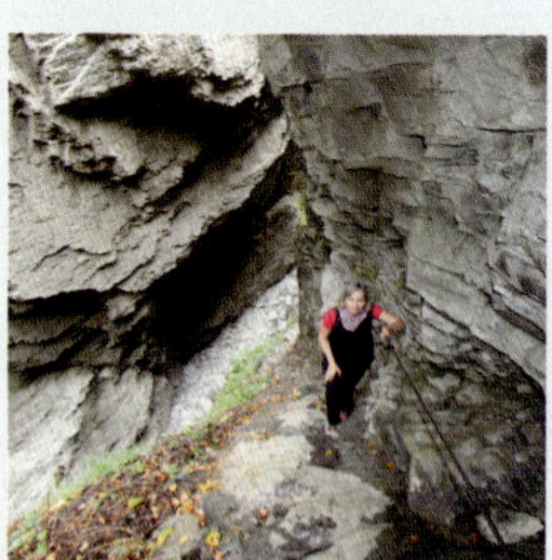

AUF DEN HOCHSTOLLEN • 2481 m

Wiesen, Wasser und Wände

 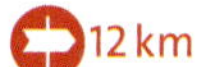 12 km 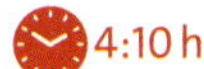 4:10 h 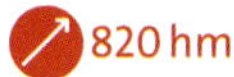 820 hm 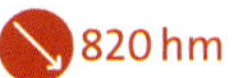 820 hm  32

START | Meiringen, 595 m, Talstation der Bergbahn Meiringen-Hasliberg; gebührenpflichtiger Parkplatz (vom Bahnhof zu Fuss in 15 Minuten). Mit der Gondelbahn zur Station Mägisalp, 1708 m. Talfahrt mit der Gondelbahn (www.meiringen-hasliberg.ch). [GPS: UTM Zone 32 x: 441.815 m y: 5.177.815 m]
CHARAKTER | Anspruchsvolle Bergwanderung auf Alpstrassen und teils felsigen Pfaden, die Trittsicherheit und Schwindelfreiheit erfordern (T3). Mit der Gondelbahn Wasserwendi – Käserstatt lässt sich die Tour abkürzen. Einkehrmöglichkeit: Bergstation Käserstatt.

Der Hochstollen ist nicht nur ein einzigartiger Aussichtsgipfel zwischen dem Hasliberg und dem Hochtal von Melchsee-Frutt, sondern auch ein überaus spannendes Bergwanderziel.

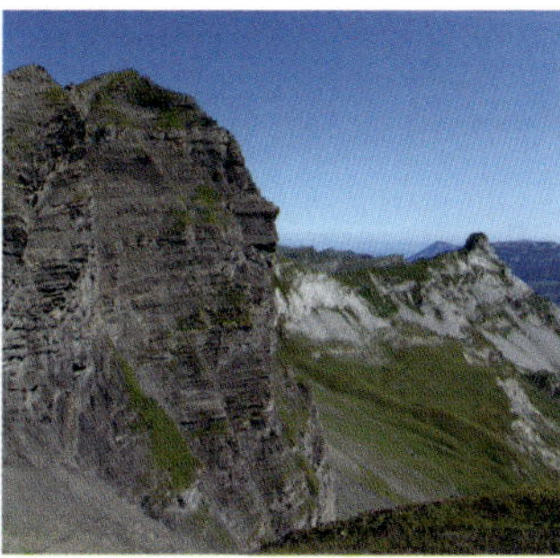
Die Ostwand und das „Haupt“.

▶ In der **Station Mägisalp** 01 finden Sie den ersten Wegweiser Richtung „Hääggen, Hohstollen“. Auf der geteerten Strasse gehen Sie 300 m taleinwärts zu den Hütten der Unter Stafel und links über den Bach (1689 m). Gleich

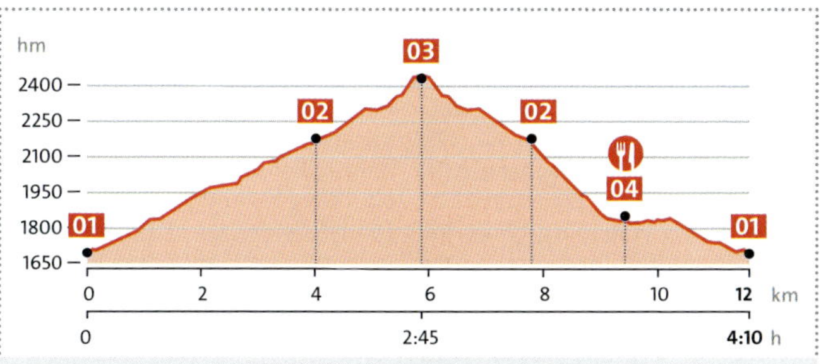

01 Station Mägisalp, 1708 m; 02 Station Hochsträss, 2178 m; 03 Hochstollen, 2481 m; 04 Bergstation Käserstatt, 1831 m

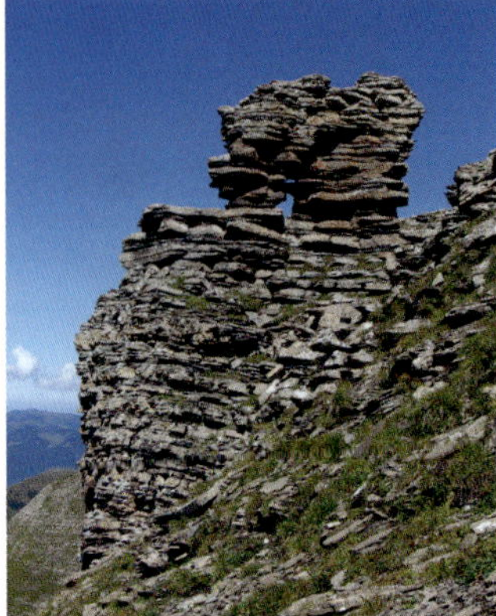

Land Art am Hochstollen?

darauf folgen Sie geradeaus dem Richtung „Hääggen, Käserstatt“ beschilderten Pfad, der kurz zu einem Fahrweg ansteigt. Auf dieser gelangen Sie rechts wieder zur Strasse, auf der Sie nun in 1:00 h durch die Weidehänge im Skigebiet der Glogghüüsbahn zur Alp Hääggen (1961 m) hinaufwandern. Dort wird vorzüglicher Käse hergestellt. Nun geht's links auf einem Fahrweg weiter aufwärts. Nach 170 m – unterhalb der Liftstation – zweigen Sie links auf den Pfad Richtung „Hochsträss, Hochstollen“ ab, der durch steile Grashänge und über einige Rinnen zur **Station Hochsträss** 02 (2178 m) ansteigt. 45 Minuten.

Der Gipfelaufstieg zum Hochstollen dauert 1:00 h, ist mit Nr. 572 markiert und führt zunächst rechts über den grasigen Hohsträss-Rücken auf den Fülenbärg (2382 m) zu. Links unten liegt die Talalp im Kleinen Melchtal, das schon im Kanton Obwalden liegt. Dann wendet sich der Pfad nach links und quert die steile Schrofenflanke bis zur Scharte über dem nordseitigen Schuttkar der Wit Ris (2321 m), über der sich die dunkle, gebänderte Ostwand des Hochstollens zeigt. Daneben führt der Pfad durch steiles, schroffes Gelände höher und – vorbei an einem kleinen Felsturm mit einem eindrücklichen Fenster – auf den schmalen Kamm. Nach einem ersten Blick zum Melchsee, zum Tannensee und zum dahinter aufragenden Titlis und ein paar Schritten bergab folgt eine ganz kurze, aber recht luftige Gratpassage mit einem Drahtseil-Geländer. Zuletzt wandern Sie links auf einen Grasrücken und über diesen rechts zum Holzkreuz auf dem **Hochstollen** 03 (2481 m) empor. Wenn die Luft rein ist, erblicken Sie von dort viel Gipfelprominenz, etwa den Pilatus und die Rigi, den Titlis, die Wendenstöcke und den Tällistock, das Sustenhorn und die Berge über dem Triftgletscher, das Finster- und das Lauteraarhorn, das Schreckhorn, Mönch und Jungfrau, das Gspalten-, das Dolden- und sogar das Matterhorn. Wer lieber aufs Wasser schaut, wird sich über die Sicht zum Melch-, Tannen- und Engstlensee ebenso freuen wie über den Anblick des Brienzersees.

Der Abstieg erfolgt bis zur **Station Hochsträss** 02 auf derselben Route; 45 Minuten. Von dort folgen Sie der Beschilderung „Käserstatt“ und der Markierungsnummer 572 rechts über die Wiesen der Skipiste talwärts. Nach weiteren 45 Minuten stehen Sie vor der **Bergstation Käserstatt** 04 (1831 m) der Gondelbahn, die von Wasserwendi am Hasliberg herauffführt.

Die letzte Etappe der Wanderung verläuft dann auf dem links abzweigenden Murmeliweg Richtung „Mägisalp“. Dieser Fahrweg führt an den Alphütten vorbei, unterquert eine Sesselbahn und zieht durch lichten Wald zur **Station Mägisalp** 01 hinunter. 50 Minuten.

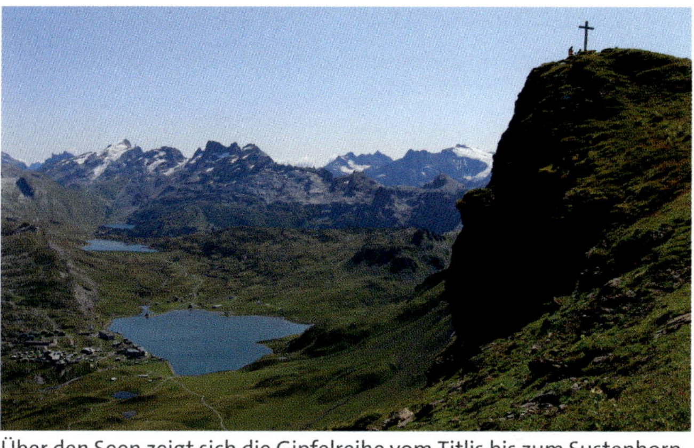

Über den Seen zeigt sich die Gipfelreihe vom Titlis bis zum Sustenhorn.

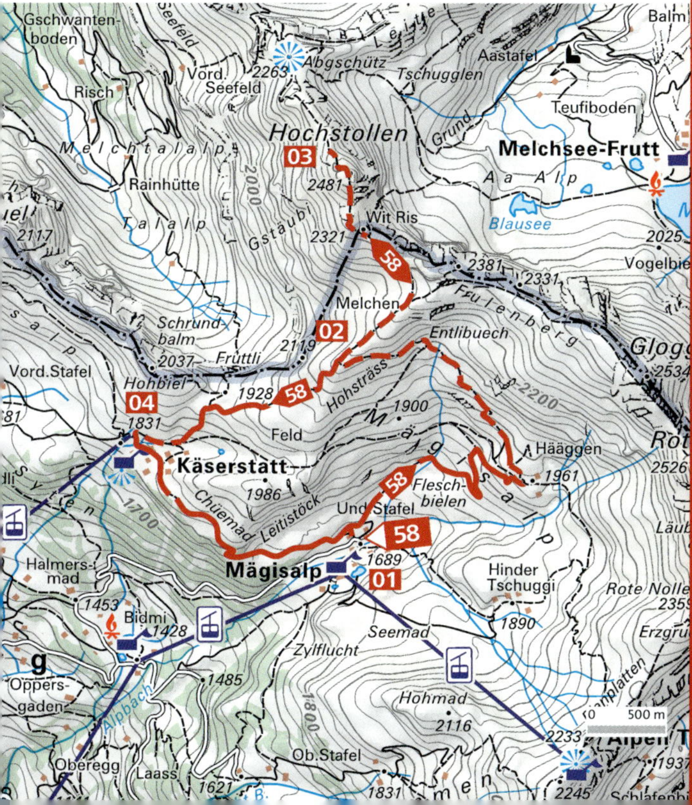

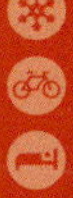

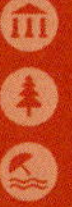

59

ENGSTLENSEE – JOCHPASS • 2207 m

Zwischen zwei Bergseen und drei Kantonen

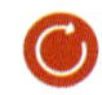  12 km 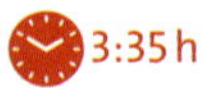 3:35 h 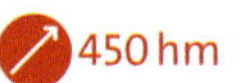 450 hm  450 hm 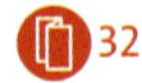 32

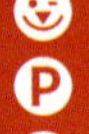

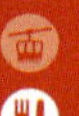
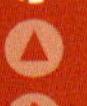

START | Engstlenalp, 1834 m; mautpflichtige Zufahrt von der Sustenstrasse (Abzweigung ca. 3 km östlich von Innertkirchen, dann noch 11 km durch das wunderschöne Gental); Engstlenalp-Bus ab Meiringen bzw. Innertkirchen (https://engstlenalp-bus.ch). [GPS: UTM Zone 32 x: 449.927 m y: 5.180.476 m]
CHARAKTER | Abwechslungsreiche Pass- und Alpwanderung auf guten Pfaden mit kurzen felsigen Passagen (T2). Mit der Sesselbahn zum Jochpass (www.titlis.ch) lässt sich die Tour um 1:00 h abkürzen. Einkehren kann man auf der Engstlenalp, am Jochpass und auf der Tannalp.

Der 1,3 Kilometer lange, bis zu 600 Meter breite und immerhin 49 Meter tiefe Engstlensee ist ein beliebtes Ausflugsziel im Schnittpunkt zwischen dem Haslital und Engelberg. Von dort „schwappt" das Skigebiet um den 3238 Meter hohen Titlis über den Jochpass herüber – das Schaustück des Hochtals sind jedoch die 3042 Meter hohen Wendenstöcke, die mit ihrem hellen Gestein und kleinen Gletscherflecken fast an die Dolomiten erinnern. Die Alp am See war schon im Mittelalter ein Handels-Umschlagplatz zwischen Bern, Ob- und Nidwalden; 1892 entstand dort ein nobles Kurhaus und Hotel, das heute noch zu einer gepflegten Einkehr oder einem längeren erholsamen Aufenthalt einlädt. Oberhalb davon befindet sich die Tannalp mit dem 1958 aufgestauten Tannensee, ein weiteres lohnendes Tourenziel.

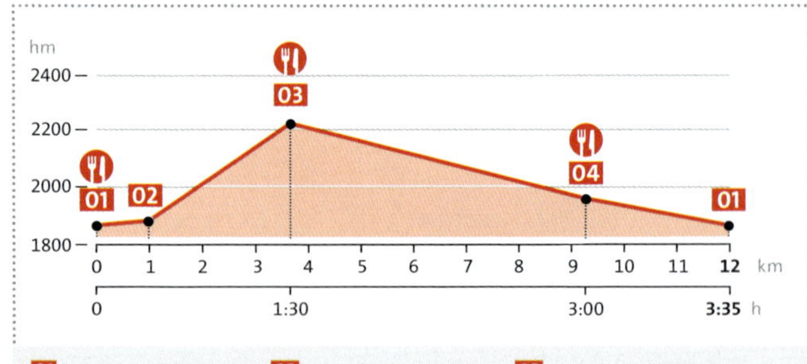

01 Engstlenalp, 1834 m; 02 Engstlensee, 1850 m; 03 Jochpass, 2207 m; 04 Tannalp, 1974 m

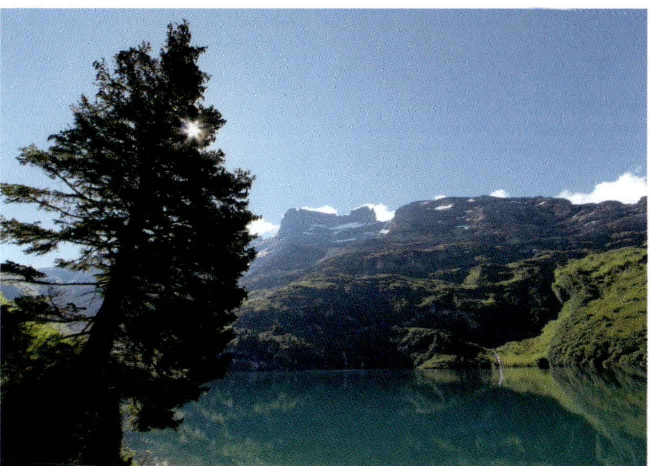

Der Engstlensee, darüber der Reissend Nollen und die Wendenstöcke.

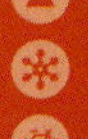

▶ Vom Ostrand des Parkplatzes auf der **Engstlenalp** 01 steuern Sie links die nahe Rossboden-Hütte an (Beschilderung „Jochpass Talstation, Jochpass"). Davor biegen Sie rechts Richtung „Jochpass" ab und wandern auf der Alpstrasse (Via Alpina, Nr. 1) zum **Engstlensee** 02 (1850 m). Prachtvoll ist der Blick übers Wasser zum Rothorn (2525 m) und zu den wilden Wendenstöcken (2957 m; deutlich ist die markante Felsnadel im Wendesattel zu sehen). Nach etwa 45 Minuten Gehzeit zweigt über dem Nordufer rechts der kurze Zugang zur Talstation der Jochpass-Sesselbahn ab – der Wanderweg zum Jochpass führt dagegen links weiter und steigt über die Grashänge des Soimbodens neben dem Lift an. Nach weiteren 45 Minuten stehen Sie bei der Bergstation am **Jochpass** 03 (2207 m) – gleich dahinter steht das Berghaus am kleinen Jochseeli.

Davor biegen Sie scharf nach links ab und steigen gemäss dem Wegweiser „Trübsee, Gerschnialp, Engelberg" auf einem erdigen, stellenweise auch steinigen Pfad durch die steilen Wiesenhänge unter dem Rot Nollen an; die Abzweigung des Klettersteigs bleibt unbeachtet. Durch die Mulde der Gumm gelangen Sie auf eine Geländekante (2323 m) unter dem Schafberg, hinter der Sie die flachen Karrenfelder im Schaftal (und in der Ferne auch schon den Tannensee) erblicken. Von dort geht's wieder sanft über Hochweiden mit Blick auf den Engstlensee abwärts. Unterhalb einer Alphütte überqueren Sie das Schaftal (2100 m) unterhalb einer Schutthalde, gleich danach zweigen Sie rechts Richtung „Tannalp, Melchsee-Frutt" ab. Nun wandern Sie über das Leng Egg ins weite Kar unter der auffälligen Felsburg des Gwärtler (2437 m); links in der Tiefe zeigt sich die Engstlenalp mit ihrem Berghotel. Bald treffen Sie auf einen Fahrweg, dem Sie 170 m weit folgen, bevor Sie rechts wieder auf dem signalisierten Pfad weitergehen. Er führt durch zer-

Der Horizontweg

Zwischen der Engstlenalp und dem Alpentower (Planplatten) über dem Hasliberg verläuft der sogenannte Horizontweg, eine Panoramaroute der Extraklasse. Er führt über die Tannalp und das 2255 m hohe Balmeregghorn, dann quert er unter dem Rothorn (2526 m) vorbei. Die Begehung des mittelschwierigen, 10 km langen Bergwanderweges (T2) nimmt 3:00 h in Anspruch. Zufahrt von Meiringen ganz bequem mit dem Engstlen-Bus (https://engstlenalp-bus.ch), Talfahrt mit der Gondelbahn (www.meiringen-hasliberg.ch; es ist ein Rundreiseticket erhältlich).

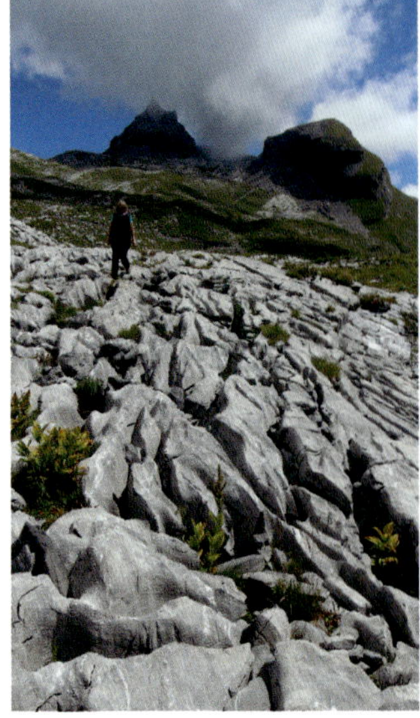

Steine überm See – Karrenplatten

klüftete Karrenplatten zur Brücke am Hengliboden (2010 m) hinab. Die Beschilderung „Tannenalp" weist links zu einem Fahrweg hinauf, der links um den grünen Vogelbüel (2071 m) und an einem kleinen See vorbei zum Berggasthaus auf der **Tannalp** 04 (1974 m) zieht. 1:30 h.

Die Abstiegsroute zur Engstlenalp verläuft auf der links abzweigenden Schotterstrasse (Via Alpina). Unterhalb der Kapelle und der Käserei verschmälert sich der Weg, führt über eine Geländekante hinab und durchquert die Felsstufe am „Geisstritt" – das aus dem Gestein geschlagene Trassee ist mit Stahlseilen gesichert. Unten passieren Sie eine Abzweigung und einen Wasserfall, der über breite Felsplatten rauscht, dann gelangen Sie im sanften Auf und Ab durch Weiden zum Hotel auf der **Engstlenalp** 01. 35 Minuten.

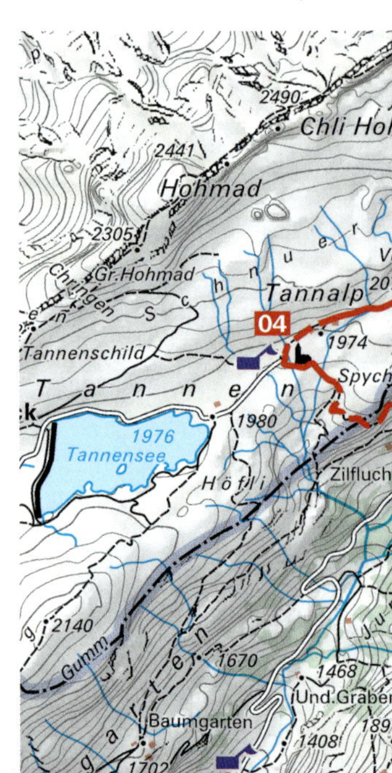

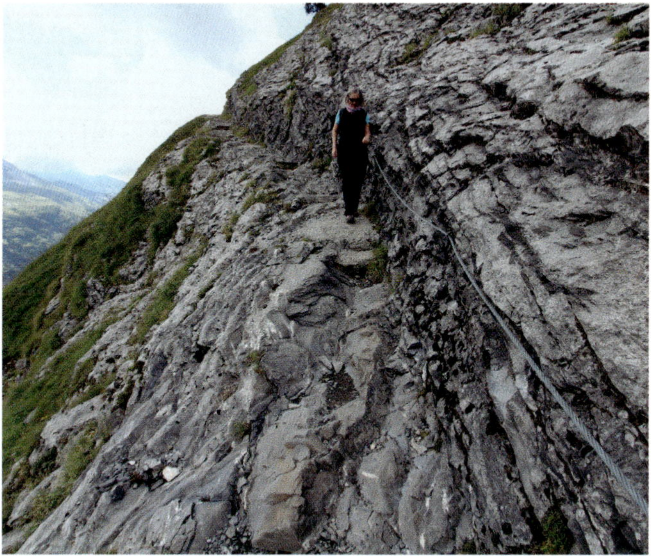

und die luftige Wegpassage am „Geisstritt“ unterhalb der Tannalp.

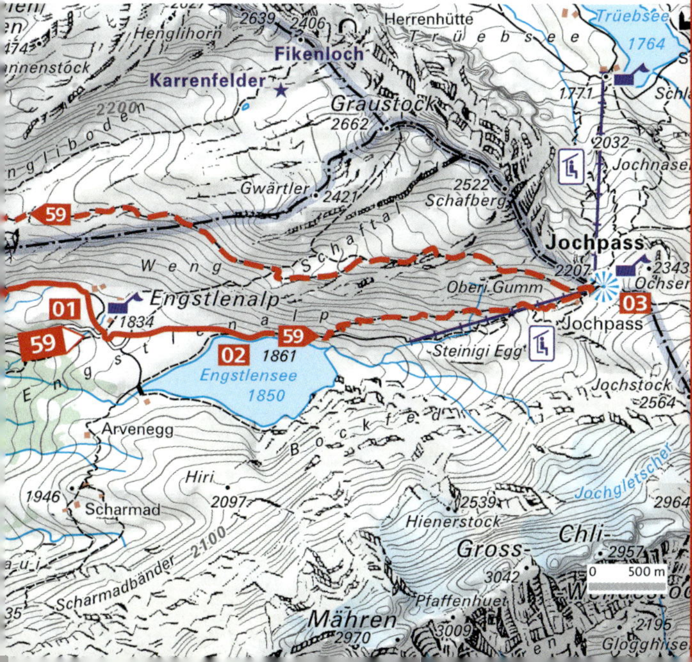

ZU FUSS AUF DEN SUSTENPASS • 2259 m

Ein „junger" historischer Passweg

  11km 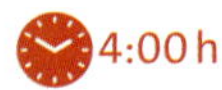 4:00 h 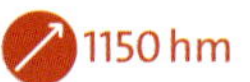 1150 hm 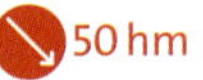 50 hm  32

START | Gadmen an der Sustenpass-Strasse, 1200 m; Parkplatz, Postauto-Verbindung von Meiringen bzw. Innertkirchen. Rückfahrt vom Sustenpass, 2264 m, mit dem Postauto (Linie 162). [GPS: UTM Zone 32 x: 450.455 m y: 5.176.174 m]
CHARAKTER | Interessante Tal- und Passwanderung auf Schotterstrassen und guten Pfaden (T2). Einkehrmöglichkeit auf der Passhöhe und im Hotel Steingletscher, wo man die Tour auch mit dem Postauto abkürzen kann.

Als Frankreich zu Beginn des 19. Jahrhunderts das Wallis annektierte, wurden auf der Transportstrecke über den Grimselpass mit einem Mal hohe Zölle fällig. Um die zu umgehen, liessen die Stände von Bern und Uri eine neue Strasse über den Sustenpass bauen, die jedoch nach dem Sturz Napoleons bald wieder an Bedeutung verlor und verfiel. Erst zwischen 1939 und 1945 entstand die heutige Sustenstrasse, mit der der alte Saumweg endgültig in Vergessenheit geriet. Er wurde jedoch wieder mustergültig renoviert und stellenweise sogar neu angelegt, sodass man seit 1993 wieder zu Fuss bis auf die Passhöhe gelangt. Besonders sein oberer Abschnitt verläuft weitgehend abseits des Strassenverkehrs durch eine idyllische Alplandschaft. Bauliche Besonderheiten wie hohe Stützmauern und mit Steinplatten gepflasterte Passagen rufen ebenso Freude hervor wie die Aussicht auf die „Gadmer Dolomiten", die gewaltigen, hellfelsigen Wendenstöcke über dem Dorf Gadmen, und zum vergletscherten Sustenhorn.

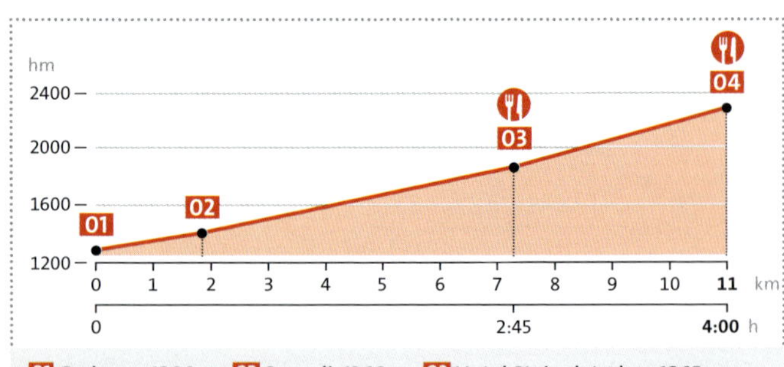

01 Gadmen, 1200 m; 02 Saageli, 1360 m; 03 Hotel Steingletscher, 1865 m; 04 Sustenpass, 2259 m

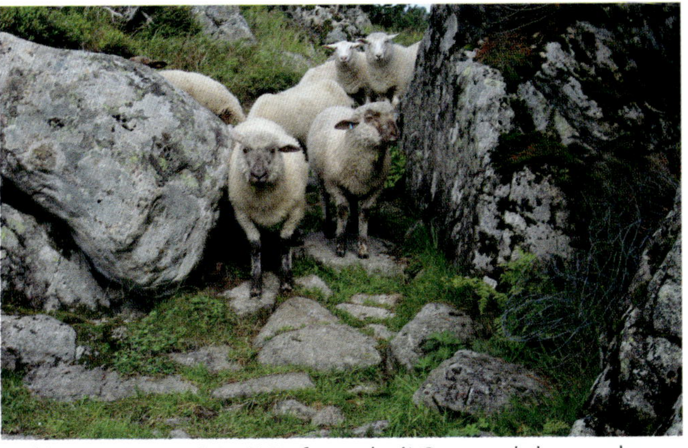

Auf dem Sustenweg ist mit Stufen und mit Gegenverkehr zu rechnen.

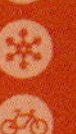

▶ Beim Dorfladen in **Gadmen** 01 zweigt der Weg mit der Beschilderung „Steigletscher, Sustenpass“ von der Sustenstrasse ab. Er führt zur nahen Brücke über das Gadmerwasser und jenseits links durch den Wald zu einer quer verlaufenden Forststrasse hinauf. Auf dieser wandern Sie links Richtung „Sustenpass“ zur freien Chalberweid (schöne Sicht zur riesigen Gadmerflue und zu den Wendenstöcken). Dort gehen Sie links über die Brücke und dann rechts auf einem Fahrweg über die Schotterflächen an der Mündung des Wendenwassers (1220 m). Auf der Forststrasse geht's weiter taleinwärts und bald steiler bergauf, bis Sie rechts auf den Pfad Richtung „Sustenpass“ abbiegen. Dieser steigt zum **Saageli** 02 (1360 m) an, wo Sie rechts auf einen Fahrweg einschwenken.

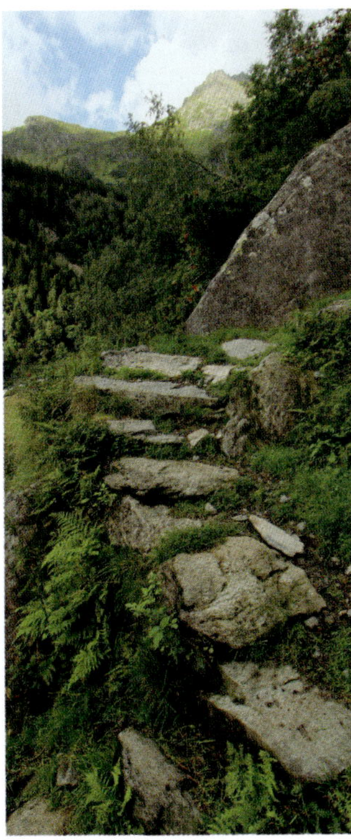

Etwas absteigend gelangen Sie zu einer Wasserfassung, hinter der Sie durch einen kurzen Tunnel gehen. Dahinter wandern Sie dann auf dem renovierten Passweg neben dem rauschenden Bach zum Steg auf dem Wiesenboden an

der Mündung des Steinwassers hinauf. Im Zickzack gelangen Sie über eine felsige Talstufe in ein stilles Hochtal mit Wasserfällen und zu den Hütten der Wyssemad (1575 m). Unter dem gleichnamigen Hubel führt der Passweg zur nächsten Talstufe, die neben Bergsturzblöcken erstiegen wird. Dahinter liegt ein weiteres, verborgenes Hochtal mit kleinen Wasserläufen, Mooren und einzelnen Arvenbäumen („In Miseren"), durch das Sie weiter bergauf marschieren. Hinter der nächsten Senke sehen Sie dann schon das

Hotel Steingletscher 03 (1865 m, Postauto-Haltestelle) an der Sustenstrasse. 2:45 h.

Jenseits der dortigen Brücke folgt der alte Sustenweg rechts (Beschilderung „Sustenpass, Wassen") dem geteerten Fahrweg weiter, zweigt aber nach 180 m links ab, quert das Schuttbett des Obertalbachs und führt daneben bergan. Bald geht's rechts wieder auf dem Passweg weiter und in Kehren zur Strasse hinauf (herrlicher Blick zum Sustenhorn mit dem Steigletscher und dem Steisee). Ihre oberste S-Kurve ab-

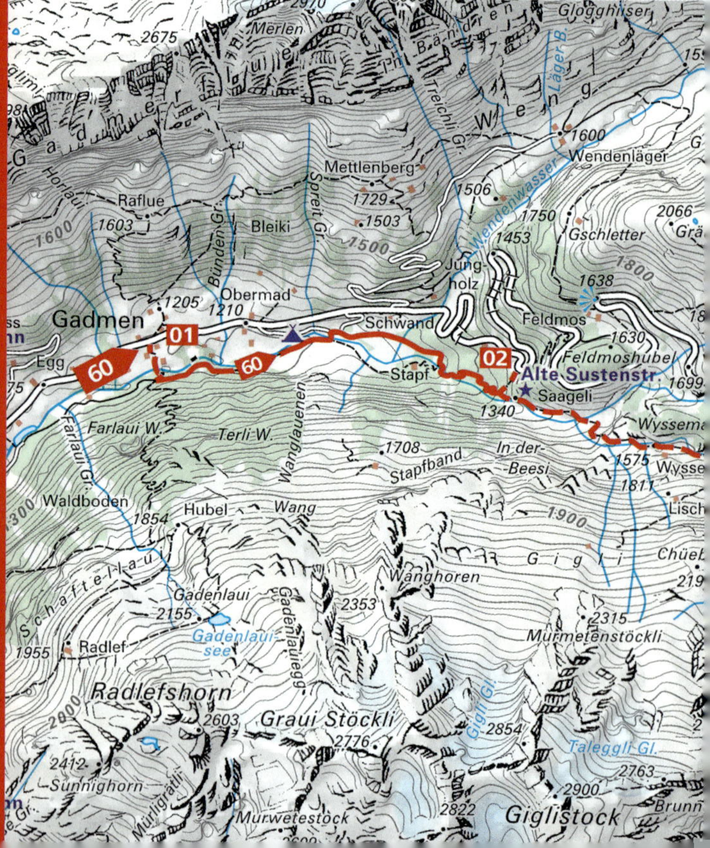

kürzend erreichen Sie den Parkplatz vor dem Tunnel am kleinen Sustenpasssee (Postauto-Haltestelle).
Zuletzt steigen Sie rechts zum Restaurant und zum nahen Sattel des **Sustenpasses** **04** (2259 m) mit dem Berghaus Hospiz an. Es lohnt sich, auch noch dem kleinen, links aufragenden Hügel mit dem Sender einen Besuch abzustatten (Blick ins ostseitige Meiental mit der alten, dort noch gut erhaltenen Strasse aus napoleonischer Zeit und zum vergletscherten, 3313 m hohen Stucklistock). 1:15 h.

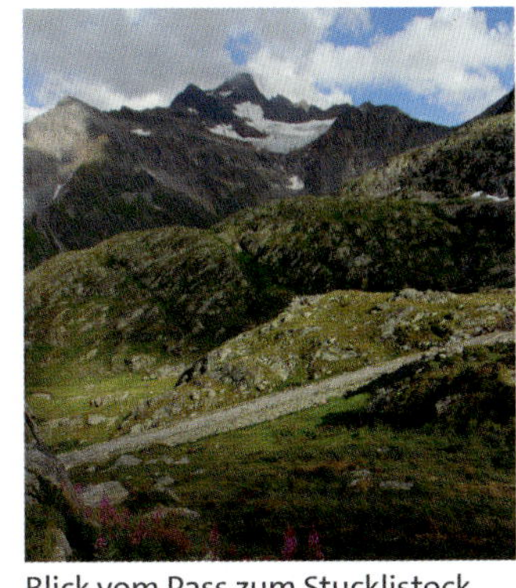

Blick vom Pass zum Stucklistock.

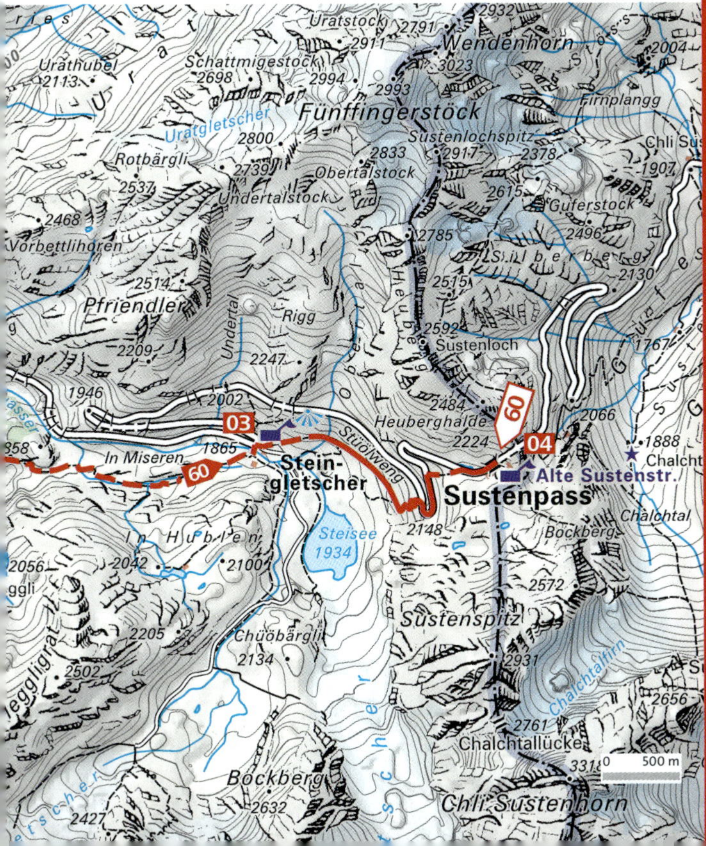

TRIFTBRÜCKE – WINDEGGHÜTTE – FURTWANGSATTEL • 2568 m

Superlative zwischen Gadmer- und Haslital

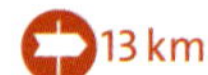

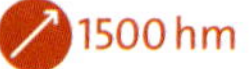

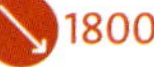

START | Innertkirchen, 625 m; Bahnhof, Parkplätze im Ort. Mit dem Postauto (Linie 162) Richtung Sustenpass bis zur Haltestelle Nessental, Triftbahn; Auffahrt mit der Gondelbahn zur Bergstation Underi Trift, 1357 m (www.grimselwelt.ch). Rückfahrt von Guttannen mit dem Postauto (Linie 171).
[GPS: UTM Zone 32 x: 449.059 m y: 5.172.833 m]
CHARAKTER | Lange und anspruchsvolle Bergwanderung auf stellenweise steilen und felsigen Pfaden, die Trittsicherheit und Schwindelfreiheit erfordern (T3), nur bei sicherem Wetter ratsam. Die Windegghütte ist im Sommer bewartet und empfiehlt sich für eine Übernachtung.

Die 170 Meter lange Triftbrücke ist seit ihrer Eröffnung im Juni 2009 zur Attraktion geworden. Notwendig wurde ihr Bau durch den Klimawandel: Gegen Ende des 20. Jahrhunderts gestaltete sich der Zugang zur Trifthütte Jahr für Jahr schwieriger, da die Zunge des Triftgletschers abschmolz und zuletzt eine tiefe Felsschlucht vor einem See hinterliess. Die überspannte man in 100 Metern Höhe mit einer Hängebrücken-Konstruktion, die schon im Himalaya mehrfach angewendet wurde. Von dort empfiehlt sich der Weiterweg zur nahen Windegghütte und hinüber ins Haslital – eine hochalpine Traumroute!

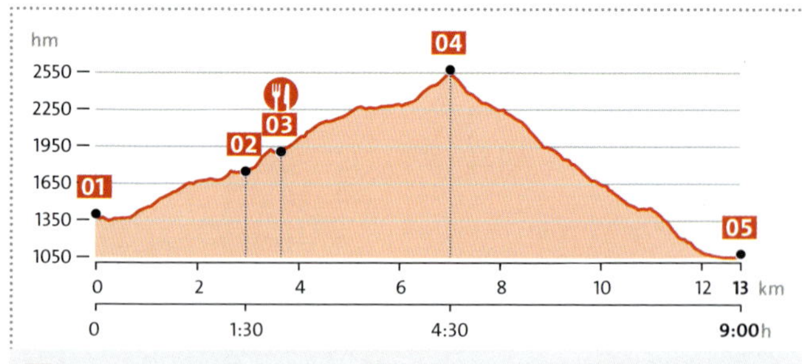

01 Bergstation Undri Trift, 1357 m; 02 Triftbrücke, 1716 m; 03 Windegghütte, 1887 m; 04 Furtwangsattel, 2568 m; 05 Guttannen, 1057 m

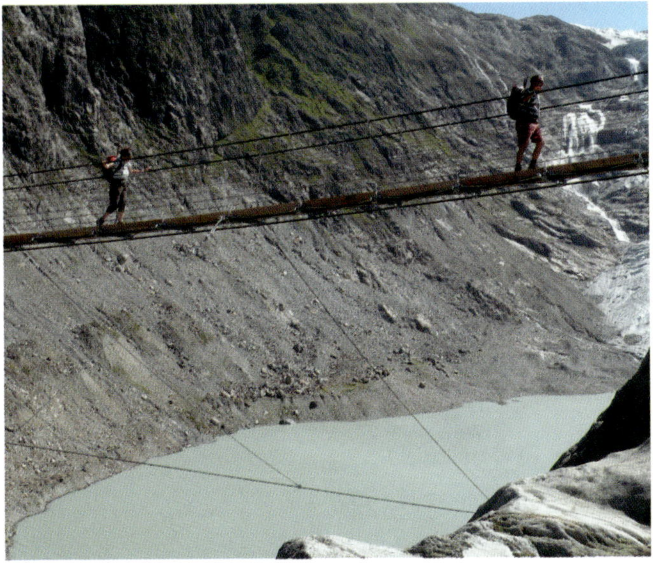

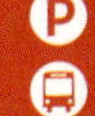

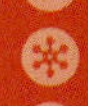
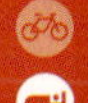

Ein Hauch von Himalaya – die Triftbrücke über dem Gletschersee.

Von der **Bergstation Underi Trift** 01 wandern Sie auf Stufen zum Kiosk hinunter und links zur Brücke über das Triftwasser. Jenseits führt der Pfad steil über einen steinigen Grashang hinauf und durch mit Gebüsch bewachsene Hänge taleinwärts zu einer Gabelung neben einem Felsriegel (Bosslis Stein). Sie folgen dem linken, sanft ansteigenden Pfad, der über Gletscherschliff-Felsen und Schutt hoch über der Schlucht und dem dahinter gelegenen Talboden ansteigt. Von einer weiteren Abzweigung erreichen Sie links die berühmte 02 **Triftbrücke** (1716 m). Tief unten liegt der milchig-grüne See im Undre Triftchessel, den der unglaublich rasch abschmelzende Triftgletscher hinterlassen hat. 1:30 h.

Für den folgenden Aufstieg zur **Windegghütte** 03 (1887 m) gibt es zwei Möglichkeiten – den direkten und felsig-ausgesetzten, aber gut gesicherten „Kettliweg“ oder den einfacheren, weiter vorne abzweigenden „Familienweg“. Beide nehmen etwa 30 Minuten in Anspruch und werden nicht nur mit einer gemütlichen Einkehr, sondern auch mit einem herrlichen Blick zum hellfelsigen Tällistock (2579 m) belohnt.

Der Weiterweg Richtung „Guttannen“ führt dann über die Platten am Windegg zu einem kleinen Felssattel, durch den Sie das hochalpine Trifttälli mit seinem kleinen See (2269 m) erreichen. Zuletzt geht’s über Schutthalden neben einem Felsriegel in den **Furtwangsattel** 04 (2568 m) hinauf. Dort werden plötzlich einige Gletscherriesen der Berner Alpen sichtbar. 2:30 h.

Und man erblickt nun die steilen, steinigen und im Winter extrem lawinengefährlichen Hänge, die

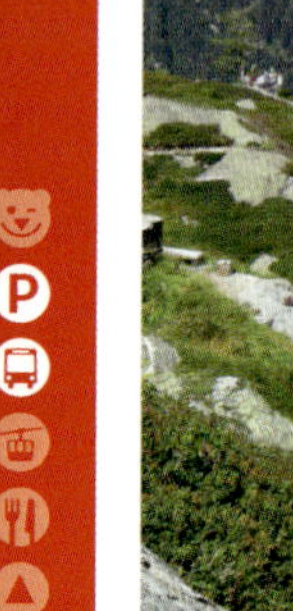

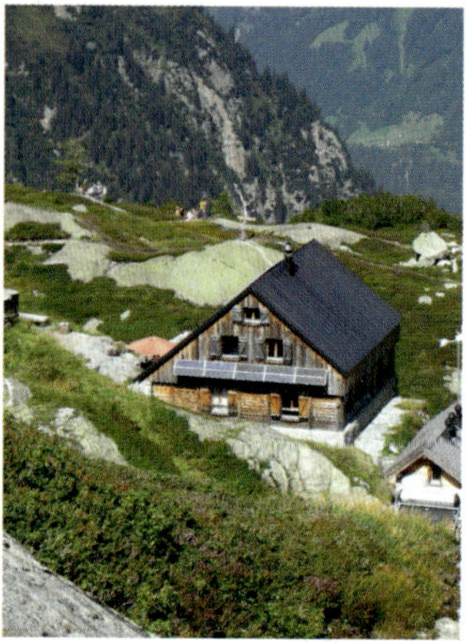

Willkommen auf Windegg!

ins Haslital hinunterziehen – hier geht's nun auch zu Fuss über 1500 Höhenmeter abwärts. Erst links eines Geländeriegels und dann nach rechts erreichen Sie das Kar des Rindertals und die Alp Holzhüs (1929 m), wo Sie links abzweigen. Auf 1700 m Höhe treffen Sie auf eine Alpstrasse, der Sie rechts über einen Graben folgen. Dann zieht der Wanderweg links hinab, vorbei an der Alp Wysstanni und durch den Wald von Blatti. Auf der Strasse kommen Sie schliesslich zu den Häusern auf der Sonnseite des Dorfes **Guttannen** 05 (1057 m). Rechts über die junge Aare gelangen Sie in den Ortsteil Schattseite mit seiner kleinen Kirche an der Grimselstrasse (Postauto-Haltestelle). 2:00 h.

Variante: Wer sich die mitunter langen Wartezeiten bei der Triftbahn (die Gondel fasst nur 8 Personen) ersparen möchte oder ausserhalb der Betriebszeiten unterwegs ist, muss für den Aufstieg von Furen (1149 m, Postauto-Haltestelle) 1:30 h veranschlagen.

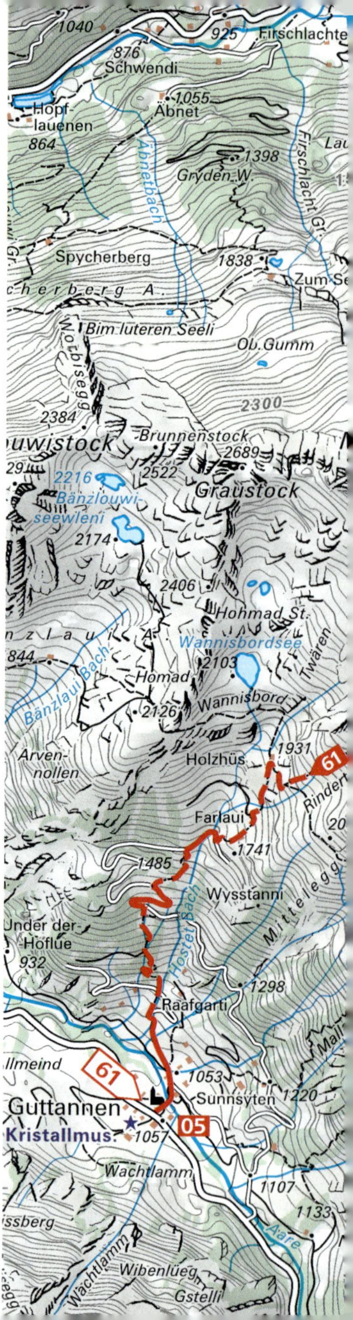

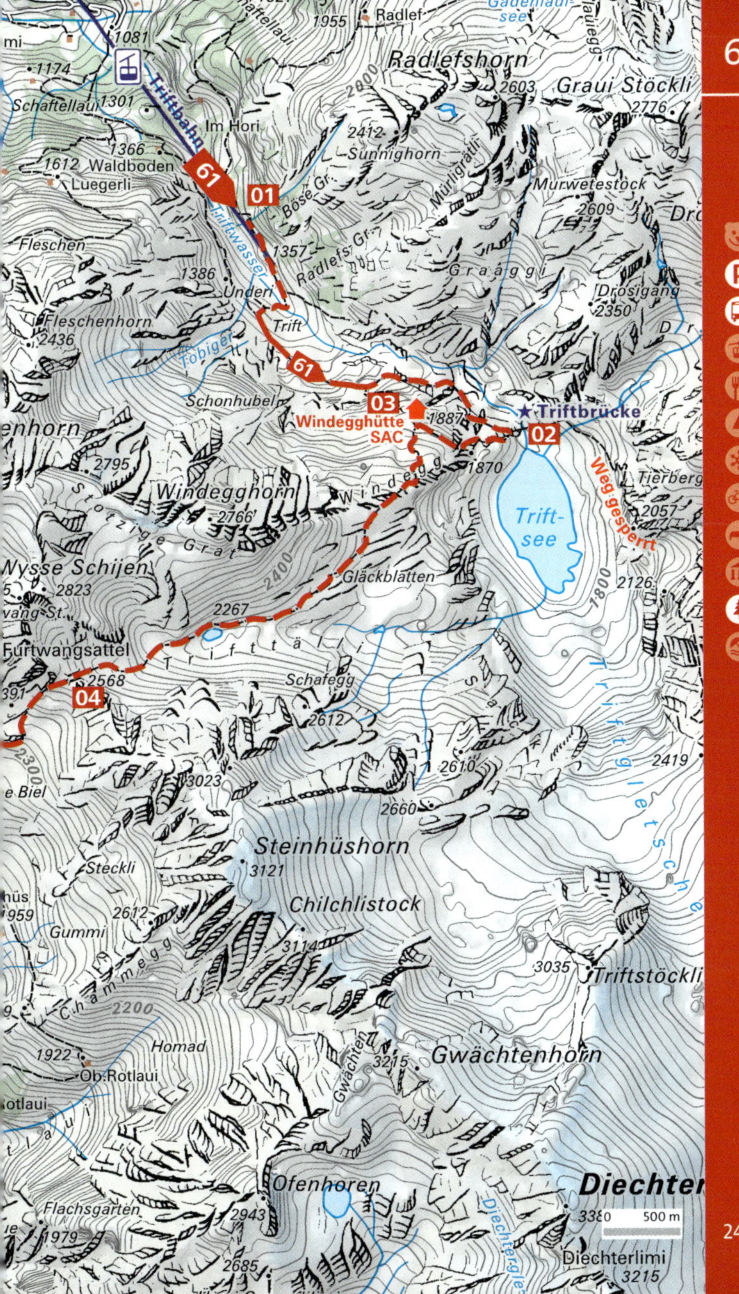
Radlefshorn
Graui Stöckli
Triftbahn
61
01
02
03
04
Windegghütte SAC
Triftbrücke
Weg gesperrt
Triftsee
Windegghorn
Wysse Schijen
Furtwangsattel
Steinhüshorn
Chilchlistock
Triftstöckli
Gwächtenhorn
Ofenhoren
Diechter
Diechterlimi
Sunnighorn
Murwetestock
Drosigang
Tierberg
Fleschenhorn
Fleschen
Schaftellaui
Waldboden
Luegerli
Im Hori
Underi
Trift
Schonhubel
Gläckblatten
Schafegg
Steckli
Gummi
Homad
Ob. Rotlaui
Flachsgarten
0 500 m

ZUR TIERBERGLIHÜTTE • 2795 m

Gletscherimpressionen über dem Sustenpass

  5,5 km  3:45 h 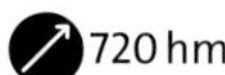 720 hm  720 hm 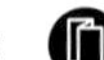 32

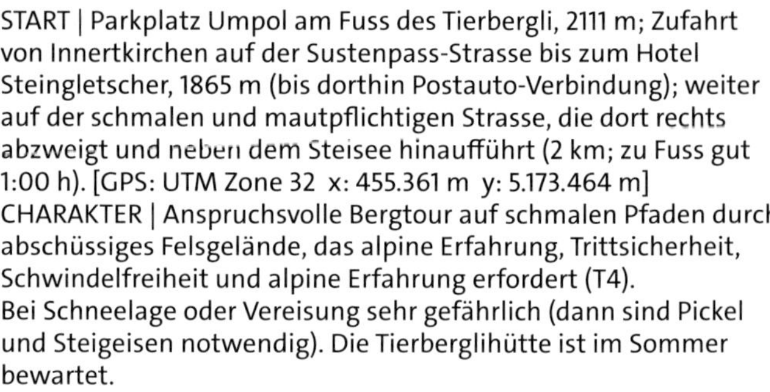

START | Parkplatz Umpol am Fuss des Tierbergli, 2111 m; Zufahrt von Innertkirchen auf der Sustenpass-Strasse bis zum Hotel Steingletscher, 1865 m (bis dorthin Postauto-Verbindung); weiter auf der schmalen und mautpflichtigen Strasse, die dort rechts abzweigt und neben dem Steisee hinaufführt (2 km; zu Fuss gut 1:00 h). [GPS: UTM Zone 32 x: 455.361 m y: 5.173.464 m]
CHARAKTER | Anspruchsvolle Bergtour auf schmalen Pfaden durch abschüssiges Felsgelände, das alpine Erfahrung, Trittsicherheit, Schwindelfreiheit und alpine Erfahrung erfordert (T4).
Bei Schneelage oder Vereisung sehr gefährlich (dann sind Pickel und Steigeisen notwendig). Die Tierberglihütte ist im Sommer bewartet.

Schon die Anreise zu dieser Tour ist aussergewöhnlich: Ein schmaler Fahrweg führt von der Sustenpass-Strasse zu einem erst um 1940 entstandenen See und in ein wildes Hochgebirgskar unter dem noch acht Quadratkilometer grossen Steigletscher. Seine ganze Ausdehnung ermisst man aber erst dann, wenn man zur Tierberglihütte hinaufsteigt. Dies ist eine Tour der Superlative, denn kaum wo ist eine so eindrückliche, geradezu arktisch anmutende Hochgebirgslandschaft mit so geringen Mühen „zu haben". Unterschätzen sollte man den Pfad dort hinauf aber nicht, denn er verlangt schon ein wenig Klettergewandtheit, einen sicheren Blick in die Tiefe, eine realistische Einschätzung der alpinen Gefahren und auch Erfahrung in

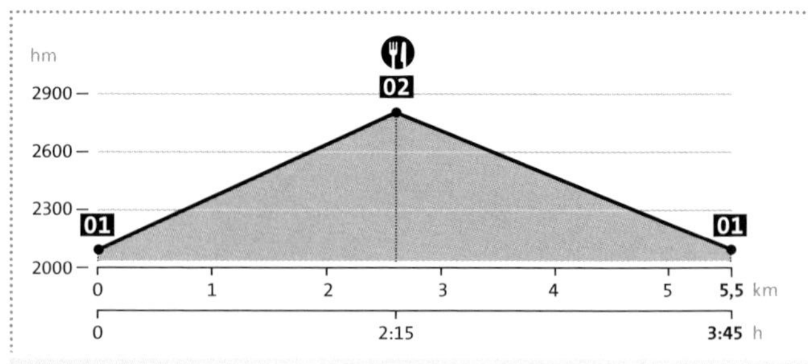

01 Parkplatz Umpol, 2111 m; 02 Tierberglihütte, 2795 m

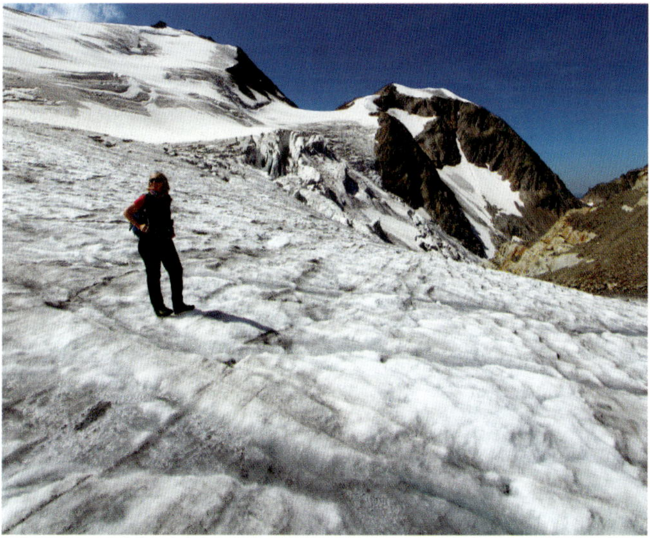

Ein paar Schritte auf dem Gletscher – aber nicht zu nahe zu den Spalten!

Bezug auf das Wetter. Man sollte sich trotz der relativ kurzen Aufstiegszeit unbedingt zwei Tage dafür nehmen, denn eine Übernachtung in der Tierberglihütte zählt zum Schönsten, das man in den Bergen der Schweiz erleben kann.

▶ Vom **Parkplatz Umpol** 01 gehen Sie, dem Wegweiser „Tierberglihütte" folgend, auf einem Steg über den Gletscherbach. Jenseits zweigt der Klettersteig rechts ab, während der Hüttenzustieg links ins Schuttkar unter dem Tierbergli hinaufzieht. Wasserfälle stürzen über die Felsflanken unter dem Steigletscher herab, dahinter wird das Sustenhorn (3502 m) sichtbar. Der Pfad windet sich auf eine felsige Geländeschulter (2427 m) empor; unterhalb davon kreuzen Sie den Klettersteig.
Dann werden mit Hilfe von Stahlseilen steile Felsstufen erklommen, bevor eine Geröllquerung

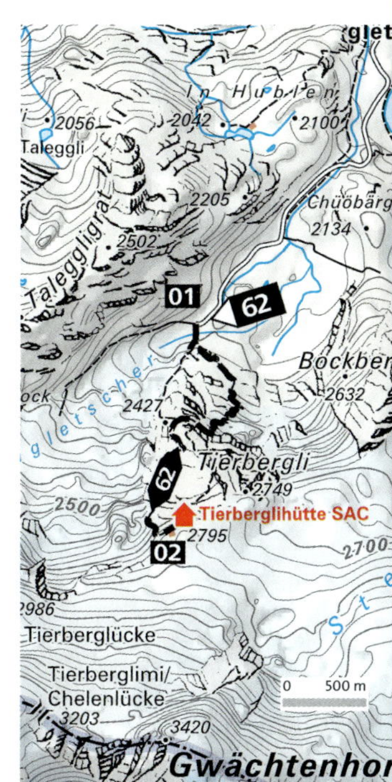

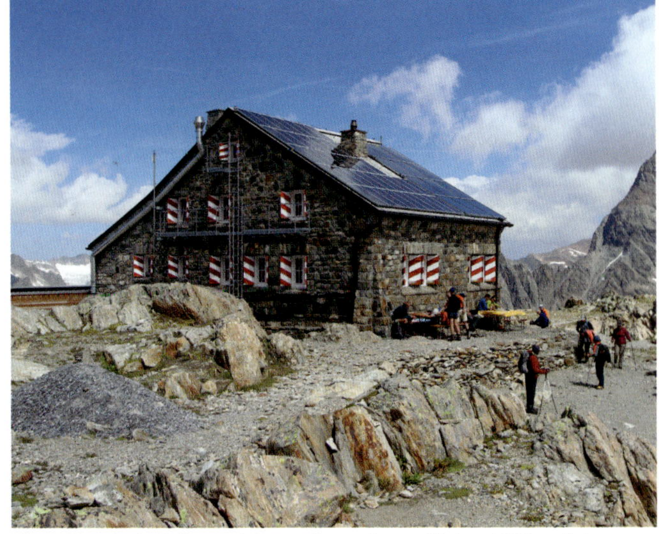

Diese Tour hat ein hochalpines, aber sehr gastliches Hüttenziel.

folgt – dort liegen bis weit in den Sommer hinein steile Altschneefelder, die über senkrechten Abbrüchen enden. Der Gipfelaufbau wird durch steile, aber gut gestufte Felsflanken erstiegen (Ketten). Rechts unten schmilzt die westliche Gletscherzunge immer mehr dahin.

Tierbergli-Klettersteig

Die Tierberglihütte ist auch auf einem mittelschwierigen Klettersteig (B/C, K3) erreichbar. Er führt über Felsplatten, Grasbänder, eine leicht überhängende, aber gut mit Eisentritten abgesicherte Schlüsselstelle und zuletzt über einen Grat. Auf 2427 m quert er den Normalweg zur Hütte, dort kann man also abbrechen. Die Aufstiegszeit beträgt etwa 2:00 h.

Zuletzt erreichen Sie eine kleine Senke neben einer Schuttkuppe, von der man in den Gletscherbruch blickt. Links jedoch geht's über den Felsrücken zur nahen **Tierberglihütte** **02** (2795 m) hinüber. Was für ein Panorama: Im Osten erhebt sich das Sustenhorn (3503 m) über dem Steigletscher, im Süden protzen das nähere Gwächtenhorn (3420 m) und der Hintere Tierberg (3447 m) über dem Firnboden, der schon einige ausgeaperte Felsflecken aufweist. Im Norden, jenseits des Gadmertals und des milchig-grauen Steisees, erblicken Sie die gezackten Fünffingerstöck (2994 m), über den links der mächtige Titlis (3238 m) mit seinem überbauten Vorgipfel herüberlugt; daneben zeigen sich die mächtigen, an die Dolomiten erinnernden Südwände des Wendenstocks (2954 m). 2:15 h.

Der **Abstieg** erfolgt auf derselben Route. 1:30 h.

DER HISTORISCHE GRIMSELWEG

Eine lange, aber spannende Etappe der Via Sbrinz

  22,5 km 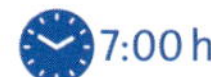 7:00 h 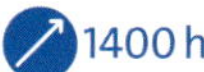 1400 hm  50 hm 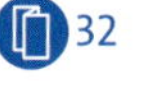 32

START | Innertkirchen, 625 m; Bahnstation, Parkplatz am südlichen Ortsrand (Richtung Grimselpass). Rückfahrt vom Grimsel-Hospiz, 1980 m, mit dem Postauto (Linie 171).
[GPS: UTM Zone 32 x: 441.106 m y: 5.172.787 m]
CHARAKTER | Landschaftlich und kulturell sehr interessante Talwanderung auf Schotterstrassen und Wegen (T1), die man dank der Postautolinie an vielen Stellen abbrechen und wieder beginnen kann. Einkehrmöglichkeit im Hotel Urweid, in Guttannen, im Hotel Handegg und im Grimsel-Hospiz.

Wandern auf Säumerspuren – auf dem renovierten Weg zum 2165 Meter hohen Grimselpass ist das ein echtes Erlebnis. Bis ins 18. Jahrhundert sollen pro Woche 200 Saumtiere zwischen dem Aaretal und dem Wallis unterwegs gewesen sein. Viele hatten Sbrinz, einen Hartkäse aus der Zentralschweiz, geladen – er wurde zum „Namensgeber“ der Via Sbrinz von Luzern nach Domodossola in Italien.

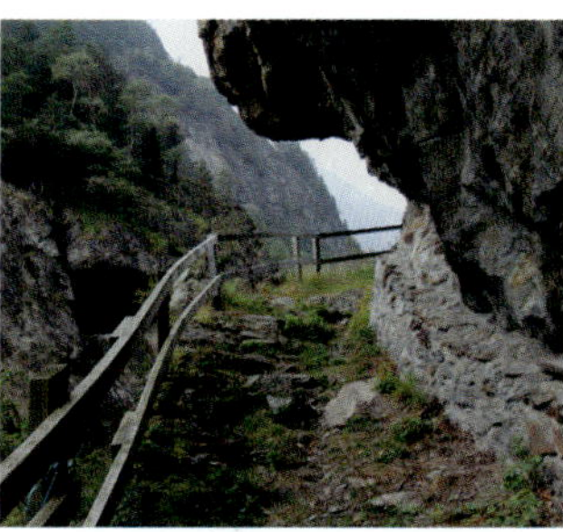

Der Säumerweg an der Sprengfluh.

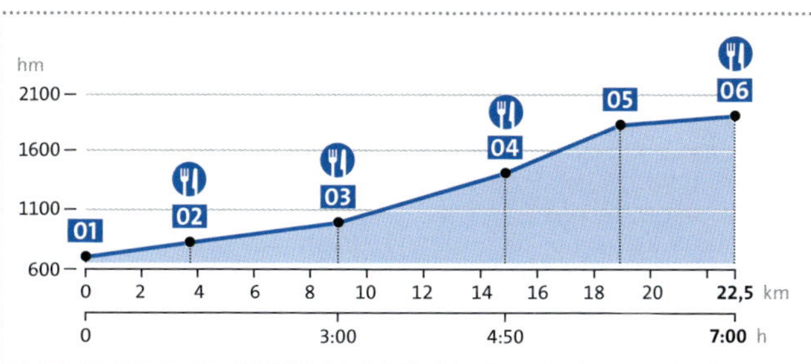

01 Innertkirchen, 625 m; 02 Innere Urweid, 740 m; 03 Guttannen, 1057 m; 04 Hotel Handegg, 1401 m; 05 Räterichsbodensee, 1782 m; 06 Grimsel-Hospiz, 1980 m

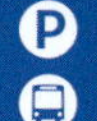
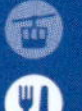
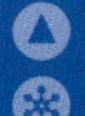
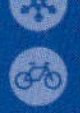

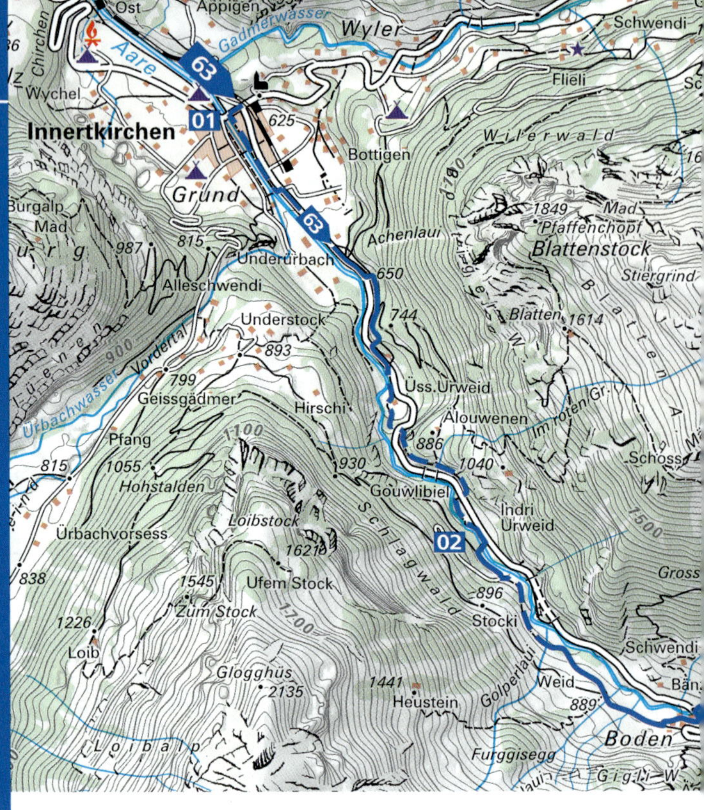

▶ Der Grimselweg (Via Sbrinz, Nr. 40) beginnt in **Innertkirchen** 01 beim Infocenter Grimseltor. Auf dem Uferweg bzw. entlang der Grimselstrasse geht's neben der Aare dahin, vorbei an den Kraftwerksanlagen. Wo sich das Tal bei der Einmündung eines Schuttgrabens verengt, führt der Weg links durch die Waldhänge über der Strasse taleinwärts. Rechts davon wandern Sie durch die Äussere Urweid (690 m) und eine Talenge, dann wieder links oberhalb der Fahrbahn zur **Inneren Urweid** 02 (740 m, Hotel Urweid). 1:15 h.

Über einen Holzsteg gelangen Sie zu einem geteerten Fahrweg, dem Sie nach links folgen. Nach 100 m zweigen Sie links ab und gehen durch eine Wiese und Wald zur Engstelle an der Sprengfluh. Dort wurde der Grimselweg aus dem Fels geschlagen; jenseits der rauschenden Aare erblickt man einen Tunnel der alten Strasse. Durch Weiden erreichen Sie sodann den kleinen Weiler Boden (870 m), wo Sie über die Grimselstrasse und die alte Aarebrücke gehen. Rechts abbiegend kommen Sie an einigen Höfen vorbei („Under der Hoflue") und auf dem Saumweg weiter zum Ortsteil Sonnseite in **Guttannen** 03 (1057 m). Die Postauto-Haltestelle befindet sich jenseits der Aare im

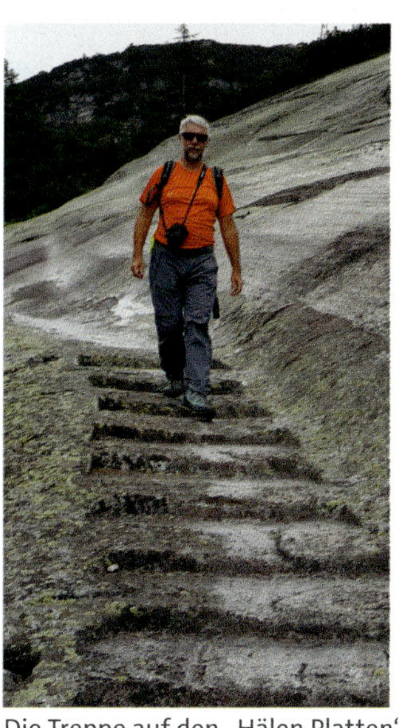

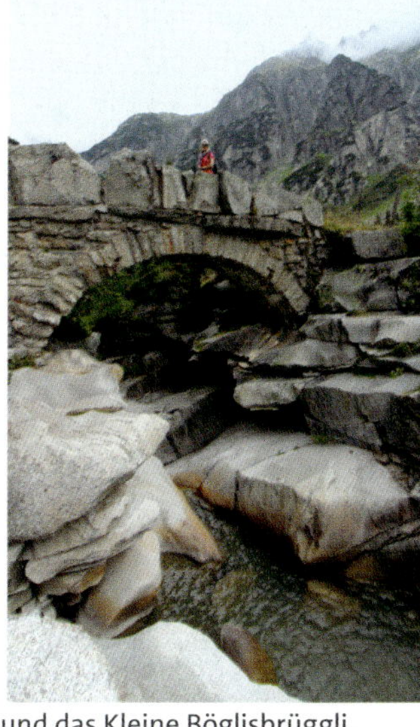

Die Treppe auf den „Hälen Platten“ und das Kleine Böglisbrüggli.

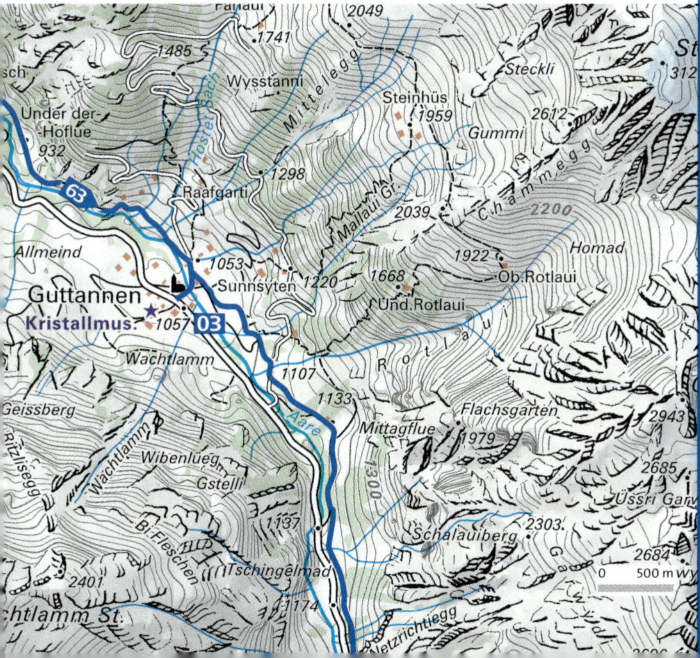

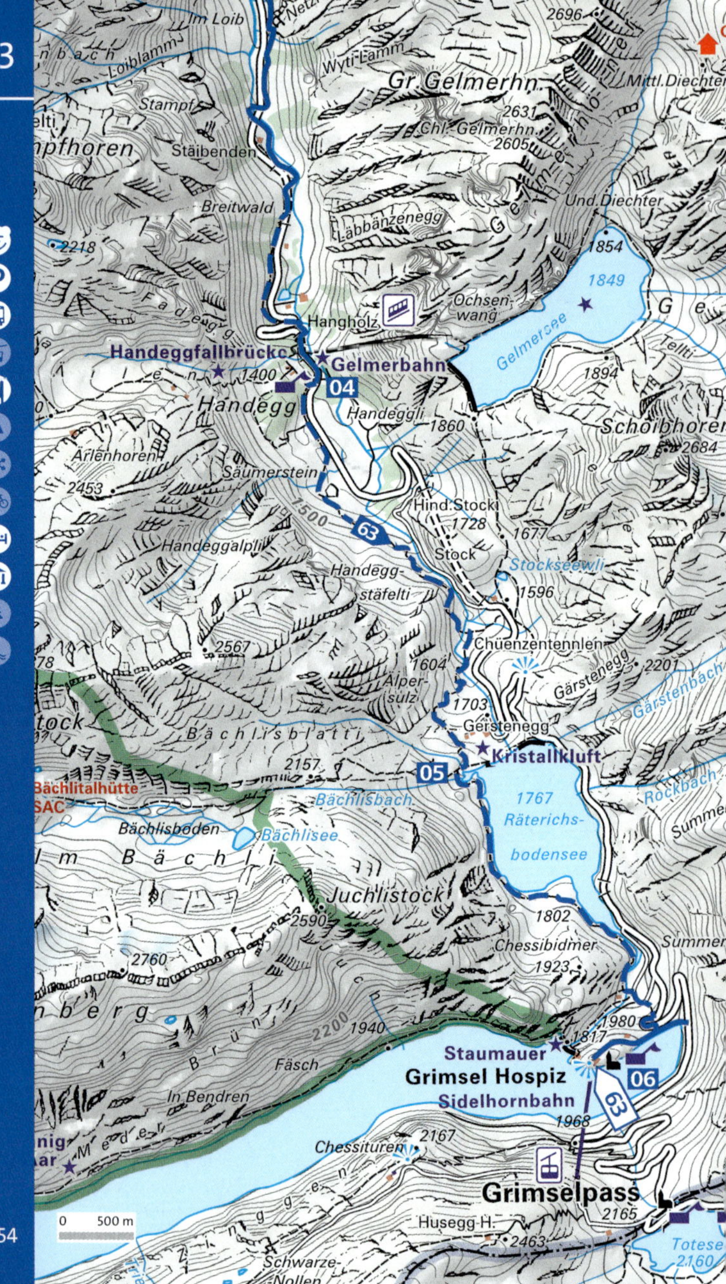

Im Loib
Loiblamm
Netzr
Wyti-Lamm
Gr. Gelmerhn.
2696
Mittl.Diechter
2631
Chl. Gelmerhn.
2605
Stampf
Stäibenden
pfhoren
Breitwald
Läbbänzenegg
Und.Diechter
2218
1854
1849
Hangholz
Ochsen-
wang
Gelmersee
Handeggfallbrücke
Gelmerbahn
1400
04
Telltí
1894
Handegg
Handeggli
1860
Schoibhoren
2684
Ärlenhoren
Säumerstein
2453
1500
63
Hind.Stock
1728
1677
Stock
Stockseewli
Handeggalpli
Handegg-
stäfelti
1596
Chüenzentennlen
2567
1604
Gärstenegg
2201
Alper-
sulz
Gärstenbach
1703
Gerstenegg
Bächlisblatti
Kristallkluft
2157
05
Bächlitalhütte
SAC
Bächlisbach
1767
Räterichs-
bodensee
Rockbach
Bächlisboden
Bächlisee
Juchlistock
2590
1802
Chessibidmer
1923
2760
Summer
1940
2200
1980
1817
Fäsch
Staumauer
Grimsel Hospiz
06
Sidelhornbahn
In Bendren
1968
63
2167
Chessituren
Grimselpass
2165
0 500 m
Husegg-H.
2463
Schwarze-
Nollen
Totese
2160

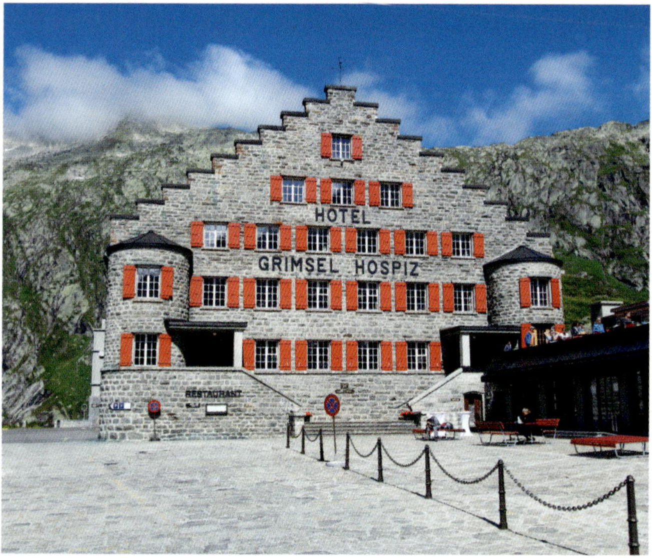

Das Grimsel-Hospitz ist ein nobles Wanderziel.

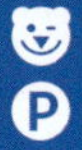

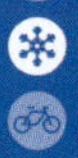
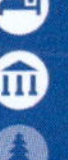

Ortsteil Schattseite bei der Kirche. 1:45 h.

Die Passroute folgt weiter einem Fahrweg, über den Schutt speienden Rotlouwibach, durch Wald und auf einem Pfad neben der Strasse zur alten, steinernen Schwarzbrunnenbrücke (1215 m). Bald steigt der Weg auf der westlichen Talseite steiler zum Kraftwerk (1310 m) und zum Hotel auf der **Handegg** 04 (1401 m) an. Dort lockt der kurze Abstecher zur Hängebrücke über den Handegg-Wasserfall. 1:50 h.

Weiter geht's gemäss der Beschilderung „Räterichsbodensee, Grimsel/Hospiz, Grimselpass" zum nahen Säumerstein und über die vom Gletscher abgeschliffenen Granitflächen der „Hälen Platten", aus denen flache Stufen ausgeschlagen wurden (der breite Saumweg führt direkt daneben vorbei). In der Folge überschreiten Sie das Kleine und das Grosse Böglisbrüggli, zwei kleine Steinbrücken, die vermutlich aus dem 18. Jahrhundert stammen. Oberhalb davon erreichen Sie die mit einem riesigen Bild der Wasserjungfrau Mélisande bemalte Staumauer des **Räterichsbodensees** 05 (1782 m), an dem Sie rechts auf einem Felsenweg vorbeigehen. 1:10 h.

Dann folgt der letzte steile Aufstieg im Angesicht der 114 m hohen Spitallamm-Staumauer des Grimselsees. Der Weg tangiert eine Kehre der Passstrasse; zuletzt steigen Sie von der Seeuferegg-Staumauer rechts auf dem Fahrweg zum **Hotel Grimsel-Hospiz** 06 (1980 m) an. 1:00 h.

Variante: Man kann in 1:00 h noch zum Grimselpass (2165 m) hinaufwandern – dabei muss man jedoch ein Stück auf der Strasse marschieren und kürzt dann ihre Kehren steil bergauf ab.

ZUM GELMERSEE • 1860 m

Steile Schienen, Seeumrundung und Säumergeschichte

 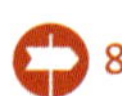 8 km  3:00 h 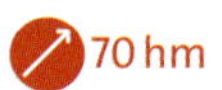 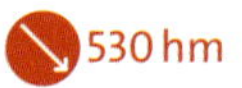 

START | Handegg an der Grimselstrasse, 1378 m, Talstation der Gelmerbahn; Postauto-Haltestelle, Parkplatz. Auffahrt mit der Gelmerbahn zur Bergstation, 1860 m (www.grimselwelt.ch). [GPS: UTM Zone 32 x: 447.966 m y: 5.162.554 m]

CHARAKTER | Rund um den Gelmersee führt ein schmaler, stellenweise ausgesetzter und mit Stahlseilen gesicherter Felspfad, der Trittsicherheit und Schwindelfreiheit erfordert; Abstieg auf einem ebenfalls luftigen Pfad mit vielen Stufen und dem alten Passweg (T2). Unterwegs keine Einkehrmöglichkeit.

Der Gelmersee ist zwar ein Staubecken der Kraftwerke Oberhasli AG, sein türkises Wasser harmoniert aber durchaus mit der kargen Granitlandschaft um den Grimselpass. Und seine Umrundung ist ein wirklich eindrückliches Wandererlebnis. Den Treppenweg, der zu seiner Staumauer hinaufführt, sollte man eher im Abstieg begehen, denn die Fahrt mit der Gelmerbahn erfordert schon bergauf gute Nerven: Die beiden offenen Wagen der einstigen Werksbahn, in denen man, ins Tal blickend, auf schmalen Bänken sitzt, überwindet eine Steigung von 106 Prozent – das ist Weltrekord für eine Standseilbahn. Da wird der Blick zum jenseits aufragenden Ritzlihorn und zum Diamantstock zweitrangig, zumal bei der Talfahrt, bei der man fast über eine Geländekante zu stürzen vermeint.

▶ Von der **Bergstation der Gelmerbahn** 01 gehen Sie 100 m zum Ufer des aufgestauten Gelmer-

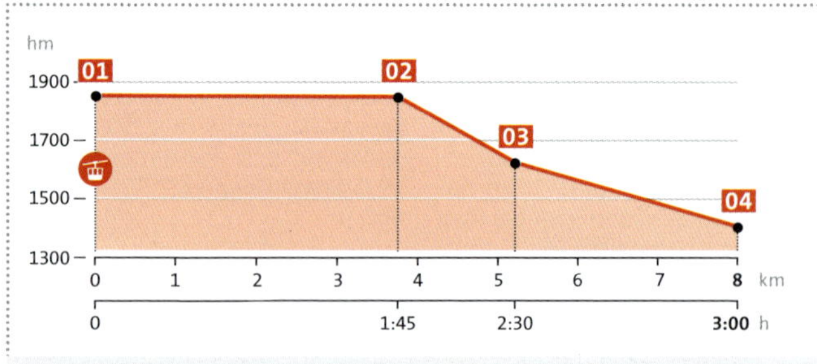

01 Bergstation der Gelmerbahn, 1860 m; 02 Staumauer, 1860 m; 03 Chüenzentennlen, 1596 m; 04 Handegg, 1378 m

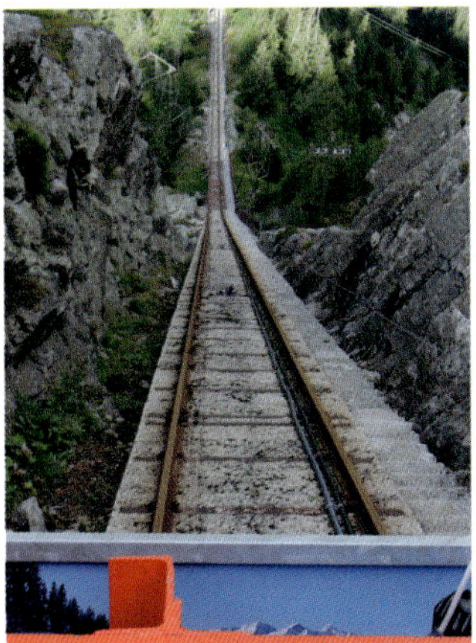

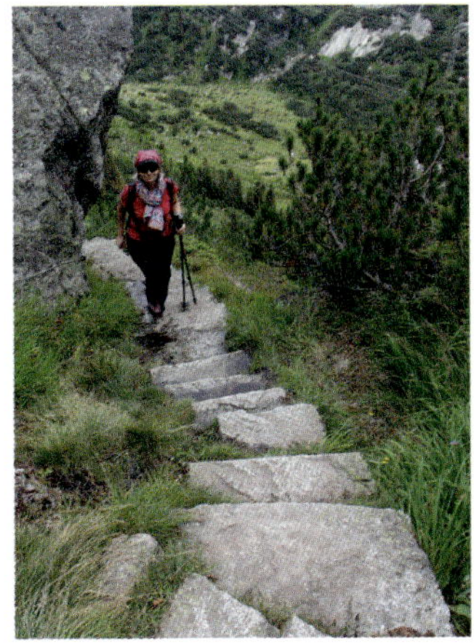

Supersteil mit der Bahn hinauf und auf tausend Stufen hinunter.

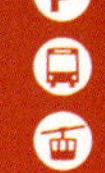
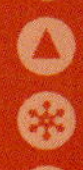
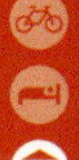

sees. Dort zweigen Sie links ab (Wegweiser „Undrists Diechter, Gelmerseerundweg“) und wandern auf dem Uferweg durch die steilen und glatten, von Gletschern abgeschliffenen Granitplatten in den Talgrund hinein. Stellenweise wurde das schmale Trassee aus dem Fels geschlagen, mit Beton ans Gestein „geklebt“ und mit Drahtseilen gesichert. Nach gut 1 km erreichen Sie Undrists (= Unteren) Diechter, das Kar über dem Nordufer. Dort biegen

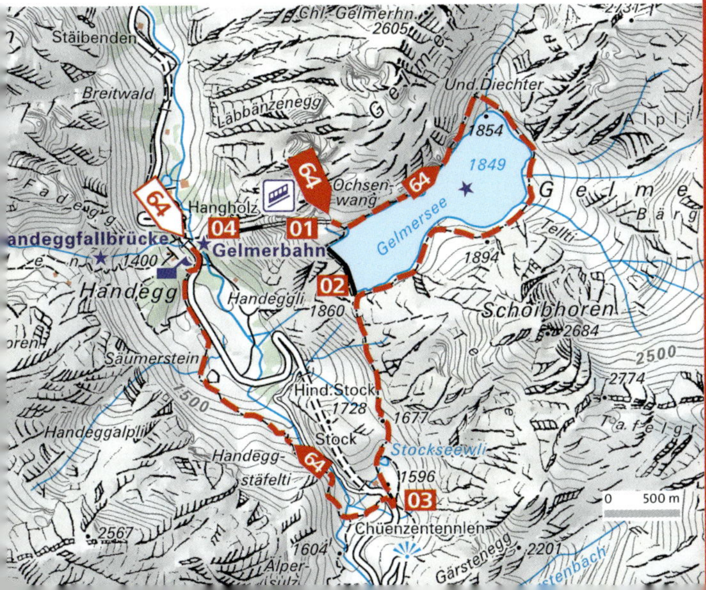

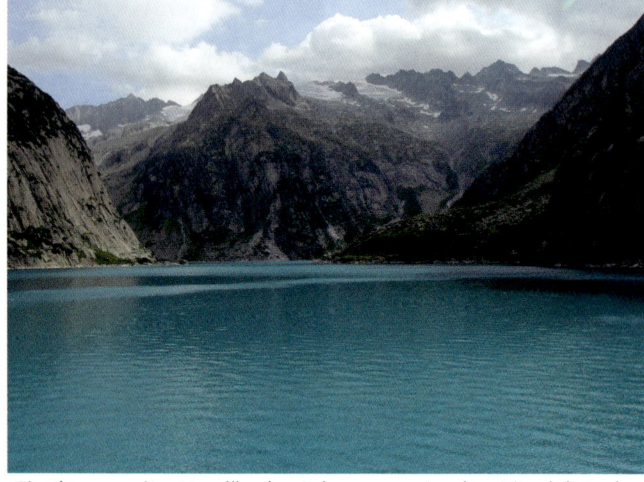

„Fjord aus zweiter Hand" – der Gelmersee unter dem Tieralplistock.

Sie rechts ab, gehen auf einem Steg über den dort einmündenden Diechterbach (kleine Unterstandshütte) und kehren dann über dem Ostufer zurück – durch Schwemmkegel unter kleinen Wasserfällen, schütter bewachsene Geröllhänge und Felsflanken. Nach 1:45 h erreichen Sie den Südrand der **Staumauer** 02 (1860 m).

Der Abstiegsweg führt nun links Richtung „Chüenzentennlen, Handegg/Hotel". Über unzählige Stufen steigen Sie durch steile, stellenweise auch felsige Hänge hoch über der Grimselstrasse ab; eine kurze Passage ist mit Drahtseilen gesichert. Über die Weiden und Moorflecken am Hindrem Stock kommen Sie zum kleinen Stockseewli (1618 m). Schliesslich ereichen Sie die Strasse bei **Chüenzentennlen** 03 (1596 m, Postauto-Haltestelle). 45 Minuten.

Nach der Querung der Fahrbahn wandern Sie Richtung „Handegg/ Hotel" durch Wiesen und lichten Wald zum historischen Grimselweg (Via Sbrinz, Nr. 40) hinab. Auf diesem gelangen Sie rechts zur jungen (und von den Kraftwerks-Ableitungen fast trockengelegte Aare, die Sie auf dem Kleinen Böglisbrüggli überschreiten. Nach einem kurzen Anstieg führt der teils schön gepflästerte Passweg durch die steilen Hänge über dem Bach zur schrägen Granitflanke der „Hälen Platten" mit ihren ausgehauenen Stufen und zum Säumerstein (1435 m) hinunter. Kurz danach erreichen Sie die Zufahrtsstrasse, die links zum nahen Hotel auf der **Handegg** 04 (1378 m) führt. 45 Minuten.

Der Parkplatz befindet sich 100 m unterhalb davon an der Grimselstrasse (Postauto-Haltestelle). Spannend ist jedoch der zusätzliche 15-Minuten-Rundweg vom Hotel zur Handegg-Hängebrücke, die 70 m über dem Handegg-Wasserfall eine Schluchtstelle der Aare überspannt. Jenseits kommen Sie unterhalb der Talstation der Gelmerbahn zum Parkplatz.

ZUR LAUTERAARHÜTTE • 2392 m

Ein eisfreier, aber bald schon überschwemmter Zustieg?

 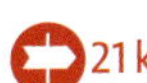 21 km  9:00 h 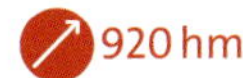 920 hm  920 hm  32

START | Hotel Grimsel-Hospiz, 1980 m; Postauto-Haltestelle, gebührenfreier Parkplatz. Eventuell Tal- bzw. Bergfahrt mit der Hospizbahn (www.grimselwelt.ch).
[GPS: UTM Zone 32 x: 449.456 m y: 5.157.982 m]
CHARAKTER | Lange und hochalpine Talwanderung auf einem schmalen, stellenweise ausgesetzten Bergwanderweg (T3). Die Lauteraarhütte ist im Sommer gut bewartet und bietet auch Unterkunft.

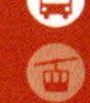

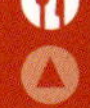
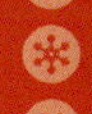
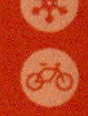

Im Sommer 2018 ist die Zunge des Unteraargletschers soweit zurückgeschmolzen, dass der Weg zur gleichnamigen Hütte nun nicht mehr übers „ewige" Eis führt. Er wurde von einer Alpinroute auf einen Bergwanderweg herabgestuft, was aber natürlich nichts an der Schönheit der hochalpinen Landschaft, die er durchquert, ändert. Sehr gravierende Änderungen drohen dagegen durch die Pläne, die zwischen 1925 und 1932 errichteten Staumauern des Grimselsees um 23 Meter zu erhöhen!

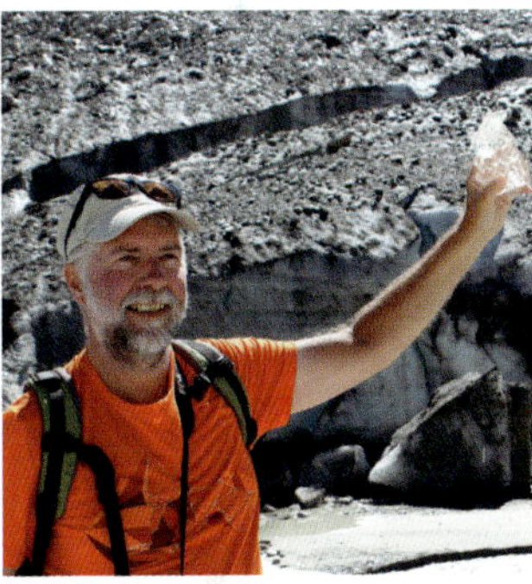

Ein Stück vom Lauteraargletscher!

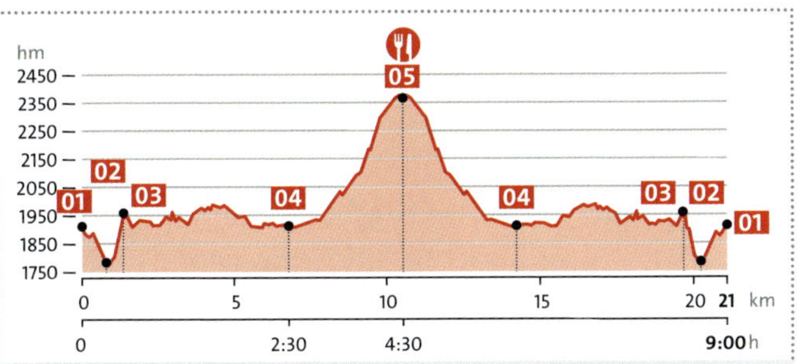

01 Grimsel-Hospiz, 1980 m; 02 Staumauer, 1910 m; 03 Tunnel, 1970 m; 04 Mündung des Gletscherbachs, 1909 m; 05 Lauteraarhütte, 2392 m

▶ Da die Staumauer Spitallamm wegen Bauarbeiten bis 2025 für Wanderer gesperrt ist, muss man von der Seeuferegg-Staumauer nahe dem **Hotel Grimsel Hospiz** 01 zunächst auf der Via Sbrinz (Nr. 40) in 30 Minuten knapp 200 Höhenmeter ins **Summerloch** 02 (1800 m) absteigen, mit der selbstbedienbaren Hospizbahn dort hinunterfahren oder am Parkplatz vor der Abzweigung der Zufahrtsstrasse starten.

Vom Summerloch führt der Pfad mit der Beschilderung „Unteraargletscher, Lauteraarhütte SAC“ durch steile, felsige Hänge empor und oberhalb der Staudamm-Baustelle zu einem **Tunnel** 03 (1970 m). Dahinter geht's auf einem stellenweise recht schmalen und luftigen Pfad im stetigen Auf und Ab fast 6 km taleinwärts. Ein Betonsteg führt unter einem Wasserfall vorbei (das kühle Nass stammt aus dem Bächlisee und wird durch einen Stollen unter dem Juchlistock herübergeleitet). In einigen Felsflanken wurde der Pfad aus dem Gestein geschlagen, im Wiesengelände da und dort mit Steinplatten ausgelegt. Man durchquert kleine Moorflecken, Gebüsch und den höchstgelegenen Arvenbestand der Berner Alpen – mit einem Wort: eine Märchenlandschaft vor der Kulisse des Lauteraarhorns (4042 m), das sich über dem Talschluss erhebt. Zuletzt erreichen Sie neben dem Seeufer die **Mündung des Gletscherbachs** 04 (1909 m). 2:30 h.

Um 1850 reichte die Zunge des Unteraargletschers bis in den Bereich des heutigen Stausees hinein; mittlerweile muss man noch etwa 1,5 km über den flachen Schuttboden bis zu seiner Eisstirn weitergehen. Dazwischen erinnert das „Gletscherweib“, ein Mahnmal gegen die Aufstaupläne, nach denen dieses Gebiet im Wasser versinken soll. Vor der zerfallenden und mit viel Schutt bedeckten Gletscherzunge steigen Sie rechts durch Moränenschutt an. Weiter oben schlängelt sich der Pfad durch Grashänge in die Triftle-

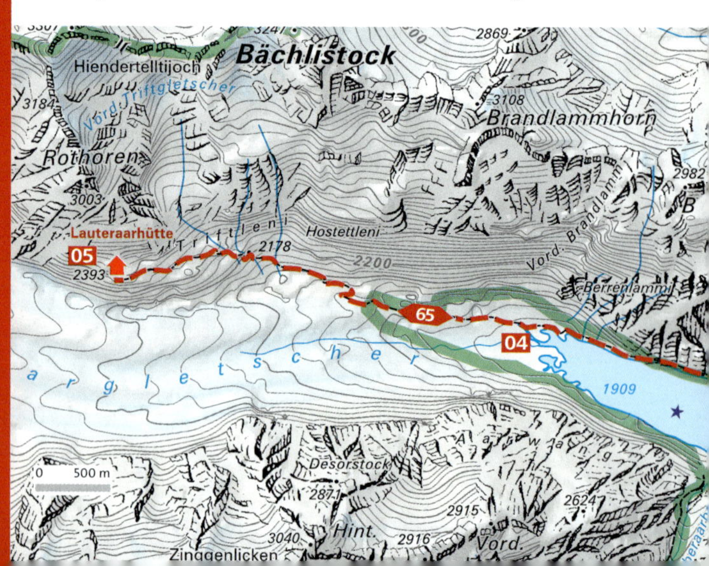

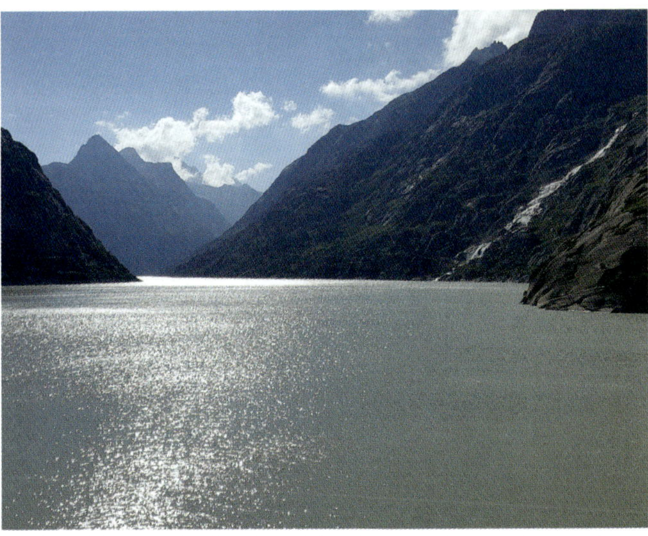

Der Weg führt rechts über dem Grimselsee ins Herz der Berner Alpen.

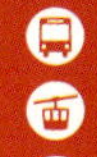
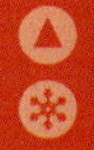
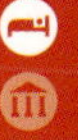

ni-Mulde (2327 m) und weiter über dem Gletscher empor. Nach 2:00 h kommt die **Lauteraarhütte** 05 (2392 m) ins Blickfeld – und damit auch der Zusammenfluss von Ober- und Unteraargletscher, der sich noch gut 2 km taleinwärts am Fusse des Lauteraarhorns befindet. Der **Rückweg** erfolgt auf derselben Route in gut 4:00 h.

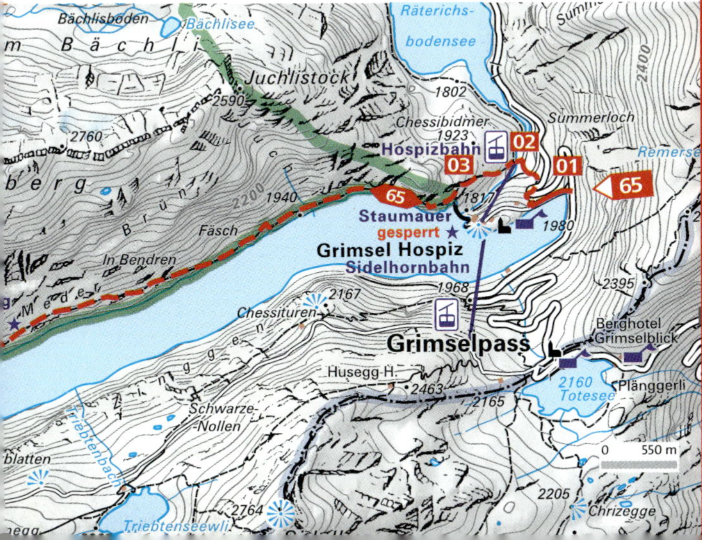

AUF DAS SIDELHORN • 2764 m

Gipfelerlebnis über dem Grimselpass

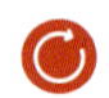
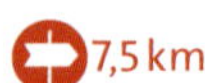

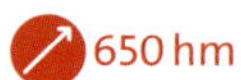

START | Grimselpass, 2165 m; Postauto-Zufahrt vom Bahnhof Meiringen (Linie 161), Parkplatz knapp vor der Passhöhe. [GPS: UTM Zone 32 x: 449.172 m y: 5.156.701 m]
CHARAKTER | Sehr beliebte Berg- bzw. Gratwanderung auf stellenweise steilen und felsigen Pfaden, die Trittsicherheit und Schwindelfreiheit erfordern (T2). Unterwegs keine Einkehrmöglichkeit.

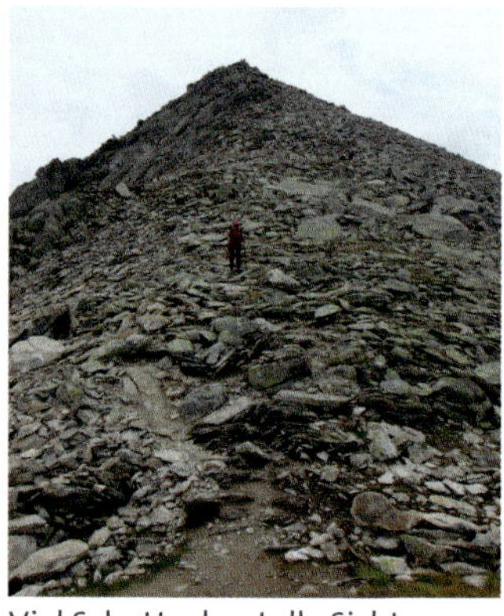
Viel Schutt, aber tolle Sicht.

Ganz im Osten der Berner Alpen erhebt sich einer der imposantesten Aussichtsgipfel dieser Gebirgsgruppe: das Sidelhorn. Vom Grimselpass aus ist es in kurzer Zeit erreichbar – das lockt natürlich viele Bergfreunde an. Seine Ersteigung lohnt sich vor allem im Rahmen der hier vorgeschlagenen Rundtour. Wer einen Tag mit klarer Luft erwischt, erfreut sich bei seinem Gipfelkreuz an einem grandiosen 360-Grad-Panorama mit einer langen Reihe von „Alpinstars“ wie Dammastock, Mönch, Finsteraarhorn, Mischabel, Weisshorn, Matterhorn oder Monte Rosa ...

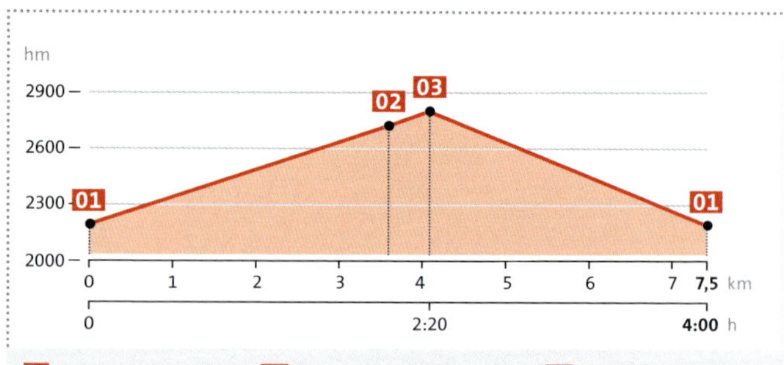

01 Grimselpass, 2165 m; 02 Trübtenseelücke, 2639 m; 03 Sidelhorn, 2764 m

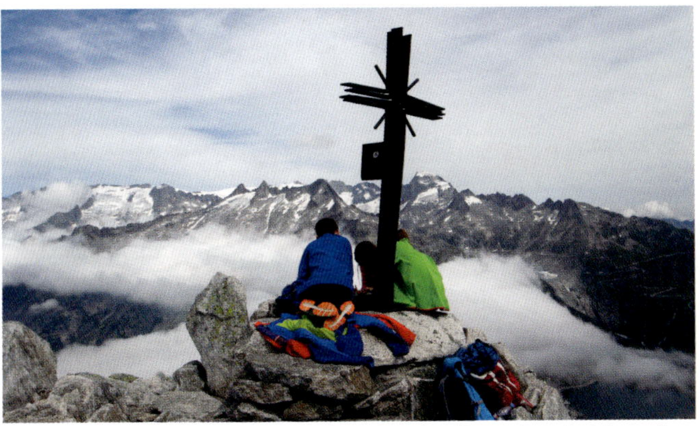

Unter den benachbarten Urner Alpen kriecht die „Grimselschlange".

▶ Beim Parkplatz vor dem **Grimselpass** 01 beginnt die Panoramastrasse Oberaar, auf der Sie an der Ampel vorbeigehen. 30 m danach biegen Sie links Richtung „Jostsee, Triebtenseelicke, Sidelhorn" ab und wandern auf einem Weg – der alten, teils noch gepflasterten Passroute – über dem Westufer des Totesees zu einer Gabelung. Von dort geht's rechts auf einem schmaleren Pfad durch grasiges Gelände zu einem kleinen Sattel hinauf. Dahinter mündet der Weg aus dem Goms ein – man überblickt das obere Tal des Rotten (Rhone) bereits bis zum Nufenenpass. Bald danach zweigen Sie rechts gemäss der Beschilderung „Triebtenseelicke, Sidelhorn" ab und steigen nun steiler durch die Schutt- und

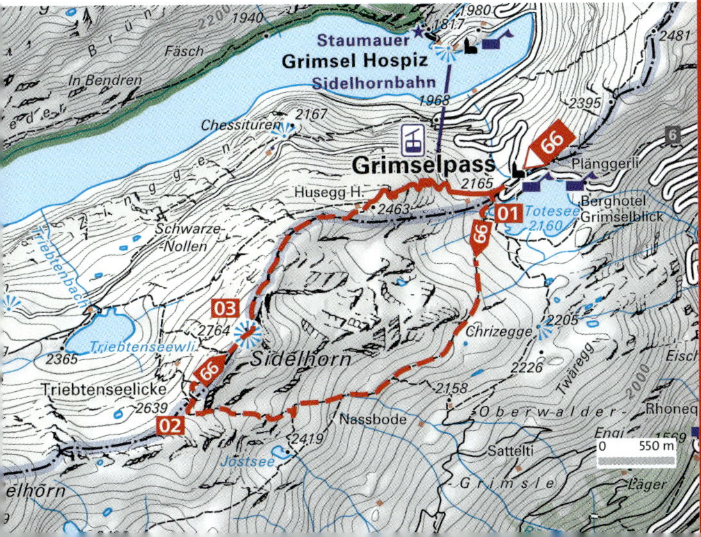

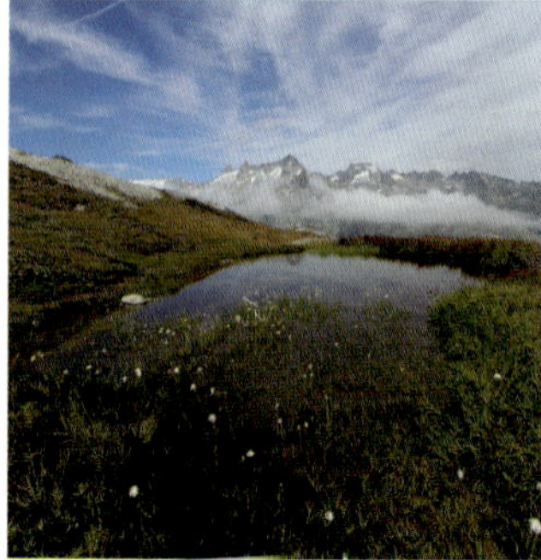
Wollgras, Weiher und Wolken.

Grashänge unter dem Sidelhorn an. Links unten wird der Jostsee sichtbar, während Sie durch eine steinige Mulde nach etwa 1:40 h die weite Senke der **Trübtenseelücke** 02 (2639 m) erreichen. Dort öffnet sich die Sicht zu den hohen Gletscherbergen um den Ober- und den Unteraargletscher.
Der Wegweiser „Sidelhorn" zeigt nach rechts. Die Zeitangabe von 30 Minuten dorthin ist aber recht sportlich, denn zunächst muss man sehr unübersichtliches Blockgelände durchqueren, bevor man rechts sehr steil zu einem Vorgipfel mit Wetterstation (2733 m) ansteigt. Nun sieht man in der Tiefe auch das blaue Triebtebnseewli und die beiden milchig-grauen Grimsel-Stauseen. Es folgt ein kurzer Abstieg zwischen grossen Felstrümmern, bei dem man auch die Hände zu Hilfe nehmen muss. Von einem Sattel (2689 m) gelangen Sie dann geradeaus über den blockigen, aber gut gangbaren Südwestgrat zum Gipfelkreuz auf dem **Sidelhorn** 03 (2764 m) hinauf. Der **Abstieg** führt links sehr steil neben und dann auf dem Nordgrat abwärts. Ab 2650 m wandern Sie dann auf einem sanfteren, grasig-felsigen Rücken in Bogen nach Nordosten bergab. Nach der steinernen Husegghütte (2450 m) geht's nochmals steiler Richtung „Grimselpass" zur Panoramastrasse Oberaar hinunter. Auf dieser gelangen Sie rechts in wenigen Minuten zum Parkplatz am **Grimselpass** 01 zurück.

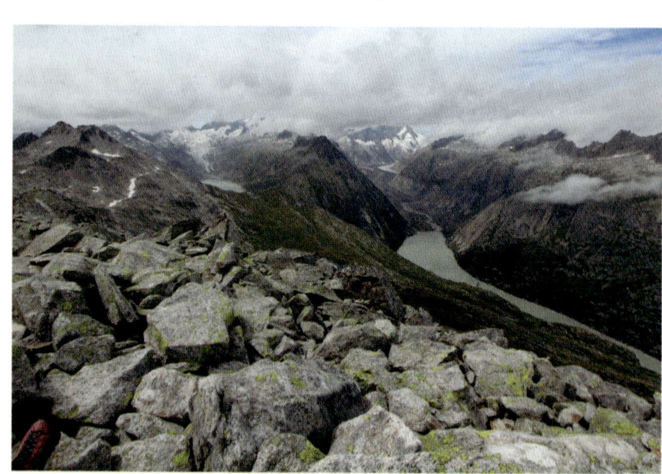
Viel höher, aber im Nebel – Finster- und Lauteraarhorn über den Seen.

DER BÄRENTREK DURCH DIE „HINTERE GASSE“

Seit dem Mittelalter verläuft die Handelsroute der „Hinteren Gasse“ zwischen den Gletscherbergen der Berner Alpen und den Voralpen. Eine Schöpfung für Wandernde unserer Zeit ist dagegen die „Alpenpassroute“ von Sargans nach Montreux, die den alten Wegen über 340 Kilometer und 19 Pässe folgt. Der vielleicht schönste Abschnitt dieses Fernwanderweges, die Strecke zwischen Meiringen im Haslital und Gsteig im Saanenland, wird heute als „Bärentreck“ bezeichnet. Auf den folgenden Seiten stellen wir Ihnen die vier landschaftlich spektakulärsten Tagesetappen dieser Tour vor. Es ist sehr reizvoll, mehrere Tage lang „in einem Stück“ auf den Spuren der Säumer, aber auch der ersten auswärtigen Besucher durch das Berner Oberland zu wandern. Da werden manchmal die Flüche der Fuhrleute erschollen sein und die Angstgebete der ersten auswärtigen Besucher bei einem Wettersturz, aber auch so manches „Ah!“ und „Oh!“ von Dichtern und Malern angesichts der majestätischen Hochgebirgswelt. Die birgt auch heute noch ihre Herausforderungen: Der Bärentrek ist eine anspruchsvolle Bergwanderung (T3), die aufgrund der hohen Passübergänge nur im Hochsommer (Juli bis September) mit entsprechender Ausrüstung und nach intensiver Planung durchgeführt werden darf. Wenn jedoch die Verhältnisse, das Wetter und die persönliche Kondition passen, dann wird man eine echte Traumtour erleben.

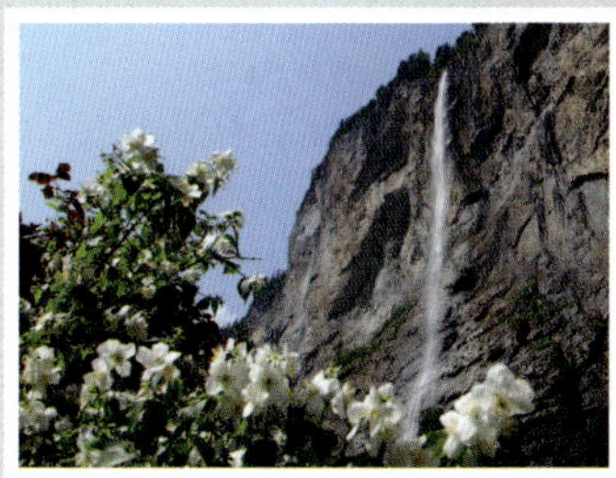

Der Staubbachfall in Lauterbrunnen.

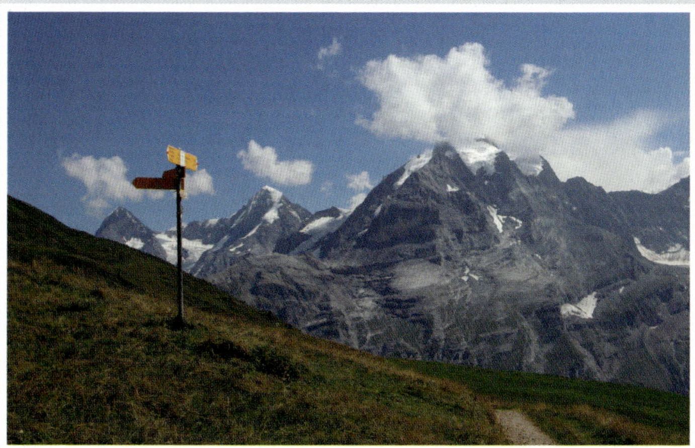

Auf dem Weg zur Sefinenfurgge erblickt man Eiger, Mönch und Jungfrau.

67

MEIRINGEN – GROSSE SCHEIDEGG – GRINDELWALD

Der lange Weg zu den grossen Bergen

  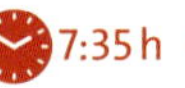 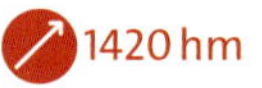  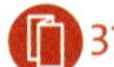

START | Meiringen, 595 m, Bahnhof; Postauto-Haltestelle. Gebührenpflichtige Parkplätze ohne Parkzeitbeschränkung: Alpbach Nord und Geissmärt bei der Bergbahn, Casino-Einstellhalle (Parkhaus) im Dorfzentrum.
[GPS: UTM Zone 32 x: 437.623 m y: 5.175.238 m]
CHARAKTER | Lange, aber einfache Wanderung auf Nebenstrassen, Wegen und Pfaden T2). Nächtigungsmöglichkeit am Weg: Gasthaus Zwirgi, Berggasthof Kaltenbrunn-Säge, Alpenlodge, Hotel Rosenlaui, Chalethotel Schwarzwaldalp, Berghotel Grosse Scheidegg, Hotel Wetterhorn. Zwischen Juni und Oktober lässt sich die Tour dank der Reichenbachfall-Bahn (www.grimselwelt.ch/bahnen/reichenbachfall-bahn) und der durchgehenden Busverbindung (Postauto Rosenlaui-Linie Nr. 164, www.postauto.ch/de/ausflugstipps/rosenlaui-linie; Grindelwald Bus Linie 128, www.grindelwaldbus.ch) beliebig abkürzen.

Was für ein Tourenauftakt! Der Weg zu den Reichenbachfällen als Amuse-Gueule, dann das Hochgebirgstal mit dem romantischen Namen Rosenlaui und schliesslich der landschaftliche Paukenschlag

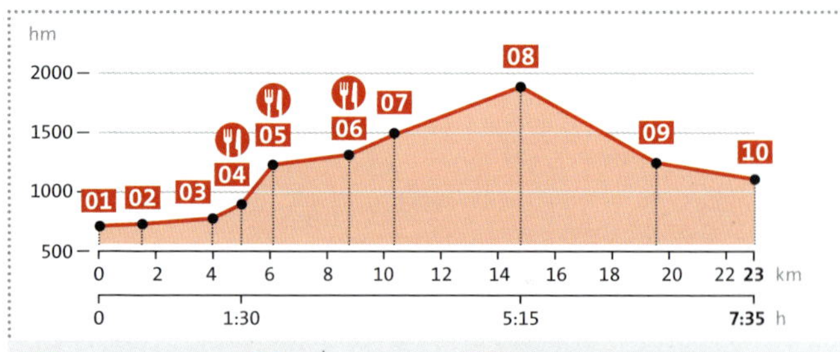

01 Meiringen, 595 m; 02 Willingen, 621 m; 03 Reichenbachfall, 700 m; 04 Zwirgi, 971 m; 05 Kaltenbrunn-Säge, 1210 m; 06 Hotel Rosenlaui, 1328 m; 07 Schwarzwaldalp, 1456 m; 08 Grosse Scheidegg, 1962 m; 09 Hotel Wetterhorn, 1228 m; 10 Grindelwald, 1056 m

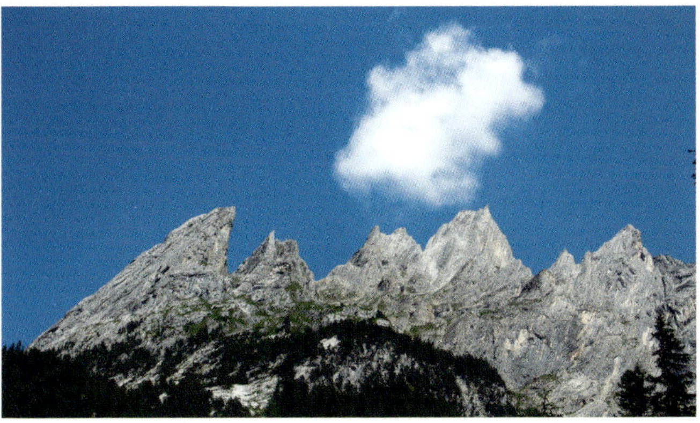
Die zackigen Engelhörner sind die Wahrzeichen des Reichenbachtals.

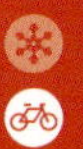
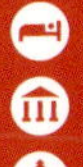

auf der Grossen Scheidegg, der Blick zum Felszahn des Eigers mit dem daneben aufragenden Gletscherhermelin des Mönchs ... Der Übergang von der Aare ins Lütschinental zählt zu den grossen „klassischen“ Passrouten der Schweiz.

▶ Gegenüber dem Bahnhof in **Meiringen** 01 zeigt die Beschilderung „Rosenlaui, Grosse Scheidegg“ nach rechts über den Bahnhofsplatz. Nun wandern Sie wie bei Tour 56 beschrieben über **Willingen** 02 (621 m) zu den Aussichtspunkten über dem **Reichenbachfall** 03 (mit der „Absturzstelle“ von Sherlock Holmes). Weiter oben führt der Weg rechts zum wunderbar gelegenen **Gasthaus Zwirgi** 04 (971 m, Postauto-Haltestelle) hinauf. 1:30 h.
Von dort führt der alte Saumweg durch Wiesen und Wald bergauf, wobei er die Asphaltstrasse nur einmal kurz berührt und zweimal kreuzt. Bald erblicken Sie die eindrücklichen Wellhörner (3191 m) mit dem Rosenlauigletscher. Nach der Brigglesyten müssen Sie etwa 600 m bis zum **Berggasthof Kaltenbrunn-Säge** 05 (1210 m, Postauto-Haltestelle) auf der Strasse marschieren. 45 Minuten ab Zwirgi.
Nach dem Parkplatz der nahen Alpenlodge zweigt der alte Saumweg rechts von der Strasse ab. Er führt weitgehend abseits der Fahrbahn zur Ebene der Gschwantenmad (1303 m, Postauto-Haltestelle) und neben dem Reichenbach weiter zum nostalgischen **Hotel Rosenlaui** 06 (1328 m, Postauto-Haltestelle). 45 Minuten ab Kaltenbrunn-Säge. Herrlicher Blick zu den links aufragenden Engelhörnern!
Jenseits der Brücke führt ein Abkürzungspfad zum Parkplatz beim Zugang zur Rosenlaui-Gletscherschlucht hinauf (sehr lohnender Abstecher, zusätzlich 45 Minuten). Von dort wandern Sie auf dem Saumweg neben der Strasse taleinwärts, bleiben vor der Brücke bei Broch (Postauto-Haltestelle) links des Baches und erreichen nach gut 30 Minuten die **Schwarzwaldalp** 07 (1456 m) mit ihrem Hotel und der historischen Säge. Unter der Felskulisse der Engelhörner, des Well- und des Wetter-

horns (3692 m) endet hier die öffentlich befahrbare Strasse durch das Reichenbachtal; hier wechseln Fahrgäste vom Postauto zum Grindelwald Bus.

Die Via Alpina (Nr. 1) ist die kürzere der beiden Routen, die nun zur Grossen Scheidegg führen. Sie folgt weiterhin dem Bach, überquert ihn und steigt durch einen Waldhang zu den Weiden von Alpiglen (1678 m) an. Von dort führt der Weg – die geteerte, aber für den öffentlichen Verkehr gesperrte Strasse mehrmals kreuzend – über Wiesenhänge und durch kleine Hochmoore zwischen dem rechts sichtbaren Schwarzhorn (2927 m) und dem noch viel eindrücklicheren Wetterhorn zum Sattel der **Grossen Scheidegg** 08 (1962 m, Berghotel und Bushaltestelle) hinauf. Nach 1:45 h belohnt dort der Anblick von Eiger und Mönch über dem Talbecken von Grindelwald alle Strapazen!

Der Abstiegsweg auf der Via Alpina verläuft durch eine ebenso schöne Alplandschaft. Er quert weiterhin mehrmals die Strasse, folgt ihr einmal über 200 m und hält dabei stets einen Respektabstand zur Riesenwand des Wetterhorns ein – immer wieder stürzen Eisbrocken vom Gutzgletscher zu Tal. Rasch kommt man in licht bewaldetes Gelände, an der Abzweigung zur Glecksteinhütte vorbei und zum Unterloichbiel hinunter.

Der nächste Wegabschnitt verläuft auf Alpwegen und zuletzt wieder kurz auf der Asphaltstrasse zur kleinen Ischbodenhütte und weiter zum **Hotel Wetterhorn** 09 (1228 m, Bushaltestelle). 1:15 h von der Grossen Scheidegg.

Der Wegweiser nach Grindelwald zeigt nun nur noch eine Gehzeit von 50 Minuten an. Die Via Alpina führt durch Wald bergab und rechts über Wiesen in den Weiler Unterhäusern, zu den obersten Häusern des Orts. Nach der Querung eines Grabens gelangen Sie auf einer Strasse zur reformierten Kirche im alten Ortszentrum von **Grindelwald** 10 (1056 m). Zum Bahnhof (1034 m) sind es noch 15 Minuten auf der Dorfstrasse.

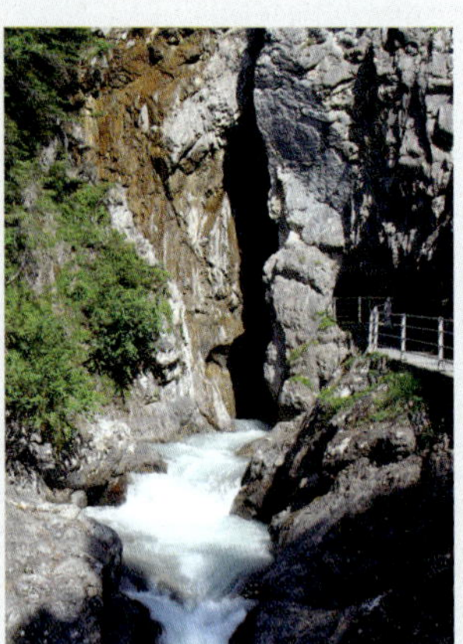

Die Gletscherschlucht Rosenlaui

Der 1913 eröffnete Weg durch die „Rosenlauwischlucht“ führt am Fuss der Engelhörner durch Tunnels und über viele Stufen in eine 573 Meter lange Felskluft, die so eng ist, dass sie eher wie eine Höhle wirkt. In dieser Unterwelt schuf das Schmelzwasser des Rosenlauigletschers auch einige Wasserfälle. Der Abstieg führt durch schönen Bergwald zurürck; Gehzeit insgesamt ca. 45 Minuten. Nähere Infos unter www.rosenlauischlucht.ch.

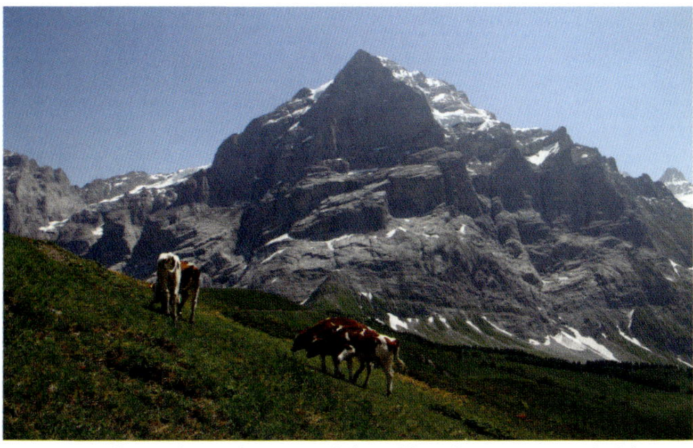

Das Wetterhorn, der steinerne Wächter über der Grossen Scheidegg.

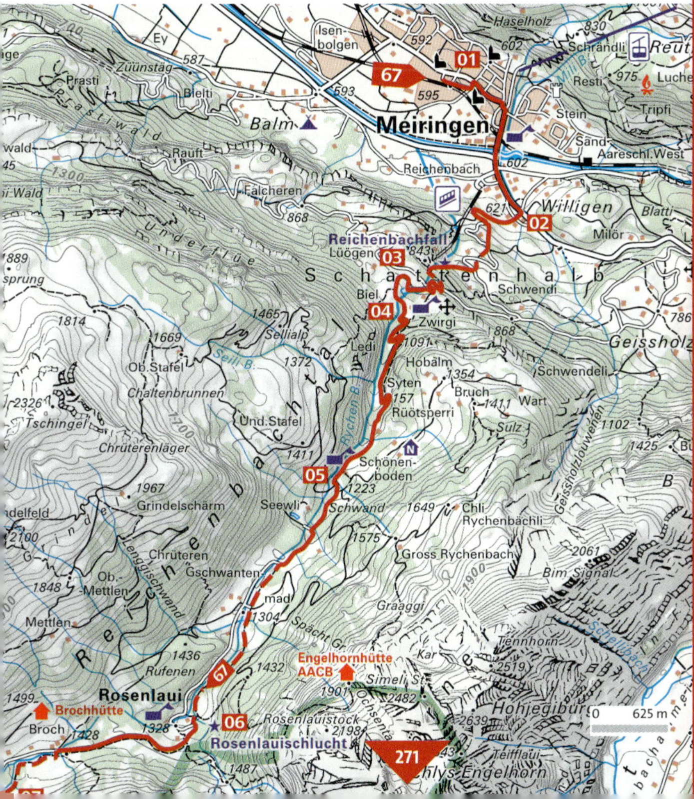

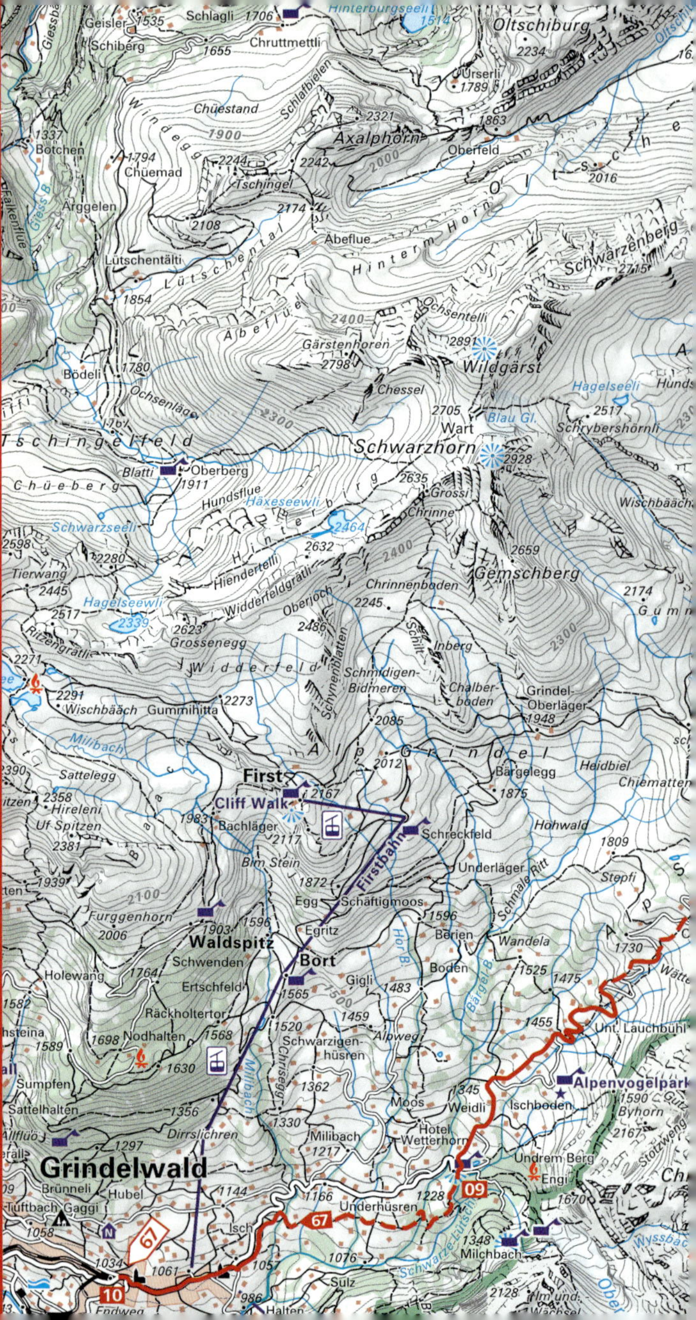

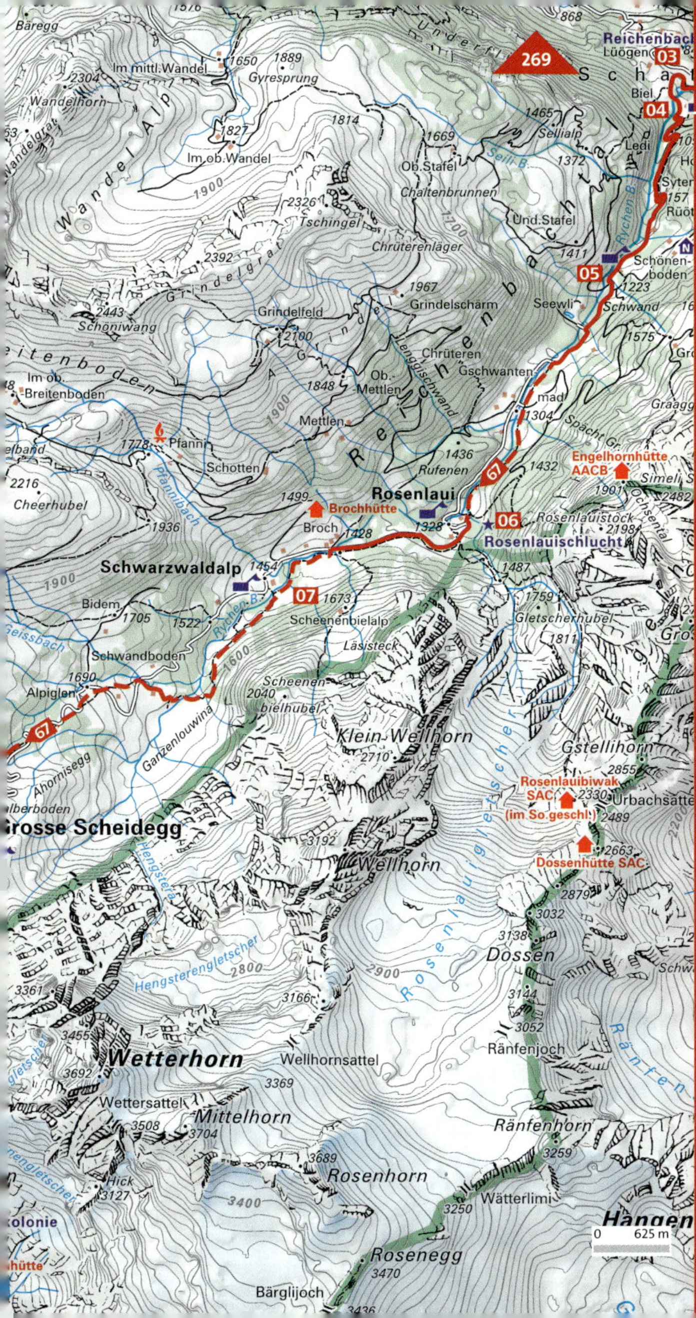

269

Reichenbach
Lüögen
03
04
05
06
07
67
Schwarzwaldalp
Rosenlaui
Brochhütte
Rosenlauischlucht
Engelhornhütte AACB
Grosse Scheidegg
Klein Wellhorn
Wellhorn
Rosenlauibiwak SAC (im So. geschl.)
Dossenhütte SAC
Gstellihorn
Urbachsattel
Dossen
Ränfenjoch
Ränfenhorn
Wätterlimi
Wetterhorn
Wellhornsattel
Wettersattel
Mittelhorn
Rosenhorn
Rosenegg
Bärglijoch
Hengsterengletscher
Rosenlauigletscher
Reichenbach
Grindelfeld
Schöniwang
Im ob. Breitenboden
Pfanni
Schotten
Cheerhubel
Broch
Bidem
Schwandboden
Alpiglen
Scheenenbielalp
Läsisteck
Gletscherhubel
Rosenlauistock
Schönenboden
Schwand
Seewli
Gschwanten
Chrüteren
Ob. Mettlen
Mettlen
Rufenen
Grindelschärm
Chrüterenläger
Tschingel
Chaltenbrunnen
Ob. Stafel
Und. Stafel
Sellialp
Im ob. Wandel
Im mittl. Wandel
Gyresprung
Wandelhorn
Wandel Alp
Grindelgrat
Ahornisegg
Ganzenlouwina
0 625 m

68

GRINDELWALD – KLEINE SCHEIDEGG – LAUTERBRUNNEN

Im Banne von Eiger, Mönch und Jungfrau

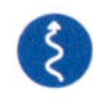 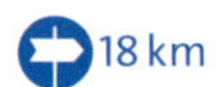 18 km 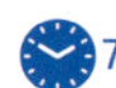 7:15 h  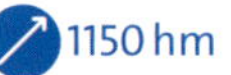 1150 hm  1380 hm 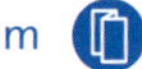 31

START | Grindelwald, 1034 m, Bahnhof; zwei Parkhäuser im Ort, Parkplatz in Grindelwald-Grund.
[GPS: UTM Zone 32 x: 426.044 m y: 5.163.878 m]
CHARAKTER | Einfache Wanderung auf Alpstrassen und Wegen (T1). Übernachtungsmöglichkeiten: Berghaus Alpiglen, Hotels auf der Kleinen Scheidegg, Hotel Jungfrau Wengernalp, Hotels in Wengen und Lauterbrunnen; einkehren kann man zudem im Bergrestaurant Brandegg und im Bergrestaurant Allmend. Die Wengernalpbahn verläuft parallel zur Route und ermöglicht damit die Begehung beliebiger Teilstrecken (www.jungfrau.ch).

Pro Jahr transportiert die Wengernalpbahn, die längste durchgehende Zahnradbahn der Welt, über 1,8 Millionen Fahrgäste zur Kleinen Scheidegg. Die Zahl der Menschen, die den Pass zu Fuss überqueren, ist deutlich geringer – aber diese erleben die Landschaft im Banne der „grossen Drei" der Berner Alpen natürlich auch viel intensiver. Also: Auf zur zweiten Pass-Etappe auf historischen Spuren!

▶ Vor dem Bahnhof in **Grindelwald** 01 überqueren Sie, dem Wegweiser „Grindelwald Grund" und der Beschilderung der Via Al-

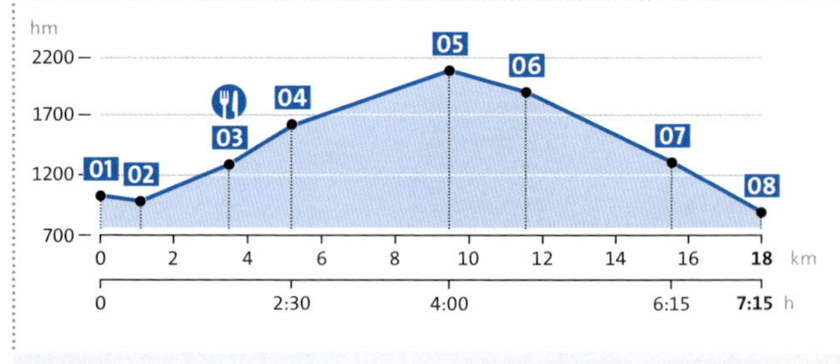

01 Grindelwald, 1034 m; 02 Grund, 943 m; 03 Bergrestaurant Brandegg, 1290 m; 04 Berghaus Alpiglen, 1616 m; 05 Kleine Scheidegg, 2061 m; 06 Wengernalp, 1874 m; 07 Wengen, 1276 m; 08 Lauterbrunnen, 795 m

pina (Nr. 1) folgend, die Dorfstrasse. Neben dem Hotel Regina vorbei spazieren Sie in 15 Minuten zum Bahnhof im Ortsteil **Grund** 02 (943 m) hinunter.

Davor gehen Sie links auf der Brücke über die Schwarze Lütschine und biegen danach links in Richtung „Wärgistal, Alpiglen, Kleine Scheidegg" auf den Engelshausweg ab. Der folgende Anstieg verläuft auf Nebenstrassen und Wanderwegen über Wiesenhänge zum Sandbach und durch Wald zur Brücke der Wengernalpbahn. Gleich dahinter kommen Sie am **Bergrestaurant Brandegg** 03 (1290 m) und seiner Bahnstation vorbei. 1:15 h von Grund.

Von dort wandern Sie auf beschilderten Alpstrassen nahe der Bahnlinie in 1:00 h zum **Berghaus Alpiglen** 04 (1616 m) hinauf.

Nun folgt eine besonders schöne Wegstrecke, die durch Hochweiden und mit Arven bewachsene Hänge am Fuss der Eiger-Nordwand ansteigt. Nach dem Bahnübergang unterqueren Sie den „Eiger-Express". Beim Blick zurück dominiert das Wetterhorn, während rechts neben dem Eiger bald die 4158 m hohe Jungfrau mit dem vorgelagerten Silberhorn (3695 m) sichtbar wird. Vorbei an der Alp Mettla (1808 m) und den Liftstationen im sogenannten Arvengarten wandern Sie durch kuppiges Gelände auf das Lauberhorn (2472 m) zu. An seinem Fuss erreichen Sie nach etwa 1:30 h den meist recht trubeligen Bahnknotenpunkt auf der Passhöhe der **Kleinen Scheidegg** 05 (2061 m).

Beim Bahnübergang vor dem Hotel Bellevue des Alpes geben die Wegweiser „Wengernalp, Wengen, Lauterbrunnen" die Abstiegsrichtung vor. Auf der Schootterstrasse wandern Sie neben den Schienen in knapp 1:00 h zur **Wengernalp** 06 (1874 m) hinab – stets im Angesicht des wild zerrissenen Eigergletschers und der Jungfrau.

Auf der anderen Seite der Bahnlinie geht's dann weiter abwärts

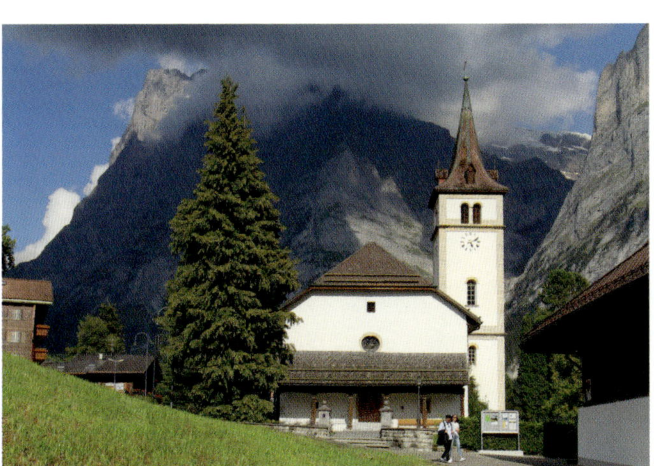

Das Wetter braut am Wetterhorn über dem Etappenort Grindelwald.

– unterhalb des Lauberhorns und ein kurzes Stück auf seiner berühmten Skiabfahrtsstrecke, durch die Hänge des Baarwalds und nach einer weiteren Bahnbrücke vorbei an der Station Allmend. Durch den kleinen Weiler In Gassen (1400 m) gelangen Sie nach 1:15 h in den herrlich gelegenen und autofreien Höhenort **Wengen** 07 (1276 m).

Bei einem weissen Haus noch vor dem Bahnhof und dem Ortszentrum biegt die Via Alpina links Richtung „Lauterbrunnen" ab. Von den untersten Häusern steigen Sie auf einem alten, geschotterten Fahrweg durch einen Waldhang ab, zweigen beim Haus Im Zwirgi links ab und wandern in vielen Serpentinen zu einer Brücke über die Bahn hinunter (Blick zum Staubfall).

Zuletzt gelangen Sie durch schöne Wiesen zum Talboden hinunter. Links gelangen Sie zur Brücke über die Weisse Lütschine im Zentrum von **Lauterbrunnen** 08 (795 m), rechts dagegen zum Bahnhof des Ortes. 1:00 h.

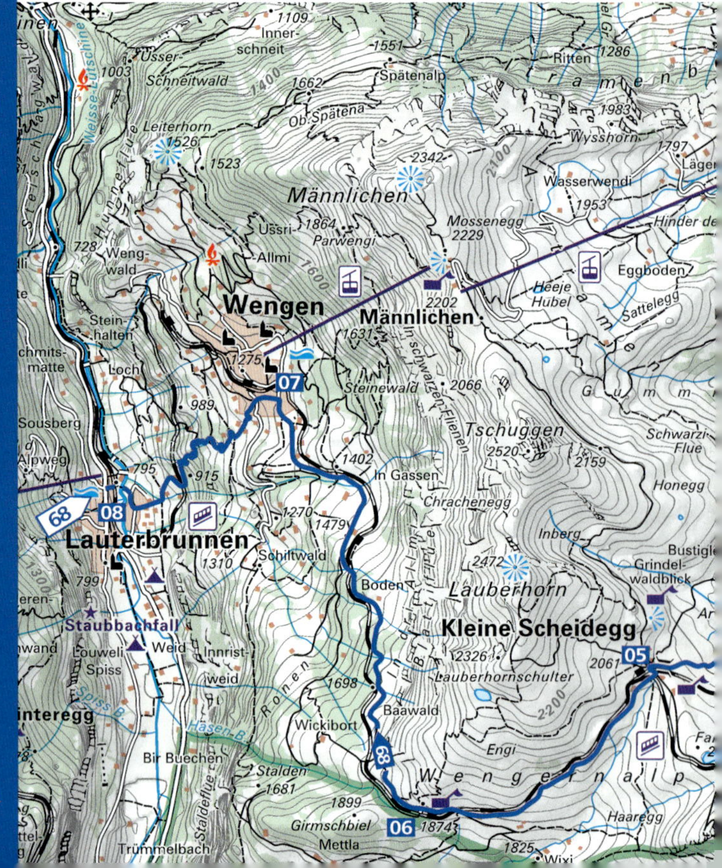

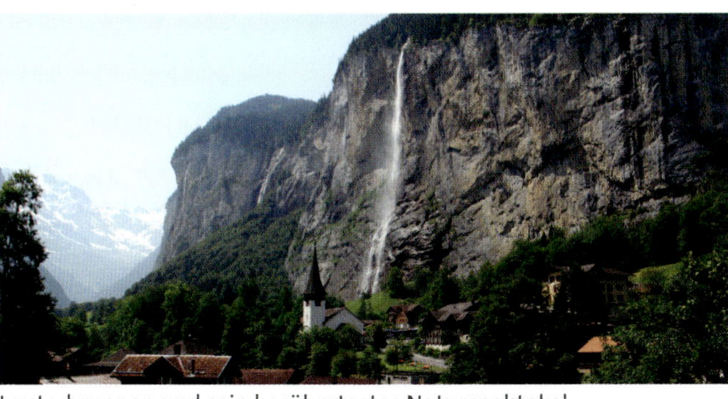

Lauterbrunnen und sein berühmtestes Naturspektakel.

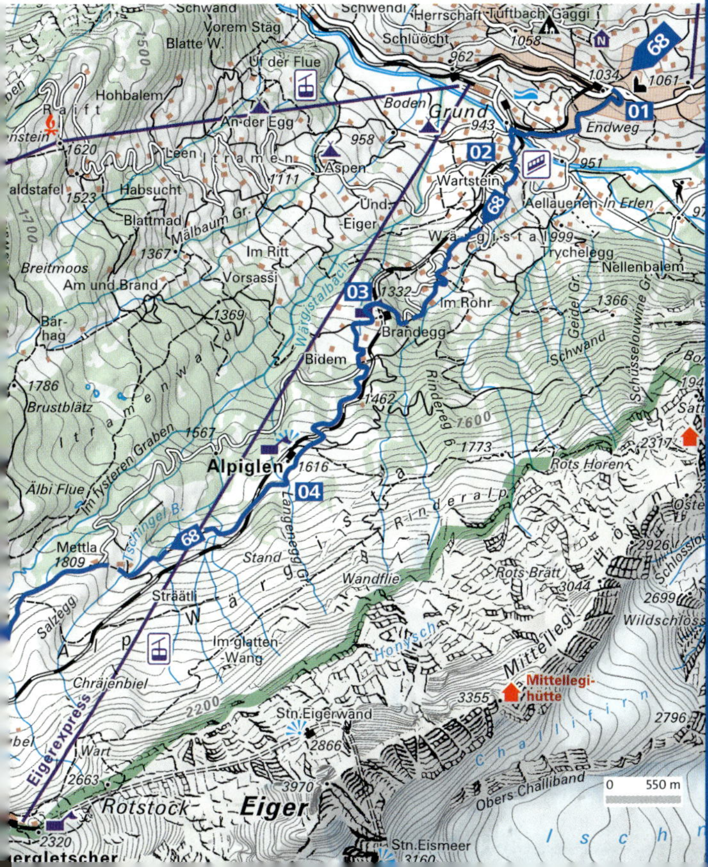

LAUTERBRUNNEN – SEFINENFURGGE – GRIESALP

Von der Jungfrauregion ins Kiental

 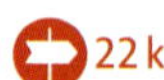  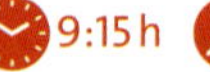 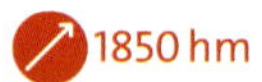 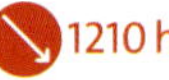 

START | Lauterbrunnen, 795 m, Bahnhof; Postauto-Haltestelle, Parkhaus.
[GPS: UTM Zone 32 x: 416.329 m y: 5.161.057 m]
CHARAKTER | Lange und anspruchsvolle Tour auf gut angelegten, aber stellenweise felsigen, ausgesetzten und gesicherten Pfaden, die Trittsicherheit und Schwindelfreiheit erfordern (T3). Auf den Steilhängen beiderseits der Sefinenfurgge liegen bis weit in den Sommer hinein gefährliche Schneefelder.
Übernachtungsmöglichkeiten: in Mürren, in der Rotstockhütte und im Bereich der Griesalp. Die Tour ist um 2:45 h kürzer, wenn man in Mürren startet. Man erreicht den Ort entweder mit der Luftseilbahn zur Grütschalp und der anschliessenden Schmalspurbahn (www.jungfrau.ch) oder mit der Luftseilbahn Schilthorn (https://schilthorn.ch), deren Talstation in Lengwald mit dem Postauto (Linie 141) erreichbar ist.

Nach den vielbesuchten Highlights der Jungfrauregion bietet dieser Wegabschnitt stillere, aber keineswegs weniger eindrückliche Landschaftbilder. Der Aufstieg in den autofreien Höhenort

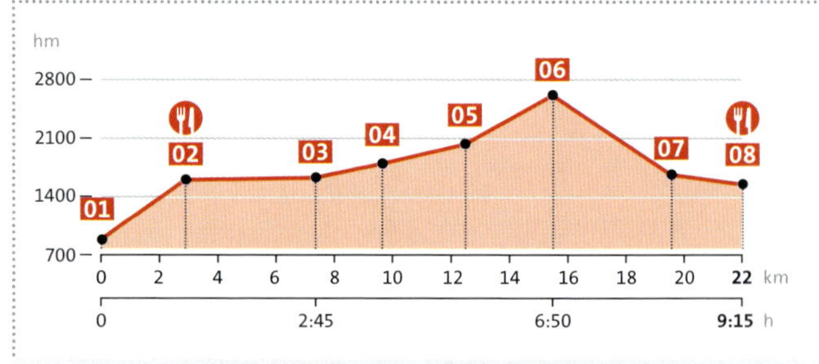

01 Lauterbrunnen, 795 m; 02 Bergrestaurant Winteregg, 1582 m; 03 Mürren, 1638 m; 04 Spilbodenalp, 1793 m; 05 Rotstockhütte, 2039 m; 06 Sefinenfurgge, 2612 m; 07 Alp Bürgli, , 1617 m; 08 Golderli, 1441 m

Mürren führt durch märchenhaft schönen Wald, die weitere Route überrascht mit einem listig angelegten Felspfad und einer grossen Alp, zu der bis heute keine Strasse führt. Über allem steht die stetige Sicht zur Eiger-Nordwand und zu den Viertausendern der Berner Alpen, die jenseits der Sefinenfurgge von der Blüemisalp „abgelöst" werden. Dort heisst es aber aufpassen – der hochalpine Übergang ins Kiental fordert dementsprechende Erfahrung und Vorsicht.

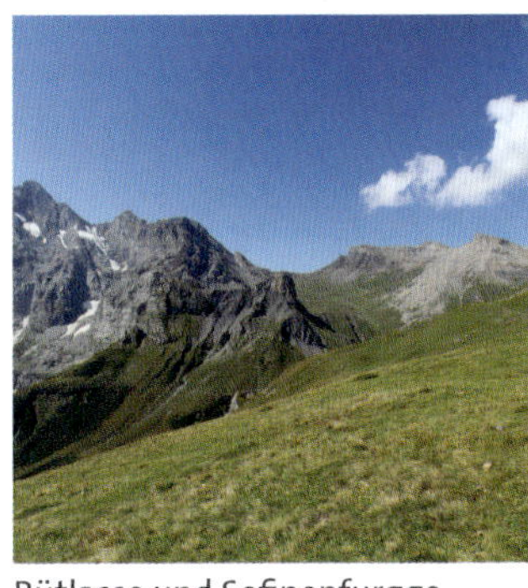
Bütlasse und Sefinenfurgge.

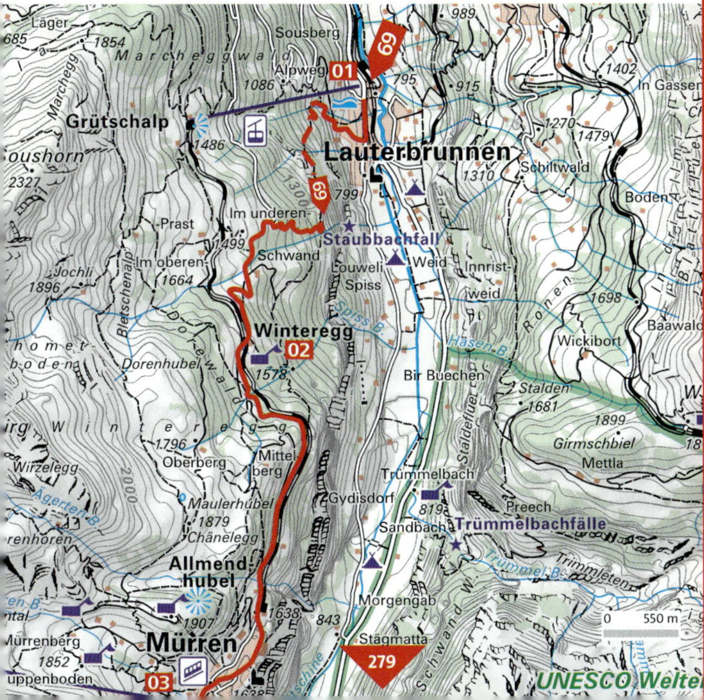

▶ Vom Bahnhof in **Lauterbrunnen** **01** gehen Sie, dem Wegweiser „Mürren" folgend, links zur Dorfstrasse hinauf und an der Tankstelle vorbei. Vor dem Tourismusbüro zweigen Sie rechts ab (Beschilderung „Mürren", Via Alpina). Eine kleine Strasse führt zum Griefenbach empor und zu den obersten Häusern unter der Felswand. Der links abzweigende Weg nach Mürren umgeht sie durch steile Waldhänge und überquert dabei einige Bäche. Beim Staubbach-Hüttli biegen Sie rechts in Richtung „Winteregg, Mürren“ ab. So gelangen Sie bald zu Wiesen, auf denen sich schon eine herrliche Sicht zu Eiger, Mönch und Jungfrau auftut. Nach etwa 2:00 h Gehzeit erreichen Sie beim **Bergrestaurant Winteregg** 02 (1582 m) die Bahnlinie von der Grütschalp nach Mürren (Haltestelle). Von dort wandern Sie auf dem breiten, flachen Weg neben den Schienen noch 45 Minuten bis nach **Mürren** 03 (1638 m).

Im südlichen Ortsbereich – in der Nähe der Station der Schilthornbahn – folgen Sie dem Wegweiser „Rotstockhütte, Sefinenfurgge, Griesalp“ und gehen unter der Seilbahn sowie einem weiteren Lift durch. Die ansteigende Asphaltstrasse führt über Grimmelen und den Graben des Schiltbachs zur herrlich gelegenen **Spilbodenalp** 04 (1793 m) – schöner ist allerdings der als Northface-Trail (und Via Alpina) beschilderte Wanderpfad, der nach 600 m links abzweigt.

Hinter den Alphütten steigt der Pfad zur Rotstockhütte steiler an und schlängelt sich in geschickter Routenführung über eine felsige und recht luftige Steilstufe empor. Der Tiefblick ins Schilttal ist ebenso eindrücklich wie das Prachtpanorama vom Wetterhorn über das berühmte „Dreigestirn“ der Berner Alpen bis zum Breithorn. Bei der Abzweigung zum Bryndli wandern Sie geradeaus weiter und durchqueren die sehr steilen Gras- und Schutthänge hoch über dem wilden Sefinental. Die folgenden Abzweigungen bleiben unbeachtet. 2:15 h nach dem Start in Mürren haben Sie sich die Rast vor der kleinen, gemütlichen **Rotstockhütte** 05 (2039 m) wohl verdient.

Sie steht im weiten Kessel der Alp Boganggen (in den Karten „Pog-

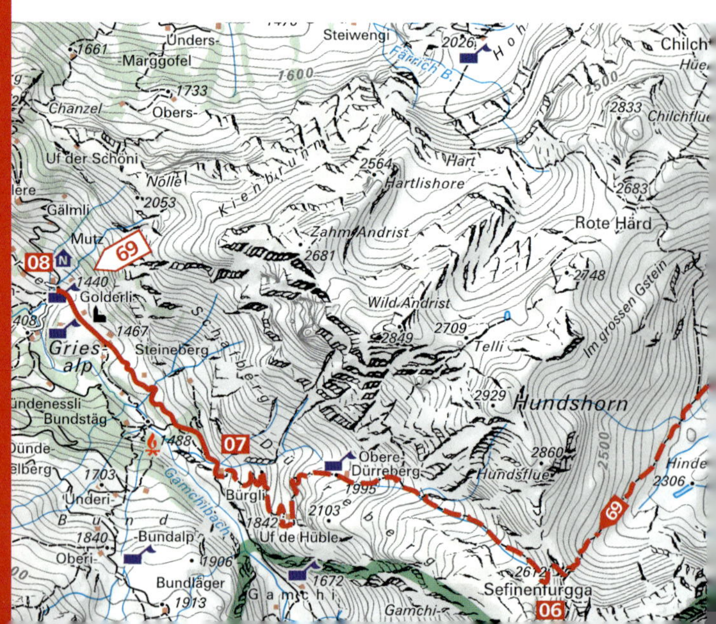

anggen"), durch den Sie nun unter dem felsigen Horen (Horn) zum Hundshubel ansteigen. Dahinter lädt ein kleiner Wiesenboden zum Verschnaufen ein, bevor es immer steiler durch das Kar zwischen der Hundsflüe (2860 m) und dem Grat der massigen Bütlasse (3193 m) hinaufgeht. Ein letzter Blick schweift über den verborgenen Hundssee zu Eiger, Mönch und Jungfrau, bevor Sie durch dunklen Schieferschutt bis zum Einschnitt der **Sefinenfurgge** 06 (2612 m) ansteigen. 1:50 h.

Jenseits öffnet sich die Sicht ins Kiental und bis zum Niesengrat; links lugt schon die Blüemlisalp (3661 m) über eine Felsschulter. Nach links zweigt der Zugang zur Gspaltenhornhütte ab – Sie folgen jedoch der Via Alpina mit der Beschilderung „Dürrenberg, Bundsteg, Griesalp" in die Tiefe – und zwar auf unzähligen Holzstufen und mit Hilfe eines bergseitig angebrachten Halteseils. So lässt sich der noch steilere und kleinsplittrige Schutthang gut meistern. Vom unteren Ende des Treppenweges erblickt man auch die Wyssi Frau und das Morgenhorn, dann wandert man bald durch weniger exponiertes Gelände zur Mulde am Oberen Dürreberg (1996 m) hinab. Uf de Hüble quert man nochmals Geröll, bevor sich der Pfad über den Unteren Dürreberg zur **Alp Bürgli** 07 (1617 m) hinunterschlängelt. Von dort wandern Sie auf der Alpstrasse durch das hintere Kiental – vorbei an der Alp Steinenberg und der Lobpreiskapelle – zum **Berggasthaus Golderli** 08 (1441 m) bzw. zum Naturfreundehaus hinaus. Wer lieber in den Hotels auf der gegenüber gelegenen Griesalp (1408 m) übernachtet, zweigt schon vorher bei einem grossen Stein links ab und gelangt auf dem Bundsteg auf die andere Seite des Gornernbachs. Jeweils 2:30 h.

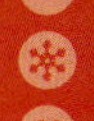

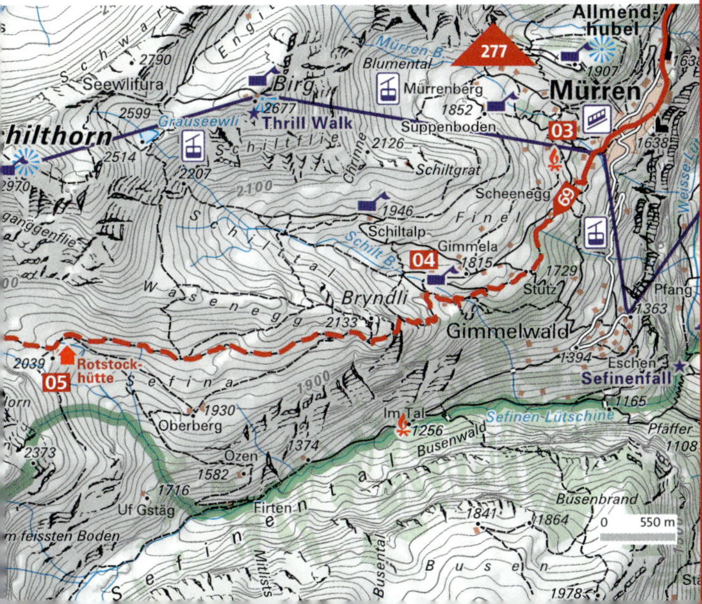

70

GRIESALP – HOHTÜRLI – KANDERSTEG

Im Banne der Blüemlisalp

 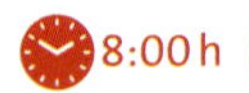 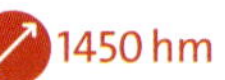  

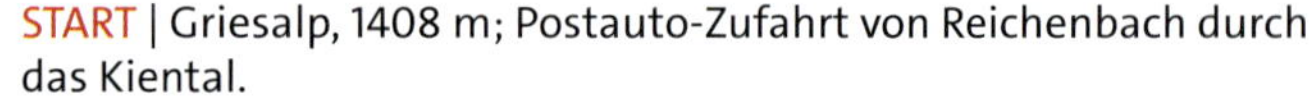

START | Griesalp, 1408 m; Postauto-Zufahrt von Reichenbach durch das Kiental.
[GPS: UTM Zone 32 x: 405.267 m y: 5.155.944 m]
CHARAKTER | Hochalpiner Passübergang auf gut angelegten, aber stellenweise luftigen Pfaden, die alpine Erfahrung, gute Kondition, Trittsicherheit und Schwindelfreiheit erfordern (T3). Im oberen Bereich liegen bis in den Sommer hinein Altschneefelder. Die Talfahrt mit der Gondelbahn nach Kandersteg verkürzt die Tour bloss um 30 Minuten. Übernachtungsmöglichkeiten: Berghaus Bundalp, Blümlisalphütte, am Oeschinensee und in Kandersteg.

Die Blüemlisalp erreicht nicht mehr die Gipfelhöhen der Grindelwalder und Lauterbrunner Berge – und doch überschreiten Sie nördlich dieses Massivs die „Königsetappe“ der Passroute durch das Berner Oberland. Das Hohtürli ist die höchstgelegene und alpinste Scharte im Verlauf der „Hinteren Gasse“ – und der Aufstieg von der Griesalp erfordert durchaus mentale Stärke, da man die ersehnte Blümlisalphütte dabei stundenlang vor Augen hat.
Doch der Panoramalohn da oben ist so gross, dass man eine Übernachtung in Betracht ziehen sollte. Und mit dem Oeschinensee hält auch der Abstieg noch ein Highlight der Schweizer Alpenlandschaft parat.

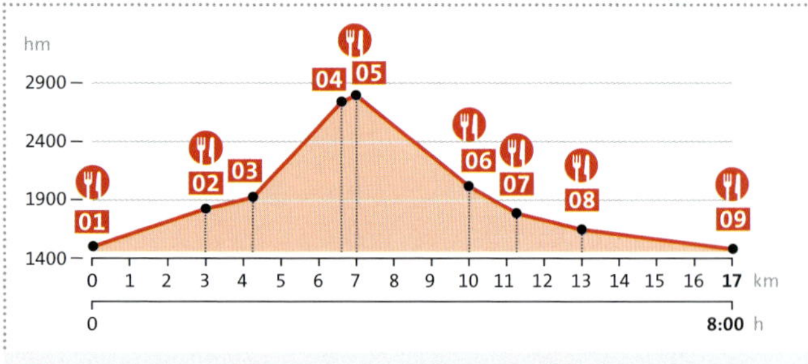

01 Griesalp, 1408 m; 02 Berghaus Bundalp, 1840 m; 03 Bundläger, 1919 m; 04 Hohtürli, 2778 m; 05 Blümlisalphütte, 2840 m; 06 Alp Oberbärgli, 1973 m; 07 Underbärgli, 1843 m; 08 Oeschinensee, 1578 m; 09 Kandersteg, 1176 m

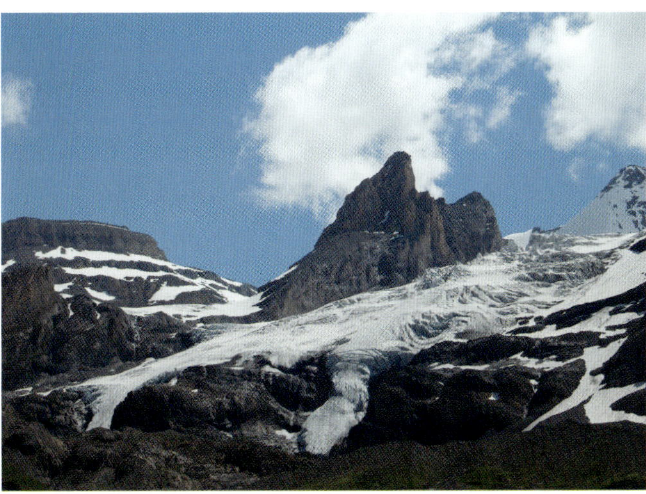

Ufem Stock und der Blüemlisalpgletscher im Süden des Hohtürli.

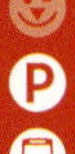
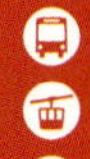
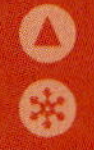
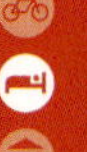

Vom **Berggasthaus Golderli** 01 (1441 m) bzw. vom Naturfreundehaus führt ein kurzer Fahrweg über den Bach zu den Hotels auf der Griesalp (1408 m) hinüber. Dort folgen Sie der Beschilderung Richtung „Bundalp, Hohtürli/ Blümlisalphütte, Kandersteg" und wandern wie bei Tour 29 beschrieben zum **Berghaus Bundalp** 02 (1840 m) hinauf. 1:30 h.

Weiterhin den Schildern „Hohtürli, Blümlisalphütte, Kandersteg" folgend geht's links über den Bundbach, weiter bergauf und rechts am **Bundläger** 03 (1919 m) vorbei. Nach einer Abzweigung werden die Weidehänge steiler. Über dunkle Schutthalden gelangen Sie auf die felsige Anhöhe „Uf der Wart" (2508 m, Steinschlaggefahr). In der Folge steigen Sie am oberen Rand des steilen Kars unter der Wildi Frau an – direkt neben einem langen Felsabbruch. Zuletzt geht's über Holztreppen (mit Ketten, Seilen und einer vor Steinschlag geschützten Sitzbank) hinauf ins **Hohtürli** 04 (2778 m). Diese tatsächlich torartige Scharte befindet sich neben einem markanten Felsturm und etwa 60 m unterhalb der **Blümlisalphütte** 05 (2840 m), die Sie nach knapp 3:00 h erreichen. Von diesem stattlichen Steinhaus des Schweizer Alpen-Clubs trennen Sie nur wenige Minuten vom „ewigen Eis". Von seiner kleinen Terrasse sieht man über das Kiental hinweg bis zum Thunersee und zum Niesen, während sich im Süden die gewaltigen Gletscherströme der Wyssi Frau (3648 m) und des Blüemlisalphorns (3661 m) in Szene setzen.

Im Westen öffnet sich das Tal nach Kandersteg, durch das Sie nun vom Hohtürli absteigen – zunächst neuerlich durch steile Geröllhalden und neben Felsabbrüchen (Stahlseile). Auf einer grasigen Rampe und durch Moränenschutt über dem milchig-trüben Rossbode See, direkt gegenüber den beiden Eiszungen. 1:45 h

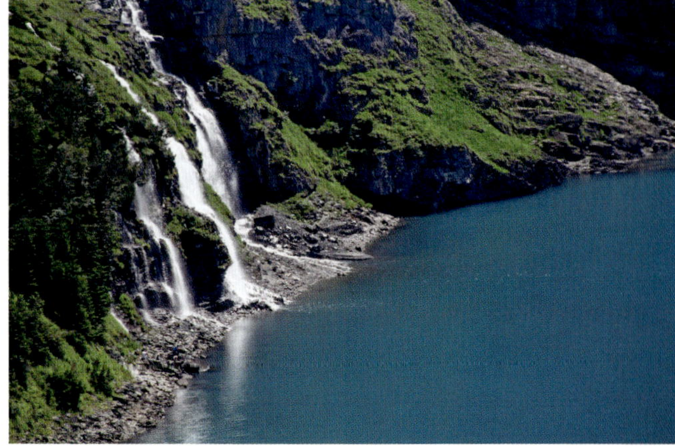

Der wundersame Lauf des Karstwassers am Oeschinensee.

nach dem Abmarsch von der Hütte lädt das Beizli der **Alp Oberbärgli** 06 (1973 m) zur Rast ein.
Der neu angelegte Weg zum Oeschinensee zweigt links ab; die Beschilderung zeigt 45 Minuten Gehzeit dorthin an. Er führt in Kehren durch eine Felsstufe in die Wiesenmulde von **Unterbärgli** 07 (1843 m) und damit zur nächsten Einkehrmöglichkeit hinab. Beim weiteren Abstieg werden über dem Nordufer Karstquellen und Wasserfälle sichtbar; darüber bauen sich die wilden Felsabbrüche „I de Fründe" und der eisgeschmückte Riesengipfel des Doldenhorns (3638 m) auf. Beim Berghaus und dem Hotel stehen Sie schliesslich am Westufer des **Oeschinensees** 08 (1578 m).
Rechts führt ein etwas ansteigender Weg zur ca. 30 Minuten entfernten Bergstation der Gondelbahn, mit der sich der Abstieg verkürzen lässt; gut 1:00 h braucht man zu Fuss auf der Alpstrasse neben dem rauschenden Öschibach bis nach **Kandersteg** 09 (1176 m) hinunter.

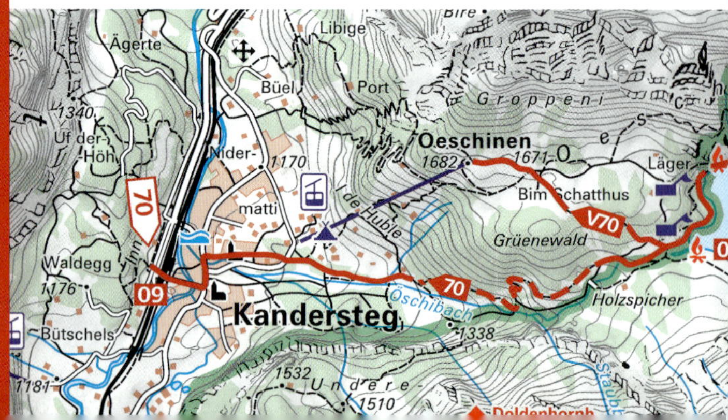

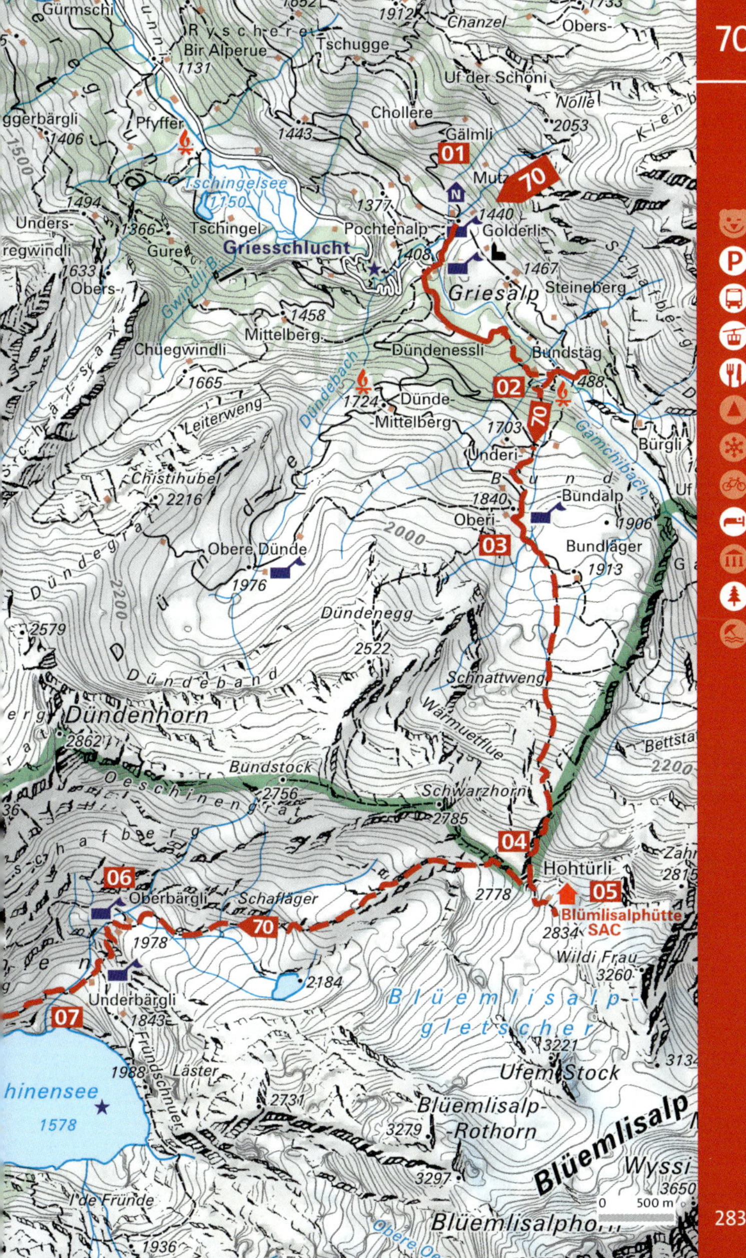

Gürmschi
Ryschere
Bir Alperue
1131
1349
1652
Aabeberg
1912
Chanzel
1733
Obers-
Tschugge
Uf der Schöni
Nolle
2053
Chollere
Gälmli
ggerbärgli
1406
Pfyffer
1443
Tschingelsee
1150
01
Mutz
70
1494
Unders-
regwindli
1366
Tschingel
1377
Pochtenalp
1440
Golderli
Gure
Griesschlucht
1408
1633
Obers-
1467
Griesalp
Steineberg
Gwindli B.
1458
Mittelberg
Chüegwindli
Dündenessli
Bundstäg
02
1488
1665
Dündebach
1724
Dünde-
Mittelberg
1703
Leiterweg
Gamchibach
Bürgli
Underi-
Chistihubel
Bund
2216
Bundalp
1840
Oberi-
1906
2000
03
Bundläger
Obere Dünde
1913
1976
Dündegrat
2200
Dündenegg
2579
2522
Schnattweng
Dündeband
Wärmuetflue
Dündenhorn
2862
Bettstal
Bündstock
2200
Oeschinengrat
2756
Schwarzhorn
2785
04
Zahr
Hohtürli
2815
06
Oberbärgli
Schafläger
2778
05
Blümlisalphütte SAC
2834
1978
Wildi Frau
3260
2184
Blüemlisalpgletscher
Underbärgli
07
1843
3221
1988
Läster
Fründschnuer
Ufem Stock
hinensee
1578
2731
Blüemlisalp-Rothorn
3279
Blüemlisalp
Wyssi
3297
3650
0
500 m
l'de Fründe
Blüemlisalphorn
1936
Obere Oeschine
3657

ALLES AUSSER WANDERN

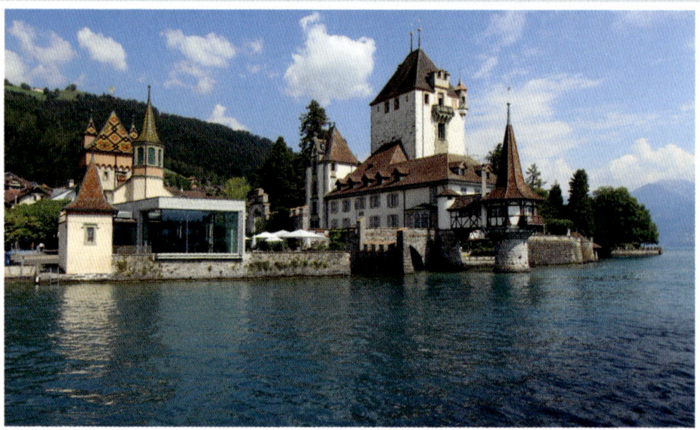

Schloss Oberhofen am Thunersee.

FREIZEITTIPPS UND AUSFLUGSZIELE

Hier finden Sie eine bunte Auswahl an Ausflugsideen, Attraktionen und Vorschlägen für Schlechtwettertage. Inhaber des Regional-Passes Berner Oberland erhalten dort kostenlose Tickets oder Rabatte. Nähere Infos:
www.regionalpass-berneroberland.ch

Bern

Altstadtbummel mit Audio-Guide
www.bern.com

Thun

Führung durch die Stadt Thun
www.thunersee.ch/stadtfuehrungen
Schloss Thun – das Museumsschloss
www.schlossthun.ch
Kunstmuseum Thun
www.kunstmuseumthun.ch
Thun Panorama
www.thun-panorama.ch

Thunersee, Interlaken, Brienzersee
Schloss Hünegg, Hilterfingen
www.schlosshuenegg.ch
Schloss Oberhofen
www.schlossoberhofen.ch
St.-Beatus-Höhlen Sundlauenen
www.beatushoehlen.ch
Niederhornbahn, Trotti-Bike-Miete
www.niederhorn.ch
Schloss Spiez, Schlossmuseum
www.schloss-spiez.ch
Schifffahrt Thuner- und Brienzersee
www.bls.ch/schiff
Heimwehfluh, Standseilbahn
www.heimwehfluh.ch
JungfrauPark Interlaken
www.jungfraupark.ch
Bödelibahn Interlaken
www.interlaken.ch/de/boedeli-bahn-interlaken.html
Outdoor Interlaken AG, River-Rafting, Bootsfahrten, Canyoning, Seilpark, Canyoning Swing, Klettersteig
www.outdoor-interlaken.ch
Bootsverleih Brienz
www.bootsverleih-brienz.ch

Simmental, Saanenland

Naturpark Diemingtal, E-Bike-Miete
www.diemingtal.ch

Adelboden, Kandersteg

Tropenhaus Frutigen
www.tropenhaus-frutigen.ch
Blausee Naturpark
www.blausee.ch
Gemmibahnen Leukerbad, Kletterset
www.gemmi.ch

Lötschental, Wallis

Lötschentaler Museum Kippel
www.loetschentalermuseum.ch
Brigerbad, Brig
www.thermalbad-wallis.ch
Stockalperschloss Brig, Führung
Kleiner Simplon Express Brig, Rundfahrt
www.brig-simplon.ch

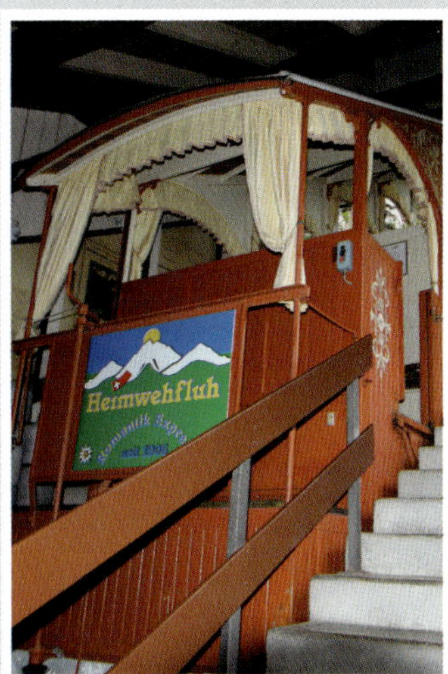

Die Standseilbahn Heimwehfluh..

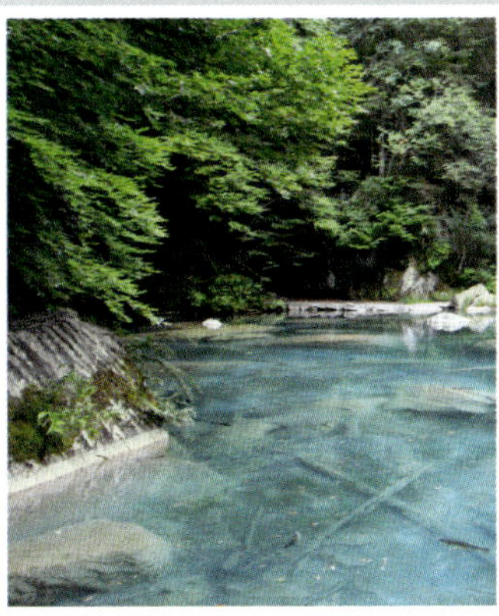
Im Naturpark am Blausee.

Grindelwald

Pfingstegg, Sommerrodelbahn
www.pfingstegg.ch
Gletscherschlucht Grindelwald
www.grindelwaldsport.ch

Haslital

Freilichtmuseum Ballenberg
www.ballenberg.ch
Historische Säge Schwarzwaldalp
www.saege-schwarzwaldalp.ch
Gletscherschlucht Rosenlaui
www.rosenlauischlucht.ch
Aareschlucht Meiringen
www.aareschlucht.ch

Emmental

Kambly Erlebnis Trubschachen
www.kambly.com

Sarnen

Museum Bruder Klaus Sachseln
www.museumbruderklaus.ch

THUN – DAS TOR ZUM OBERLAND

Ab dem 12. Jahrhundert entwickelte sich dort, wo die Aare aus dem Thunersee nach Norden fliesst, eine kleine Stadt. Besiedelt war das Gebiet jedoch schon in prähistorischer Zeit: Der Name *Thun* wird auf den keltischen Begriff *dunon* (= Burg, befestigter Ort) zurückgeführt. Das Schloss Thun thront über der bezaubernden Altstadt mit den charakteristischen Hochtrottoirs an der Oberen Hauptgasse, wo sich das Leben in Geschäften und Bars auf zwei Stockwerken abspielt. Das Bällitz, eine Insel der Aare, ist die autofreie Einkaufsmeile der Stadt. Unbedingt besuchen sollte man auch das Kunstmuseum Thun, das Thun-Panorama und den Bonstättenpark im Stadtteil Gwatt.
www.thun.ch

UNTERSEEN – DIE STILLE PERLE

Obwohl es direkt an den trubeligen Tourismus-Hot-Spot Interlaken grenzt, verirren sich nur wenige Besucher über die Aarebrücke nach Unterseen. Das ist schade, denn das 1279 gegründete Städtchen weist ein malerisches Zentrum mit schönen alten Häusern rund um die reformierte Kirche auf. Es war lange Zeit ein wichtiger Handelsplatz und verfügte mit dem „Kaufhaus" über den ersten grossen Hotelbau im Berner Oberland. Die Felsschwellen, über die die Aare zwischen dem Brienzer- und dem Thunersee stürzte, wurden im 19. Jahrhundert mit Schleusen verbaut und durch die Anlage von Kanälen entschärft – heute laden dort schöne Uferwege zu Spaziergängen ein.
www.unterseen.ch

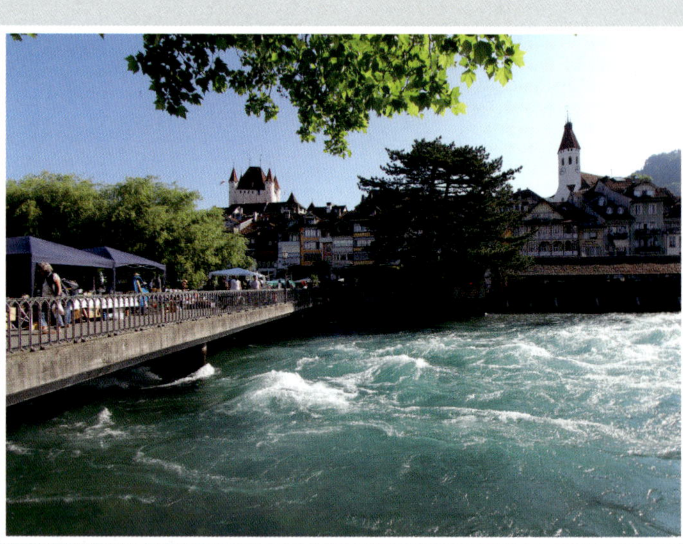

Die grüne Aare prägt die Stadt Thun, das Tor zum Berner Oberland.

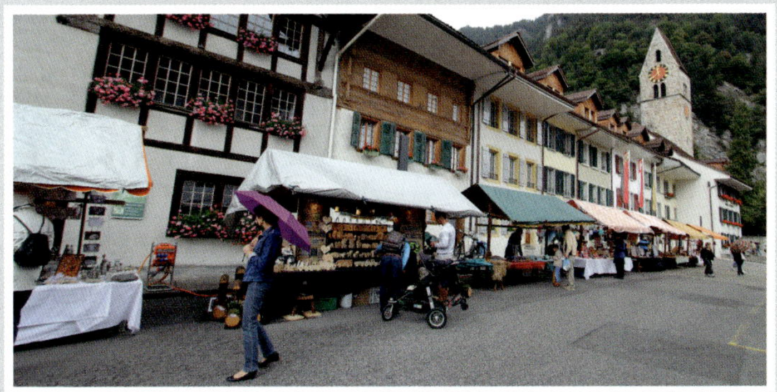

SAANEN – DAS CHALETDORF AN DER SPRACHGRENZE

Das historische Zentrum des Saanenlandes an der Grenze zur Romandie gilt als eines der schönsten Dörfer des Berner Oberlandes. Seine ältesten Häuser gehen auf den Wiederaufbau nach dem Brand von 1575 zurück, doch selbst die neuen Gebäude des Ortes folgen der alten Bautradition. Eines davon birgt das sehenswerte Museum der Landschaft Saanen.
www.gstaad.ch

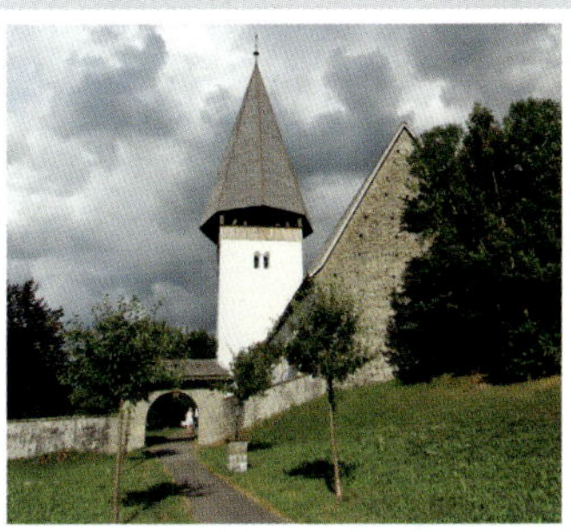

BALLENBERG – DAS FREILICHTMUSEUM DER SCHWEIZ

3 km westlich von Brienz kann man eine Zeitreise durch die Geschichte zwischen dem 14. und dem 19. Jahrhundert unternehmen. Im Freilichtmuseum der Schweiz in Ballenberg sind etwa 110 komplette ländliche Bauten aus allen Teilen des Landes zu sehen; hier wurden sie originalgetreu wieder aufgebaut. Rundum werden vielfältige Programme für die ganze Familie geboten.
www.ballenberg.ch

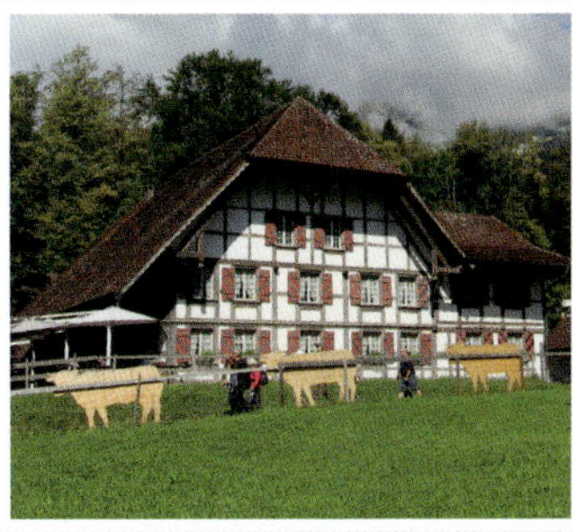

Markt in Überseen, die Kirche von Saanen und ein stattliches Gebäude im Freilichtmuseum Ballenberg.

ALLES AUSSER WANDERN

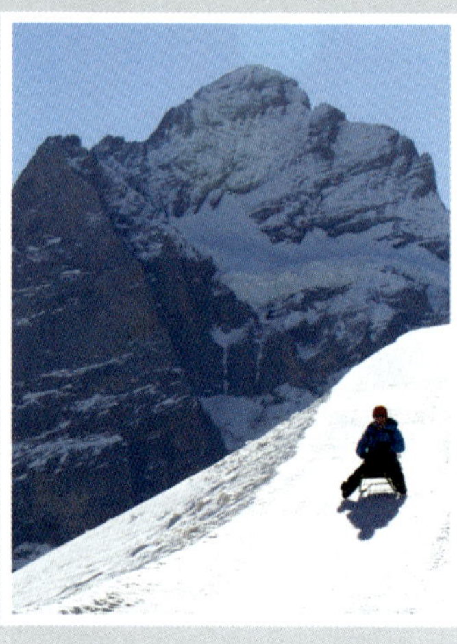

WINTER IM BERNER OBERLAND

Das Berner Oberland lässt sich natürlich auch in der kalten Jahreszeit erkunden – etwa auf „heissen Kufen". Die längste Rodelabfahrt der Welt lockt in Grindelwald: Zunächst muss man den Schlitten 2:00 h von der Seilbahnstation First auf einem geplätteten Weg auf das 2680 Meter hohe Faulhorn ziehen, doch dann geht's auf der 15 Kilometer langen, nach dem legendären Hüttenwirt Fritz Bohren „Old Pintenfritz" benannten Strecke ins Tal. Fast ebenso lang, aber noch steiler (bis 36 Prozent) ist der „Eiger Run", der gegenüber von der Kleinen Scheidegg hinunterzieht.
https://grindelwald.swiss/de/winter

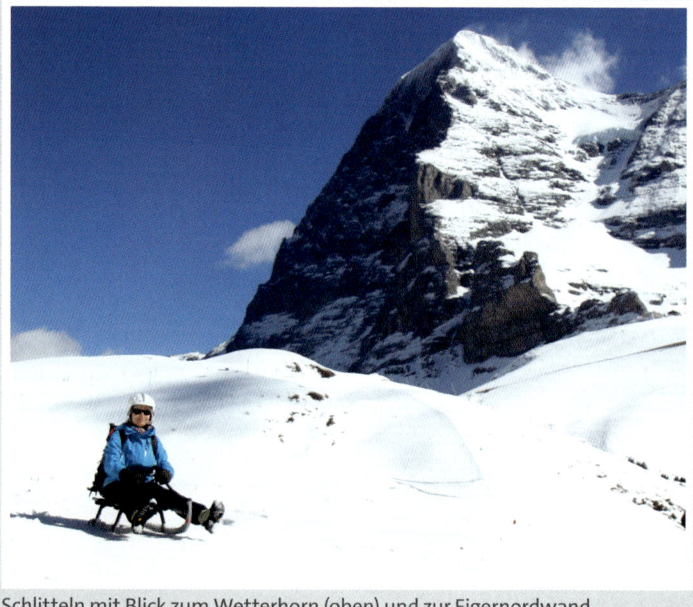

Schlitteln mit Blick zum Wetterhorn (oben) und zur Eigernordwand.

BERGRESTAURANTS, ALP- UND SCHUTZHÜTTEN

Bitte beachten Sie, dass sich die angegebenen Bewirtschaftungszeiten und Telefonnummern kurzfristig ändern können.

Schweizer Alpen-Club (SAC)
www.sac-cas.ch

Thunersee, Interlaken, Brienzersee

Axalp Stüble
3855 Axalp,
Tel. +41 33 820 83 60,
www.restaurant-axalp-stuebli.ch

Berghaus Männdlenen
3800 Interlaken,
Tel. +41 33 853 44 64,
www.berghaus-maenndlenen.ch

Berghaus Niederhorn
3803 Beatenberg,
Tel. +41 33 841 11 10,
www.niederhorn.ch

Berghaus Rothorn Kulm
3855 Brienz,
Tel. +41 33 951 12 21,
www.brienz-rothorn-bahn.ch

Grandhotel Giessbachfälle
3855 Brienz,
Tel. +41 33 952 25 25,
www.giessbach.ch

Panorama-Restaurant Harder Kulm
3800 Interlaken,
Tel. +41 33 828 73 11,
www.jungfrau.ch

Simmental, Diemtigtal, Saanenland

Berggasthaus Oberstockenalp
3762 Erlenbach im Simmental,
Tel. +41 33 681 14 88,
www.oberstockenalp.ch

Bergrestaurant Seeberg
3756 Zwischenflüh,
Tel. +41 33 684 11 22,
www.diemtigtal.ch

Berghaus Bärtschi
3715 Adelboden,
Tel. +41 33 673 22 91,
www.engstligenalp.ch

Berghaus Iffigenalp
3775 Lenk,
Tel. +41 33 733 13 33,
www.iffigenalp.ch

Berghaus Wispile
3780 Gstaad,
Tel. +41 33 748 95 49,
www.gstaad.ch

Wildhornhütte SAC
3782 Lauenen,
Tel. +41 33 733 23 82,
www.wildhornhuette.ch

Kandertal, Adelboden

Berghotel Engstlingenalp
3715 Adelboden,
Tel. +41 33 673 22 91,
www.engstligenalp.ch

Berghotel Hahnenmoospass
3715 Adelboden,
Tel. +41 33 673 21 41,
www.hahnenmoos.ch

Blüemlisalphütte
3715 Adelboden,
Tel. +41 33 676 14 37,
www.sac-bluemlisalp.ch

Berghaus Niesen Kulm
3711 Muelenen,
Tel. +41 33 676 77 11,
www.niesen.ch

BERGRESTAURANTS, ALP- UND SCHUTZHÜTTEN

Berghaus Oeschinensee
3718 Kandersteg,
Tel. +41 33 675 11 66,
www.berghausoeschinensee.ch

Berghotel Schwarenbach
3718 Kandersteg,
Tel. +41 33 675 12 72,
www.schwarenbach.ch

Berggasthaus Heimritz
3718 Kandersteg,
Tel. +41 33 675 14 34,
www.heimritz.ch

Berghotel Oeschinensee
3718 Kandersteg,
Tel. +41 33 675 11 19,
www.oeschinensee.ch

Berghotel Wildstrubel, Gemmipass
3954 Leukerbad,
Tel. +41 27 470 12 01,
www.gemmi.ch

Bergrestaurant Sunnbüel
3718 Kandersteg,
Tel. +41 33 675 13 34,
www.sunnbuel.ch

Griesalp Hotels
3723 Kiental,
Tel. +41 33 676 71 71,
www.griesalp-hotels.ch

Geltenhütte SAC
3704 Krattigen,
Tel. +41 33 765 32 20,
www.geltenhuette.ch

Hohstalde Hängebrüggbeizli
3714 Frutigen,
Tel. +41 33 671 15 83,
www.adelboden.ch

Hotel Gasterntal
3718 Kandersteg,
Tel. +41 33 675 11 63,
www.hotel-gasterntal.ch

Restaurant Pochtefall im Suldtal
3703 Aeschi bei Spiez,
Tel. +41 33 654 18 66,
www.restaurant-pochtenfall.ch

Lauterbrunnen, Wengen, Grindelwald

Berggasthaus Trachsellauenen
3824 Stechelberg,
Tel. +41 33 855 12 35,
www.stechelberg.ch

Berghotel Obersteinberg
3824 Stechelberg,
Tel. +41 33 855 20 33,
www.stechelberg.ch

Bergrestaurant Kleine Scheidegg
3823 Kleine Scheidegg,
Tel. +41 33 828 78 28,
www.bergrestaurant-kleine-scheidegg.ch

Berghaus Alpiglen
3818 Grindelwald,
Tel. +41 33 853 11 30,
www.alpiglen.ch

Berghaus Bäregg
3818 Grindelwald,
Tel. +41 79 737 89 75,
www.baeregg.com

Berghotel Faulhorn
3818 Grindelwald,
Tel. +41 79 534 99 51,
www.faulhorn.ch

Berghotel Grosse Scheidegg
3818 Grindelwald,
Tel. +41 79 922 93 14,
www.grosse-scheidegg.ch

Berghotel Männlichen Grindelwald
3818 Grindelwald,
Tel. +41 33 853 10 68,
www.berghaus-maennlichen.ch

Bergrestaurant Bussalp
3818 Grindelwald,
Tel. +41 33 853 37 51,
www.bussalp.ch

First Grindelwald, Berggasthaus
3818 Grindelwald,
Tel. +41 33 828 77 88,
www.berggasthausfirst.ch

Glecksteinhütte SAC
3818 Grindelwald,
Tel. +41 33 853 11 40,
www.gleckstein.ch

Hotel Bellevue des Alpes
3801 Kleine Scheidegg,
Tel. +41 33 855 12 12,
www.scheidegg-hotels.ch

Hotel Jungfrau Wengernalp
3823 Wengernalp,
Tel. +41 33 855 16 22,
www.wengernalp.ch

Lobhornhütte
3860 Meiringen,
Tel. +41 79 656 53 20,
www.lobhornhuette.ch

Mönchsjochhütte
3818 Grindelwald,
Tel. +41 33 971 34 72,
www.moenchsjoch.ch

Restaurant Hotel Eigernordwand
3823 Kleine Scheidegg,
Tel. +41 33 855 33 22,
www.eigernordwand.eu

Panorama Restaurant Allmendhubel
3825 Mürren,
Tel. +41 33 855 25 12,
www.schilthorn.ch

Rotstockhütte
2039 Mürren,
Tel. +41 33 855 24 64,
www.rotstockhuette.ch

Haslital, Sustenpass, Grimselpass

Gelmerhütte SAC
3860 Meiringen,
Tel. +41 33 973 11 80,
www.gelmerhuette.ch

Hotel Engstlenalp
3860 Meiringen,
Tel. +41 33 975 11 61,
www.engstlenalp.ch

Hospiz Grimsel
3864 Guttannen,
Tel. +41 33 982 46 11,
www.grimselwelt.ch

Lauteraarhütte
3864 Guttannen,
Tel. +41 33 973 11 10,
www.sac-zofingen.ch

Tierberglihütte
3826 Gimmelwald,
Tel. +41 33 971 27 82,
www.tierbergli.ch

Windegghütte SAC
3863 Gadmen
Tel. +41 33 975 11 10,
www.windegghuette.ch

ÜBERNACHTUNGSVERZEICHNIS

€ unter CHF 60 €€ CHF 60 – 120 CHF €€€ über CHF 120
(pro Pers./DZ/inkl. Frühstück)

Spiez .... **PLZ 3700**
Eden Apartments Spiez €€, Seestrasse 56, Tel. +41 33 655 99 00, www.eden-spiez.ch
Hotel Bellevue €€, Seestrasse 36, Tel. +41 33 654 84 64, www.bellevue-spiez.ch
Hotel-Restaurant Seegarten-Marina €€€, Schachenstrasse 3, Tel. +41 33 655 67 67, www.seegarten-marina.ch

Interlaken .... **PLZ 3800**
Hotel 5th Floor €€, Höheweg 74, Tel. +41 33 826 68 68, www.5thfloor.ch
Unterkunft Hirschen €€, Hauptstrasse 11, Tel. +41 33 822 15 45, www. hirschen-interlaken.ch
Hotel Weisses Kreuz €€€, Am Höheweg, Tel. +41 33 826 03 50, www.weisseskreuz.ch
Interlaken Youth Hostel €, Untere Bönigstr. 3, Tel. +41 33 826 10 90, www.youthhostel.ch

Brienz .... **PLZ 3855**
Apartment Abendrot €€, Hauptstasse 118, Tel. +41 33 951 18 80
Hotel Lindenhof €€, Lindenhofweg 15, Tel. +41 33 952 20 30, www.hotel-lindenhof.ch
Hotel Steinbock €€€, Hauptstrasse 123, Tel. +41 33 951 40 55, www.steinbock-brienz.ch

Zweisimmen .... **PLZ 3770**
Sonnegg Hotel Garni €€€, Moosmattenstrasse 21, Tel. +41 33 722 23 33, www.hotel-sonnegg.ch
Garni Hotel des Alpes by Bruno Kernen €€, Saanenmöserstrasse 168, Tel. +41 33 748 04 50, www.desalpes.ch
90 asthof Derby €€ , Lenkstrasse 20, Tel. +41 33 722 14 38, www.derby-zweisimmen.ch

Lenk .... **PLZ 3775**
Hotel Waldrand €€€, Aegertenstrasse 12, Tel. +41 33 736 82 82, www.hotelwaldrand.ch
Appartment Steinbock 1 €€, Ruetistrasse 7, Tel. + +41 78 761 35 95 www.lenkferien.ch
Mountain Lodge Backpackercamp €€, Gutenbrunnenstrasse, Tel. +41 33 736 30 00, www.huettenzauber.ch
Chalet-Hotel Alpenblick Wildstrubel €€€, Grodeygasse 2, CH-3772 St. Stephan, Tel. +41 33 722 13 79, http://alpenblickwildstrubel.ch

Gstaad .... **PLZ 3780**
Hotel Park Gstaad €€€, Wispilestrasse 29, Tel. +41 33 748 98 00, www.parkgstaad.ch
Hotel Olden, Promenade, Tel. +41 33 748 49 50, www.hotelolden.ch
150 Posthotel Rössli €€€, Promenade 10, Tel. +41 33 748 42 42, www.posthotelroessli.ch

Saanen .... PLZ 3792

Hotel Spitzhorn Superieur €€€, Spitzhornweg 30, Tel. +41 33 748 41 41, www.spitzhorn.ch
Sun&Soul Panorama Pop-Up Hotel Solsana €€, Solsanastrasse 15, Tel. +41 33 748 16 17, www.solsana.ch
Hotel Landhaus €€, Dorfstrasse 74, Tel. +41 33 748 40 40, www.landhaus-saanen.ch

Adelboden .... PLZ 3715

Hotel Bristol Relais du Silence €€€, Obere Dorfstrasse 6, Tel. +41 33 673 14 81, www.bristol-adelboden.com
Appartment Abelied €€, Stiegelschwandstrasse 60, Tel. +41 33 673 26 46, www.abelied.ch

Kandersteg .... PLZ 3718

Hotel Des Alpes €€, Innere Dorfstrasse 62, Tel. +41 33 675 11 12, www.desalpes-kandersteg.ch
Waldhotel Doldenhorn €€€, Kandersteg, Tel. +41 033 675 81 81, www.doldenhorn-ruedihus.ch

Lauterbrunnen .... PLZ 3822

Hotel Silberhorn €€€, Bei der Zuben 465, Tel. +41 33 856 22 10, www.silberhorn.com
Valley Hostel €, Fuhren, Tel. +41 33 855 20 08 , www.valleyhostel.ch

Mürren .... PLZ 3825

Sportchalet Mürren €€, Stiftung Sportanlage Mürren, Tel. +41 33 855 18 32, www.sportchalet.ch
Hotel Alpenblick Mürren €€€, Aergerten 1078, Tel. +41 33 855 13 27, www.alpenblick-muerren.ch

Wengen .... PLZ 3823

Hotel Edelweiss €€€, Am Acher, Tel. +41 33 855 23 88, www.edelweisswengen.ch
Swiss Lodge Hotel Bernerhof €€, Dorfstrasse, Tel. +41 33 855 27 21, www.behof.ch
Pasta&More Bed&Breakfast €€, Dorfstrasse, Tel. +41 33 856 29 29, www.pastaandmore-wengen.ch

Grindelwald .... PLZ 3818

Jungfrau Lodge Swiss Mountain Hotel €€, Dorfstrasse 49, Tel. + 41 33 854 41 41, www.jungfraulodge.ch
Hotel Bernerhof Grindelwald €€€, Dorfstrasse 89, Tel. + 41 33 853 10 21, www.hotel-bernerhof-grindelwald.ch
Hotel Eiger €€€, Dorfstrasse 133, Tel. +41 33 854 31 31, www.eiger-grindelwald.ch
Chalet-Hotel Gletschergarten €€, Obere Gletscherstrasse 1, CH-3818 Grindelwald, Tel. +41 33 853 17 21, www.hotel-gletschergarten.ch

Meiringen .... PLZ 3860

Hotel Victoria Meiringen €€€, Bahnhofplatz 9, Tel. +41 33 972 10 40, www.victoria-meiringen.ch
Chalet zum Steg €€, Balmstrasse 69, CH-3860 Meiringen, Tel. +41 33 5578999, www.chaletzumsteg.ch

REGISTER

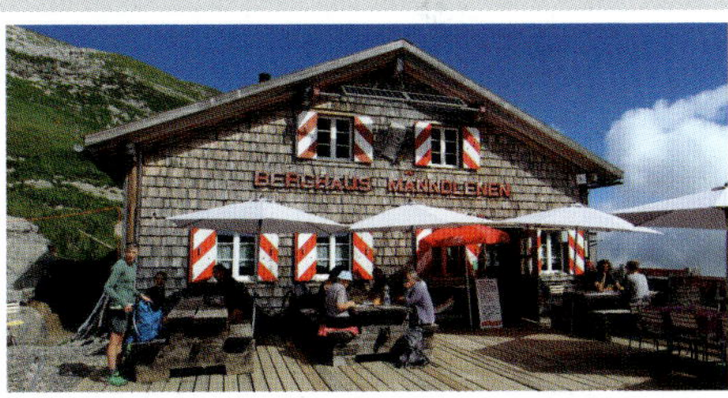

Das Berghaus Männdlenen unter dem Faulhorn.

IMPRESSUM

© Hallwag Kümmerly+Frey AG, Grubenstrasse 109, CH-3322 Schönbühl,
www.swisstravelcenter.ch
ISBN 978-3-259-03788-1
4. Auflage 2023

Umschlaggestaltung: Hallwag Kümmerly+Frey AG
Titelbild: © Adobestock/Andrew Mayovskyy
Text und Fotos: Wolfgang Heitzmann und Renate Gabriel
ausser S. 36, 223 und 243: Eugen E. Hüsler und S. 16: BSL AG

Wanderkartenausschnitte: © Hallwag Kümmerly+Frey AG
Kartengrundlage für Gebietsübersichtskarte S. 10-11, U4:
© MairDumont, D-73751 Ostfildern 4

Quelle: Bundesamt für Landestopografie swisstopo

Alle Angaben und Routenbeschreibungen wurden nach bestem Wissen gemäss unserer derzeitigen Informationslage gemacht. Die Wanderungen wurden sehr sorgfältig ausgewählt und beschrieben, Schwierigkeiten werden im Text kurz angegeben. Es können jedoch Änderungen an Wegen und im aktuellen Naturzustand eintreten. Wanderer und alle Kartenbenützer müssen darauf achten, dass aufgrund ständiger Veränderungen die Wegzustände bezüglich Begehbarkeit sich nicht mit den Angaben in der Karte decken müssen. Bei der grossen Fülle des bearbeiteten Materials sind daher vereinzelte Fehler und Unstimmigkeiten nicht vermeidbar. Die Verwendung dieses Führers erfolgt ausschliesslich auf eigenes Risiko und auf eigene Gefahr, somit eigenverantwortlich. Eine Haftung für etwaige Unfälle oder Schäden jeder Art wird daher nicht übernommen. Für Berichtigungen und Verbesserungsvorschläge ist die Redaktion stets dankbar.

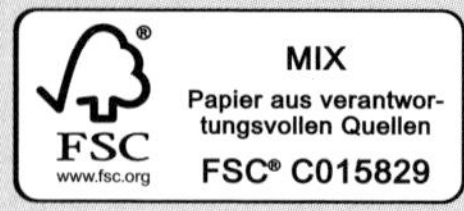